中国科学院规划教材·物流管理系列
国家级精品课程主干教材

物流管理信息系统

（第二版）

夏火松　主编

科学出版社
北京

内 容 简 介

本书主要从管理的问题和基于信息技术的需求出发，系统地介绍信息系统、管理信息系统和物流管理信息系统的定义，信息系统的发展阶段、发展过程，以及物流管理信息系统构建的条件和信息技术接受模型；分析使用信息系统和物流管理信息系统的原因。内容融合了一维、二维条形码技术，EAN. UCC条形码系统，射频技术与物联网，以及GIS、GPS和移动通信定位等空间数据管理技术；较为详细地介绍了物流管理信息系统开发的过程、设计原则、开发方法，阐述了系统开发项目管理的理论和方法；从系统开发的生命周期入手，介绍了如何完成物流系统分析，提出关注需求分析的一般模型；详细地描述了系统设计和实现系统运行管理的主要理论和方法；介绍了物流电子商务的基本理论，分析了评价物流电子商务的优劣指标和标准，对物流电子商务的发展作了展望；最后分析了典型的物流管理信息系统的目标和功能，并列举了典型的物流企业案例进行说明。

本书可作为高等院校物流管理、信息管理与信息系统、电子商务、计算机应用专业的教材，也可以作为从事物流信息系统建设的技术人员、管理人员的参考书，还可以作为系统分析师考试的参考用书。

图书在版编目（CIP）数据

物流管理信息系统/夏火松主编．—2版．—北京：科学出版社，2012

中国科学院规划教材·物流管理系列

ISBN 978-7-03-033192-2

Ⅰ.①物… Ⅱ.①夏… Ⅲ.①物流-管理信息系统-高等学校-教材 Ⅳ.①F252-39

中国版本图书馆CIP数据核字（2011）第277179号

责任编辑：林 建 徐迅达/责任校对：包志虹
责任印制：赵 博/封面设计：番茄文化

科学出版社出版
北京东黄城根北街16号
邮政编码：100717
http://www.sciencep.com

新科印刷有限公司印刷

科学出版社发行 各地新华书店经销

*

2007年6月第 一 版 开本：787×1092 1/16
2012年1月第 二 版 印张：22
2017年12月第十次印刷 字数：546 000

定价：49.00元

（如有印装质量问题，我社负责调换）

第二版前言

本书自 2007 年 6 月出版以来，被许多学校选为本科、研究生教材，得到了广大读者的支持和认可。2008 年，本书被评为国家级精品课程教材。

同时，作者也认识到，本书出版已经有五年了，在这五年当中，社会快速发展，技术革新日新月异，特别是物流业更是有了巨大的进步，涌现出了许多新理念、新思想、新技术、新方法。因此，为了跟上时代的步伐和科技的发展，作者决定对本书进行修订。在修订本书时，作者力求保持第一版内容体系的稳定性和完整性，同时吸收最新的研究和应用成果，对部分章节进行了必要地补充和完善，增加了新的内容。例如，在第一章中增加了“技术接受模型”；在第二章中将“射频技术”修改为“射频技术与物联网”；在第三章中删除了对“小灵通定位系统”的介绍；在第五章中增加了“需求分析的一般模型”等。

本书第二版由夏火松教授担任主编并负责修改和定稿工作。在修改的过程中，参考了国内外的资料，在此，对这些文献的作者表示衷心的感谢；在美国和澳大利亚学习与实地的体会也融入到这本书的修改中，因此对提供支持的所有人，包括每一位阅读本书的读者表示最真挚的谢意；还要特别感谢国家精品课程评审委员会、湖北省教育主管部门和我所在学校领导的支持。感谢科学出版社编辑们的辛勤劳动，感谢他们不断鼓励和鞭策作者对本书进行修订，并支持第二版的出版，他们的敬业精神使我深受感动。感谢湖北省高等学校人文社会科学重点研究基地——企业决策支持研究中心的支持。最后感谢作者家人的大力支持。

由于编者水平有限，对于书中存在的缺点和错误，敬请各位专家、学者、读者批评和指正。

夏火松

2011 年 11 月 30 日

第一版前言

近年来，随着信息技术与管理系统的深入融合和吸收程度的增加，物流管理迫切需要物流管理信息系统的理论与方法支持，从而更好地提高物流企业的效率和效益。本书从信息系统的视角引入物流管理信息系统的有关理论、物流信息技术、物流信息系统的开发过程和物流管理信息系统的应用，其内容融合了一维、二维条形码技术，EAN. UCC条形码系统，射频技术，GIS、GPS、手机定位等空间数据管理技术，以及信息系统开发过程中的思想和系统的科学方法。阅读本书的目的并非要读者深入到物流管理信息系统每个开发过程的具体细节当中，而是通过分析和设计的详细过程使读者了解物流管理信息系统的工作机理。

本书在材料的编排上，力求做到系统性、准确性、完整性、先进性、实用性，把培养读者利用信息技术与物流业务系统的融合来思考和运用的思维模式，以及对信息系统进行开发和应用的能力作为出发点。本书所涉及的知识点既能够促进物流管理创新，又能够使信息系统在管理中得到更广泛深入的应用。读者在学习本书前，应具备基本的物流管理知识、信息技术知识，最好有一门程序设计语言等方面的基础，还应有一定的综合和系统思考问题的能力。书中有的部分章节较难，读者可根据实际情况选学。

全书主要从功能方面介绍信息系统和物流管理信息系统的定义，分析使用信息系统和物流管理信息系统的原因；对物流管理信息系统条形码技术和空间数据管理技术进行了描述；较为详细地介绍了物流管理信息系统开发的过程、方法和方式，阐述了系统开发项目管理的理论和方法；从系统开发的生命周期入手，介绍了如何完成系统分析，如何进行系统设计和实现系统的运行管理；对物流管理信息战略与支持系统分别进行了介绍，并对两者做了融合分析；介绍了物流电子商务的基本理论，分析了评价物流电子商务的优劣指标和标准，对物流电子商务的发展作出了展望；最后分析了典型的物流管理信息系统的目标和功能，并列举了典型的企业案例进行说明。

全书由夏火松教授编写提纲，并负责全书总撰、定稿工作。研究生范昭岩、陆文娟和王倩倩对本书资料收集和整理做了大量工作。

在本书的编写过程中，我们参考了大量的国内外文献资料，得到了许多同仁的帮助，得到了科学出版社的大力支持，在此表示衷心的感谢。

作者在美国亚利桑那大学作访问学者期间，导师 A. Gupta 教授（博导）的阅历和经验对我帮助不少，他在美国麻省理工学院从事研究和教学工作达 24 年；我的邻居 Douglass 曾在 UPS 工作 25 年，也提供了部分材料，在此表示感谢。

作者主持的对应课程已被评为 2006 年湖北省精品课程，在此对匿名评审专家表示衷心的感谢。

这门课程得到了有关专家的肯定，包括同济大学的物流信息管理专家刘仲英教授、博导，华中科技大学管理学院张金隆院长、教授、博导，华中科技大学企业商务智能工程研究所所长蔡淑琴教授、博导，中国人民大学信息管理系副主任左美云博士，还有一些专家并没有一一提及，在此一并表示感谢。

这门课程的建设也得到了省级教学研究课题——“物流管理信息系统模拟教学软件的开发”（编号：20040216）的支持。

由于本书的写作时间较短，以及编者的水平有限，难免存在不足，敬请各位专家、学者和读者批评、斧正。

夏火松
2006 年 11 月
于美国亚利桑那大学
Department of MIS，Eller College of Management
The University of Arizona，USA

目　　录

第 1 章　物流管理信息系统概述

本章主要介绍了物流管理信息系统的基本概念。首先从信息系统的基本概念入手，介绍为什么要建立信息系统、信息系统的特点和典型的信息系统。再引入物流管理信息系统的有关概念，详细地介绍为什么要建立物流管理信息系统，什么是物流管理信息系统，物流管理信息系统有哪些特点，物流管理信息系统层次与结构，建立物流管理信息系统有哪些基本条件。分析信息系统与物流管理信息系统的关系。最后举例说明物流管理信息系统的典型应用，这些应用包括：物流管理信息系统在零售业中的应用，物流管理信息系统在邮政中的应用，物流管理信息系统在供应链和 ERP 中的应用，物流管理信息系统在运输和仓储中的应用。

1.1　信息系统引论

1.1.1　为什么要建立信息系统

信息技术（information technology，IT）是指能拓展人的信息处理能力的技术。它一般包括传感技术（信息的采集）、计算机技术（信息的存储与加工）、通信技术（信息的传递）、控制技术（信息的调控）。它既包括硬件技术，又包括软件技术。随着 IT 的发展，IT 应用显得越来越重要，信息化引起了国家和各企业领导的不断重视。国家在信息系统建设方面，主要侧重于网络的基础设施建设和国家公共信息资源的开发与利用，信息化人才的培养，信息化政策、法规和标准的制定和完善。企业在信息系统建设方面，则是广泛地利用 IT，使生产、经营、管理和决策实现自动化。在物流企业，建立更合适的物流管理信息系统（logistics management information system，LMIS）来整合资源、融合业务处理和管理决策的作用不断地凸显出来。

1. 信息系统在现代物流中的作用

企业的全球化迫使物流企业虚拟化管理，巨型物流公司以及传统的运输公司等也需要以全球化的观点，制订其新的策略，力求在物流的需求与供给之间共享信息、共同合作，实时掌握从供应商到顾客的物资流动情况。在这种形势下，信息系统对现代物流的未来发展起到了非常关键的促进作用。

信息系统在现代物流中的主要作用包括：一是物流信息的充分获取和有效利用，使物流活动由无序趋向于有序；二是弱化了供应链上企业间的界限，建立起一种跨企业的协作，共同追求和分享市场份额。

目前，我国物流能力供给与需求的状况是：一方面表现在需求仍不能得到满足，物流“瓶颈”时有出现，据中国仓储协会第三次调查，国内物流中心平均空置率为 60%；另一方面却存在大量的物流能力过剩的现象。其主要原因是物流能力的利用率低，以及能力的供给与需求之间的信息不通畅。而信息系统能够在物流设施不增加的情况下使得物流能力得到提高，消除物流能力供需间的不平衡。

信息技术特别是互联网的广泛应用，将整个生产、流通、消费环节有效地整合成为一体，打破了传统意义上的地域限制、时区限制，扩大了物流服务的范围，同时也能为客户提供更优质的服务。

现代物流的发展离不开信息系统的推进与融合，物流的发展到一定的程度需要信息系统的支持。信息系统为物流服务提供了有力的工具，为顾客提供及时、准确、周到的物流服务成为可能，促进了物流的发展；物流服务水平的提高和新需求的不断涌现也为信息系统的发展提出了新的课题和应用领域。

2. 建立信息系统的好处

物流从生产企业的原材料供应，经生产制造加工成为产品，再经运输、储存、包装、配送等环节到达消费者手中，横跨生产、流通、消费三大领域。建立信息系统可以产生如下好处：

(1) 提高物流运作的效率。

(2) 提高物流运作的透明度，使物流过程中货物的状态和变化透明化，能对物流进行追踪。

(3) 促进和实现供应链信息共享和以顾客为中心的一体化的管理。

(4) 促进物流决策的科学化。

(5) 促进物流服务系统与技术的创新。

(6) 能扩大物流服务的范围。

1.1.2 什么是信息系统

1. 信息系统的概念

信息系统（information system，IS）是一个人造系统，它由人、硬件、软件和数据资源组成，目的是及时、准确地收集、加工、存储、传递和提供信息，实现组织中各项活动的管理、调节和控制。

组织中各项活动表现为物流、资金流、商流和信息流的流动。物流是实物的流动过程，物资的运输，产品从原材料采购、加工直至销售都是物流的表现形式。资金流指的是伴随物流而发生的资金的流动过程。商流是各项商务活动的工作流程。信息流是信息的传播与流动。

在一个组织的全部活动中存在着各式各样的信息流，而且不同的信息流用于控制不同的活动。若几个信息流联系组织在一起，服务于同类的控制和管理目的，就形成基于信息流的网络系统。

一个组织的信息系统可以是企业的产、供、销、库存、计划、管理、预测、控制的综合系统，也可以是机关的事务处理、战略规划、管理决策、信息服务等的综合系统。

2. 信息系统的功能

作为一个完整的、综合的信息系统一般具如图 1-1 所示的六个基本功能。

(1) 信息的收集和输入。数据是信息系统处理的对象。在信息系统处理流程中，首先需要对数据进行收集和输入。当数据记录在一定介质上并经校验后，即可输入系统进

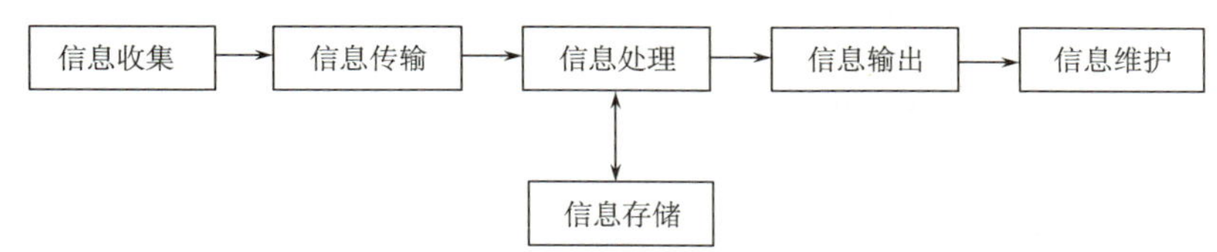

图 1-1　信息系统的基本功能

行处理。在数据处理中，可以通过输入设备将系统所需数据随时进行输入。

(2) 信息的传输功能。一般较大的信息系统都具有较大的规模，在地理上有一定的分布，数据传输就成为信息系统必备的一项基本功能。实际上，传输与存储常常联系在一起。

(3) 信息的加工处理。数据具有一定的抽象性、原始性，要使之成为有用的信息必须进行加工处理。信息系统具有加工处理数据的作用，数据加工的方法很多，包括代数运算、统计量的计算及各种检验、各种最优算法、模拟预测、排序分类与合并等。信息系统的这一部分功能的强弱直接关系到信息系统的优劣，现代高级的信息系统已经能够处理数量惊人的各种数据。

(4) 信息的存储功能。经济管理过程中要产生大量的各种类型的数据，其中又有相当一部分数据需要重复使用，大量的经过加工处理得到的有关信息和数据也要存储起来，以备将来使用和更新。

(5) 信息的输出功能。信息系统服务的对象是管理者，因此，它必须具备向管理者提供信息的手段和机制。信息系统对加工处理后所得到的信息，可以根据不同的需要，以不同的方式输出。有的直接供管理者使用，如以报表、图形等形式输出；有的则是供计算机进一步处理、分析，如将中间结果输出到有关介质上。

(6) 信息的维护功能。对信息的变化不断地完善和更新必要的信息和标准值信息的修改。

在信息的六种功能中，信息的输入和信息的输出最为关键。

3. 信息系统的类型

按照信息系统的层次结构分类，把信息系统分为数据处理系统、辅助管理信息系统、战术决策信息系统和战略决策信息系统，如图 1-2 所示。

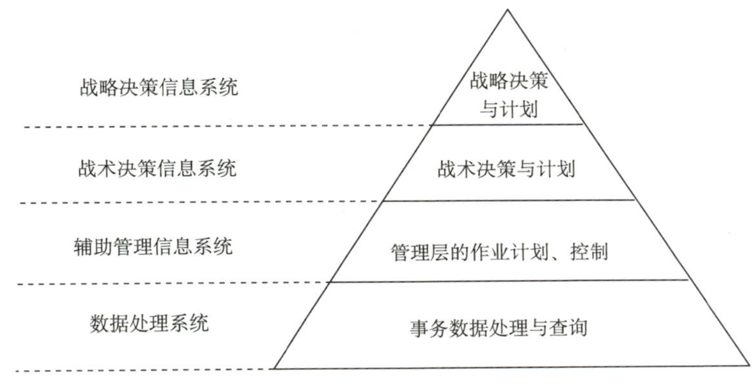

图 1-2　信息系统按层次结构分类

4. 信息系统的发展与计算机在管理中应用的发展

诺兰（R. Nolan）在 1974 年首先提出了企业信息系统发展的 4 阶段论，之后经过实践进一步验证和完善，又于 1979 年将其调整为 6 阶段论，包括引入阶段、发展阶段、控制阶段和集成阶段的 4 阶段构成的计算机时代，以及信息管理时代的 2 个阶段——数据管理和成熟阶段。

计算机在管理中应用的发展与计算机技术、通信技术和管理科学的发展紧密相关。第一台电子计算机创始于 1946 年，50 多年来，计算机在管理中经历了由单机到网络，由低级到高级，由电子数据处理到管理信息系统，再到决策支持系统，最后到集成智能支持系统的过程。计算机管理由数据处理到智能处理的发展过程，大致经历了以下几个阶段。

1）电子数据处理系统

电子数据处理系统（electronic data processing system，EDPS）的特点是数据处理的计算机化，目的是提高数据处理的效率。从发展阶段来看，它可分为单项数据处理和综合数据处理两个阶段：

（1）单项数据处理阶段（20 世纪 50 年代中期～60 年代中期）。这一阶段是电子数据处理的初级阶段。主要是用计算机部分地代替手工劳动，进行一些简单的单项数据处理工作，如工资计算、统计产量等。

（2）综合数据处理阶段（20 世纪 60 年代中期～70 年代初期）。这一时期的计算机技术有了很大发展，出现了大容量直接存取的外存储器。此外，一台计算机能够带动若干终端，可以对多个过程的有关业务数据进行综合处理。这时各类信息报告系统应运而生。

信息报告系统是管理信息系统的雏形，其特点是按事先规定要求提供各类状态报告：

① 生产状态报告：如 IBM 公司生产计算机时，由状态报告系统监视每一个元件生产的进度，它大大加快了计划调度的速度，减少了库存。

② 服务状态报告：如能反映库存数量的库存状态报告。

③ 研究状态报告：如美国的国家技术信息服务系统能提供技术问题简介、有关研究人员和著作出版等情况。

2）管理信息系统

20 世纪 70 年代初，随着数据库技术、网络技术和科学管理方法的发展，计算机在管理上的应用日益广泛，管理信息系统（management information system，MIS）逐渐成熟起来。管理信息系统最大的特点是高度集中，能将组织中的数据和信息集中起来，进行快速处理，统一使用。中心数据库和计算机网络系统是 MIS 的重要标志。随着 IT 的发展，计算机网络系统不仅能把组织内部的各级管理联结起来，而且能够克服地理界限，把分散在不同地区的计算机网互联，形成跨地区的各种业务信息系统和管理信息系统。管理信息系统的另一特点是部分利用定量化的科学管理方法，通过预测、计划优化、管理、调节和控制等手段来支持决策。

3）决策支持系统

早期 MIS 的失败并非由于系统不能提供信息。实际上 MIS 能够提供大量报告，但经理很少去看，原因是这些信息并非经理决策所需。当时，美国的 Michael S. Scott Marton 在《管理决策系统》一书中首次提出了“决策支持系统”（decision support system，DSS）的概念。早期的 MIS 主要为管理者提供预定的报告，而 DSS 则是在人和计算机交互的过程中帮助决策者探索可能的方案，为管理者提供决策所需的信息。DSS 以 MIS 管理的信息为基础，是 MIS 功能上的延伸。

EDPS、MIS 和 DSS 各自代表了信息系统发展过程中的某一阶段，但至今它们仍各自不断地发展着，而且是相互交叉的关系。EDPS 是面向业务的信息系统，MIS 是面向管理的信息系统，DSS 则是面向决策的信息系统。DSS 在组织中可能是一个独立的系统，也可能作为 MIS 的一个高层子系统而存在。另外，办公自动化系统（office automation system，OAS）和多媒体信息系统（multimedia information system，MMIS）严格来说只是前文所述的电子数据处理系统、管理信息系统和决策支持系统等几类信息系统的一种综合应用，不可简单地把这两者称为新型的信息系统。

4）集成智能管理支持系统

越来越多的智能技术被应用到管理支持系统中，包括专家系统、知识管理系统、数据挖掘系统等智能计算技术和新一代的网络技术，使得支持管理的系统变得更加聪明、更加有效，从而形成了集成的智能管理支持系统（integrated intelligence management support system，IIMSS）。

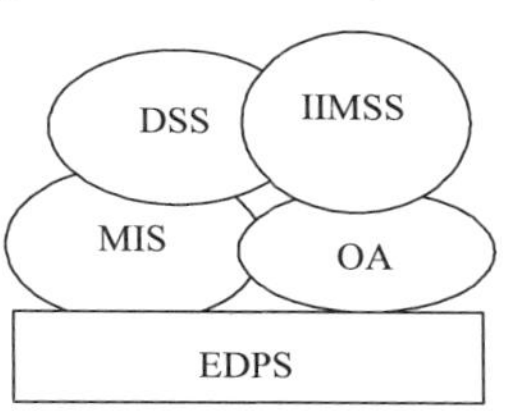

图 1-3　信息系统各分支之间的关系

信息系统各分支之间的关系如图 1-3 所示。

5. 与信息系统相关的几个概念

1）数据与数据处理

数据（data）是记录下来的、存储在某一种媒体上能够识别（鉴别）的符号。这些符号不仅指数字，而且包括字符、文字、图形和影像等。数据的概念包括两个方面：其一是描述事物特性的数据内容；其二是存储在某一种媒体上的数据形式。

数据处理是指对各种形式的数据进行收集、存储、加工、传播、使用和维护的 6 类活动的总和。数据处理的目的之一是从大量的、原始的数据中抽取、推导出对人们有价值的信息以作为行动和决策的依据；目的之二是为了借助计算机科学地保存和管理复杂的、大量的数据，以便人们能够方便而充分地利用这些宝贵的信息资源。

2）信息

（1）信息的概念。

信息（information）是经过加工处理对客观实体产生影响的数据，数据是承载信息的载体。

例如，行驶中汽车里程表上的数据不一定成为信息，只有当司机需要观察里程表上的数据以便作出加速或减速的决定时，才成为信息。同一数据，每个人的解释可能不同，其对决策的影响可能不同。决策者利用经过处理的数据作出决策，可能取得成功，也可能得到相反的结果，关键在于对数据的解释是否正确，因为不同的解释往往来自不同的背景和目的。随着时间的推移，信息也不断被赋予新的含义和内容。不同的事物由于其应用环境的不同、时间的不同，人们对它的认识与理解，乃至其产生的效果都会有很大的不同。

物流信息是整个物流环节产生的有关信息，主要包括物品信息，物品流转信息，物流作业与管理控制信息，物品交易信息，保证信息识别、传递、处理和应用的信息等。从信息的产生背景看，它可以分为物流活动产生的信息以及物流相关活动产生的信息。物流涉及的范围广（不同地区、不同行业、不同企业），信息产生的环节多（从生产到消费，每个环节都利用信息并产生新的信息），因此物流信息具有信息量大、信息形式多样、信息内容复杂、信息动态变化、波动性大等特点。

（2）信息的分类。

战略信息是关系到上层管理部门对本部门要达到的目标，关系到为达到这一目标所必需的资源水平和种类以及确定获得资源、使用资源和处理资源的指导方针等方面进行决策的信息。制定战略要大量地获取来自外部的信息。

战术级信息是管理控制信息，是使管理人员能掌握资源利用情况，并将实际结果与计划相比较，从而了解是否达到预定目的，并指导其采取必要措施更有效地利用资源的信息，如库存控制。管理控制信息一般来自所属各部门，并跨越各部门。战术级也称为管理级。

作业级信息用来解决经常性的问题，它与组织日常活动有关，并用以保证切实地完成具体任务，如每天统计的运输量等。

信息可以从不同角度分类，按照管理的层次可以分为战略信息、战术信息和作业信息；按照应用领域可以分为管理信息、社会信息、科技信息等；按照加工顺序可分为一次信息、二次信息和三次信息等；按照反映形式可分为数字信息、图像信息和声音信息等。

（3）信息的特点。

① 事实性。事实是信息的中心价值。

② 时效性。信息的时效是指从信息源发送信息，经过接收、加工、传递、利用的时间间隔及其效率。时间间隔愈短，使用信息愈及时，使用程度愈高，时效性愈强。

③ 不完全性。关于客观事实的信息是不可能全部得到的，这与人们认识事物的程度有关系。因此数据收集或信息转换要有主观思路，要运用已有的知识，要进行分析和判断，只有正确地舍弃无用和次要的信息，才能正确地使用信息。

④ 等级性。管理系统是分等级的（如公司级、工厂级、车间级等），处在不同级别的管理者有不同的职责，处理的决策类型不同，需要的信息也不同。

⑤ 变换性。信息是可变换的。

⑥ 价值性。管理信息是经过加工并对生产经营活动产生影响的数据，是一种资源，因而是有价值的。索取一份经济情报，或者利用大型数据库查阅文献所付费用是信息价值的部分体现。信息的使用价值必须经过转换才能得到。“管理的艺术在于驾驭信息”，就是说，管理者要善于转换信息，去实现信息的价值。

⑦ 信息无处不在。读书、看报可以获得信息，跟朋友同学交谈、看电视、听广播也可以获得信息。在接受大量信息的同时，也传递信息。如给别人打电话、写信、发电子邮件，甚至我们的表情或一言一行都是在向别人传递信息。人类通过信息认识各种事物，借助信息的交流来沟通协作。

⑧ 信息的可传递性和共享性。信息无论在空间上还是在时间上都具有可传递性。信息在空间的传递称为通信。

⑨ 信息依附性。信息是事物运动的状态和方式而不是事物本身，因此，它不能独立存在，必须借助某种符号才能表现出来，而这些符号又必须寄载于某种物体上。

⑩ 信息的可处理性。信息是可以加工处理的。它可以压缩、存储、有序化，也可以转换形态。在流通使用过程中，经过综合、分析等处理，原有信息可以实现增值，可以更有效地服务于不同的人群或不同的领域。

3）系统

（1）系统的概念。

系统是一定的环境中相互联系和相互作用的若干组成部分结合而成并为达到整体目的而存在的集合。系统按其组成可分为自然系统、人造系统和复合系统三大类。血液循环系统、天体系统、生态系统等属于自然系统，这些系统是自然形成的。所谓人造系统，是指人类为了达到某种目的而对一系列的要素作出有规律的安排，使之成为一个相关联的整体，如计算机系统、生产系统和运输系统等。实际上，大多数系统属于自然系统和人造系统相结合的复合系统，而且许多系统有人参加，是人机系统。

（2）系统的特征。

① 整体性。一个系统至少要由两个可以相互区别的要素或称子系统所组成，它是这些要素和子系统的集合。作为集合的整体系统的功能要比所有子系统的功能的总和还大。

② 目的性。所谓目的就是系统运行要达到的预期目标，它表现为系统所要实现的各项功能。系统目的或功能决定着系统各要素的组成和结构。

③ 相关性。系统内的各要素既相互作用，又相互联系。这里所说的联系包括结构联系、功能联系、因果联系等。这些联系决定了整个系统的运行机制，分析这些联系是构筑一个系统的基础。

④ 环境适应性。系统在环境中运转。环境是一种更高层次的系统。系统与其环境相互交流、相互影响，进行物质的、能量的或信息的交换。不能适应环境变化的系统是没有生命力的。

1.1.3 信息系统的特点

1）信息性

信息是信息系统的主要构成要素，对信息加工处理是信息系统的三要功能，产生对外部系统有用的信息、与环境构成一个有机的信息网络是信息系统的目的。

2）综合性

信息系统综合了多种复杂的系统要素，并可以分为信息要素和物质要素两大类。信息要素是信息系统的主体，物质要素是存储信息和处理信息的必需部分。这两种要素在信息系统中并不是分立存在的，而是密切地交织在一起，从而构成复杂的信息系统。信息系统的综合性还体现在它与外部环境的关系上。所有信息系统都是开放系统，与外部环境构成和谐的更大范围的系统。信息系统综合了对信息的收集、整理、存储、加工、变换、传输、输出等完整的信息处理过程。

3）集成性

信息系统是以集成的方式构成的，其中包括系统的集成和平台的集成。

系统集成是指信息系统由多个子系统集成而成。例如，企业信息系统就集成了生产、计划、供应、销售、人事、财务等多个子系统。多个相对独立的信息系统也可以集成为更大规模的信息系统。

平台集成是指在不同的软硬件平台上，构成逻辑和界面一致的、统一的信息运行平台。平台集成是信息系统开发的一件很重要的工作。

4）多样性

信息系统具有多种形式。从功能上可以把信息系统划分为信息处理系统、管理信息系统、决策支持系统、办公信息系统和主管信息系统。根据信息系统所服务的应用领域，又有各种不同应用类型的信息系统，如地理信息系统、医院信息系统、航天信息系统、学校信息系统、政府信息系统等。信息系统的规模也表现出了多样化，大的如国际信息系统、国家信息系统、区域信息系统等，小的如工资发放系统、税率计算系统等。

5）发展性

信息系统的内涵与外延处在急剧的发展变化过程之中。建立在现代信息技术基础之上的信息系统，是近几十年建立和发展起来的，而且其应用的领域、系统的规模和信息处理的能力也以惊人的速度向广度和深度发展。在 20 世纪 50 年代出现的信息系统，仅能够对企业中的一些简单业务进行处理，如工资计算、报表制作、生产报告等。21 世纪信息系统将以更快的速度向纵深发展，整个世界形成一个综合的、一体化的信息系统将成为现实，如网格计算（grid computing）、云计算（cloud computing）。

1.1.4 典型的信息系统

1. 管理信息系统

管理信息系统是处于不断发展和不断完善的过程中。20 世纪 60 年代，美国经营管理协会及其事业部第一次提出了建立管理信息系统的设想，即建立一个有效的 MIS，使各级管理部门都能了解本单位的一切有关的经营活动，为各级决策人员提供所需要的信息。但由于当时硬件、软件水平的限制和开发方法的落后，效果并不明显。进入 80 年代以后，随着各种技术特别是信息技术的迅速发展，MIS 的概念逐步充实和完善。

1）管理信息系统的定义

管理信息系统是 20 世纪 80 年代才逐渐形成的一门新学科，其概念至今尚无统一的定义。

管理信息系统是一个由人、计算机等组成的能进行管理信息收集、传递、储存、加工、维护和使用的系统。管理信息系统能监测企业的各种运行情况，利用过去的数据预测未来，从全局出发辅助企业进行决策，利用信息控制企业的行为，帮助企业实现其规划目标。

2）管理信息系统的特点

（1）面向管理决策。管理信息系统是继管理学的思想方法、管理与决策的行为理论之后的一个重要发展，它是一个为管理决策服务的信息系统，它必须能够根据管理的需要，及时提供所需要的信息，帮助决策者作出决策。

（2）综合性。从广义上说，管理信息系统是一个对组织进行全面管理的综合系统。一个组织在建设管理信息系统时，可根据需要逐步应用个别领域的子系统，然后进行综合，最终达到应用管理信息系统进行综合管理的目标，管理信息系统综合的意义在于产生更高层次的管理信息，为管理决策服务。

（3）人机系统。管理信息系统的目的在于辅助决策，而决策只能由人来做，因而管理信息系统必然是一个人机结合的系统。在管理信息系统中，各级管理人员既是系统的使用者，又是系统的组成部分，因此，在管理信息系统开发过程中，要根据这一特点，正确界定人和计算机在系统中的地位和作用，充分发挥人和计算机各自的长处，使系统整体性能达到最优。

（4）现代管理方法和手段相结合的系统。管理信息系统要发挥其在管理中的作用，就必须与先进的管理手段和方法结合起来，在开发管理信息系统时，融入现代化的管理思想和方法。

3）管理信息系统的分类

（1）根据管理信息系统的功能、目标、特点和服务对象不同，从层次上可以分为业务信息系统、管理信息系统和决策支持系统。

（2）从系统的功能和服务对象，可分为国家经济信息系统、企业管理信息系统、事务型管理信息系统、行政机关办公型管理信息系统和专业型管理信息系统等。

① 国家经济信息系统。国家经济信息系统是一个包含各综合统计部门（如国家统计局）在内的国家级信息系统。这个系统纵向联系各省市、地市、各县直至各重点企业的经济信息系统，横向联系外贸、能源、交通等各行业信息系统，形成一个纵横交错、覆盖全国的综合经济信息系统。

② 企业管理信息系统。企业管理信息系统面向工厂、企业，主要进行管理信息的加工处理，这是一类最复杂的管理信息系统。企业复杂的管理活动给管理信息系统提供了典型的应用环境和广阔的应用舞台，大型企业的管理信息系统都很大，“人、财、物”，“产、供、销”以及质量、技术应有尽有，同时技术要求也很复杂，因而常被作为典型的管理信息系统进行研究，从而有力地促进了管理信息系统的发展。

③ 事务型管理信息系统。事务型管理信息系统面向事业单位，主要进行日常事务的处理，如医院管理信息系统、饭店管理信息系统、学校管理信息系统等。由于不同应用单位处理的事务不同，这些管理信息系统逻辑模型也不尽相同，但基本处理对象都是管理事务信息，决策工作量相对较小，因而要求系统具有很高的实时性和数据处理能力，数学模型使用较少。

④ 行政机关办公型管理信息系统。国家各级行政机关办公管理自动化，对提高领导机关的办公质量和效率，改进服务水平具有重要意义。办公管理系统的特点是办公自动化和无纸化，其特点与其他各类管理信息系统有很大不同。

⑤ 专业型管理信息系统。专业型管理信息系统指从事特定行业或领域的管理信息系统，如人口管理信息系统、材料管理信息系统、科技人才管理信息系统、房地产管理信息系统等。这类信息系统专业性很强，信息相对专业，主要功能是收集、存储、加工、预测等，技术相对简单，规模一般较大。

此外，还有一类专业型很强的管理信息系统，如铁路运输管理信息系统、电力建设管理信息系统、银行信息系统、民航信息系统、邮电信息系统等，其特点是综合性很强，包含了上述各种管理信息系统的特点，也称为“综合型”信息系统。

2. 决策支持系统

1）决策支持系统的概念

决策支持系统是一种以计算机为工具，应用决策科学及有关学科的理论与方法，以人机交互方式辅助决策者解决半结构化与非结构化问题的人机信息系统。

决策支持系统的基本任务主要包括：分析和识别问题；描述决策问题，存储和表达决策问题的有关知识；构造决策问题的求解模型，如运筹学模型、程序模型等；形成候选的决策方案；建立评价问题的准则，如价值准则、效益准则等；进行多方面、多目标、多准则情况下的方案比较和优化；进行各种方案或结果的综合分析，包括分析对实际问题的作用和影响，分析环境对决策方案和结果的影响等。

2）决策支持系统的基本特征

决策支持系统的基本特征主要包括：数据和模型是决策支持系统的主要资源；其功能是支持用户决策而不是代替用户决策；主要用于解决半结构化和非结构化决策问题；目的是提高决策的有效性而不是提高决策的效率。

3）决策支持系统的基本功能

DSS 的功能可归纳为以下几点：

（1）收集、管理并提供与决策问题有关的组织外部、内部信息，如政策法规。

（2）收集、管理并提供各项决策方案执行情况的反馈信息，如订单与合同。

（3）能以一定的方式存储和管理与决策问题有关的各种数字模型，如定价。

（4）能够存储并提供常用的数学方法及算法，如回归分析方法。

（5）能够对上述数据、模型与方法进行修改和添加，如数据模式的变更。

（6）能灵活地运用模型与方法对数据进行加工、汇总、分析、预测，得出所需的综合信息与预测信息。

（7）具有方便的人机对话和图像输出功能，能满足随机的数据查询要求。

（8）提供良好的数据通信功能，以保证及时收集所需数据并将加工结果传递给使用者。

4）决策支持系统与一般管理信息系统的区别

首先，决策支持系统适合解决半结构化的问题。其次，决策支持系统能够对复杂的问题环境提供适当的模型，决策者可以参照模型及产生的效果来评价解决问题的合理程度，还可以修改和操作模型，进一步完成更合理的决策。最后，决策支持系统具有很强的模型构造功能，决策者可以很快地建立决策模型。

表 1-1 反映了管理信息系统与决策支持系统的简单对比。DSS 还在发展，如数据分析技术运用于 DSS 就出现了基于数据驱动的 DSS。Sprague 和 Carlson 于 1980 年提出的决策支持系统的结构，即“两库”（数据库、模型库）。后又扩展的 DSS 还包括知识库：知识库及其管理系统是以相关领域专家的经验为基础，形成一系列与决策有关的知识信息，最终表示成知识工程，通过知识获取设备形成一定内容的知识库，并结合一些事实规则及运用人工智能等有关原理，通过建立推理机制来实现知识的表达与运用。

表 1-1　管理信息系统与决策支持系统比较

比较项目	管理信息系统	决策支持系统
特征	信息处理	决策支持
使用者	系统内的所有人员	决策者
信息来源组织	结构化	半结构化与非结构化
目标	效率	有效性
处理技术	以计算机为主进行处理	以人机会话为主进行处理
驱动方式	数据驱动	模型驱动
信息特征	组织全局的需要	决策者的特殊需要

5）决策支持系统的结构

（1）DDS 的概念结构。决策支持系统是由若干部件按一定的结构组合而成的，不同的部件与组合反映了不同 DSS 的功能，但它们必须建立在某种意义的概念模式上。DSS 的概念模式反映了 DSS 的形式及其现实世界、人和外部环境的关系。DSS 概念模式的建立是在开发最初阶段的工作，通过对决策问题和决策过程的系统分析来描述。图 1-4 表示决策支持系统概念模式的结构。

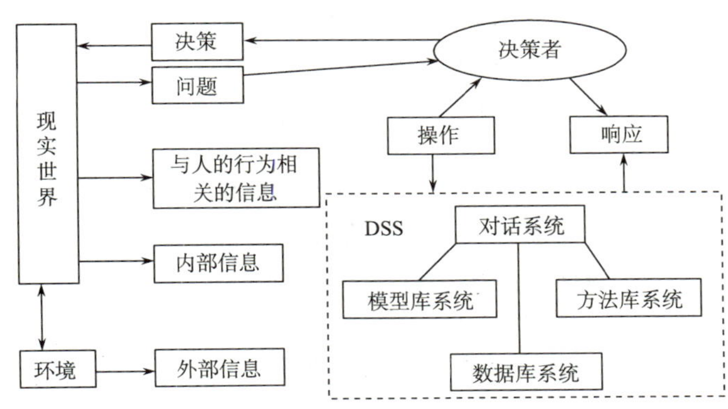

图 1-4　决策支持系统的概念结构

（2）决策支持系统的系统结构。一般来说，DDS 是由数据库、模型库、方法库和对话管理子系统构成，系统结构如图 1-5 所示。

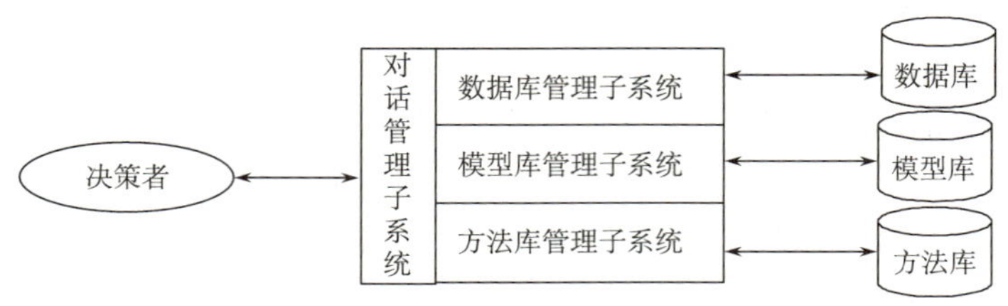

图 1-5 决策支持系统的系统结构

① 数据库子系统。它包含数据库、数据析取模块、数据字典、数据查询模块和数据库管理系统。数据库中存放的是与管理决策相关的数据集合，是支撑模型库子系统和方法库子系统的基础，是决策支持系统系统资源的重要部分。数据库管理系统负责管理和维护 DSS 中使用的各种数据，在模型运行的过程中所使用的数据，按其数据内容分类，分别建立数据仓库文件。运行的结果所产生的各种决策信息，常以报表或图形形式存放在数据库中，并增加时间维度来实现数据库的动态连续性。通过数据库管理系统有效地实现与模型库、方法库、知识库与决策者接口部方便、快捷的联结，实现数据的有效输出，以达到为各种决策服务的目的。

② 模型库子系统。模型库子系统是构建和管理模型的计算机软件系统，它是 DSS 中最复杂、最难实现的部分。DSS 的模型库及其模型库管理系统是 DSS 的核心，也是 DSS 区别于 MIS 的重要特征。DSS 模型的建立通常是随 DSS 解决问题的要求而定的，不同企业、不同层次的决策需求不一样，模型也就不一样。DSS 用户是依靠模型库中的模型进行决策的，因此，DSS 是“模型驱动”的，应用模型库的主要作用有：直接用于决策，对决策提出建议，用于估计决策实施后可能产生的后果。

③ 方法库子系统。它是存储、管理、调用和维护 DSS 中各个部件要用到的通用算法、标准函数等方法的部件。方法库中的方法一般以程序的方式存储。方法库管理系统包括方法的描述、存储、删除等问题。例如，物流决策支持系统常用的方法有预测方法（时序分析法、结构性分析法、回归预测法等），统计分析法（回归分析、主成本分析法等），优化方法（线性规划法、非线性规划法、动态规划法、网络计划法等）及数学方法等。

④ 对话管理子系统。对话管理子系统是 DSS 中用户与计算机的接口，在操作者、数据库、模型库和方法库之间起传送命令和数据的作用，其核心是人机界面。对话管理子系统的重要组成部分是对话生成和管理软件。

3. 专家系统

专家系统（expert system，ES）就像一个专家顾问一样征求信息，把这些信息应用到它已经学到的规则中去，然后得出结论。世界上第一个专家系统是 1965 年由美国斯坦福大学的 E. A. Feigenbaum 等研制的 DENDRAL 专家系统，该系统是帮助化学家推断分子结构的计算机程序，系统中具有非常丰富的高质量的化学知识，它解决问题的能力达到了同专业的化学家的水平，被广泛地应用于世界各地的大学及工业界的化学实验室。

1）专家系统的概念

专家系统是一类包含知识和推理的智能计算机程序系统，其内部含有大量的某个领域专家水平的知识与经验，能够利用人类专家的知识和解决问题的方法来处理该领域问题。也就是说，专家系统是一个具有大量专门知识与经验的程序系统，它应用人工智能技术和计算机技术，根据某一领域一个或多个专家提供的知识和经验，进行推理和判断，模拟人类专家的决策过程，以便解决那些需要人类专家处理的复杂问题。简而言之，专家系统是一种模拟人类专家解决领域问题的计算机程序系统。

2）专家系统的功能

根据定义，专家系统应具备以下几个功能：

（1）存储问题求解所需的知识。

（2）存储具体问题求解的初始数据和推理过程中涉及的各种信息，如中间结果、目标、子目标以及假设等。

（3）根据当前输入的数据，利用已有的知识，按照一定的推理策略，去解决当前问题，并能控制和协调整个系统。

（4）能够对推理过程、结论或系统自身行为做出必要的解释，如解题步骤、处理策略、选择处理方法的理由、系统求解某种问题的能力、系统如何组织和管理其自身知识等。这样既便于用户的理解和接受，同时也便于系统的维护。

（5）提供知识获取，机器学习以及知识库的修改、扩充和完善等维护手段。只有这样才能更有效地提高系统的问题求解能力及准确性。

（6）提供一种用户接口，既便于用户使用，又便于分析和理解用户的各种要求和请求。

这里强调指出，存放知识和运用知识进行问题求解是专家系统的两个最基本的功能。

3）专家系统的基本特征

一般来说，一个高性能的专家系统应具备如下特征：

（1）启发性。不仅能使用逻辑知识，也能使用启发性知识，它运用规范的专门知识和直觉的评判知识进行判断、推理和联想，实现问题求解。

（2）透明性。它使用户在对专家系统结构不了解的情况下，可以进行相互交往，并了解知识的内容和推理思路，系统还能回答用户的一些有关系统自身行为的问题。

（3）灵活性。专家系统的知识与推理机构的分离，使系统不断接纳新知识，从而确保系统内知识不断增长以满足商业和研究的需要。

4）专家系统的分类

（1）按知识表示技术可分为基于逻辑的专家系统、基于规则的专家系统、基于语义网络的专家系统和基于框架的专家系统。

（2）按任务类型可分为：

① 解释型：用语分析符号数据，进而阐明这些数据的实际意义。

② 预测型：根据对象的过去和现在情况来推断对象的未来演变结果。

③ 诊断型：根据输入信息来找出对象的故障和缺陷。

④ 调试型：给出已确定故障的排除方案。

⑤ 维修型：指定并实施纠正某类故障的规划。

⑥ 规划型：根据给定目标拟订行动计划。

⑦ 设计型：根据给定要求形成所需方案和图样。

⑧ 监护型：完成实时监测任务。

⑨ 控制型：完成实时控制任务。

⑩ 教育型：诊断型和调试型的组合，用于教学和培训。

4. 办公自动化系统

1）办公自动化系统的概念

办公自动化系统是利用先进的办公信息处理技术与设备，与办公人员一起构成服务于办公管理的人机信息处理系统。随着组织的发展，办公人员不断增长，办公经费不断增加，而办公效率却难以提高，这就需要充分利用 IT，提高办公效率和质量。

2）办公自动化系统的基本功能

办公自动化系统主要面向组织中的业务管理层，为各种类型的文案工作提供支持，通过应用信息技术，支持办公室的各项信息处理工作，协调不同地域之间、各职能间和各信息工作者间的信息联系，提高办公活动的工作效率和质量。

不同组织中的办公业务是不同的，所以，不同办公系统有很大的区别，但一般情况下，办公自动化系统都具有通过文字处理、桌面印刷、电子化文档进行文档管理，通过数字化日历、备忘录进行计划和日程安排，通过桌面型数据库软件进行数据库管理，通过电子邮件、语音信箱、数字化传真和电视会议等形式进行信息联络与沟通的功能。

3）办公自动化系统的基本结构

办公自动化系统具有多种结构。它不仅有单计算机结构、局域网结构、广域网结构，还有以互联网为基础的服务器/浏览器结构。这里以服务器/浏览器结构为例介绍办公自动化系统的基本结构，如图 1-6 所示。

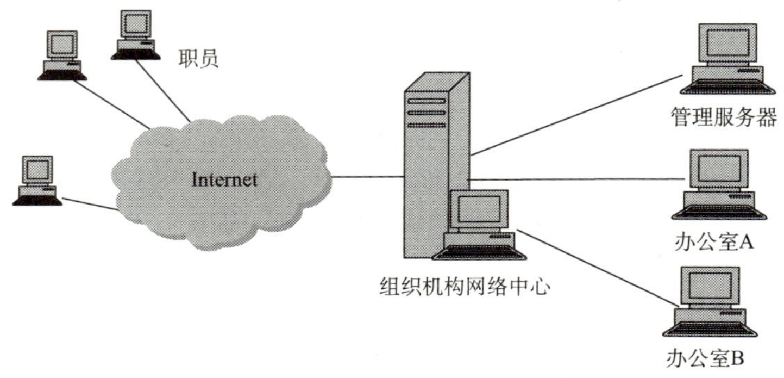

图 1-6　服务器/浏览器结构办公自动化系统的基本结构

在服务器/浏览器结构的办公自动化系统中，管理者将通知、报表、公告等提交给组织机构的网络中心，组织成员可随时随地利用任何一台能够上网的计算机，通过浏览器浏览管理者发出的信息，并将管理者所需要的数据和信息传给组织机构的网络中心。系统中的管理服务器是管理控制的核心，也是系统数据中心。

4）办公自动化软件

在办公自动化系统中，不仅需要计算机、传真机、复印机、打印机、电话、其他通信设备等硬件设备，还需要为处理办公室工作业务所必需的软件系统。

个人用OA软件包：这些软件主要包括文字处理、表格处理、一般数据处理、图形图像处理等常用软件工具，如Word、Excel、PowerPoint以及Photoshop等。

公文处理系统：用于公文的管理和收发。其主要功能有：① 文字处理：起草、修改、编排、打印各类文档。② 文档管理：指定一些反映文档特征的附加信息，便于文档的收发、保存、查询、统计等日常处理和特殊处理的需要。③ 资料管理：对存档文档建立必要的管理办法，使之成为系统的资料，便于使用、更新和销毁。

1.2　物流管理信息系统引论

物流的流动伴随着信息流的流动，而信息流又控制着物流的流动。手工作业不但繁重，而且容易出错，影响了物流的顺畅流转。计算机、网络、关系型数据库、条形码、EDI等技术的应用使得人工重复劳动和错误减少，效率提高，信息流流转加速。

1.2.1　为什么要建立物流管理信息系统

1. 物流管理信息系统的作用

物流管理信息系统整合了传统物流的功能性业务，诸如运输、仓储、配送、增值服务等内容，而且，采用供应链管理理论，达到满足客户需求，与客户建立起稳固的、长期合作的关系的目的。以信息网络技术为支撑的物流管理信息系统，能够优化供应链，降低流通成本，增加产业附加值，实现管理创新。物流管理信息系统的建设促进大型社会化的物流信息数据库和电子信息服务网络的建设，为企业以及政府制定政策和决策提供依据，有助于促进中介服务市场的发展和信用体系的形成，为我国电子商务发展提供基础。

通过物流管理信息系统的建设，可以提高物流企业以及生产流通企业的服务效率，带来巨大的经济效益，具体表现在以下几个方面：

（1）可以缩短从接受订货到发货的时间。

（2）可以使库存适量化。

（3）可以提高搬运作业效率和运输效率。

（4）可以使接受订货和发出订货更为省力。

（5）可以提高订单处理的精度，防止发货、配送出现差错。

（6）可以调整需求和供给。

（7）可以回答信息咨询。

(8) 能对物流进行追踪。

总之，物流管理信息系统强调从系统的角度来处理物流企业经济活动中的问题，把局部问题置于整体之中，求整体最优化，并能使信息及时、准确、迅速送到管理者手中，提高管理水平。

2. 物流管理信息系统的背景

1) 物流管理信息系统的商业背景

在竞争日益激烈的市场上，如何整合上游供应商与下游客户，缩短物流过程，降低产品库存，加速对市场的反应，这是所有企业所面对的问题。然而，在过去，很多企业对商品的物流环节的管理都相对薄弱，对物流资源没有统一计划和整合，导致物流、信息流、资金流不能有序畅通，当市场发生变化时，不能快速进行产品调整。

针对这些问题，有必要为中小型供应商、制造商、分销商和商业贸易商提供一套物流管理信息系统，用物流管理信息系统将库存管理、供应链管理和分销管理整合起来，将物流、信息流、资金流在制造商、供应商、分销商、批发商、零售商、仓储和客户组成的网络中进行协调和集成管理，从而实现商品在流通领域中的全过程管理，优化合作伙伴的合作关系，进而提高企业的竞争能力。

2) 物流管理信息系统的技术背景

物流不仅仅是把货物从一个地方移动到另一个地方，更重要的是把货物移动的相关信息准确地传递给合作伙伴和最终客户，根据需要及时动态地优化调整物流，而信息技术在这一点上起到了非常关键的作用。

同时，网络技术的日益发展，使人们对通过网络获取信息的依赖性逐渐变强，这不仅体现在获取和提交信息量的增大，更体现在对获取信息的实时性和方便性的迫切需求上。为此，人们从硬件、软件和网络等各个方面都做了不懈的努力。

(1) 在硬件方面，出现了更多便携式的移动设备，如笔记本电脑、掌上电脑、个人数据助理（personal digital assistant，PDA）等，这些移动设备称为可移动计算机(mobile computer)。

(2) 在软件方面，出现了诸如 Palm OS、Windows CE、Web Browser 等适用于移动客户端的操作系统以及针对移动条件的数据库管理软件。

(3) 在网络方面，发展了各种无线通信网络，并综合利用固定网络和无线网络两者来传输数据，实现了固定网络和无线网络的无缝连接。

另外，20 世纪 80 年代中期，数据仓库概念的提出为信息分析奠定了基础，并为数据驱动型的决策支持提供了数据基础。例如，沃尔玛（Wal-Mart）的数据仓库始建于 20 世纪 80 年代，1988 年数据仓库容量为 12 千兆字节（GB），到 1997 年达到 24 兆兆字节（TB），所以沃尔玛的成功较大程度上取决于利用数据仓库对商品购物篮进行分析(marketing basket analysis)，找到了不同商品购买的相关性，从而进行商品摆放等问题的决策。由此可见，数据仓库的出现为企业高层决策提供了支持和帮助。

物流管理信息系统就是利用信息技术，把大量的、多变的数据，进行快速、准确、及时的采集、分析和处理，大大提高了管理能力和客户服务水平，提高了物流质量，促进了合作伙伴之间的协调。

3）物流管理信息系统的社会背景

随着社会经济的发展和科学技术的进步，产业结构不断地发生变化。新产业的出现意味着生产专业化得到进一步发展和新产品出现，这要求物流管理信息系统为适应新产业的需要不断加以革新，顺应发展。

法律作为物流发展的外部因素，是建立在经济基础之上的上层建筑，它是通过国家强制力保证实施的行为规范的总和。法律的逐步建立与完善，对物流业的高速、有序发展起到了保驾护航的作用。

20 世纪 90 年代电子商务的兴起，对世界范围的经济活动产生了巨大的影响。电子商务时代的中国物流业的高速发展、物流管理信息系统建设的进一步开展都将带动整个国家经济的发展。

3. 物流管理信息系统对企业的影响

基于互联网和信息技术的物流管理信息系统，由于其投入相对少，又能显著提高企业物流的运营效率和管理水平，越来越多的企业及第三方物流公司（3rd partner logistics，3PL）愿意采纳这项集管理和 IT 为一体的系统。

然而，众多企业并未对物流及物流价值存在真正的认识，从而影响了企业开展物流活动。表 1-2 将从仓储的管理、运输与发货管理、劳动力资源管理、信息处理管理等影响再生产、销售环节的方面着手，分析各自对企业所带来的影响。整个物流过程是一个多环节的复杂系统。通过建立物流管理信息系统，达到全局库存、订单和运输状态的共享与可见性，以降低供应链中的需求订单信息畸变现象，加快供应链的物流响应速度。企业在采用 3PL 时，在保证信息安全的前提下，也要同 3PL 服务企业建立信息平台，以实现信息的共享。

表 1-2　物流管理信息系统各方面对企业的影响

系统各子系统	影响
仓储的管理	管理仓库的收发、分拣、摆放、补货、过库等，同时可以进行库存分析、与财务系统集成；帮助企业实现“逆向物流”（返修、回收等）
运输与发货管理	优化运输模式组合，如空运、陆运或水运等，寻求最佳的运输路线。可实现在途物品的跟踪，并在必要时调整运输模式，实现车队管理、运输计划、调度与跟踪、与运输商的电子数据交换（信息集成）
劳动力资源管理	能发挥人力资源的潜力，提高劳动生产率，建立员工的培训系统和绩效评估系统
信息处理管理	能完成大量的信息处理工作，包括数据收集、数据传输、数据存储、数据加工、信息输入输出

更关键的是，物流管理信息系统各子系统的整合采用最优化理论，将会使企业在物流的各个环节上综合考虑，制定全局优化的物流策略或物流执行指令，使各环节相互协调并保证物流信息畅通，从而保证物流活动正常而有规律地进行，最终实现物流价值。

1.2.2 什么是物流管理信息系统

1. 物流管理信息系统概念

物流管理信息系统是众多的应用管理信息系统之一，隶属管理信息系统的范畴，但有其自身的特点。

定义 1.1 广义上来说，物流管理信息系统应包括物流过程的各个领域的信息系统，包括运输、仓储、海关、码头、堆场等，是一个由计算机、应用软件及其他高科技设备通过全球通信网络连接起来纵横交错的立体的动态互动的系统。

定义 1.2 狭义上说，物流管理信息系统只是管理信息系统在某一涉及物流的企业中的应用，即某一企业（物流企业或非物流企业）用于管理物流的系统，是通过对与物流相关的信息进行加工处理来实现对物流的有效控制和管理，并为物流管理人员及其他企业管理人员提供战略及运作决策支持的人机系统。

定义 1.3 物流管理信息系统简称物流信息系统（logistics information system，LIS)，是根据物流管理运作的需要，在管理信息系统的基础上形成的物流系统信息资源管理、协调系统。它是一种通过各种方式选择、收集、输入物流计划的、业务的、统计的各种有关数据，经过有针对性、目的性的计算机处理，即根据管理工作的要求，采用特定的计算机技术，对原始数据处理后输出对管理工作有用的信息的系统。

定义 1.4 以采集、处理和提供物流信息服务为目标的系统，即可以采集、输入、处理数据，可以存储、管理、控制物流信息，可以向使用者报告物流信息，辅助决策，使其达到预定的目标。

综上所述，我们定义物流管理信息系统是指在一定时间空间内，由人和计算机等组成的对物流信息（包括空间信息）进行收集、传送、存储、加工、维护和使用的系统，是物流系统的重要组成部分之一。其作用是实现物流系统中各环节的有机衔接与合作，提高物流活动的效率，降低物流服务的成本，它是整个物流系统的神经中枢，在现代物流业中发挥着突出重要的作用。

2. 物流管理信息系统的分类

下面，我们从不同的角度对物流管理信息系统进行分类。

1）按管理决策的层次分类

按决策的层次进行划分，物流管理信息系统可以分为物流作业管理系统、物流协调控制系统和物流决策支持系统，如图 1-7 所示。这里，各系统的功能侧重不同，但又相互关联。

（1）物流作业管理系统。物流作业管理系统面向企业的作业层，主要实现物流业务各环节的基本数据输入、输出、处理，解决将手工作业电子化的问题。例如，客户向物流企业发出委托信息，物流企业将委托信息输入系统，并通过作业管理系统发出相应的业务指令（如搬运、装卸、存储、交货、签发运输单证、打印和传送付款发票）、记录作业情况和结果。

（2）物流协调控制系统。物流协调控制系统面向企业的中间管理层。在控制系统层面，对各业务子系统进行控制以协调各子系统协同运行。这包括对输入输出的控制、权

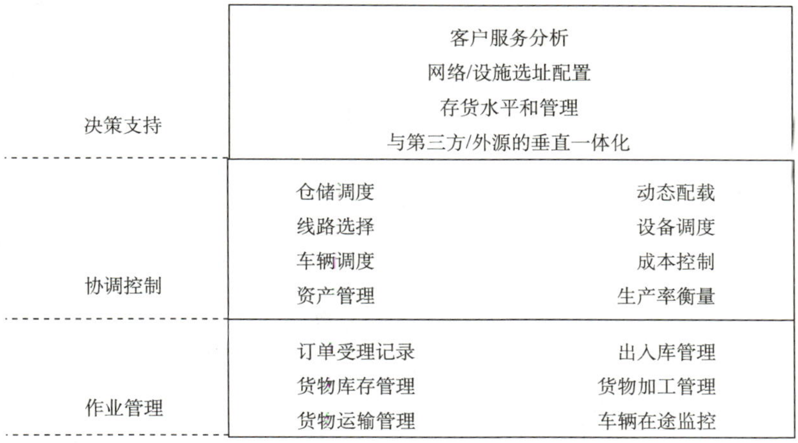

决策支持	客户服务分析 网络/设施选址配置 存货水平和管理 与第三方/外源的垂直一体化	
协调控制	仓储调度 线路选择 车辆调度 资产管理	动态配载 设备调度 成本控制 生产率衡量
作业管理	订单受理记录 货物库存管理 货物运输管理	出入库管理 货物加工管理 车辆在途监控

图 1-7　物流管理信息系统按决策层次分

限的控制、信息传递方向的控制等，还包括根据积累的历史数据，按照一定的优化模型进行业务操作的优化和业务流程的优化。例如，控制系统收到客户的货物入库操作指令后，系统可根据货主的指令内容、货物属性、仓储要求、货位情况以及当时的设备状态、作业能力、人员忙闲等情况，按照一定的优化模型进行货位指定、作业调度，指导整个验收入库业务。

(3) 物流决策支持系统。物流决策支持系统面向企业的高级管理层，主要用以辅助管理层的决策。通过对基础业务数据进行提炼，运用相应的模型分析计算物流费用、时间、效率等数据，设计和评价各种物流方案，对货流、存货进行预测，可以有效地支持决策者的决策。

2) 按系统的应用对象分类

供应链上不同的环节、部门（图 1-8）所实现的物流功能都不尽相同。根据在供应链上发挥的作用和所处的地位，物流管理信息系统可以分为面向制造企业的物流管理信息系统，面向零售商、中间商、供应商的物流管理信息系统，以及面向物流企业的物流管理信息系统。

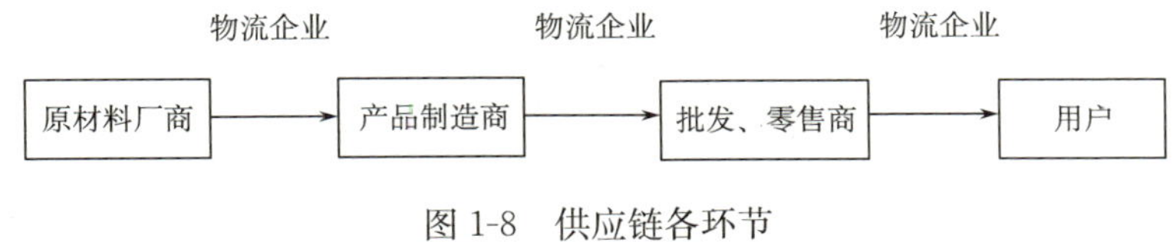

图 1-8　供应链各环节

(1) 面向制造企业的物流管理信息系统。制造企业在供应链中处于中间环节。在其物流业务管理中，既包括组织原材料、物料、日常耗用品等的供应链物流，也包括完成产品销售供货的销售物流，同时还包括在生产过程中的包装、搬运、存储等生产物流。

制造企业根据其销售情况确定生产计划后，就须对需要的原材料物资制定采购计划以配合生产进度，同时储备一定数量的产品以供应销售。当企业的生产管理系统将生产计划、采购计划、销售计划设计出来后转入物流系统，物流系统将采购计划、销售计划分解并设计成物流计划，然后对物流计划进行执行、监督直至生产、销售完成，这样的过程交替出现、互相衔接。

(2) 面向零售商、中间商、供应商的物流管理信息系统。零售商、中间商、供应商本身不生产商品，但他们为客户提供商品、为制造商提供销售渠道，是客户与制造商的中介。专业零售商为客户提供同一类型的商品，综合性的零售商如超市、百货商店为人们提供不同种类的商品，这样的企业经营有商品种类多、生产地点分散、消费者群体分散的特点。面向零售商、中间商、供应商的物流管理信息系统是对不同商品物流配送的进、销、存进行管理的系统。

(3) 面向物流企业的物流管理信息系统。在供应链中专门提供物流服务的物流企业发挥着重要的作用。这类企业包括船公司、货代公司、拖车公司、仓储公司、汽运公司、空运公司、专业的第三方物流企业等。这些企业提供的是无形的产品——物流服务。因此，面向这些不同的物流企业的物流管理信息系统各有不同，可以进一步划分为仓储管理系统、海运管理系统、汽车运输管理系统、铁路运输管理系统、货代管理系统、报关管理系统等。

3) 按系统采用的技术分类

物流管理信息系统的实现有多种形式。根据其采用技术的不同，可以分为单机系统、内部网络系统以及与合作伙伴和客户互联的系统，还可从不同的角度对物流管理信息系统进行分类。总之，它们之间不是完全独立的，而是相互重叠、相互结合的。它们统一地构成了物流管理信息系统的分类体系，如图 1-9 所示。

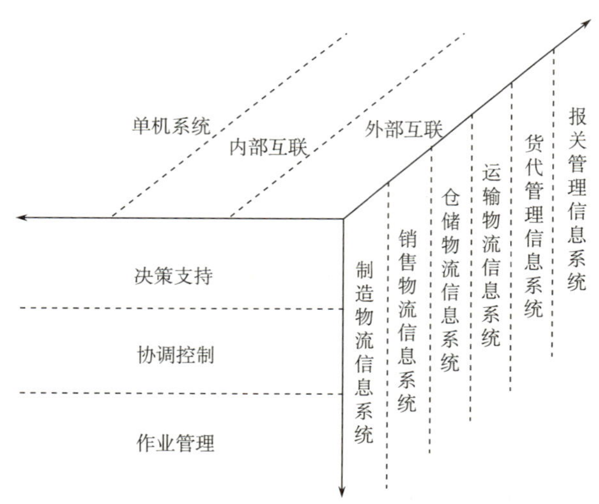

图 1-9 物流管理信息系统的分类

(1) 单机系统

在这种模式下，系统的应用也往往只限于料账管理、打印报表和简单的统计。物流管理信息系统与企业其他系统（如财务、人事等系统）的运行各不相干、各自独立运行。这时，物流企业虽然解决了手工制作单证的问题，但内部数据往往难以实现共享，存在大量重复劳动，可能造成同样的数据需要在不同的系统中重复输入的情况。

（2）内部网络系统

这类系统在物流企业中常常采用大型数据库技术及网络技术。内部局域网建成后，物流企业各部门间的信息流动基本实现无纸化，内部数据可以比较好地实现共享。物流企业内部不同地区的子公司之间可以采用企业内联网（Intranet）技术，利用增值网络，将企业分布在不同区域的机构有机地结合在一起，同时结合Internet技术，随时随地向客户和公司的管理层提供所需要的各种信息，从而保证供应链各环节的有机结合。数据的整合和共享无疑能够大大地提高企业的整体效率。

（3）与合作伙伴和客户互联的系统

在这种模式中，企业内部网络系统与外部的其他合作伙伴及客户的管理信息系统（如ERP）的接口已做好，数据可通过专门的通信通道进出物流企业，形成了物流企业的企业外部网（Extranet）。此种系统将企业内部网络Intranet和Internet有机地结合在一起，充分利用Internet技术所带来的便利，以较低的成本和能够迅速扩张的能力，为公司的管理层和合作伙伴以及客户提供各种信息。

3. 与物流管理信息系统相关的几个概念

1）物流

1935年，美国销售协会最早对物流进行了定义："物流（physical distribution）是包含于销售之中的物质数据和服务于从生产地到消费地流动过程中伴随的种种活动。"1986年，美国物流管理协会（National Council of Physical Distribution Management，NCPDM）改名为C. L. M（The Council of Logistics Management），将"physical distribution"改为"logistics"，其理由是"physical distribution"的领域较狭窄，"logistics"的概念则较宽广、连贯、整体。改名后的美国物流协会（C. L. M）1988年对"logistics"所做的定义是："对高效、低成本地将原材料、在制品、成品等由出产业地至消费地的流动和储备以及与其有关的信息流，进行的计划、实施和控制过程，以达到满足用户需求的目的。"

"物流"这个概念，最初是日本经济界于20世纪50年代中期从美国的"physical distribution"（缩写为PD）翻译过来的。PD按直译应为"物资分配"、"实物分布过程"，但在日本它被译为"物流"，并在社会上广泛使用。物流的概念可以这样解释："物流"是指物的流动，但并不是"物"和"流"的简单组合。这里说的"物"，是指所有的物质资料，包括一切积累的社会劳动产品和用于社会生产与消费的各种各样的商品，它是社会财富的主要构成都分，也是发展生产、增加国民财富的物质基础；"物流"概念中的"流"，是指物质资料的流动，即物质资料从供给者向需要者的空间位移，是创造时间性、场所性的一定加工性价值的经济活动。从物流的范畴来看，物流的组成要素主要包括包装、装卸、保管、库存管理、流通加工、运输、配送、信息管理等诸种活动。在我国，物流概念只是在近些年才被采用和为社会广泛接受。我国国家标准（修订版）关于物流的定义是："按用户要求，将货物从供应地向需要地转移的过程。它是运输、储存、包装、装卸、流通加工、信息处理等相关活动的结合。”

2）物流信息的分类

物流的分类有很多种，信息的分类更是有很多种，因此物流信息的分类方法也就很多。

(1) 按不同物流功能分类。按信息产生和作用所涉及的不同功能领域分类，物流信息包括仓储信息、运输信息、加工信息、包装信息、装卸信息等。对于某个功能领域还可以进行进一步细化，如仓储信息分成入库信息、出库信息、库存信息、搬运信息等。

(2) 按信息环节分类。根据信息产生和作用的环节，物流信息可分输入物流活动的信息和物流活动产生的信息。

(3) 按信息的作用层次分类。根据信息作用的层次，物流信息可以分为基础信息、作业信息、协调控制信息、决策支持信息。基础信息是物流活动的基础，是最初的信息源，如物品基本信息、货位基本信息等。作业信息是物流作业过程中发生的信息，这些信息的波动性大，具有动态性，如库存信息、到货信息等。协调控制信息主要是指物流活动的调度信息和计划信息。决策支持信息是指能对物流计划、决策、战略具有影响的统计信息或宏观信息，如科技、产品、法律等方面的信息。

(4) 按信息加工程度的不同分类。按加工程度的不同，物流信息可以分为原始信息和加工信息。原始信息是指未加工的信息，是信息工作的基础，也是最有权威性的凭证性信息。加工信息是对原始信息进行各种方式和各个层次处理后的信息，这种信息是原始信息的提炼、简化和综合，利用各种分析工具在海量数据中发现潜在的有用的信息和知识。

3）物流信息的管理

物流信息管理是对物流信息进行采集、处理、分析、应用、存储和传播的过程，也是将物流信息从分散到集中、从无序到有序的过程。其具有以下六个方面的要求：

(1) 可得性。保证大量分散、动态的物流信息在需要的时候能够容易获得，并且以数字化的适当形式加以表现。

(2) 及时性。随着社会化大生产的发展和面向客户的市场策略变化，社会对物流服务的及时性要求也更加强烈。物流服务的快速性、及时性又要求物流信息必须及时提供、快速反馈。及时的信息可以减少不确定性，增加决策的客观性和准确性。

(3) 准确性。物流信息的不准确所带来的决策风险有时比没有信息支撑的拍脑袋决策更大。

(4) 集成性。物流信息的基本特点就是信息量大，每个环节都需要信息输入，并产生新的信息进入下一环节。所涉及的信息需要集成，并使其产生互动，实现资源共享、减少重复操作、减少差错，从而使得信息更加准确和全面。

(5) 适应性。适应性包含两个方面的内容：一是指适应不同的使用环境、对象和方法；二是指能够描述突发或非正常情况的事件，如运输途中的事故、货损、出库货物的异常变更、退货，临时订单补充等。

(6) 易用性。信息的表示要明确、容易理解和方便应用，针对不同的需求和应用要有不同的表示方式。

4）物流管理信息系统的特点

物流管理信息系统除了具有管理信息系统的一般特点外，还拥有自身的一些特点包括：一体化、模块化、实时化和网络化。实时化是借助于编码技术、自动化识别技术、GPS 技术、GIS 技术等现代化物流技术对物流活动进行准确实时的信息采集。网络化指基于因特网的物流管理信息系统能够将上下游企业和客户统一到虚拟网络社会上来，世界各地的客户足不出户，便能在线查找、购买、跟踪所需商品。

1.2.3　物流管理信息系统层次与结构

1）物流管理信息系统的层次

处在物流系统中不同管理层次上的物流部门或人员，需要不同类型的物流信息。因此，一个完善的物流管理信息系统通常应具有以下五个层次，如图 1-10 所示。

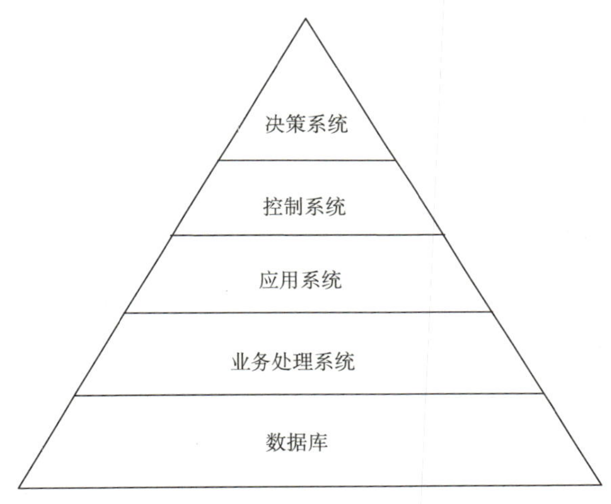

图 1-10　物流管理信息系统的层次结构

（1）数据库。数据库是整个物流管理信息系统的基础。收集、加工的物流信息存储在数据库中。

（2）业务处理系统。业务处理系统对数据库中的各种数据如合同、票据、报表等进行日常处理。

（3）应用系统。应用系统对经过业务处理过的信息进行实际的应用，如进行运输路径选择、制订仓库作业计划、实施库存管理等。

（4）控制系统。控制系统制订评价标准，建立控制与评价模型，根据运行信息监测物流系统的状况。

（5）决策系统。决策系统建立各种物流系统分析模型，辅助高层管理人员制订物流战略计划。

2）物流管理信息系统的体系结构

在物流管理信息系统的系统结构中，物流服务应用为一层次结构，其中每个层次自底向上提供服务和支持，如图 1-11 所示。

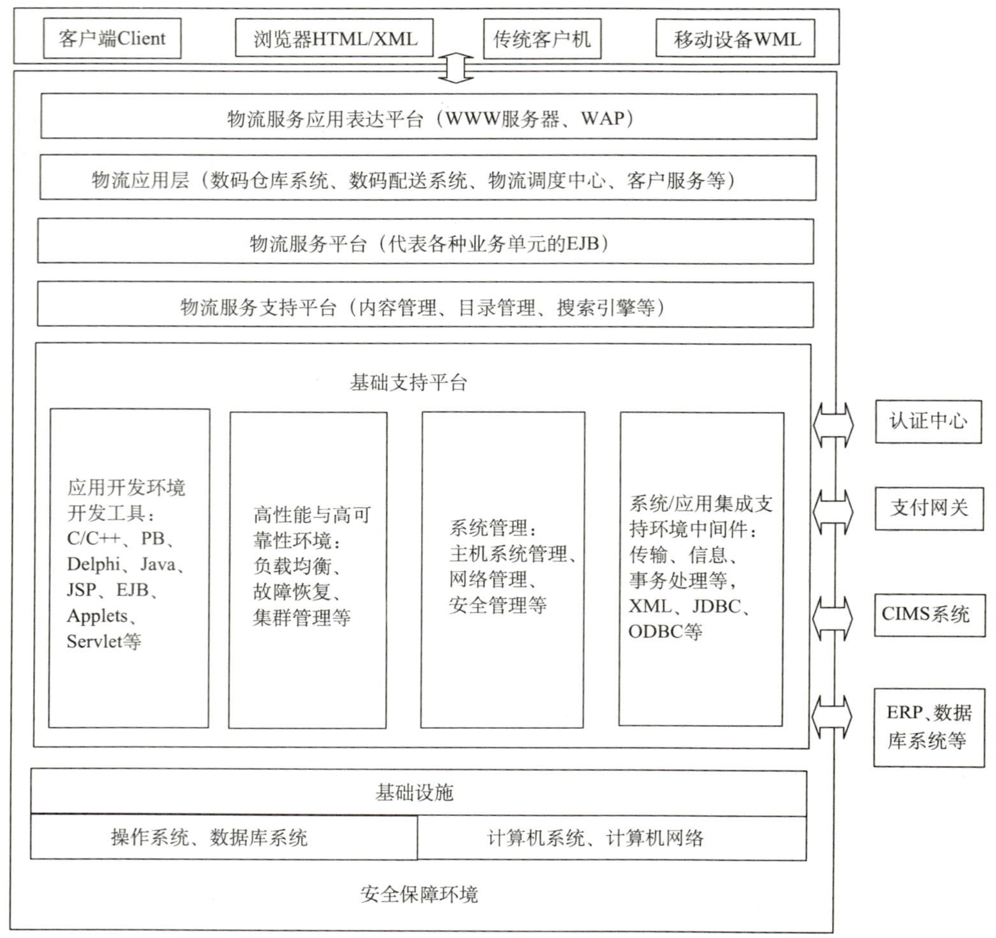

图 1-11　物流管理信息系统的体系结构

（1）安全保障环境。提供对抗攻击、防止或者避免非法入侵的作用。对信息平台的计算机系统、网络和应用系统提供安全保障，以确保信息平台安全稳定的运行。

（2）基础设施。基础设施层是信息平台的运行环境。它包括条形设备、GPS 设备、计算机、网络等硬件环境，操作系统、数据库管理系统等软件环境，同时该部分还包括各种网络协议。

（3）基础支持平台。这部分又被称为基础支持层，其作用是使信息平台系统的性能、效率和数据得到保证。它提供四种基本支持，即系统开发与维护环境、系统性能优化、系统可管理行和可靠性、应用的可操作性。

（4）物流服务支持平台。该平台又可称为服务支持层。这一层的作用是提高平台效率。它为信息平台和物流系统的应用软件提供辅助功能，简化应用程序开发。

（5）物流服务平台（又可称为服务层）。它是由一系列的可复用业务单元软件构件组成。这一层直接为应用系统提供服务，优化应用层的功能，是服务支持平台的必要补充。

(6) 物流应用层。这是信息平台的核心部分，又称为商务应用层。它实现系统的核心业务逻辑。该层通过定制各种业务流程，调用服务层的可复用业务单元软件构件来实现各种应用。

(7) 信息表达层。该层的作用是为商务应用层提供客户端表达支持，将应用层的各种物流逻辑处理结果以不同的形式提交给客户端，并负责完成物流服务系统与其服务器的交互。

(8) 客户端。该层是客户接受服务的终点，由各种客户端构成，包括浏览器（支持HTML或XML的瘦客户机）、支持WML的移动终端、Java客户机和传统的客户机。该层次负责对系统处理的结果做最终解释。

(9) 外部系统。外部系统主要是指与物流管理信息系统发生数据交换的其他信息系统。它包括银行的支付网关（payment gateway），客户认证中心（certification authority，CA），税务网关、海关网关等政府机关网关，物流CIMS控制系统以及企业其他合作伙伴的信息系统等。它负责完成两方面的任务：一是与物流管理信息系统配合完成联机交易中的支付、认证、赋税、报关等过程；二是通过信息交换完成企业间的协同工作，进而在企业间形成以网络为基础的虚拟共同市场。

1.2.4 实现管理信息系统的条件与技术接受模型

下面仅给出几个建立物流管理信息系统的基本条件。

1. 科学的管理基础

物流技术是在将信息流、资金流直接使用于加工制造业、仓储配送业，运用现代化的管理技术进行科学化管理的基础之上发展起来的。企业运用先进的物流技术建立全面而高效的物流管理信息系统能将大量数据高速、准确地进行各种加工处理，变为对人们有价值的信息。但是，只有输入的数据准确、完整，才能得到真实地反映客观情况和具有指导意义的输出结果。因此，只有在合理的管理体制、完善的规章制度、稳定的生产秩序、科学的管理方法及准确的原始数据基础上，才能真正发挥信息系统的有效作用。

2. 一把手原则

一把手原则要求让一把手来推动信息系统建设。如果根本不知道信息系统能够带来什么好处，让一把手给予支持自然也就困难了。如果企业领导自己使用了以后能够亲身感受到信息化所能够带来的好处，那么，他就有推动信息系统建设的动力。同时由于系统建设涉及部门间的协调、利益的分配和流程的变革，没有一把手的支持系统很难建立和运行。海尔物流信息化的建设是基于流程的优化，提高对客户的响应速度来进行的，所以应用面涉及海尔物流很多部门，推行新流程的阻力非常大。海尔物流的信息化建设是一把手工程，企业领导亲自在现场发现问题，亲自推动，保证了信息化实施的效果。

3. 一支队伍

培养一支专门从事物流管理信息系统建设的高素质专业人才队伍是建立物流管理信息系统的又一基本条件。物流管理信息系统的建设主要依靠具备管理知识和计算机知识，并能熟练掌握先进的系统分析与设计理论、技术和方法的信息系统开发人员。另外，专业队伍的结构也相当重要，专业人员包系统分析员、系统设计员、经济模型设计员、程序员、数据员、系统操作人员，以及机房内负责硬件、软件安全运行的技术人员等。

只有建立一支具有较高技术水平和较强业务能力的专业化队伍，才能保证物流管理信息系统的建设向专业化、现代化、高科技化发展。

4. 资源保证

物流管理信息系统需要硬件、软件、资金资源和信息资源等来保证系统的开发和运转。

5. 系统能被接受——技术接受模型

物流管理信息系统既是一个技术系统，又是一个社会系统，能否成功地构建物流管理信息系统还需要考虑这种技术系统被用户接受的程度。F. D. Davis 在著名的管理信息系统季刊发表了论文解释这一问题。他运用理性行为理论研究用户对信息系统接受程度时，提出了两个主要的决定因素：①感知的有用性（perceived usefulness），反映使用该系统对工作业绩提高的程度；②感知的易用性（perceived ease of use），反映使用一个具体系统的容易程度。这一模型被称为技术接受模型（technology acceptance model，TAM），如图 1-12 所示。

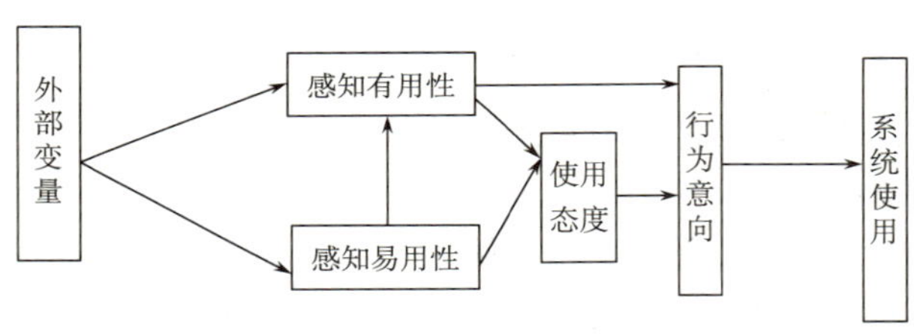

图 1-12 信息系统技术接受模型

要采用新型 IT 技术与物流技术来建立物流管理信息系统就需要分析用户接受的程度。为了提高成功率，技术人员可以通过调查问卷等实证的方法来收集数据，分析 LMIS 的 TAM 模型中相关关键影响因素，从而提高使用 LMIS 的成功率。

1.3 物流管理信息系统与信息系统的关系

信息系统和物流管理信息系统之间的关系如下：

1. 信息系统为物流管理信息系统提供公共关键技术

物流管理信息系统是信息系统的一个子集，其使用的公共关键技术包括计算机网络、数据库管理系统、部分公共开发平台、数据的安全与备份等。

2. 物流管理信息系统作为信息系统的特殊系统又有独特性

物流管理信息系统对于空间数据的处理和自动采集的要求又高于一般的信息系统，它对于位置信息也更加关心，因此在后面将要重点分析这些技术特点。

在流通业，基本上是以服务客户为主的行业，对本身各项商品状态的掌握与客户需求信息的提供，都是首要考虑的因素。一般而言，物流管理信息系统，具有下列较一般信息系统不同的地方。

1）动态的物流信息

物流管理信息系统，除了正常提供各种商品的库存量、配送时间、价格、已订购商品等信息，最主要的功能是希望随着营运状态的变化，随时提供最新信息。例如，接订单时，除了要有库存资料外，还要扣除已接受但尚未拣货的数量，再加上下批次拣货前可能的到货数量，来决定是否有足够的数量提供新订单，最好还能预估下批次拣货的时间、总重量与材料，配送车辆的载运能量是否足够，以计算出订单的可能送货时间，甚至通过无线电话或全球定位系统，随时掌控每辆货车的位置。这种高度动态性的要求，并非一般信息系统所需，但在物流业中，这正是提供客户完整而即时的服务的关键所在。

2）密集的位置和属性信息收集

在物流业中，针对商品的移动与处理，每一步骤都要有记录，也就是前面所说的控制点。例如，大家熟知的联邦快递，自收件后就通过条形码一路记载其位置状态，任何时间客户询问时均可回答出文件在何处，何时可送到，而不是仅知道在递送中。物流企业的营运也是这样。物流管理信息系统应能追踪每张订单目前的处理状态和未来所需的处理时间，以便回答客户的询问，并精确地掌握送货时间，以满足客户的需求。

3）采用优化调度模型

一般的信息系统通常仅将交易资料做成一些报表，很少在作业研究上应用数学模型，如线性规划、动态规划、最小路径、系统模拟等，但这些模型对物流企业的日常营运却十分管用。例如，储位管理中提到，每一商品栈板的摆放位置都要考虑该商品客户需求的频率，经常需要用到的应放置于靠近出口处，使吊车取货的平均行走距离或取货时间最短，但因商品不停地进出，订单到达与需求量都是随机的，所以必须用数学模型来统计分析目前的状态，以决定每一商品栈板的最佳摆放位置，碰上商品数目变更，或订单状态改变，均需不停地调整。

4）物流信息的明细多

在物流企业的日常运营中，各管理阶层都需要详细的信息来作决策，不像大多数信息系统对高层管理人员仅提供汇总的信息，如银行各分行对总行仅提供存放款总额，总行各层管理者也不需要知道分行中各户头的进出情况。但是在物流企业中，绝大多数的情形下，管理层均需要了解到底哪种商品缺货，或是哪条路线送货延误，那个客户对订单有抱怨，知道了真正的原因后，才能采取改善的方案。

3. 物流管理信息系统和信息系统相互融合

物流管理信息系统既有信息系统本身的知识，又不同于一般的信息系统，它被不断加入了新的内容。管理信息系统分析和设计理论和工具已经高度融合。

1.4　物流管理信息系统在邮政中的应用

作为传统行业的中国邮政本身就是我国物流的一部分，有着得天独厚的优势，如覆盖全国的网络、诚实可靠的信誉、真正的“三流合一”、丰富的传统 B2C 经验，但与优势并存的却是严峻的体制落后、技术老化、负担过重等诸多劣势。因此解决办法就是：发展电子邮政（E-post），与优秀的 IT 厂商联手打造信息化邮政行业。

北京市邮政速递总公司（北京 EMS）是国内最大的邮政特快专递国际互换处理中心。北京邮政 EMS 物流中心（以下简称“物流中心”）是北京邮政速递总公司下属的一个新兴企业，主要经营特快专递、同城速递、普邮、代收货款、国内长途货运、网上购物递送等业务，业务活动涉及客户、电子商务网站、供应商、邮政投递网和综合计算机网、185 特服台等多方实体。随着业务类型进一步多元化，其已经真正成为一个典型的集仓储、物流、配送为一体的综合性商务配送组织。

1. 物流中心传统业务

下面是一个典型业务——快递业务流程说明，如图 1-13 所示。

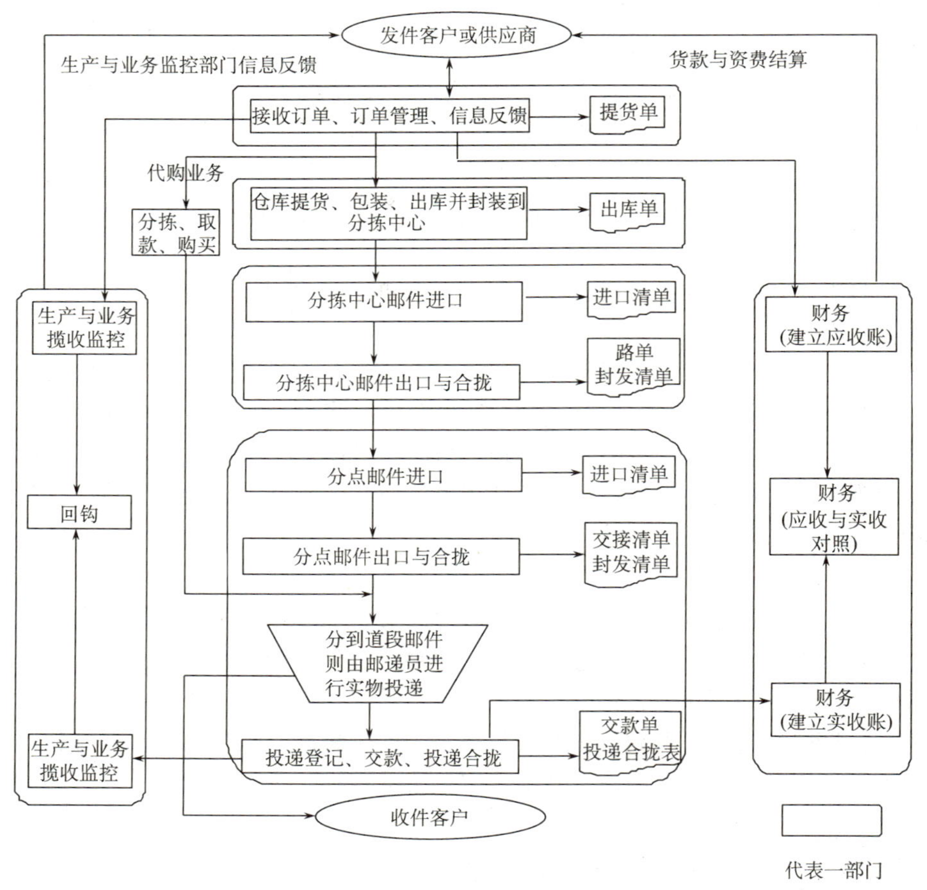

图 1-13　物流中心快递业务流程图

总的来说，物流中心业务有以下特点：

（1）具有一个或多个分拣（配送）中心负责邮件（或其他业务）的不同程度加工与中转，同时企业又具有若干个分点进行邮件（或其他业务）的揽收并最终投递到户；各分点之间也可以不通过分拣中心而直接进行业务交接。

（2）邮件交接过程遵循邮政EMS的典型流程，包括进口出口、分拣封发、核对、平衡合拢、投递到户等。

（3）在符合EMS典型流程的同时，又具有订单接收、仓储库存、代收货款、客户结算、代理货运等自身特色业务。

（4）业务类型多，配送货物品种纷繁复杂，客户范围广且需求各异，信息处理量大。

（5）在物流中心内部运作的同时，要与外部资源（如大宗客户、货物供应商、总局等）进行业务往来。

（6）总部、中心、分点、仓库地理分布不集中。

（7）分点数量将要急剧扩张。

2. 物流管理信息系统的建立

为了使物流中心在经营活动过程中避免现有资源未充分利用、生产不规范、效率较低和缺乏有效的内部管理措施等问题，北京邮政EMS总公司与IT系统集成商、应用软件开发商——汇杰国际有限公司合作，于2001年及时推出“E-delivery 物流配送管理平台”。

1）系统功能模块

确定系统的整体架构：以邮件在各环节流动为主线，以各种单据回收和财务款项核对为控制手段，通过灵活、快速、准确地向客户提供信息反馈来提高企业在物流行业中的竞争力。

系统共分九大模块：订单模块、仓储模块、生产管理、业务管理、财务管理、系统管理、决策分析、互联网访问、主监控台。这九大模块共含50多项功能，涉及物流中心业务管理的方方面面。同时以B/S与C/S混用的综合架构实现了企业级分布数据的集中管理。

2）系统特点

（1）系统采用了系统级、数据库级、应用级三级权限，安全性高、责任明确。

（2）条码扫描技术的应用。

（3）界面样式及操作方式通用一致、易学易用，完善、灵活的查询、统计。

（4）在现有资源的利用、设备选型、网络架构、软件选择等方面充分考虑了经济可行性，同时在软件设计、实现等方面尽量结合物流中心现场情况做到具有实用性。

（5）系统在网络架构、数据库选择等方面具有很强的扩展性。

（6）普遍性与特殊性，在符合邮政传统应用的同时又充分满足了物流中心作为一相对独立企业的灵活性需求。

系统自2001年7月采用了“总体设计、全盘考虑、分步实施、逐步完善”的原则全面实施以来，改善了企业内部经营，降低了运作成本，规范了企业行为，促进了行业发展，改善了企业形象，取得了显著的经济与社会效益。

思考练习题一

(1) 什么是信息技术？信息技术在物流管理中有何作用？

(2) 什么是信息系统？信息系统有何特点？信息系统有哪些功能和类型？

(3) 诺兰的信息系统发展阶段论包括哪几个阶段？对物流企业信息系统建设有何作用？

(4) 计算机辅助管理经历了哪些过程？

(5) 举例说明有哪些典型的信息系统。

(6) 什么是物流管理信息系统和管理信息系统？说明两者之间的关系。

(7) 建立物流管理信息系统有哪些基本条件？

(8) 请利用技术接受模型，写一篇中国最新的物流管理信息系统或者基于新型 IT 的管理信息系统的实证分析论文。

(9) 举例说明物流管理信息系统的应用情况（可上网查询资料）。

第 2 章　物流管理信息系统条形码技术

自动识别（automatic equipment identification，AEI）是一种包括光学特征识别（读字母、数字和词）、机器视觉（可扫描、检查并解释所见到的现象）、声音数据录入（可录下并解释人的声音）、指纹等生物特征识别、无线电频率识别和存储介质的交易运行系统。自动识别技术是目前国际上发展和应用很快的一项新技术，如条形码用于商品管理、摄像用于抓拍违章车辆等。身份识别技术系统如图 2-1 所示。条形码技术和射频技术是物流信息管理系统自动采集最重要和应用最广泛的单元识别技术，是实现物流信息自动采集与输入的重要技术。本章首先介绍数据条形码，在此基础上介绍射频技术，其目的是让读者掌握物流信息系统中数据自动识别技术的基本原理及设计方法。

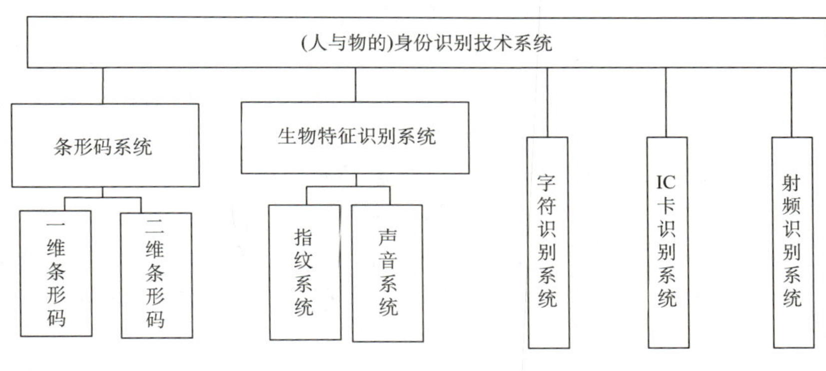

图 2-1　身份识别技术系统

2.1　条形码概述

2.1.1　条形码的发展

条形码是一种信息代码，用特殊的图形来表示数字、字母信息和某些符号，图 2-2（a）和图 2-2（b）是条形码的实例。条形码由一组宽度不同、反射率不同的条和空按规定的编码规则组合起来，用以表示一组数据的符号。

20 世纪 40 年代后期，美国的乔·伍德兰（Joe WoodLand）和贝尼·西尔弗（Beny Silver）两位工程师就开始研究用代码表示食品项目和相应的自动识别设备，并于 1949 年获得了美国专利。这种代码图案很像微型射箭靶，称为“公牛眼”代码。靶的同心环由圆和空白绘成。在原理上，“公牛眼”代码与后来的条形码符号很相近。20 年后乔·伍德兰作为 IBM 公司的工程师成为北美地区的统一代码——UPC 码的奠基人。

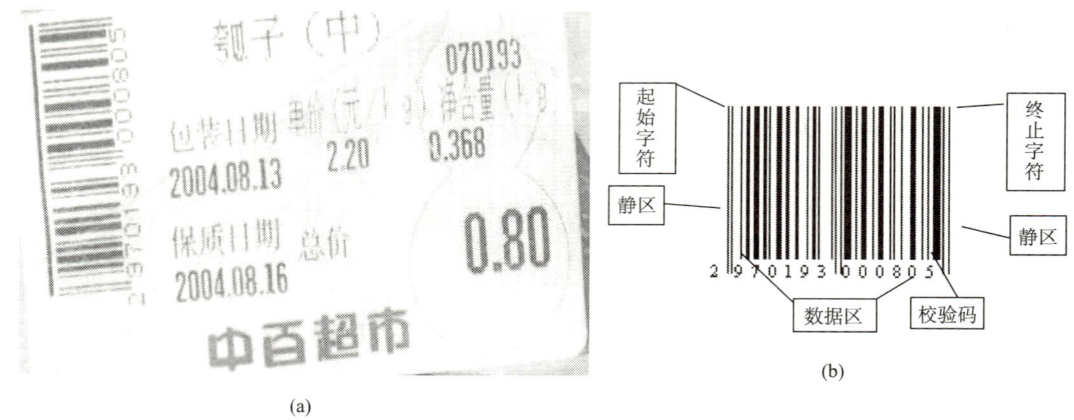

(a) (b)

图 2-2　条形码实例

吉拉德·费伊塞尔（Girad Feissel）等于 1959 年申请了一项专利，将数字 0～9 中的每个数字用七段平行条表示，但是这种代码机器难以阅读。不过，这一构想促进了条形码码制的产生与发展。不久，E. F. 布林克尔（E. F. Brinker）获得了将条形码标识在有轨电车上的专利。20 世纪 60 年代后期，西尔韦尼亚（Sylvania）发明了一种被北美铁路系统所采纳的条形码系统。

1970 年，美国超级市场 AdHoc 委员会制定了通用商品代码——UPC 码，UPC 码首先在杂货零售业中试用。同年，美国食品工业委员会认真系统地研究了条形码技术及 POS 系统的应用问题，并首先在食品杂货业进行了条形码应用的尝试。次年，布莱西公司研制出"布莱西码"及相应的自动识别用于库存验算。这是条形码技术第一次在仓库管理系统中的应用。1972 年，莫那奇·马金（Monarch Marking）等研制出库德马（Coda Bar）码，从此美国的条形码技术进入了新的发展阶段。美国于 1973 年成立统一编码委员会（Uniform Code Council，UCC），并从若干种条码方案中选定了 IBM 公司提出的 Dalte-Dietance 为基础的通用产品代码（universal product code，UPC）为美国产品统一的标识符号，建立了 UPC 条形码系统，并全面实现了该码制标准化。同年，食品杂货行业把 UPC 码作为该行业的通用标准码码制。1976 年，美国和加拿大在超级市场成功地使用了 UPC 系统。1974 年，Intermec 公司的戴维·阿利尔（Davide Allair）博士推出 39 码，很快被美国国防部采纳，作为军用条形码码制。39 码是第一个字母、数字式的条形码，后来广泛应用于工业领域。

1977 年，一个非营利组织"欧洲物品编码协会"（European Aricle Numbering Association，EAN）产生并制定了 UPC 的兼容系统 EAN 系统。EAN 系统是在 UPC-12 码基础上制定出的欧洲物品编码（EAN 码），由于 EAN 码在零售行业的成功，使得其他行业也应用 EAN 标准进行项目标识。今天，世界上已经有 500 000 多家公司通过 80 多个编码组织加入了 UCC/EAN 系统。

2.1.2 条形码的分类

1. 按码制分类

条形码按码制一般分为八类，如表 2-1 所示。除表中的码制外，还有其他的码制，如 25 码出现于 20 世纪 60 年代后期，主要用于航空系统机票的顺序编号；11 码出现于 1977 年，主要用于电子元器件标签；矩阵 25 码是 11 码的变形；Nixdorf 码已被 EAN 码所取代；Plessey 码主要用于图书馆等。

表 2-1 常见条形码的各项指标比较

指标	UPC 码	EAN 码	交叉 25 码	39 码	库德巴码	128 码	93 码	49 码
长度	固定	固定	可变	可变	可变	可变	可变	可变
连续型	连续	连续	离散	离散	连续	连续	连续	连续
支持符号	数字式	数字式	自校验数字式	字母数字式	自校验数字式	自校验数字式	字母字母数字式	字母字母数字式
字符集	0～9	0～9	0～9、A～Z。—、/、+、%、$、space	0～9。/、+、%、—、$	0～9：—、/、+	ASCⅡ码	0～9、A～Z。—、/、+、%、$、space	0～9、A～Z。—、/、+、%，F1、F2、F3 三个变换字符，$、space
元素宽度	四种	四种	两种	多种可变	多种可变	四种	多种可变	多种可变

2. 条形码按维数分类

1）普通的一维条形码

一维条形码只是在一个方向（一般是水平方向）表达信息，而在垂直方向则不表达任何信息，其一定的高度通常是为了便于阅读器的对准。一维条形码的应用可以提高信息录入的速度，减少差错率，可直接显示内容为英文、数字、简单符号；储存数据不多，主要依靠计算机中的关联数据库；保密性能不高；损污后可读性差。

普通的一维条形码自问世以来，很快得到了普及和广泛应用。但是由于一维条形码的信息容量很小，如商品上的条形码仅能容纳 13 位的阿拉伯数字，更多的描述商品的信息只能依赖数据库的支持，离开了预先建立的数据库，这种条形码就变成了无源之水，无本之木，因而条形码的应用范围受到了一定的限制。信息密度是描述条形码符号的一个重要参数，即单位长度中可能编写的字母个数，通常记作：字母个数/厘米。影响信息密度的主要因素是条、空结构和窄元系的宽度。

进入 20 世纪 80 年代以来，人们围绕如何提高条形码符号的信息密度进行了研究工作。多维条形码和集装箱条形码成为研究、发展与应用的方向。

2）二维条形码

二维条形码是指在水平和垂直方向的二维空间存储信息的条形码，称为二维条形码（2-dimensional bar code）。图 2-3 为二维条形码实例。二维条形码可用英文、中文、数字、符号、图形表示。二维条形码的特点是其储存数据量大，可存放 1K 字符，可用扫描仪直接读取内容，无需另接数据库；保密性高（可加密）；安全级别最高时，损污 50%仍可读取完整信息。使用二维条形码可以解决如下问题：表示包括汉字、照片、指纹、签字在内的小型数据文件；在有限的面积上表示大量信息；对“物品”进行精确描述；防止各种证件、卡片及单证的仿造；在远离数据库和不便联网的地方实现数据采集。

二维条形码可分为堆积式或层排式二维条形码（started bar code）和棋盘式或矩阵式二维条形码（dot matrix bar code）两大类型，如图 2-3 实例所示。二维条形码除具有普通条形码的优点外，二维条形码还具有信息容量大、可靠性高、保密防伪性强、易于制作、成本低等优点。

(a) Code one　(b) Data Matrix　(c) Maxicode

(d) 四一七条码　(e) 49码　(f) 16k码

图 2-3　二维条形码实例

例如，美国的身份证和驾照就是用的二维条形码，其中条形码和磁条一般在反面，如图 2-4 所示。

图 2-4　二维条形码驾照和身份证实例

美国 Symbol 公司于 1991 年正式推出名为 PDF417 的二维条形码，简称为“PDF417 条形码”，即“便携式数据文件”。PDF417 条码是一种高密度、高信息含量的便携式数据文件，是实现证件及卡片等大容量、高可靠性信息自动存储、携带并可用机器自动识读的理想手段。它具有如表 2-2 所示的特点。

表 2-2　PDF417 与 IC 卡及磁卡技术的比较

	磁卡	IC 卡	PDF417 二维条形码卡
优点	可读可写，成本略高于 PDF417 二维条形码卡	信息容量大，可读可写	信息容量大，编码范围广，保密防伪性强，易制作，可靠性高，成本低；按照材料的不同选用载体（形状可变），寿命长，PDF417 二维条形码卡的寿命可达 8、9 年（PVC 卡）
缺点	信息容量小，常依赖于外界的数据库，保密防伪性差、可靠性低，易受电磁场干扰而损毁信息，寿命短（1 年）	成本高，IC 卡的成本通常是 PDF417 条码卡的 3～5 倍、寿命短（2～3 年），易于拆毁、可靠性差，易受外界强磁场干扰而损毁信息，保密防伪性较差，信息可改写既是 IC 卡的优点，同时亦成为 IC 卡的缺点，为伪造信息留下契机	信息不可改写，这点恰恰增强了二维条形码卡的防伪能力
信息容量	小	大	大
保密防伪性	差	较差	强
成本	较高	高	低
读写功能	可读可写	可读可写	不可改变
寿命	1 年	2～3 年	8～9 年
可靠性	低	低	高
受外界干扰性	易	易	难

2.1.3　条形码的符号结构

1. 条形码的结构

一个完整的条形码是由两侧静区、起始字符、左侧数据字符、中间分隔字符和右侧数据字符、校验字符（可选）和终止字符组成，图 2-5 显示了一个条形码放大的完整结构。

静区：没有任何印刷符或条形码信息，它通常是白的，位于条形码符号的两侧。静区的作用是提示阅读器即描器准备扫描条形码符号。

起始字符：条形码符号的第一位字符是起始字符，它的特殊条、空结构用于识别一个条形码符号的开始。阅读器首先确认此字符的存在，然后处理由扫描器获得的一系列脉冲。

图 2-5　一个条形码的完整结构

数据字符：由条形码字符组成，用于代表一定的原始数据信息。

终止字符：条形码符号的最后一位字符是终止字符，它的特殊条、空结构用于识别一个条形码符号的结束。阅读器识别终止字符，便可知道条形码符号已扫描完毕。若条形符号有效，阅读器就向计算机传送数据并向操作者提供“有效读入”的反馈。终止字符的使用，避免了不完整信息的输入。当采用校验字符时，终止字符还指示阅读器对数据字符实施校验计算。

起始字符、终止字符的条、空结构通常是不对称的二进制序列。这一非对称允许扫描器进行双向扫描。当条形码符号被反向扫描时，阅读器会在进行校验计算和传送信息前把条形码各字符重新排列成正确的顺序。

校验字符：在条形码制中定义了校验字符。有些码制的校验字符是必需的，有些码制的校验字符则是可选的。校验字符是通过对数据字符进行一种算术运算而确定的。当符号中的各字符被解码时，译码器将对其进行同一种算术运算，并将结果与校验字符比较。若两者一致时，说明读入的信息有效。

2. 条形码的基本术语

如图 2-5 所示，条形码的符号由静区和一组条形码按符号组合起来，用以表示一个完整数据的符号。通常，将人可识别的字符标注在条码符号的下面。

条形码元素：用以表示条形码的条和空，简称为元素。

条形码字符：用以表示一个数字、字母及特殊符号的一组条形码元素。

条：在条形码符号中，反射率较低的元素。

空：在条形码符号中，反射率较高的元素。

位空：在条形码的符号中，位于两个相邻的条形码字符之间，且不代表任何信息的空。

条高：在条的二维尺寸中较长的那个尺寸。

条宽：在条形码符号中，排除两侧静区的那部分长度。

单位元素宽度：在条形码符号中，窄元素的宽度为单位元素宽度，用 X 表示。

两种元素宽条形码：在条形码字符中，如果元素的宽度只有两种，即宽元素和窄元素，则称此种码制为两种元素宽条形码。

多种元素宽条形码：在条形码符中，如果元素的宽度有三种或三种以上，则称此种码制为多种元素宽条形码。

条形码逻辑值：对于两种元素宽条形码，宽元素的逻辑值为 1，窄元素的逻辑值为 0；对于多种元素的宽条形码，若单位元素宽度上是条，则逻辑值为 1，若单位元素宽度上是空，则逻辑值为 0。

连续码型、离散型条形码：在条形码符号中，如果两个相邻条形码字符之间存在位空，则称此种码制为离散型条形码，如图 2-2 所示；否则称为连续型条形码。

长度固定、长度可变条形码：在条形码符号中，如果符号所包含的条形字符的个数是固定的，则称此种码制是长度固定条形码；否则称为长度可变条形码。

自校验条形码：如果一个印刷错误不引起一个字符被译成此码制中另一个字符，则称此种码制为自校验条形码。

（n，k）码：具有多种元素宽度的连续型条形码，又叫（n，k）码。n 指条形码符中所含单位元素宽度的个数，k 指一个字符中条或空的个数。

条形码符号密度：是指单位长度中所能表示的条形码字符的个数。

条形码字符集：条形码字符集是指条形码制中所给定的数据字符的范围。在各种条形码码制中，字符集主要有两种：一种是数字式字符集，它包含数字 0～9 及一些特殊字符；另一种是字母、数字式字符集，它包含数字 0～9、字母 A～Z 及一些特殊字符。

污点：空及静区中出现的与条的反射率相近的点。

疵点：条中出现的与空的反射率相近的点。

对比度：条形码符号空的反射率 RL 和条的反射率 RD 之差与空的反射率 RL 的比值，用符号 PCS 表示，即 PCS=(RL－RD)/RL。

2.1.4　条形码的编码与识别原理

1. 条形码的编码

代码就是用符号和数据来描述实体或者实体的属性值。这些实体或者实体的属性值包括商品信息或作为获得其他数据的关键字。例如，产品或商品代码、参与方代码、物流相关代码、资金流相关代码和信息流相关代码。而条形码就是代码的符号表示，方便数据的自动输入，有些可以用条形码符号表示，有些是没有必要的。现在，已经有较为成熟的条形码生成和打印软件。Barcode 软件就是其中的一款。安装运行 Barcode 软件可以按图 2-6 所示生成相应的条形码。

2. 条形码的识别原理

条形码自动识别系统一般由条形码自动识别设备、系统软件、应用软件等组成。条形码自动识别设备是包括扫描器、译码器、计算机、显示器和打印设备，条形码自动识别软件一般包括扫描器输出信号的测量、条形码码制及扫描方向的识别、逻辑值的判断，以及阅读器与计算机之间的数据通信等几部分，如图 2-7 所示。

根据需要，一台计算机可配置多台阅读器终端，一台译码器也可以用若干个扫描器联网形成一个数据采集网络。条形码符号的印制质量将直接影响识别效果和整个系统的

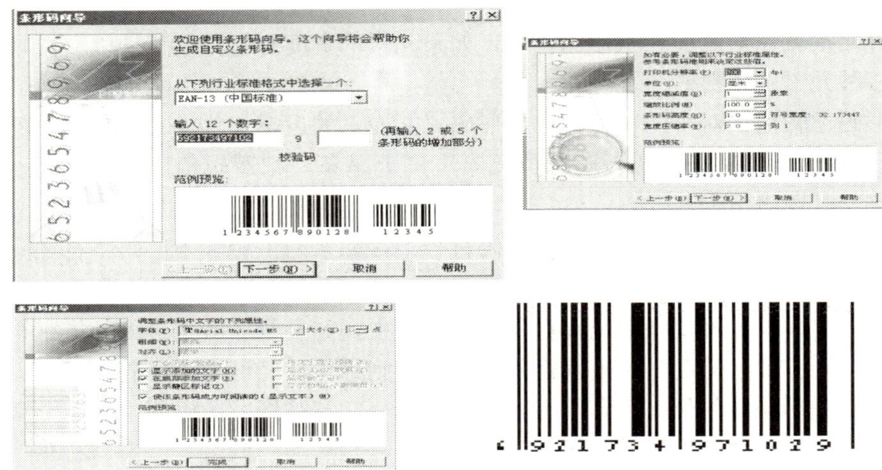

图 2-6　条形码自动生成序列图

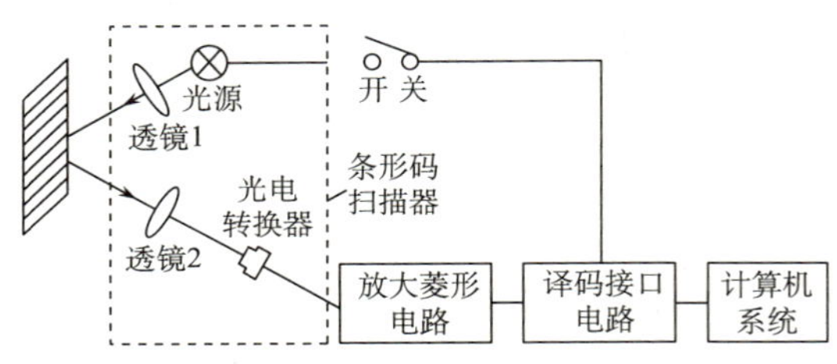

图 2-7　条形码自动识别系统组成图

性能，因此必须按照印制标准，选择相应的印刷技术和设备，以便印制出符合规范的条形码符号。

2.1.5　条形码设备的选择

1. 条形码阅读器的种类、工作方式及性能

条形码阅读器包括光电扫描器与译码器。选择什么样的条形码阅读器是一个综合问题。目前，厂家很多（国际条形码品牌有 Symbol、Zebra、Metrologic、NCR、Microscan. AS8210、IT4800），提供给用户选择的条形码阅读器种类也很多，如表 2-3 所示。图 2-8 所示为条形码阅读器实例。

表 2-3　条形码阅读器的比较

种类	工作方式	性能
光笔型	内部有扫描光束发生器及反射光接收器	扫描器与待读条形码接触或离开极短的距离
手持式枪型	装有控制扫描光束的自动扫描装置	对条形码标签没有损伤，不需与条形码符号接触

续表

种类	工作方式	性能
台式	不便使用手持式扫描方式阅读条形码信息的场合	生产流水线的控制
卡式	内部的机械结构能保证标有条形代码的卡式证件或文件在插入滑槽后自动沿轨道做直线运动，扫描光点将信息读入	一般都具有与计算机传送数据的能力，同时具有声光提示以证明识别正确与否
便携式	本身具有对条形码信号的译解能力。条形码译解后，可直接存入机器内存或机内存储器的磁带中	这种设备特别适用于流动性数据采集环境，收集到的数据可以定时送到主机内存储
激光	内部光学系统可以由单束光转变成十字光或米字光，从不同角度进入扫描范围时都可以被识读	扫描光照强，可以远距离扫描且扫描景深长

(a) AS8210
二维条形码扫描器

(b) IT-4800
系列条形码扫描器

(c) Symbol LS-5800
激光扫描器

图 2-8　条形码阅读器实例

2. 选择条形码阅读器的基本因素

条形码技术应用在不同的场合应选择不同的条形码阅读器，可考虑的因素与内容如表 2-4 所示。

表 2-4　条形码阅读器可考虑的因素与内容

选择的基本因素	具体内容
适用范围	条形码技术应用在不同的场合，应选择不同的条形码阅读器
译码范围	开发某一条形码应用系统选择对应的码制，同时，在为该系统配置条形码阅读器时，要求阅读器具有正确的译此码制符号的功能
接口能力	阅读器的接口方式符合环境的整体要求，通用条形码阅读器的接口方式：串行通信，键盘仿真
首读率等参数要求	首读率是条形码阅读器的一个综合性指标，它与条形码符号印刷质量、译码器的设计和光电扫描器的性能均有一定关系
分辨率	根据具体应用中使用条形码密度来选取具有相应分辨率的阅读设备
扫描属性	可细分扫描景深、扫描宽度、扫描速度、一次识别率、误码率等
条形码符号长度	变长度的应用领域中，选择阅读器时应注意条形码符号长度的影响
阅读器的价格	选择阅读器时，要注意产品的性能价格比，应以满足应用系统要求且价格较低作为选择原则
特殊功能	当应用系统对条形码阅读器有特殊要求时，应进行特殊选择

当应用系统对条形码阅读器有特殊要求时，应进行特殊选择。

例如，LK-700 系列条形码阅读器是结合 20 键密码键盘，可识别条形码的码制有 UPC、EAN、JAN、39、交叉 25、93、CODEBAR、128 等。又如 LK-PT921 激光一体条形码数据阅读器具有每秒 36 线的扫描速度，0～205mm 扫描景深，屏幕可显示 4 行 8 列汉字或 8 位 16 列字符，可存储 7 000 条条形码记录，采用 RS232 串口通信，速率9 600B/s，可识别 UPC、EAN、39、CODEBAR、93、128 等码制。

另外，条形码打印可以选用一般打印机或专用打印机。专用打印机又有多种，如斑马 Z4000 打印机，其最大打印宽度 104mm，长度 990mm，采用 ZPLII 编程语言（通用于所有 Zebra 打印机），适用于各种标签的打印，可识别一维条形码码制（11 码、39 码、93 码、C128 码、ISBT128、UPC-A、UPC-E、EAN-8、EAN-13、Postnet、含 2 位或 5 位附加码 EAN 和 UPC、标准 25 码、工业 25 码、LOGMARS、MSI、Plessey）、二维条形码（CODABLOCK、PDF-417、Code49、MaxiCode、Datamatrix、Ultracode）。

2.1.6 条形码标准

为了便于物品跨国家和地区流通，适应物品现代化管理的需要，必须制定统一的条形码标准，包括组织机构、条形码符号标准、使用标准和印刷质量标准。

1. 组织机构

1973 年成立了美国统一代码协会（UCC），欧洲共同体的法国、英国等 12 国于 1977 年 2 月 3 日正式签署了欧洲商品协议备忘录，成立了欧洲物品编码协会以规范物品标识符号。条形码符号标识在商品流通领域以及物流系统中走向了实用化、标准化、国际化。到 1981 年，EAN 已经发展成为一个国际性组织，因此也被称为“国际物品编码协会”（简称 IAN）。但是由于历史原因和习惯，该组织至今仍旧称为 EAN。EAN 为世界各国提供了一个唯一的编码体系和标识方法，成为世界各国贸易交换的统一形式，为电子订货（EDS）和电子数据交换（EDI）提供了标准化的、国际通用的统一标识。随着欧洲以外的国家的加入，欧洲物品编码协会改名为国际物品编码协会，其缩写仍为 EAN。而且，由于 EAN 在零售行业的成功，使得其他行业也应用 EAN 标准进行项目标识。

中国条形码技术的研究始于 20 世纪 70 年代末 80 年代初，80 年代末建立了条形码应用系统；中国物品编码中心于 1988 年 12 月 28 日正式成立，1991 年 4 月 19 日正式加入国际物品编码协会，国际物品编码协会分配给中国的前缀码为“690，691，692，693，694，695”。

从目前整个分布来看，欧洲、亚洲一些国家，大多数属于 EAN 系统；北美，包括美国、加拿大，大多数属于 UCC 系统；其他还有一些既采用 EAN 系统，也采用 UCC 系统，但是 2002 年 EAN 和 UCC 经过协商，进行合并，组建了 EAN. UCC 系统。EAN. UCC 系统是国际物品编码协会和美国统一代码委员经过近 30 年的努力而建立的标准化物流标识体系，是全球开放的物流信息标识和条形码表示系统，也是开放系统中应用自动识别技术的标准化的解决方案，同时，它还是全球贸易和供应链管理的共同语言，包括对贸易项目、物流单元、资产、服务等的标识系统。

2. 中国的条形码标准

中国物品编码中心于 1990 年开始制定中国的条形码标准，已推出五个标准版本，即条形码系统通用术语、通用商品条形码——EAN 码标准、中国标准书号条形码标准、39 条形码标准和库德巴条形码标准。

中国已经发布了“条形码系统通用术语、条形码符号术语”、“条形码符号印发质量的检验”、“39 条形码”、“库德巴条形码”、“通用商品条形码”、“通用商品条形码符号位置”、“中国标准书号（ISBN 部分）条形码”、“417 条形码”（1997 年 12 月二维条形码 PDF417 条形码中国国家标准《四一七条形码》正式颁布）等国家条形码标准。

1990 年 6 月，中国物品编码中心制定了五个条形码标准草案，这五个标准草案如表 2-5 所示。

表 2-5　中国物品编码中心制定的五个条形码标准草案

标准草案名称	内容
《条形码通用术语》	规定了条形码标准化领域常用的术语及解释，适用于条形码标准及有关文件的制定、实施和条形码技术领域的学术交流
《通用商品条形码》	通用商品条形码的结构、尺寸及光学特性，适用于商品的自动销售系统等，采用 UPC/EAN 码
《39 条形码》	规定了 39 码的符号表示法、印刷技术要求以及原版胶片的技术指标
《库德巴条形码》	此标准规定了库德巴码的符号表示法、印刷技术要求以及原版胶片的技术指标
《中国标准书号条形码》	规定了用于中国标准书号（ISBN 部分）条形码符号的结构、尺寸、颜色和印刷位置，适用于在中国注册出版图书的中国标准书号

3. 条形码符号的尺寸标准

美国统一编码协会制定了有关 UPC-A 码、UPC-E 码符号的尺寸，UPC-A 码、UPC-E 码符号的标准单位元素宽度为 0.33mm。UPC 码符号的单位元素宽度也可适当地放大或缩小，其放大系数的范围为 0.8～2.0。

表 2-6 列出了对于不同的放大系数和 EAN 码符号的尺寸。

表 2-6　不同放大系数下的 EAN 码符号尺寸

放大系数	单位元素宽度/mm	EAN-13 码尺寸/mm		EAN-8 码符号尺寸/mm	
		宽度	高度	宽度	高度
1.10	0.363	41.02	28.89	29.40	23.80
1.15	0.379	42.88	30.20	30.74	24.89
1.95	0.643	72.7	51.21	52.12	42.20
2.00	0.660	74.58	52.52	53.46	43.28

39 码符号的最小窄元素标定宽度为 0.191mm，如果符号印刷在瓦楞纸板上，则最小窄元素的标定宽度为 1.016mm。宽元素与窄元素的标定宽度小于 0.508mm，则宽度比应大于 2.2∶1。39 码是一种离散码，其位空的标定宽度可以是窄元素标定宽度的1～3 倍，或选用 1.524mm。为满足不同的应用要求，39 码符号的高度是可变的。对于接触式扫描，条形码符号的最小高度为 6.4mm，也可以选择为条形码符号长度的 15％；对于非接触式扫描，而且条形码符号印刷在运输包装上，条形码符号的最小高度应为 20.3mm，也可以选择为条形码符号长度的 25％。

库德巴码符号的横向尺寸标准：库德巴码符号的条、空宽度已给定。在给定的尺寸上，可适当地放大，以适应分辨率低于 0.18mm 扫描器和较大印刷误差的要求。库德巴码是离散码，其位空的标定宽度均小于或等于 1.270mm。纵向尺寸标准：为满足不同的应用要求，库德巴码符号的高度是可变的。对于接触式扫描，条形码符号的最小高度应为 6.4mm，也可选择为条形码符号长度的 15％；对于非接触式扫描，而且条形码符号印在运输包装上，条形码符号的最小高度应为 20.3mm，也可选择为条形码符号长度的 25％。

条形码使用的标准是根据某一行业的具体特点而制定的，而且所制定的使用标准易于实现。条形码的使用标准主要包括两个方面：一是在某一行业中采用何种码制；二是条形码符号的标识位置。条形码使用标准为条形码在各行业的应用提供了专门信息，它描述了哪些信息将被编码，哪些信息可制作标签，以及符号将标识在物品的什么位置上等。此外，它还规定了符号排列方向、标签格式、数据内容的具体使用细则，以及人可读的数据字符的标识方法。

条形码码制的选择是根据条形码符号所代表的数据结构和所能编码的数据类型进行选择的。数据结构应是本行业中最普遍采用的形式，而数据类型应包括行业的全部数据信息。例如，图书馆采用条形码，若馆藏书少于百万册时，至少应选择能代表 6 位数据的条形码符号；如果要求符号占用的空间小，则可选择能代表 6 位数据的条形码符号；如果要求符号占用的空间小，则可选用交叉 25 码；若想用字母表示图书的分类标志，则可选用 39 码。

行业的不同、物品形状的不同决定了条形码符号标识位置的差异。在工业生产领域中，条形码符号多标识在物品包装箱四个侧面的右下角；在商品流通领域中，条形码符号均位于符号所在面的左下角。无论物品形状如何，条形码符号所在面的选择一般应遵守如下规则：首先选择物品的底面；其次选择物品的背面；再其次选择物品的侧面；若以上各面都不能选用，则可选用其他面，或采用悬挂标签；具有提手的物品，条形码符号应位于提手侧面的左下角；条形码符号不可选在弯由、隔断、转角的位置上。

4. 条形码的印刷质量标准

条形码的印刷质量标准包括三个方面（图 2-9）：宽度公差；污点、孔隙及边缘粗糙度；反射率和对比度。印刷质量标准是以标准条形码编码规则和印制技术为主要内容所制定的。

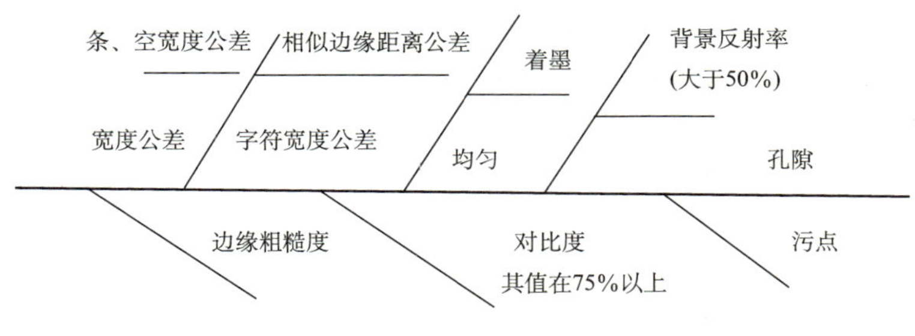

图 2-9　条形码印刷质量标准

2.2　商品条形码

2.2.1　商品条形码的概述

1. 商品单元的基本术语

商品单元可分为消费单元、货运单元和储运单元，如图 2-10 所示。

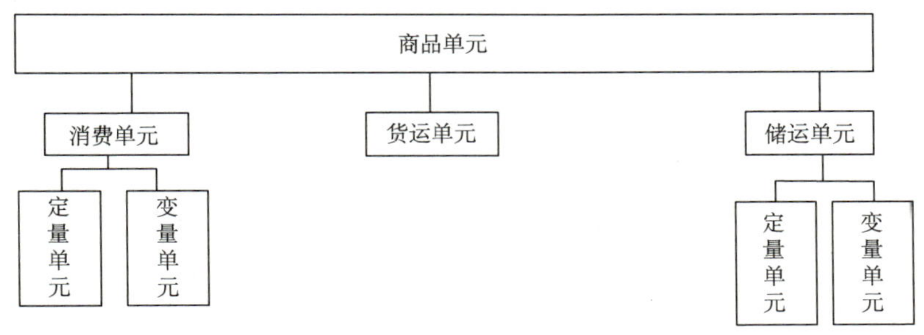

图 2-10　商品单元

消费单元：通过零售渠道直接销售给最终用户的商品包装单元，一般采用 EAN-13、UPC-12 代码。消费单元包括定量消费单元和变量消费单元。定量消费单元是指按商品件数计价销售的消费单元，变量消费单元是指按基本计量单位计价，以随机数量销售的消费单元。

储运单元：为便于搬运、仓储、订货、运输等，由消费单元组成的商品包装单元。储运单元包括定量储运单元和变量储运单元。定量储运单元是指由定量消费单元组成的储运单元；变量储运单元是指由变量消费单元组成的储运单元。

货运单元：在供应链上用于运输目的的所有商品单元。

消费，储运，货运三种单元的关系，在特定情况下三者相同。

储运单元条形码举例：

货运包装箱代码 SCC-14、EAN-14 代码结构（用于箱子和托盘等）。

在 13 位码制的左边增加一位，作为包装指示符，0 表示代码的其他 12 位不同于内含消费单元代码。

1～8 表示本代码的其他 12 位相同于内含消费单元代码，9 表示本代码为变量单元代码。

系列货运包装代码 SSCC-18 代码的结构（用于箱子、托盘和卡车等）。

18 位码最左边的一位为包装类型码，其意义如下：

0 表示商品单元为箱子或纸箱。

1 表示商品单元为托盘。

2 表示商品单元比托盘大。

3 表示商品单元未定义。

4 表示商品单元为厂商定义（内部使用）。

5～9 保留。

2. 符号

我们通过物流的基本描述、实体表达来看物流中如何进行编码描述和条形码表达，如图 2-11 所示。

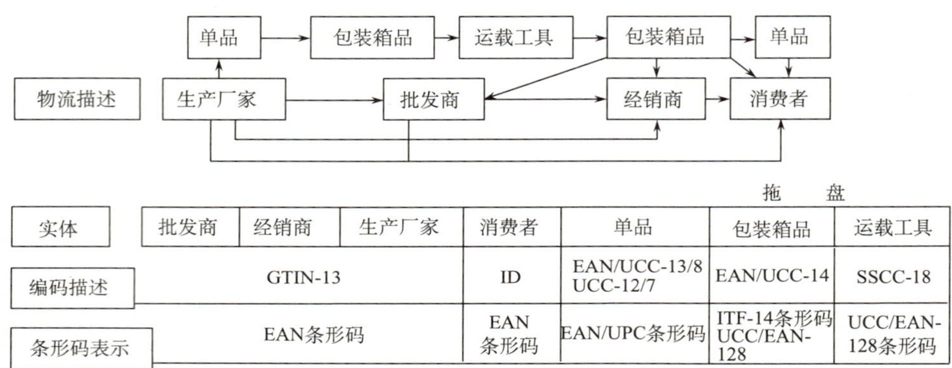

图 2-11　物流过程中编码与条形码的符号描述

3. 应用

条形码技术是在计算机应用发展过程中，为消除数据录入的“瓶颈”问题而产生的，可以说是最“古老”的自动识别技术。1973 年，美国统一代码委员会选定 IBM 公司的条形码系统，作为北美的通用产品代码（即 UPC 码），应用于食品零售业，利用条形码技术进行自动销售，大大加快了食品的流通，其应用相当广泛，如现代化的超市、仓储、证件等。

2.2.2　欧洲物品编码协会 EAN 制定的 EAN-13 码和 EAN-8 码

1. EAN 码的编码

EAN 码有两种类型，即 EAN-13 码和 EAN-8 码。EAN-13 码表示 13 位数据，EAN-8 码表示 8 位数据。EAN-13 码的结构与 UPC-A 码相同，前两位数（或三位数）为国别号，表示此产品生产的国家或地区；接下去的五位数（或四位数）代表制造商；再接下去的五位数代表此产品的代码，用以确认此产品的特征、属性等；最后一位是校验字符。表 2-7 列出了 EAN 部分成员国（地区）及其代码。为使 EAN 码与 UPC 码兼容，国别（地区）代码中的 00、01、03、04、06、07、08、09 确定为美国，02、05 确定为加拿大。EAN-13 码符号与 UPC-A 码符号一样，都是分为两部分，前 6 位字符称为左手字符，后 6 位字符称为右手字符。左手字符具有奇偶性，而右手字符均为偶性。EAN-13 码与 UPC-A 码的符号具有相同的元素个数，只是前者比后者多了一个第 13 位数。这第 13 位数不被编码成条形码字符，它的值隐含在左手字符的奇偶性排列组合中。

表 2-7　部分 EAN 成员国（地区）及其代码（前缀码）

代码	国家（或地区）	代码	国家（或地区）
00～13	美国、加拿大	76	瑞士
20～29	店内码	770	哥伦比亚
30～37	法国	773	乌拉圭
380	保加利亚	775	秘鲁
40～44	德国	777	玻利维亚
471	中国台湾	779	阿根廷
477	立陶宛	780	智利
489	中国香港特别行政区	784	巴拉圭
45、49	日本	786	厄瓜多尔
460～469	俄罗斯	789、790	巴西
480	菲律宾	80～83	意大利
481	白俄罗斯	84	西班牙
482	乌克兰	850	古巴
50	英国	858	斯洛伐克
520	希腊	859	捷克
535	马耳他	860	南斯拉夫
539	爱尔兰	865	蒙古
54	比利时、卢森堡	867	朝鲜
560	葡萄牙	869	土耳其
57	丹麦	87	荷兰
590	波兰	880	韩国
594	罗马尼亚	884	柬埔寨
599	匈牙利	885	泰国
600、601	南非	888	新加坡
621	叙利亚	890	印度
622	埃及	893	越南
626	伊朗	899	印度尼西亚
628	沙特阿拉伯	90、91	奥地利
629	阿拉伯联合酋长国	93	澳大利亚
64	芬兰	94	新西兰
690～695	中国大陆	955	马来西亚
70	挪威	958	中国澳门特别行政区
729	以色列	977	连续出版物
73	瑞典	978、979	图书
745	巴拿马	980	应收票据
750	墨西哥	981、982	普通流通券
759	委内瑞拉	99	优惠券

EAN-8 码适用于包装面积较小的商品。一般性商品的条形码有标准型（EAN-13）和缩短型（EAN-8）两种形式。通常情况下我们都使用标准型条形码，根据国际物品编码协会的规定，只有标准型的条形码所占面积超过总印刷面积的 25％时，使用 8 位数字的缩短型条形码才是合理的。

EAN-8 码也分左手字符和右手字符。左手字符是四个奇数符，右手字符是四个偶字符，左右手字符之间由中间隔离分隔开。这 11 个字符又由左边两个警戒条即起始字符和右边两个警戒条即终止字符封起来。EAN-8 码符号的前两位数代表此产品的生产国家或地区，接下去的五位数为产品代码，最后一位为校验字符。EAN-8 码符号的左手奇字符和右手偶字符的编码规则分别与 EAN-13 码的左手奇字符和右手偶字符相同。

EAN-13 的校验字符值的计算方法与 UPC-A 码校验字符值的计算方法基本相同。例如，图 2-2（b）条形码为"297019300805"，其校验位的计算如表 2-8 所示。

表 2-8　条形码的校验位计算

	国别号		数据字符										校验字符
数据字符位置编号	13	12	11	10	9	8	7	6	5	4	3	2	1
数据字符值	2	9	7	0	1	9	3	0	0	0	8	0	5
偶数号位置字符		9		0		9		0		0		0	
奇数号位置字符值	2		7		1		3		0		8		

第 1 步　将此 13 位数从右到左顺序编号，校验字符为第 1 号。

第 2 步　结果＝(9＋0＋9＋0＋0＋0)×3＝54。

第 3 步　结果＝(2＋7＋1＋3＋0＋8)＝21。

第 4 步　结果＝54＋21＝75，75 模 10 取余和 10 的差的绝对值为 5，码的校验字符为 5。

EAN-8 码的校验字符值的计算方法与 EAN-13 码类似，EAN 码的尺寸与 UPC 码的尺寸基本相同，在此不再详细描述。

2. EAN 系统的图书代码

国际物品编码协会与国际标准书号（international standard book number，ISBN）中心达成了一致协议，把图书作为特殊的商品，将 EAN 前缀码 978 作为国际标准书号系统的前缀码，并将 ISBN 书号条形码化。

按照国际物品编码协会的规范规定，EAN 图书代码可以用两种不同的代码结构来表示：一种是利用图书本身的 ISBN 编号，按 EAN 和 ISBN 协议规定，将 978 作为图书商品的前缀进行编码；另一种是把图书视为一般商品，然后按 EAN 商品编码方法进行编码。根据 EAN 的规定，各国编码组织有权根据自己的国情在图书编码的两种方案中做出自己的选择。由于我国已加入了 ISBN 组织，并且全国的图书已采用 ISBN 书号，因此我国选择图书本身的 ISBN 编号，按 EAN 和 ISBN 协议规定，将 978 作为图书商品的前缀进行编码。

1）直接采用图书的 ISBN 号

图书条形码如图 2-12（a）、图 2-12（b）所示。

(a)　(b)

图 2-12　图书的条形码

中国标准书号由两部分构成：中国标准书号的主体部分——国际标准书号和图书分类部分——次号部分。

国际标准书号由 10 位数字构成，结构如表 2-9 所示。

表 2-9　国际标准书号结构

组号	出版社号＋书序号	校验码
N10	N9N8N7N6N5N4N3N2	C

组号：是国家、地区、语言或其他组织的代号，由国际 ISBN 中心负责分配。中国的组号是 7。

出版社号：由国家 ISBN 中心分配，其位数视情况由 2～6 位数字组成。

书序号：由出版社自行分配，每个出版社的书序号位数是固定的，计算方法为书序号＝9－(组号位数＋出版社号位数)。书序号位数由 2～6 位。

直接采用图书的 ISBN 号编码的代码结构如表 2-10 所示。

表 2-10　图书按 ISBN 进行编码代码结构

	前缀码			数据字符									校验字符
数据字符位置编号	13	12	11	10	9	8	7	6	5	4	3	2	1
数据字符值	9	7	8	7	5	6	0	0	2	1	8	9	8
意义	图书商品的前缀			中国	外语教学与研究出版社				牛津英汉双解小词典				校验码

前缀码 978：EAN 分配给国际 ISBN 系统专用的前缀码，用以标识图书。979 为 EAN 留给 ISBN 系统的备用前缀码。

图书项目代码 N1～N9：直接采用图书的 ISBN 号（不含其校验码）。

校验字符 C：图书代码的校验码，计算方法与 EAN 代码相同。在条形码的正下方是标准 EAN-13 书刊条形码的数字表达，其中 978 是 EAN 和 ISBN 协议规定的国际书刊统一代码，最后一位“8”是按照商品条形码的校验位计算方法得出的，而 ISBN 的检验码“1”就被替换掉了。

2）将图书按一般商品进行编码

图书按一般商品进行编码的代码结构如表 2-11 所示。

表 2-11　图书按一般商品进行编码的代码结构

	国别			数据字符									校验字符
数据字符位置编号	13	12	11	10	9	8	7	6	5	4	3	2	1
数据字符值	N13	N12	N11	N10	N9	N8	N7	N6	N5	N4	N3	N2	C
意义	国别代码			图书代码（遵照 EAN 编码规则）									校验码

国别代码：是国际编码组织分配给各国编码组织的国别代码。

数据字符 N1～N9：图书代码。图书代码的具体结构由各编码组织根据本国的特点自行定义。例如，厂商代码＋书名代码，或出版社代码＋书名代码，或出版物代码＋价格代码。

C：EAN-13 代码的校验字符，计算方法与 EAN 代码的校验字符计算方法相同。

3. EAN 系统的期刊代码

按照 EAN 的规定，期刊有两种不同的编码方式：一种方式是将期刊作为普通商品进行编码，编码方法按照标准的 EAN-13 代码的编码方式进行，这种方法可以起到商品标识的作用，但体现不出期刊的特点；另一种方式是按照国际标准期刊号 ISSN 体系进行编码。ISSN 是由国际标准期刊号中心统一控制、在世界范围内被广泛采用的期刊代码体系。按照这个体系编码完全可以达到标识系列出版物的目的。因此，国际物品编码协会与国际标准期刊号中心签署了协议，并将 EAN 前缀码 977 分配给国际标准期刊系统，供期刊标识专用。每个国家的 EAN 编码组织可以根据自己的实际情况进行选择两种不同的编码方式。

ISSN 号在国际上已经得到了广泛的应用，我国也已加入国标 ISSN 组织，并成立了我国的 ISSN 中心。目前，ISSN 代码尚未普及，因此，我国究竟采用哪种编码方式来标识期刊出版物尚待进一步探讨，但期刊标识的条形码化是大势所趋。

现将直接采用 ISSN 号对期刊进行编码的方法介绍如下。期刊代码结构如表 2-12 所示。

表 2-12　直接采用 ISSN 号对期刊进行编码

	前缀码			ISSN 号数据字符							备用码		校验	系列号补充码	
数据位置编号	13	12	11	10	9	8	7	6	5	4	3	2	1		
数据字符值	9	7	7	N10	N9	N8	N7	N6	N5	N4	N3	N2	C	S1	S2
意义	期刊			国际标准期刊号（ISSN）									校验		

前缀码 997：国际物品编码协会分配给国际标准期刊号 ISSN 系统的专用前缀码。

N4～N10：国际标准期刊号，不含其校验码。

N2～N3：备用码，当 N4～N10 不能清楚地标识期刊时，可以利用备用码分配不同的代码。

S1S2：仅用于表示一周以上出版一次的期刊的系列号（即周或月份的序数）。期刊系列号 S1S2 的代码构成如表 2-13 所示。

表 2-13　期刊系列号 S1S2 的代码构成

期刊种类	S1S2
周刊	用出版周的序数表示（01～53）
旬刊	用出版旬的序数表示（01～36）
双周刊	用出版周的序数表示（02，04，06，…，52 或 01，03，05，…，53）
半月刊	用出版半月的序数表示（01～24）
月刊	用出版月份的序数表示（01～12）
双月刊	用出版月份的序数表示（01～12）
季刊	用出版月份的序数表示（01～12）
半年刊	用出版月份的序数表示（01～12）
年刊	用出版月份的序数表示（01～12）
特刊	01～99

4. *厂商内部编码*

厂商为了内部使用可能需要对贸易项目进行编码，这时应使用以 20～29 为前缀的 EAN/UCC-13。这些代码仅限于内部使用，既不能用于外部的数据交换，也不能用于 EDI。商店使用店内码请遵循 GB/T18283-200《店内条形码》标准。

5. *优惠券的编码*

优惠券的标识尚不能全球通用。我国优惠券的编码结构由中国物品编码中心决定。优惠券的编码采用前缀为 99 的 EAN/UCC-13。如果优惠券流通到用一种货币的两个以上国家（地区），则使用前缀 981 或 982。

2.2.3　美国统一编码协会制定的 UPC-A 码和 UPC-E 码

UPC 码有两种类型，即 UPC-A 码和 UPC-E 码。UPC-A 码表示 12 位数据。在零售环境下在北美以外的地区（欧洲、亚洲、非洲、南美洲）使用的 EAN 条形码为 13 位编码结构，在北美地区（美国和加拿大）使用的 UPC 条形码为 12 位编码结构。由于历史的原因，UPC 系统不兼容 EAN 系统（EAN 系统兼容 UPC 系统）。另外，虽然已经规定从 2005 年 1 月 1 日起，全球范围内统一以 EAN/UCC-13 作为代码标识，由于许多北美地区用户使用的数据文件仍不能与 EAN/UCC-13 识别代码兼容，所以在此之前仍需要以 UPC-A 或 UPC-E 表示的 UCC-12 编码结构。在此期间，产品销往

图 2-13　UPC-A 条形码

美国和加拿大市场的厂商根据需要可向中国物品编码中心申请 UCC 规定的前缀码。UPC-A 码的条形码符号如图 2-13 所示。

UPC-A 码符号的第一位数代表国别，它表明了此产品的生产国家或地区；接下去的五位数组成的代码用于产品的制造商代码；再接下去的五位数组成的代码代表此产品的代码，用以确认产品的特征、属性等。这些代码均由编码机构和制造商统一分配。最后一位数是校验字符。UPC-A 码由其中间隔离条分成前 6 位字符和后 6 位字符。前 6 位字符称左手字符，后 6 位称右手字符。这 12 位字符又由左边两个警戒条即起始字符和右边两个警戒条即终止字符封起来。UPC 码每个字符有两个条和两个空，共 7 个单位元素宽度。因此，它是一个（7，2）码。

UPC-A 码符号的左手字符与右手符的编码规则是不同的，其左手字符为奇数字符，及两个条的宽度之和是 3 个或 5 个单位元素宽。UPC-A 码符号的警戒条和中心隔离条通常比其他条的印刷高度大，这样可使允许的扫描倾斜角度最大。

UPC-E 码符号表示 6 位数，此 6 位数由两个左警戒条即起始字符和三个右警戒条即终止字符封起来，而且警戒条比其他条要高。UPC-E 码符号由 3 个奇字符和 3 个偶字符组成，它们的奇偶性的排列组合对应着第 7 位数，其值隐含在 6 个字符的奇偶性排列组合中。

UPC-A 码的校验字符位于数据字符的后面，它用于提高数据的可靠性。UPC-A 码校验字符值的计算方法如下：

步骤 1　将 12 位字符从右到左顺序编号，校验字符为第 1 号。

步骤 2　从第 2 号位置开始，将所有偶数号位置上的字符值相加，然后此结果乘以 3。

步骤 3　从第 3 号位置开始，将所有奇数号位置上的字符值相加。

步骤 4　将第 2、3 步骤中的结果相加，模 10 取余和 10 的差的绝对值便是校验字符的值。

例如，条形码“012587700457”的检验位的算法实例如下（表 2-14）：

第 1 步　将此 12 位数从右到左顺序编号，校验字符为第 1 号。

第 2 步　结果＝(0＋2＋8＋7＋0＋5)×3＝66。

第 3 步　结果＝(1＋5＋7＋0＋4)　＝17。

第 4 步　结果＝66＋17＝83，83 模 10 取余和 10 的差的绝对值为 7，码的校验字符为 7。

表 2-14　条形码的校验位计算实例

	国别号		数据字符										校验字符
数据字符位置编号		12	11	10	9	8	7	6	5	4	3	2	1
数据字符值		0	1	2	5	8	7	7	0	0	4	5	7
偶数号位置字符		0		2		8		7		0		5	
奇数号位置字符值			1		5		7		0		4		

UPC 码单位元素宽度 X 的最小值为 0.19mm。在一个条形码符号中，X 值是恒定的。条形码符号的最小静区宽度是 $9X$。为了获得最佳的扫描效果，静区的宽度在 6.35mm 以上。为使 UPC 码能被正确地阅读，对 UPC-A 码定义了一些公差范围，如表 2-15 给出了上述公差的范围。这些公差的定义如表 2-15 所示。其中，Δb（Δs）为单位元素宽度的公差；Δe 为一个字符中两个相邻条的相似边之间距离的公差；Δp 为字符宽度的公差。

表 2-15　UPC 码的公差范围

X/mm	Δb/mm	Δe/mm	Δp/mm
0.26	±0.032	±0.038	±0.075
0.34	±0.105	±0.050	±0.099
0.48	±0.171	±0.071	±0.139
0.58	±0.218	±0.085	±0.168
0.64	±0.246	±0.094	±0.186

2.3　EAN.UCC 的基本体系结构

2.3.1　EAN.UCC 概述

EAN.UCC 系统目前已经发展成为全球统一标识系统和通用商业语言。EAN.UCC 系统是具有完整的商品条形码的编码体系，它包括对商品的统一标识、统一分类、统一属性的描述，以及全球同步的维护工作。EAN.UCC 系统是以条形码符号表示的物品编码为核心，是在全世界范围内，通过对商品从运输单元、资产和位置进行唯一的标识，为贸易项目、物流单元、资产、位置及服务等提供唯一标识，是一个动态的系统，并随着科技的进步而不断发展。目前，EAN.UCC 系统在国外已经广泛应用于工业、商业、出版业、医疗卫生、运输业、物流、金融保险和服务业等领域，大大提高了供应链管理的有效性。把 EAN.UCC 系统标识代码用于电子数据交换，可以提高通信的速度和准确性，简化电子商务流程，促进电子商务的发展。

2.3.2　EAN.UCC 条形码符号

EAN.UCC 系统的条形码体系主要是由 EAN-13、EAN-8、UPC-A、UPC-E、ITF-14 和 UCC/EAN-128 这六种条形码所组成的。其中 EAN-13、EAN-8、UFC-A、UPC-E 在前面作了介绍，下面主要介绍 ITF-14 和 UCC/EAN-128。

1. ITF-14 条形码

ITF-14 条形码是连续型、定长、具有自校验功能且条空都表示信息的双向条形码，如图 2-14 所示。它的条形码字符集、条形码字符的组成与交叉二五条形码相同，编码结构如表 2-16 所示。ITF-14 条形码只用于标识非零售的商品。ITF-14 条形码对印刷精度要求不高，比较适合直接印刷（热转换或喷墨）于表面不够光滑、受力后尺寸易变形的包装材料上，如瓦楞纸或纤维板。AN/UCC-14 代码是贸易项目的 EAN/UCC-13 前再加上指示符构成的。

3 00 12345 67890 6

图 2-14　ITF-14 条形码

表 2-16　ITF-14 的编码结构

N1	N2	N3	N4	N5	N6	N7	N8	N9	N10	N11	N12	N13	N14
指示符	内含贸易项目的 EAN. UCC 标识代码（不含校验码）												校验码

ITF-14 中使用指标符，指示符的赋值区间为 1～9，其中 1～8 用于定量贸易项目，9 用于变量贸易项目。最简单的编码方法是从小到大依次分配指示符的数字，即将 1，2，3，…分配给贸易单位元的每个组合。

例如，一家企业某产品的零售单元（假设为 1 件）的商品标识代码为 0012345678905。如果对其内装 20 件的一箱产品进行标识，有两种编码与条形码符号表示方法。其中的一种方法是采用 EAN/UCC-13 代码来表示，并采用相应的 EAN-13 条形码符号表示。但如果该包装单元不会用于 POS 扫描结算，且包装材料为瓦楞纸箱，则通常用 14 位的 EAN/UCC-14 代码结构表示。这时应当在其原来零售单元的 12 位代码（去掉第 13 位校验码）前加上 1～8 中的任一位数字，同时按相关标准规定的公式重新计算校验码。因此，相应的 EAN/UCC-14 代码可以为 30012345678906。相应的条形码符号可以用 ITF-14 条形码表示（图 2-14），或用 UCC/EAN-128 条形码来表示 30012345678906，其中加一个货运包装箱代码应用指示符 01。

2. UCC/EAN-128 条形码

UCC/EAN-128 条形码是一种连续型、非定长、有含义的高密度、高可靠性、两种独立校验方式的代码。标准中将紧跟在起始字符后面的功能字符 1（FNC1）定义为专门用于表示 EAN. UCC 系统应用标识符的数据，以区别于 128 码。应用标识符是标识编码应用含义和格式的字符，其作用是指跟随在应用标识符后面的数字所表示的含义。UCC/EAN-128 条形码唯一能够表示应用标识的条形码符号。UCC/EAN-128 可编码的信息范围广泛，包括项目标识、计量、数量、日期、交易参考信息、位置等（图 2-15）。符号结构包括空白区、开始区（ST）、应用标识符（AI）、数据区（DATA）、校验位和终止区（SP）。

(00) 0 0012345 555555555 8

图 2-15　UCC/EAN-128 条形码

2.3.3　EAN. UCC 系统的应用标识符

应用标识符 AI 的含义如表 2-17 所示。

表 2-17　应用标识符的含义举例说明

AI	含义	格式	AI	含义	格式
00	系列货运包装箱代码 SSCC-18	n2+n18	20	产品变体	n2+n2
01	货运包装箱代码 SCC-14	n2+n14	21	系列号	n2+an…20
02	物流单元贸易项目的 GTIN	n2+n14	22	数量、日期批号（医疗保健业用）	n2+an…29
10	批号或组号	n2+an…20	23	组号（过渡用）	n3+n…19
11	生产日期（年、月、日）	n2+n6	240	由厂商分配的附加产品标识	n3+an…30
12	付款截止日期	n2+n6	241	客户方代码	n3+an…30
13	包装日期（年、月、日）	n2+n6	250	二级系列号	n3+an…30
15	保质期（年、月、日）	n2+n6	251	源实体参考代码	n3+an…30
17	有效期（年、月、日）	n2+n6	414	标识物理位置的全球位置码	n3+n13
400	客户购货订单号码	n3+an…30	415	开票方全球位置码	400
401	货物托运代码	n3+an…30	420	收货方与供货方在同一国家或地区收货方的邮政编码	401
402	货运表识代码	n3+n13	421	具有三位 ISO 国家或地区代码交货地的邮政编码	402
403	路径代码	n3+an…30	422	贸易项目的原产国或地区	403
410	EAN-13 表示的交货地点的（运抵）	n3+13	423	贸易项目初始加工国家或地区	410
411	EAN-13 表示受票（发票）方位置码	n3+n13	424	贸易加工的国家或地区	411
412	EAN-13 表示的供货方的位置码	n3+n13	425	贸易项目拆分的国家或地区	412
413	最终收货方全球位置码	n3+n13	426	贸易项目全程加工国家或地区	413

注：n 表示数字字符；an 表示字母、数字、字符；…表示可变长度；数字表示字符个数。

例如，为了防止产品销售过程中发生不同区域之间的串货，企业希望标明一款产品每一件的序列号和销售地。这些附加信息和产品的标识代码可以用 UCC/EAN-128 条形码来表示，如图 2-16 所示。其中（01）、（21）、（420）三个应用标识符分别表示其后为商品标识代码、产品序列号及销售地邮政编码。这种表示方法可用于企业对单件产品的跟踪追溯。

图 2-16 表示商品标识代码及其序列号、销售地、邮政编码的 UCC/EAN-128 条形码

表 2-18 应用标识符说明（1）

AI	含义	格式	AI	含义	格式
310n～369n	贸易与物流量度	n4＋n6	30	可变数量	n2＋n…8
337n	每平方米千克数	n4＋n6	391n	具有 ISO 货币代码变量贸易项目的应付款金额	n2＋n3＋n…15
37	物流单元内项目的数量	n2＋n…8	392n	单一货币区内变量贸易项目的应付款金额	n4＋n…15
390n	单一货币区内的应付款金额	n4＋n…15	393n	具有 ISO 货币代码变量贸易项目的应付款金额	n4＋3＋n…15
7001	北大西洋公约组织物资代码	n4＋n14	7002	联合国/欧洲经济委员会(UN/ECE)产品分类	n4＋an…30
8001	卷状产品——长、宽、内径、方向、叠压层数	n4＋a14	8008	产品生产的日期与时间	n4＋n8＋an…4
8002	蜂窝式移动电话的电子系列号	n4＋an…20	8018	全球服务关系代码	n4＋n18
8003	可重复使用的资产 UPC/EAN 代码与连续号	n4＋n14＋an…16	8020	支付单代码	n4＋an…4
8004	全球单个资产表识符	n4＋an…30	8100	EAN/UCC-128 代金券扩展代码-ENS＋OFFER Code	n4＋n1＋n5
8005	单价	n4＋n6	8101	EAN/UCC-128 代金券扩展代码-NSC＋offer Code＋end off offer code	n1＋n4＋n5
8006	贸易项目组件的标识	n4＋n14＋n2＋n2	8102	EAN/UCC-128 代金券扩展代码-NSC	n4＋n1＋n1
8007	国际银行账号代码	n4＋an…30			
90	双方认可的内部使用	n2＋an…30	97	公司内部使用	n2＋an…30

续表

AI	含义	格式	AI	含义	格式
91	公司内部使用	n2＋an…30	98	公司内部使用	n2＋an…30
96	货运公司(内部用)	n2＋an…30	99	内部使用	n2＋an…30
310(n)	净重	千克	314(n)	面积	平方米
311(n)	长度或第一尺寸	米	315(n)	净体积、净容积	升
312(n)	宽度、直径或第二尺寸	米	316(n)	净体积、净容积	立方米
313(n)	高度、厚度、深度或第三尺寸	米		AI 中的(n)表示小数点位置	

有时，对一件产品，企业希望在采用商品条形码标识的同时，也把企业内部对该产品的编码同时用条形码符号表示出来。这时同样可以采用 UCC/EAN-128 条形码表示，如图 2-17 所示。其中，应用标识符（240）后的代码表示该产品在企业内部的有含义编码，应用标识符如表 2-18～表 2-20 所示。但是，这种表示方法不能将 AI（01）标识符表示的内容和 AI（240）标识符表示的内容拆开，因此不能用于零售结算。

图 2-17　表示包含商品标识代码及企业内部编码的 UCC/EAN-128 条形码

例如，有时，对一件产品，企业希望多个信息在商品条形码标识中可同时用一组条形码符号表示出来，这时同样可以采用 UCC/EAN-128 条形码表示，如图 2-18 所示。

图 2-18　EAN. UCC-128 组合表示商品属性

表 2-19 应用标识符说明（2）——非公制的物流设计单位应用标识符

AI	数据段含义(格式 n6)	计量单位	AI	数据段含义(格式 n6)	计量单位
430(n)	毛重	磅	342(n)	长度或第一尺寸	英磅尺
341(n)	长度或第一尺寸	英寸	343(n)	长度或第一尺寸	码
344(n)	宽度、直径或第二尺寸	英寸	347(n)	深度、厚度、高度或第三尺寸	英寸
345(n)	宽度、直径或第二尺寸	英尺	348(n)	深度、厚度、高度或第三尺寸	英尺
346(n)	宽度、直径或第二尺寸	码	349(n)	浓度、厚度、高度或第三尺寸	码
353(n)	面积	平方英寸	362(n)	毛体积	夸脱
354(n)	面积	平方英尺	363(n)	毛体积	加仑
355(n)	面积	平方码	367(n)	毛体积	立方英寸
368(n)	毛体积	立方英尺	369(n)	毛体积	立方码

表 2-20 应用标识符说明（3）——非公制贸易计量单位应用标识符说明

AI	数据段含义(格式 n6)	计量单位	AI	数据段含义(格式 n6)	计量单位
320(n)	净重	磅	333(n)	高度、厚度、深度或第三尺寸(运输配给系统用)	米
321(n)	长度或第一尺寸	英寸	324(n)	宽度、直径或第二尺寸	英寸
322(n)	长度或第一尺寸	英磅尺	325(n)	宽度、直径或第二尺寸	英尺
323(n)	长度或第一尺寸	码	326(n)	宽度、直径或第二尺寸	码
327(n)	深度、厚度、高度或第三尺寸	英寸	350(n)	面积	平方英寸
328(n)	深度、厚度、高度或第三尺寸	英尺	351(n)	面积	平方英尺
329(n)	深度、厚度、高度或第三尺寸	码	352(n)	面积	平方码
356(n)	净重	英两	364(n)	净体积、净容积	立方英寸
357(n)	净体积、净容积	盎司	365(n)	净体积、净容积	立方英尺
360(n)	净体积、净容积	夸脱	366(n)	净体积、净容积	立方码
361(n)	净体积、净容积	加仑	334(n)	面积(运输配给系统用)	平方米
330(n)	总重	千克	335(n)	总容积,(运输与给系统用)	升
331(n)	长度或第一尺寸(运输配给系统用)	米	336(n)	总体积,(运输配给系统用)	立方米
332(n)	宽度、直径或第二尺寸(运输配给系统用)	米			

2.3.4 EAN. UCC 系统的编码体系

目前，EAN. UCC 系统的物品标识代码体系主要包括六个部分：全球贸易项目代码（global trade item number，GTIN）、系列货运包装代码（serial shipping container code，SSCC）、全球可回收资产标识符（global returnable asset identifier，GRAI）、全球单个资产标识符（global individual asset identifier，GIAI）、全球位置码（global location number，GLN）和全球服务关系代码（global service relation number，GSRN）。

1. 全球贸易项目代码

全球贸易项目代码是为全球贸易项目提供唯一标识的一种代码（或称数据结构），

对贸易项目进行编码和符号表示，能够实现商品零售、进货、存货管理、自动补货、销售分析及其他业务运作的自动化。

2. 系列货运包装代码

系列货运包装代码（SSCC）是用于对物流单元（运输和/或储藏）的唯一标识。通过 SSCC 就能使物流单元的实际流动被逐一跟踪和自动记录。

3. 全球可回收资产和单个资产标识符

GRAI 和 GIAI 是用于对可回收资产或单个资产的标识及管理。

4. 全球位置编码

1）定义

全球位置码是贸易伙伴之间进行电子数据交换时，利用物理位置的标记来反映物流单元的路线信息，实现实物和信息的有效流动。GLN 是进入计算机文件的关键字，用于指明实体（货物、纸张信息、电子信息）、位置（物理的或职能的）或团体。全球位置码提供了物流中有关的所有位置的唯一、明确和有效的标识，使得计算机网络可以准确地把信息发送到指定工作站或应用中。位置标识（物理、功能或法律实体）要求在贸易伙伴之间通过电子商务、物理位置标记以及物流单元的路线信息。

物流节点是指物流供应链上的贸易伙伴。EAN. UCC 全球位置码（GLN）可对物流供应链上贸易伙伴和具体位置进行代码标识。它是一个数字型代码，结构同 EAN. UCC-13，用于标识法律实体（如注册的公司）、功能实体（如法律实体内的具体部门）、物理实体（如配送中心的一个部门、一个销售门店等），如表 2-21 所示。

表 2-21　全球位置编码

类别	说明
物理实体	建筑物中某个房间、储柜、仓库、发货点等
功能实体（职能实体）	法律实体内一个具体的部门，如退货部、发票处理部、财务部、一个信箱或计算机的文件等
法律实体	整个公司、分公司或分部等

GLN 是简单的 13 位数字，用来唯一地标识任何法律、功能、物力实体，如表 2-22 所示。公司前缀是由 EAN 编码组织分配给 EAN 系统用户的；位置参考号由系统用户分配，遵守先前分配公司前缀的编码组织制定的规则；校验位是根据标准算法计算出来的。

表 2-22　全球位置码编码

	EAN. UCC 厂商识别代码（8 位）								位置参考（4 位）				校验字符
数据字符位置编号	13	12	11	10	9	8	7	6	5	4	3	2	1
数据字符值	N13	N12	N11	N10	N9	N8	N7	N6	N5	N4	N3	N2	C
意义	用来唯一标识全球任何一家公司								位置				校验码

全球位置码是从计算机数据库中获得参与方名称、邮政地址、位置类型（制造中心、仓库、销售办公室、公司总部）、地区、电话与传真号、联系人、银行账号信息、EDI 报文类型、交货需求和货物限制等信息，还可以给出更加精确的位置，也有一些附加的信息，如公司缩写、房间号、入口号等。

全球位置码有关细节会发生变化。例如，标识的地址可能移动、关闭或更换新的地址。如果公司把一个位置卖给其他的公司，而该公司不再用全球位置码，而原有的全球位置码将被取消，该位置将分配给一个新的号码。如果公司关闭了原有的地址，又在一个新的地址从事相似的工作，公司可将已存在的全球位置码转移给新地址，或给新地址重新分配一个全球位置码。如果全球位置码标识的一个职能变化了，与全球位置码有关的细节也应变化，负责该位置编码的公司也应改变有关的计算机文件记录。被关闭的全球位置码要继续存在至少三年，才能重新分配。这段时间可使与旧位置编码有关的所有信息从贸易伙伴的计算机文件中消除。当旧的位置编码被再一次利用，与新的参与方有关的细节必须用 PARTIN EDI 报文再次传输。

2）为什么需要全球位置码

位置编码是 EDI 中的重要概念。它提供了与 EDI 交易有关位置唯一的、准确的和有效的标识，这是电子交易有效进行的前提。显然，应推荐所有的贸易公司运用相同的代码标准。通过网络，EDI 报文能够准确地被传送到指定的信箱、工作站或应用现场。

任何公司都可以自行分配其内部系统和代码结构来标识所有的位置以满足操作需求。虽然内部方案看起来是最容易和最快捷的办法，但如果用于公司间计算机的直接交换，便会产生下面问题。

（1）重复：有两个或更多的贸易伙伴会用相同的代码来标识他们各自的内部位置。

（2）复杂：内部编码有各种结构和格式，从而使应用程序复杂化。

（3）意义：位置编码的代码结构本身包含有与位置有关的各种信息，当代码结构包含有新的含义时，就难以处理。

例如，在中国台湾，量贩连锁业先驱——家乐福于 2003 年 11 月份导入 Web EDI，借此缩短与供货商之间的文书作业时间、减少纸张的使用。Web EDI 为基于 Internet 的自动化的信息传输系统，不仅可减少使用电话、传真等的人力及通信成本，还可提高工作效率、减少错误率及漏单机会。而就供货商而言，简易的传输方式，也不需具备 EDI 的知识，或另购昂贵的软硬件设备，此系统适用于全球及国内所有中小型的供货商。家乐福已于 2003 年 9～10 月分别举办多场如何上线使用 Web EDI 的说明会，并由英丰仑信息公司进行上线前教育培训，要求系统导入前各供货商必须先具备 EAN. UCC 系统所核发的全球位置码。

3）怎样使用全球位置码

想要标识物品和位置的公司需加入 EAN 编码组织以获得编码，成员的收费由各自的 EAN 编码组织和需要的服务等级决定。

全球位置码以 UCC/EAN-128 符号表示，可标注：物理位置（交付地、发货地和存储点）；可和全球贸易项目代码 GTIN 一起用来标识交易中的参与方（买方和卖方），即贸易单元；可和 SSCC 一起用来标识运输过程中的参与方（发货方、收货方），即物流单元。

全球位置码可在自动采集应用中标识物理位置或实现后勤应用中相关团体的代码标识。根据通用EAN标识中的标识规则，可应用EAN-128条形码符号和相关的应用标识符。

全球位置码可以条形码形式将物理地置标注在货物或其他物理位置上；应用标识符“410＋全球位置码”表示将货物运往或交货到某一位置；应用标识符“411＋全球位置码”表示开发票或开账单给某一贸易伙伴（全球位置码表示）；应用标识符“412＋全球位置码”表示从某一贸易伙伴（全球位置码表示）处订货；应用标识符“414＋全球位置码”表示物理位置的全球位置码。

2.3.5　EAN. UCC系统的应用领域

近年来已经有一些国家运用EAN. UCC系统开发了一套对鲜活产品进行追踪和追溯的解决方案，其关键是采用一套通用的编码标准，来识别供应链中相关的重要信息，利用条形码或其他信息技术达到记录与传递信息的功能。例如，产品识别可以采用全球贸易项目代码（GTIN），使每一个规格的产品包装都有一个全球唯一的代码，以此作为交易的共同语言。此外，厂商的识别可以使用全球位置码（GLN），使每一家往来的厂商也拥有一个全球唯一的代码，作为交易对象的识别。对于商品的配送也可以采用SSCC-18的编码，作为供应商、配送商与客户端沟通的桥梁。这些主要的识别代码加上日期、批号等重要信息，采用EAN/UCC-128的编码方式，加以连接并条码化，作为供应链作业中信息收集与获取的工具。即通过EAN. UCC系统这一全球通用的代码标准，可以让供应链上的所有厂商，都在相同的基础架构下，通过全球唯一且通用的商品代码、厂商代码和配送代码，将供应链连结起来，同时利用信息的条形码化，更加准确与及时地记录每一个作业环节的信息，作为流程中追踪与以后追溯的依据。利用这一套解决方案，可以对鸡、猪、牛、羊等从饲养、屠宰、加工到销售进行追踪和销售以后的追溯。有效的追踪和追溯系统能够查明食品安全问题出在什么地方，对于农作物甚至可以追溯到某块田地。

2.4　射频技术与物联网

在供应链运作时，企业必须实时、精确地了解和掌握整个供应链上的商流、物流、信息流和资金流这四者的流向和变化，使这四种流以及各个环节、各个流程都协调一致、相互配合，这样才能实现其最大经济效益和社会效益。然而，由于实际物体的移动过程中各个环节都是处于运动和松散的状态，信息和方向常常随实际活动在空间和时间上移动和变化，结果影响了信息的可获性和共享性。射频技术（radio frequency，RF）正是有效解决供应链上各项业务数据的输入/输出、业务过程的控制与跟踪，以及减少出错率等难题的一种新技术。

2.4.1 射频技术的概念与基本原理

1. 射频的概念

射频就是射频电流，它是一种高频交流变化电磁波的简称，并按其每秒变化的交流电次数的不同可以分为低频电流和高频电流两种。射频就是这样一种每秒变化大于10 000次的高频电流。

2. 射频识别技术的概念

射频识别技术（radio frequency identification，RFID）是利用射频方式进行非接触双向通信，以达到识别目的并交换数据的。埃森哲实验室首席科学家弗格森认为RFID是一种突破性的技术："第一，可以识别单个的非常具体的物体，而不是像条形码那样只能识别一类物体；第二，其采用无线电射频，可以透过外部材料读取数据，而条形码必须靠激光来读取信息；第三，可以同时对多个物体进行识读，而条形码只能一个一个地读。"

3. 射频识别技术的发展

作为一种非接触式自动识别技术——射频识别技术其发展历程如下：

1940～1950 年：雷达的改进和应用催生了射频识别技术，1948 年奠定了射频识别技术的理论。

1950～1960 年：早期射频识别技术的探索阶段，主要处于实验室实验研究。

1960～1970 年：射频识别技术的理论得到了发展，开始了一些应用尝试。

1970～1980 年：射频识别技术与产品研发处于一个大发展时期，各种射频识别技术测试得到加速，出现了一些最早的射频识别应用。

1980～1990 年：射频识别技术及产品进入商业应用阶段，各种规模应用开始出现。

1990～2000 年：射频识别技术标准化问题日趋得到重视，射频识别产品得到广泛采用，射频识别产品逐渐成为人们生活中的一部分。

2000 年后：标准化问题日趋为人们所重视，射频识别产品种类更加丰富，有源电子标签、无源电子标签及半无源电子标签均得到发展，电子标签成本不断降低，规模应用行业扩大。

至今，射频识别技术的理论得到了进一步的丰富和完善。单芯片电子标签、多电子标签识读、无线可读可写、无源电子标签的远距离识别、适应高速移动物体的射频识别技术与产品正在成为现实并走向应用。

4. 射频识别技术的特点

（1）可以非接触识读（识读距离可以从十厘米到几十米），特别是高速运动物体；抗恶劣环境能力强，一般污垢覆盖在标签上不影响信息的识读。

（2）保密性强。

（3）可同时识别多个识别对象；应用领域广阔，常用于移动车辆的自动识别、资产跟踪、生产过程控制等。

由于射频标签较条形码标签成本偏高，目前在物流过程中，射频标签很少像条形码那样用于消费品识别，多数用于物流器具，如可收回托盘、包装箱的标识。

5. 射频识别技术的基本原理

射频识别的标签与阅读器之间利用感应、无线电波或微波能量进行非接触双向通信，实现标签存储信息的识别和数据交换。

1）RFID 系统构成

最基本的 RFID 系统由三部分组成。

标签（tag）：由耦合元件及芯片组成，每个标签具有唯一的电子编码，附着在物体上标识目标对象。

阅读器（reader）：读取（有时还可以写入）标签信息的设备，可设计为手持式或固定式。

天线（antenna）：在标签和读取器间传递射频信号。

RFID 技术的基本工作原理：标签进入磁场后，接收解读器发出的射频信号，凭借感应电流所获得的能量发送出存储在芯片中的产品信息（passive tag，无源标签或被动标签），或者主动发送某一频率的信号（active tag，有源标签或主动标签），解读器读取信息并解码后，送至中央信息系统进行有关数据处理。

RF 系统的硬件主要由无线终端、无线网关与服务器构成。终端一般是手持电脑加条形码扫描器，具有无线通信功能。无线网关架在仓库或现场高处，与服务器通过 RJ45 接口与局域网线连接。网关与终端之间的有效通信半径为 150m。如果半径大于 150m，可多架网关使终端在其间漫游，就像移动电话网一样。终端与服务器之间通过网关交换信号。

2）射频技术——射频卡的标准

目前，生产射频技术 RFID 产品的很多公司都采用自己的标准，国际上还没有统一的标准。可供射频卡使用的几种射频技术标准有 ISO 10536、ISO 14443、ISO 15693 和 ISO 18000。应用最多的是 ISO 14443 和 ISO 15693，这两个标准都由物理特性、射频功率和信号接口、初始化和反碰撞以及传输协议四部分组成。

射频卡可分为以下几类：

(1) 按供电方式分为有源卡和无源卡。有源是指卡内有电池提供电源，其作用距离较远，但寿命有限、体积较大、成本高，且不适合在恶劣环境下工作；无源卡内无电池，它利用波束供电技术将接收到的射频能量转化为直流电源为卡内电路供电，其作用距离相对有源卡短，但寿命长且对工作环境要求不高。

(2) 按载波频率分为低频射频卡、中频射频卡和高频射频卡。低频射频卡主要有 125kHz 和 134.2kHz 两种，中频射频卡频率主要为 13.56MHz，高频射频卡主要为 433MHz、915MHz、2.45GHz、5.8GHz 等。低频系统主要用于短距离、低成本的应用，如多数的门禁控制、校园卡、动物监管、货物跟踪等；中频系统用于门禁控制和需传送大量数据的应用系统；高频系统应用于需要较长的读写距离和高读写速度的场合，其天线波束方向较窄且价格较高，如在火车监控、高速公路收费等系统中应用。

(3) 按调制方式的不同可分为主动式和被动式。主动式射频卡用自身的射频能量主动地发送数据给读写器；被动式射频卡使用调制散射方式发射数据，它必须利用读写器的载波来调制自己的信号，该类技术适合用在门禁或交通应用中，因为读写器可以确保只激活一定范围之内的射频卡。在有障碍物的情况下，用调制散射方式，读写器的能量必须来去穿过障碍物两次。而主动方式的射频卡发射的信号仅穿过障碍物一次，因此主动方式工作的射频卡主要用于有障碍物的应用中，距离更远（可达 30m）。

（4）按作用距离可分为距离小于 1cm 的密耦合卡、作用距离小于 15cm 的近耦合卡、作用距离约 1m 的疏耦合卡和远距离卡（距离为 1～10m，甚至更远）。

（5）按芯片分为只读卡、读写卡和 CPU 卡。

RF 的主要生产厂家提供的都是专用系统，导致不同的应用和不同的行业采用不同生产厂家的频率和协议标准。RFID 的标准处于分割状态，如美国的铁路、公路、航空收费系统，运输情报系统，国防部和其他专业领域都有各自的标准。这种混乱的状态已经影响了 RFID 整个行业的增长，并增加了跨行业应用的成本。

欧美的很多组织已经着手解决这个问题，并有望在彼此竞争的 RFID 系统间寻找某些共性。1996 年 AIM 的美国分会已组成临时工作组开始制定 RFID 标准，美国国家标准协会（ANSI）的全国信息技术标准委员会召集了主要的 RFID 厂家和用户起草了 2.45GHz 频率的草案，供 ISO 采用。

3）RFID 系统类型

根据系统完成功能的不同，把 RFID 系统分成四种类型：商品电子防窃系统（electronic article surveillance，EAS）、便携式数据采集系统、网络系统、定位系统。

近年来，便携式数据终端（portable data terminal，PDT）的应用多了起来，PDT 可把那些采集到的有用数据存储起来或传送至一个管理信息系统。PDT 一般包括一个扫描器、一个体积小但功能很强并带有存储器的计算机、一个显示器和供人工输入的键盘。在只读存储器中装有常驻内存的操作系统，用于控制数据的采集和传送。PDT 存储器中的数据可随时通过射频通信技术传送到主计算机。操作时先扫描位置标签，货架号码、产品数量就输入到 PDT，再通过 RF 技术把这些数据传送到计算机管理系统，可以得到客户产品清单、发票、发运标签、该地所存产品代码和数量等。

RF 实时软件系统是指装在终端与服务器上的程序。系统知道所有的规则和所有正确的操作，并且时刻指导着系统内的每一个操作和报告出准确的结果。

射频识别系统步骤是：首先，贴附于存货单元的充电标签将以规律的时间间隔发生射频。其次，识别者采集有用信号，辨认一定范围内的存货位置，并将该信息输入中心数据库。最后，管理者可识别特定时间的所有存货的位置。

RF 技术的发展方向是更大的存储量、更宽的阅读范围和更快的处理速度。建立相应的公共标准，促使不同厂商的 RFID 设备能兼容使用，这样 RFID 市场增长势头将会更好。

6. 射频识别技术与条形码技术的异同

这两种技术的异同点和区别如表 2-23 和表 2-24 所示。

表 2-23　射频识别技术与条形码技术的异同

		条形码技术	射频识别技术
相同点		目的都是快速准确地确认追踪目标物体	
不同点	有无写入信息或更新内存的能力	条形码的内存不能更改	射频标签不像条形码，它特有的辨识器不能被复制
	标签的作用范围	条形码必须在视野之内。条形码是“可视技术”，扫描仪在人的指导下工作，只能接收它视野范围内的条形码	射频标签不局限于视野之内。射频识别不要求看见目标，只要在接受器的作用范围内就能被读取
	市场占有率	条形码成本较低，有完善的标准体系，已在全球散播，所以已经被普遍接受	射频技术只被局限在有限的市场份额之内
	成本方面	条形码纸张和油墨成本低	内存芯片的主动射频标签和被动射频标签成本高
	防伪功能	不具备	具备

表 2-24　条形码与 RFID 卡的区别

	信息载体	信息量	读/写性	读取方式	保密性	智能化	抗干扰能力	寿命	成本
条形码	纸、塑料薄膜、金属表面	小	只读	CCD 或激光束扫描	差	无	差	较短	最低
RFID 卡	EEPROM	大	读/写	无线通信	最好	有	很好	最长	较高

条形码本身还有其他缺点。如果标签被划破、污染或脱落，扫描仪就无法辨认目标。条形码只能识别生产者和产品，并不能辨认具体的商品，贴在所有同一种产品包装上的条形码都一样，无法辨认哪些产品先过期。对于分别应用在条形码技术和 RFID 技术中的条形码和 RFID 卡，它们本身具有的特点也直接关系到相关技术的应用与发展。

2.4.2　物联网的概念与基本原理

物联网（internet of things）是 1999 年由麻省理工学院 Auto-ID 研究中心提出的一种基于 RFID 技术和互联网相结合的应用方案。它将所有物品通过射频识别和条形码等信息传感设备与互联网连接起来，实现智能化识别和信息的互联与共享等管理功能的网络系统。目前物联网已经拓展到无处不在（ubiquitous）的末端设备和设施（包括具备“内在智能”的传感器、移动终端、工业系统、楼控系统、家庭智能设施、视频监控系统等），以及贴上 RFID 的各种资产，通过各种无线、有线将不同距离的网络实现互联互通（M2M），达到应用大集成（grand integration），提供安全可控乃至个性化的实时在线监测、定位追溯、报警联动、调度指挥、预案管理、远程控制、安全防范、远程维护、在线升级、统计报表、决策支持、领导桌面等管理和服务功能，实现对各类物体、人和动物等的“高效、节能、安全、环保”的集成化、一体化管理。

2.4.3 射频技术与物联网应用

射频技术的应用非常广泛。目前，澳大利亚和美国的公路收费系统已经全部用到了RFID，如图 2-19 所示。

图 2-19 RFID 在公路收费中的应用

感知、连接、追溯和应用是物联网的核心要素，应用是物联网的灵魂。感知端的重点是高端传感器、MEMS（微电子机械系统）和 RFID 的综合应用；物联网相关终端和设备、相关软件、信息服务和基础支撑是应用的基础；智能电网、智能汽车（智能交通）、智能医疗、智能家居、RFID 是应用的重点。例如，“车联网”就是一种典型的物联网应用。汽车上安装传感器、雷达，可以感知预防交通事故；安装 GPS 等定位系统，可以实现在途跟踪与路径优化；结合道路监控传感器，可以监控和优化交通流量；汽车与远程控制中心的信息交互可以实现远程启动或锁死，预防汽车被盗抢等。

1. 射频技术应用的案例

案例一：福特公司的万戴克（VANDYKE）制造厂有一种新型定位系统做着双重的工作，既能跟踪组装生产线上的特定环节，又能将存货转移到特殊库房。接收货物时，公司将每个集装箱上均贴制标签。每隔 4 分钟，标签便会发射一个射频信号，使中心计算机能够辨别在 10 英尺（1 英尺＝0.3048 米）范围内的每一集装箱的位置。当一个组配站零件降低的时候，工作人员只需按一下设置在呼叫箱上的按钮，定位系统即可迅速识别该标签并反馈地址数据，配给相应起重机进行补货。

案例二：2005 年 6 月沃尔玛 CIO Linda Dillman 表示，在美国的沃尔玛 104 家超市、36 家山姆会员店和 36 个配送中心都已经使用了 RFID 技术。参与这个项目的已有 100 多个供应商，55 000 个托盘，收到贴有标签的货箱 189 万个。在配送中心的传送带上，零售商已经获得了 95％的识读率，在分销操作的最后一环操作，也就是将货箱拆开放进压缩机的过程，读取率达到 98％。目前，最大的问题还是读取整个货盘上所有货箱标签的读取率，只有 66％。

到 2005 年 10 月底，沃尔玛全球已经有 500 家商店、俱乐部和 5 个配送中心采用了 RFID 技术；2006 年 1 月，沃尔玛又一批 200 个供应商供货时，货箱货盘也采用了 RFID 技术标签；到 2007 年初，沃尔玛采用 RFID 的供应商已超过 600 家。按照计划，到 2007 年年底，将有 1 000 多家商店、俱乐部和配送中心全面使用 RFID 技术。

根据阿肯色大学最近一项长达 7 个月的研究发现，在使用 RFID 标签的沃尔玛商场里面的货品脱销现象减少 16%，RFID 技术在货品补充上要比传统条形码技术快 3 倍。研究报告称，由于采用 RFID 技术，人工订单已经减少大约 10%，从而也减少了存货。研究显示，在对脱销产品的及时补充方面，安装 RFID 设备的商店要比普通的商店效率会高出 63%。除了提高库存产品的可视性外，通过使用 RFID 可以在整个供应链减少库存进而减少花费。RFID 还改进了沃尔玛客户服务水平。对新鲜货品，如新鲜食品、新鲜蛋糕还有另外一些容易变质的商品，可通过有效期进行控制。

2. 射频技术在物流系统中应用的领域

1）应用领域

射频识别技术以其独特的优势，逐渐被广泛应用于工业自动化、商业自动化和交通运输控制管理等领域。随着大规模集成电路技术的进步以及生产规模的不断扩大，射频识别产品的成本将不断降低，其应用将越来越广泛。表 2-25 列举了射频识别技术几个典型的应用。

表 2-25　射频识别技术典型应用

典型应用领域	具体应用
车辆自动识别管理	铁路车号自动识别是射频识别技术最普遍的应用
高速公路收费及智能交通系统	高速公路自动收费系统是射频识别技术最成功的应用之一，它充分体现了非接触识别的优势。在车辆高速通过收费站的同时完成缴费，解决了交通的瓶颈问题，提高了车行速度，避免拥堵，提高了收费结算效率
货物的跟踪、管理及监控	射频识别技术为货物的跟踪、管理及监控提供了快捷、准确、自动化的手段。以射频识别技术为核心的集装箱自动识别，成为全球范围最大的货物跟踪管理应用
仓储、配送等物流环节	射频识别技术目前在仓储、配送等物流环节已有许多成功的应用。随着射频识别技术在开放的物流环节统一标准的研究开发，物流业将成为射频识别技术最大的受益行业
电子钱包、电子票证	射频识别卡是射频识别技术的一个主要应用。射频识别卡的功能相当于电子钱包，实现非现金结算。目前主要的应用在交通方面
生产线产品加工过程自动控制	应用在大型工厂的自动化流水作业线上，实现自动控制、监视，提高生产效率
动物跟踪和管理	射频识别技术可用于动物跟踪。在大型养殖场，可通过采用射频识别技术建立饲养档案、预防接种档案等，达到高效、自动化管理牲畜的目的，同时为食品安全提供了保障。射频识别技术还可用于信鸽比赛、赛马识别等，以准确测定到达时间

2）应用状况

射频识别技术在发达国发展非常迅速，射频识别产品种类繁多。在北美、欧洲、大洋洲、亚太地区及非洲南部，射频识别技术被广泛应用于工业自动化、商业自动化、交通运输控制管理等众多领域，如汽车、火车等交通监控，高速公路自动收费系统，停车场管理系统，物品管理，流水线生产自动化，安全出入检查，仓储管理，动物管理，车辆防盗等。在我国，由于射频识别技术起步较晚，应用的领域不是很广泛，除了在中国铁路应用的车号自动识别系统外，主要应用仅限于射频卡。

车辆自动识别方面，1995 年北美铁路系统就采用了射频识别技术的车号自动识别标准，在北美 150 万辆货车、1 400 个地点安装了射频识别装置。近年来，澳大利亚开发了用于矿山车辆识别和管理的射频识别系统。

在高速公路收费及智能交通方面，我国香港"驾易通"采用的就是射频识别技术。装有射频标签的汽车能被自动识别，无需停车缴费，大大提高了行车速度和效率。虽然我国很多地区高速公路都采用了射频卡，但是大部分还是应用人工停车收费的方式。最近，锦山的一条高速公路上应用了射频卡自动收费。利用射频识别技术的不停车高速公路自动收费系统是将来的发展方向。

在货物的跟踪、管理及监控方面，澳大利亚和英国的西思罗机场将射频识别技术应用于旅客行李管理中，大大提高了分拣效率，降低了出错率。欧盟就要求从 1997 年开始生产的新车型必须具有基于射频识别技术的防盗系统。我国铁路行包自动追踪管理系统已在计划推广之中。

在射频卡应用方面，1996 年 1 月韩国就在汉城（现称"首尔"）的 600 辆公共汽车上安装射频识别系统用于电子月票，实现了非现金结算，方便了市民出行。而德国汉莎航空公司则开始试用射频卡作为飞机票，改变了传统的机票购销方式，简化了机场有关的手续。

在生产线的自动化及过程控制方面，德国 BMW 公司为保证汽车在流水线各位置准确地完成装配任务，将射频识别系统应用在汽车装配线上。而 Motorola 公司则采用了射频识别技术的自动识别工序控制系统，满足了半导体生产对于环境的特殊要求，同时提高了生产效率。在动物的跟踪及管理方面，许多发达国家采用射频识别技术，通过对牲畜个别识别，保证牲畜大规模疾病爆发期间对感染者的有效跟踪及对未感染者进行隔离控制。

据市场研究公司 In-Stat 2006 年 1 月发布的报告，预计 2006～2010 这 5 年间，全球的射频识别技术产品的总产量将增加 25 倍，达到 330 亿美元。根据最近的一份报告，2005 年 RFID 产品的总产量已超过 13 亿，射频标识的使用很大程度上取决于成本，RFID 标签和芯片价格迅速下降将对广泛使用起促进应用。

利用 RFID 技术能够更快捷地查阅所需产品的数据，过程不需手工操作，不仅大大减少了管理失误，也有助于零售商和分销商解决在作业过程中面对的库存管理、货品损耗、诈骗和盗窃等问题。研究表明，采用 RFID 的商场补充脱销货物的效率比普通的商场高 63%。理论上，RFID 可以节省供应链成本达 20%，而主要裁减的成本就是人力成本。RFID 可以通过射频信号自动识别目标对象，并获取相关数据，无需人工干预，消费者选购完商品就不再需要一件件刷条形码来买单了，推着手推车出门时，商品上的RFID价格标签已进入电脑系统，直接计算出总价格。据统计，全球零售商的缺货率平均为9%，每年因缺货造成销售方面的损失达690亿美元，而全球伪冒货品导致的损失更高达3 050亿美元。采用RFID及全球标准让整个供应链网络的各方更容易掌握产品的最新运行状况，能够减少这方面的损失。

由信息产业部牵头的电子标签标准工作组于2005年底在北京成立，该工作组将负责进行我国电子标签标准研究和标准的制订工作，在这个过程当中建立起我国自主的RFID应用的标准体系，并国际标准和其他发达国家的标准形成兼容，使我国的RFID产业有一个良性的发展。在我国，射频卡主要应用于公共交通、地铁、校园、社会保障等方面。上海、深圳、北京等地陆续采用了射频公交卡。总体而言，我国射频识别技术应用状况还处于初级阶段，市场前景非常广阔。不久的将来，我国射频识别技术应用将在生产线自动化、仓储管理、电子物品监视系统、货运集装箱的识别以及畜牧管理等方面有所突破。

思考练习题二

1. 填空题

(1) UPC码包括两种类型：________、________。

(2) 一个完整的条形码由________、________、________、________(可选)和________组成。

(3) UPC-A条形码03190302083X的校验位X是：________。

(4) EAN. UCC的条形码体系主要由________、________、________、________、________和________共6种条形码组成的。

(5) EAN. UCC的物品标示代码体系主要包括6部分：________、________、________、________、________和________。

2. 选择题

(1) PDF47是（　　）

A. 一维条形码　　B. 二维条形码

(2) UCC/EAN-128条形码是具有两种独立校验方式的代码，其代码具有（　　）

A. 连续型、非定长、有含义　　B. 连续型、定长、有含义

C. 连续型、定长、无含义　　D. 非连续型、非定长、有含义

(3) ITF-14条形码是条和空表示信息的双向条形码，具有（　　）

A. 连续型　　B. 定长

C. 具有自校验功能　　D. 长度为14

(4) ITF-14条形码的指示符赋值1～8用于（　　）。

A. 变量贸易项目　　B. 定量贸易项目　　C. 不定

(5) UCC/EAN-128条形码的应用标示符00是（　　）

A. 系列货运包装箱代码　　B. 货运包装箱代码

C. 批号或组号　　D. 长度格式n2+n18

3. 简答题

(1) 计算图书978756002189C的校验码C的值，并说明其结构。

（2）常见的条形码识读器有哪些？各自的特点是什么？如何选择条形码识读器？

（3）在条形码应用系统的数据库设计中，表中一定要有一个条形码字段。如何解决不同条形码字段长度不同的问题？

（4）条形码的使用方式主要体现在哪几个方面？

（5）如果让你来设计一个超市销售的信息系统，可以在什么地方使用条形码？

（6）射频技术在物流中有哪些应用？举例说明。

（7）查阅资料，总结我国目前条形码的使用情况以及存在的问题。

（8）查阅资料，各类电子标签在物流实际中的使用情况以及存在的问题。

4. 综合题

请查阅资料综合回答物联网能改变我们在生活、学习和管理中的哪些视角、流程和方法。

第 3 章　空间数据管理技术

物流活动常处于运动和非常分散的状态，而 GIS 、GPS、无线通信移动定位系统等技术能够将物品移动的空间数据进行有效地管理。为了使读者了解空间数据管理的实用技术及其原理，首先，从物流空间数据的管理技术和物流中空间信息的基本知识进行描述；然后对 GPS、GIS、GSM 定位系统的定义、分类、特征、组成与功能、运行机制和在物流信息系统中的作用进行介绍，同时，在无线通信移动定位的介绍中也对第 1 代无线通信（1G）、第 2 代无线通信（2G）、第 3 代无线通信（3G）进行了描述。

3.1　空间数据管理概述

空间信息是对有关空间实体的性质、特征和运动状态的表征进行描述的数据，它是对表达空间特征与空间现象之间关系的空间数据的解释。

空间数据是各种地理特征和现象间关系的符号化表示，包括空间位置、属性特征（简称属性）及时域特征三部分。空间位置数据描述物所在位置，这种位置既可以根据大地参照系定义，如大地经纬度坐标，也可以定义为地物间的相对位置关系，如空间上的相邻、包含等。它是属于一定地物、描述其特征的定性或定量指标。时域特征是指地理数据采集或地理现象发生的时刻（或时段）。时间数据对环境模拟分析非常重要。

空间位置、空间属性特征及时间是地理空间分析的三大基本要素，如图 3-1 所示。空间位置、空间属性特征以及时间是也是表达现实世界空间变化的三个基本要素。

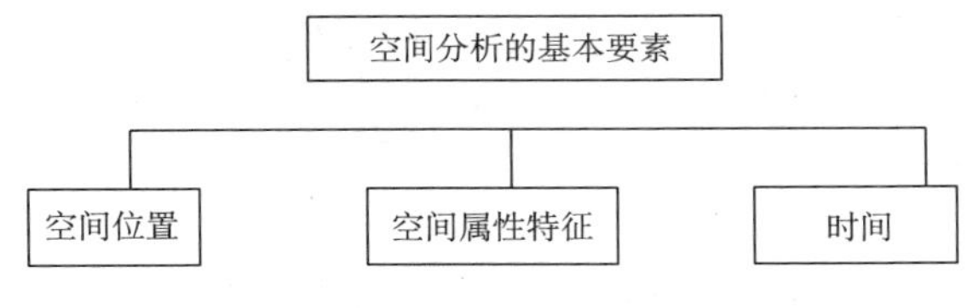

图 3-1　空间分析的三大基本要素

3.1.1　空间数据处理

1. 空间数据的编码

空间系统中的实体（对象）一般包括三种基本信息：语义信息、度量信息和关系结构信息，如表 3-1 所示。

表 3-1 空间实体类型类型

类型	特征
语义信息	语义信息表明实体的类型
度量信息	度量信息用于描述实体的形状和位置等几何属性
关系结构	描述地理实体之间所有的地理关系，包括空间关系、分类关系、隶属关系等基本关系的描述，也包括用于描述一个实体与其他实体的联系的关系结构信息

空间数据的编码主要是指语义信息的数据化，它是建立在地理特征的分类及其等级组织基础之上的空间信息数据编码。空间数据的编码用于表明实体元素在数据分类分级中的层次关系和属性性质。编码由主码和子码共同组成，主码表示实体元素的类别，子码则是对实体元素的标识和描述。子码又可分为识别码和描述码（有时还需要有参数码），识别码用于唯一地址标识具体的实体元素，描述码则是对实体元素的进一步性质描述。如果规定编码格式为主码占 3 位，子码占 5 位，则每个属性编码占 1 个字节。为了与有关标准进行相互转换并将编码组织成树结构，可用无符号整型数的前二位（范围为 0～64）记录主码，后三位（范围为 0～999）记录子码（其中 0～499 表示识别码，500～999 表示描述码）。这样的编码可表示 65 种主码，每种主码下可有 1 000 种子码，并且还有 536 种大于或等于 65 000 的特殊用途编码。这种属性编码仅占 2 字节，并且具有可扩充性。

2. 空间数据描述

空间数据描述就是对空间分析的三个基本要素的符号记录。空间数据描述质量是空间数据在表达这三个基本要素时，所能够达到的准确性、一致性、完整性，以及它们三者之间统一性的程度。由于现实世界的复杂性和模糊性，以及人类认识和表达能力的局限性，空间数据描述只能在一定程度上接近真值。

空间数据描述质量的评价，就是用空间数据质量标准要素对数据所描述的空间、专题和时间特征从世系（继承性）、位置精度、属性精度、逻辑一致性、完整性和表现形式准确性等方面进行评价，如表 3-2 所示。空间数据质量控制常见的方法有传统的手工方法、元数据方法、地理相关法。

表 3-2 空间数据描述质量有关指标

类型	指标
数据情况说明	地理数据的来源、数据内容及其处理过程等作出准确、全面和详尽地说明
位置精度（或称定位精度）	空间实体的坐标数据与实体真实位置的接近程度，常表现为空间三维坐标数据精度。它包括数据基础精度、平面精度、高程精度、接边精度、形状再现精度（形状保真度）、像元定位精度（图像分辨率）等
属性精度	指空间实体的属性与其真值相符的程度。通常取决于地理数据的类型，且常常与位置精度有关，包括要素分类与代码的正确性、要素属性值的准确性及其名称的正确性等
时间精度	可以通过数据更新的时间和频度来表现

续表

类型	指标
逻辑一致性	指地理数据关系上的可靠性，包括数据结构、数据内容（包括空间特征、专题特征和时间特征）以及拓扑性质上的内在一致性
数据完整性	指地理数据在范围、内容及结构等方面满足所有要求的完整程度，包括数据范围、空间实体类型、空间关系分类、属性特征分类等方面的完整性
表达形式的合理性	指数据抽象、数据表达与真实地理世界的吻合性，包括空间特征、专题特征和时间特征表达的合理性等

3. 空间信息的特征

空间信息除了具有信息的一般特性，如共享性、客观性等外，还具有以下独特特性：

1）空间定位

先定位后定性，并在区域上表现出分布式特点，不可重叠，其属性表现为多层次，因此，地理数据库的分布或更新也应是分布式。

2）数据量大

空间信息既有空间特征，又有属性特征，其数据量很大。例如，全国 1∶400 万土地利用数据，其数据量可达 8.2 兆。我们每天都可以获得上万亿的关于地球资源、环境特征的数据。

3）信息载体的多样性

空间信息的载体不仅包括地理实体的物质和能量本身，还包括描述地理实体的文字、数字、地图和影像等符号信息载体以及纸质、磁带、光盘等物理介质载体。对于地图来说，它不仅是信息的载体，也是信息的传播媒介。

3.1.2　空间信息系统

信息系统按照是否含空间信息分为非空间信息系统（一般指管理信息系统）和空间信息系统，如图 3-2 所示。空间信息系统分为非 GIS（一般 CAD/CAM）和 GIS。空间信息系统依照其应用领域可分为土地信息系统和地理信息系统等；根据其使用的数据模型，可分为矢量、栅格和混合型信息系统；根据其服务对象，可分为专题信息系统和区域信息系统。非空间信息系统一般为管理信息系统，它是以管理为目的，它处理的数据没有或者不包括空间特征。具有空间分析功能的 IS 一般为空间信息系统，它利用 GIS 的各种功能实现对具有空间特征的要素进行处理分析以达到管理区域系统的目的，如城市交通管理信息系统。

1. 空间信息系统特征

与一般的管理信息系统相比，空间信息系统具有以下特征：

空间信息系统使用了空间数据与非空间数据，并通过 DBMS 将两者联系；而 MIS 只有非空间数据库的管理，即使存储了图形，也往往以文件形式等机械形式存储，不能进行有关空间数据的操作和复杂的空间分析，如空间查询、检索、相邻分析等。

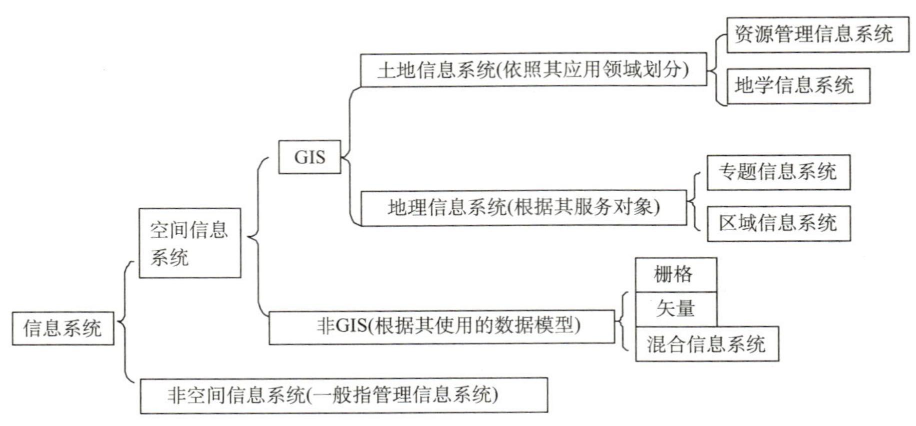

图 3-2 信息系统分类

空间信息系统强调空间分析，通过利用空间解析式模型来分析空间数据，空间信息系统的成功应用依赖于空间分析模型的研究与设计。

空间信息系统的成功应用不仅取决于技术体系，而且依靠一定的组织体系（包括实施组成、系统管理员、技术操作员、系统开发设计者等）。

2. 空间信息系统的基本功能

空间信息系统处理功能有五类：数据采集、检验与编辑，数据格式化、转换、概化，数据存储与组织，数据分析，数据输出（显示打印），如图 3-3 所示。下面对这五类功能进行描述。

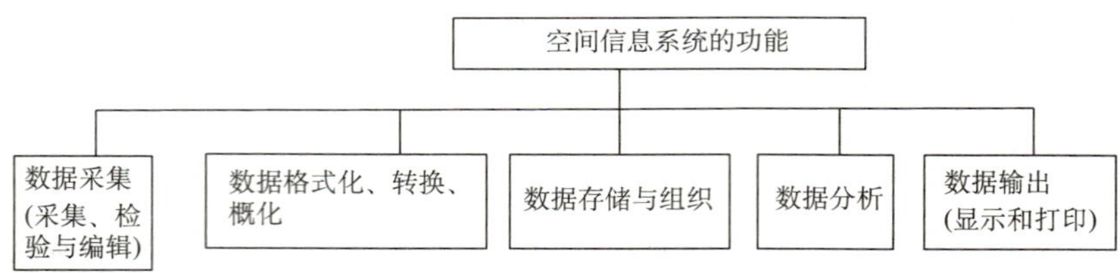

图 3-3 空间信息系统的功能

1）数据采集、检验与编辑

主要用于获取数据，保证空间信息系统数据库中的数据在内容与空间上的完整性（即所谓的无隙数据库，seamless database）、数据值逻辑一致无错等。目前可用于 GIS 数据采集的方法与技术很多，如手扶跟踪数字化仪，而自动化扫描输入与遥感数据的集成最为人们所关注。扫描数据的自动化编辑与处理仍是空间信息系统主要研究的技术关键。

2）数据格式化、转换、概化，通常称为数据操作

数据的格式化是指不同数据结构的数据间变换。数据转换包括数据格式转化、数据比例尺的变换。在数据格式的转换方式上，矢量到栅格的转换要比其逆运算快速、简

单。数据比例尺的变换涉及数据比例尺缩放、平移、旋转等方面，其中最为重要的是投影变换。许多软件系统都对常见的投影进行定义，如ARC/INFO定义了几十种投影方式。在使用一些软件时，需要重新定义高斯-克吕格投影及与其他投影的变换关系。数据概化包括数据平滑、特征集结等。目前空间信息系统所提供的数据概化功能极弱。

3）数据存储与组织

这是建立空间信息系统数据库的关键步骤，涉及空间数据和非空间数据的组织。栅格模型、矢量模型或栅格/矢量混合模型是常用的空间数据组织方法。空间数据结构的选择在一定程度上决定了系统所能执行的数据与分析的功能。混合型数据结构利用了矢量与栅格数据结构的优点，为许多成功的地理信息软件所采用。目前，非空间数据的组织方式有层次结构、网络结构与关系数据库管理系统等，其中关系型数据库系统是最为广泛应用的数据库系统。在地理数据组织与管理中，最为关键的是如何将空间数据与非空间数据融合为一体。大多现行系统都是将二者分开存储，通过公共项（一般定义为地物标识码）来连接。这种组织方式的缺点是无法有效地记录地物在时间域上的变化属性，数据的定义与数据操作相分离。目前，时域GIS（temporary GIS）、面向对象数据库（object-oriented database）的设计都在努力解决这些根本性的问题。

4）查询、检索、统计、计算和分析功能

空间信息系统为用户提供了许多用于显示地理数据的工具，其表达形式既可以是计算机屏幕显示，也可以是诸如报告、表格、地图等硬拷贝图件。空间分析既是空间信息系统的核心功能，也是空间信息系统与其他计算机系统的根本区别。模型分析是在空间信息系统支持下，分析和解决问题的方法体现，是空间信息系统应用深化的重要标志。

3. 空间信息系统在物流中应用

在快速投递业务中，物流空间信息系统可通过客户邮编和详细地址字符串，自动确定客户的地理位置（经纬度），客户所在的中心站、分站和投递段。

通过基于空间信息的查询、地图表现的辅助决策，实现对物流配送、投递路线的合理调度和安排客户投递排序，用地图符号在地图上表示客户的地理位置，不同类型的客户（如A、B、C类客户等）采用不同的标志。通过物流空间信息系统，能实现点击地图上的客户符号，显示客户的属性信息（如位置）。通过业务系统调用物流空间信息系统，以图形的方式显示业务系统的各种相关操作结果的数值信息。通过基于综合评估模型和物流空间信息的查询，实现对下级机构区域的拆分、合并。

空间地理技术应用的另一个重要领域是客户端应用。它能够实现可视化功能，如地图或图表显示，还可实现查询和分析功能。例如，当用户运行一个查询操作时，客户端利用SQL将其写入，并传递给数据库以执行查询过程。数据库将查询结果发送回客户端，该客户端能够理解如何表示或显示数据。客户端可以用红线绘制高速公路图，用灰线绘制辅助路线，并将其他地点类型以图标形式显示出来。客户端还可以执行分析功能，如计算两点之间的距离。在基于Web的物流空间信息系统实施过程中，许多客户端功能都可由位于应用服务器上的中间件处理。若第三方物流的汽车安装了物流空间信息系统终端，客户更可以随时查询货物的动态情况。否则，只能要求司机每隔一定的时间用手机向总部汇报目前的所在位置。最典型的应用是，美国最大的商业零售集团沃尔马超市在开设一个新分店的时候，利用 MapInfo 的技术，对这个地区的人口分布及收入进行分析，然后确定新店的地址。

当物流空间信息系统和 Internet 以及无线通信相连时，就能发挥更大的作用。运用位置信息技术，可以进一步提高企业实现电子商务的竞争实力。针对业务在地理信息方面的需求，以业务数据图形化管理和业务机构、业务对象图形化编辑为核心，从客户、产品、业务结构三个管理层面上实现业务的全面图形化管理。地理信息系统的数据形式分为地图数据和非空间数据两种。地图数据的分层和非空间数据表的结构由开发人员根据实际需要确定。

物流企业通过无线通信、GIS/GPS 能够精确地获取运输车辆的信息，再通过 Internet 让企业内部和客户访问，从而把整个企业的操作业务变得透明，为协同商务打下基础。物流企业的信息平台的物理架构如图 3-4 所示。

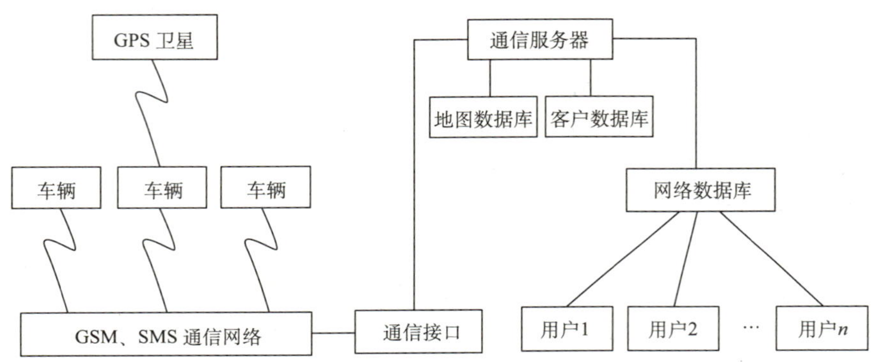

图 3-4 物流企业 GIS/GPS 信息平台的物理架构

地理信息系统（GIS）、卫星定位系统（GPS）、无线通信（WAP）与互联网技术（Web）应集成一体，应用于物流和供应链管理信息技术领域，但目前，国内还不是很成熟。不过，相信随着人们的重视和技术的进步，GIS、GPS、WAP 和 Web 技术将结合在一起，共同描绘透明物流企业，减少物流黑洞，增强国内物流企业竞争力以在未来开放的物流市场上站稳脚跟。

3.2 地理信息系统

3.2.1 地理信息系统的概念与基本原理

GIS 的产生与发展已有 30 余年，GIS 发展主要有以下几个阶段：

(1) 20 世纪 60 年代为 GIS 开拓期，注重于空间数据的地学处理，如处理人口统计数据（如美国人口调查局建立的 DIME）。许多大学研制了一些基于栅格系统的软件包，如哈佛大学的 SYMAP、马里兰大学的 MANS 等。

(2) 20 世纪 70 年代为 GIS 的巩固发展期，注重于空间地理信息的管理。这个时期 GIS 在继承 60 年代技术基础之上，利用了新的计算机技术，但系统的数据分析能力仍然很弱。

（3）20 世纪 80 年代为 GIS 技术大发展时期，注重于空间决策支持分析。这个时期，GIS 的应用领域迅速扩大，从资源管理、环境规划到应急反应，从商业服务区域划分到政治选举分区等，涉及了许多的学科与领域，这个时期 GIS 发展最显著的特点是商业化实用系统进入市场。

目前对 GIS 的认识可归为三个观点。一是地图观点，强调 GIS 作为信息载体与传播媒介的地图功能，认为 GIS 是一种地图数据处理与显示系统，在此，每个地理数据集可看成是一张地图，通过地图代数实现数据的操作与运算，其结果仍然再现为一张具有新内容的地图。第二种观点称为数据库观点，强调数据库系统在地理信息系统中的重要地位，认为一个完整的 DBMS 是任何一个成功的 GIS 不可缺少的部分。第三种观点则是分析工具观点，强调 GIS 的空间分析与模型分析功能，认为 GIS 是一门空间信息科学。第三种观点普遍地为 GIS 界所接受，并认为这是区分 GIS 与其他地理数据自动化处理系统的唯一特征。

1. 地理信息系统的基本概念

1）地理信息系统

地理信息系统是由计算机系统、地理数据和用户组成的、管理和研究空间数据的人机信息系统。它可以对空间数据按地理坐标或空间位置进行各种处理、对数据的有效管理、研究各种空间实体及相互关系。它通过对地理数据的集成、存储检索、操作和分析，生成并输入各种地理信息；通过对多因素的综合分析，迅速地获取满足应用需要的信息，并能以地图、图形或数据的形式表示处理的结果。

GIS 可简单定义为用于采集、模拟、处理、检索、分析和表达地理空间数据的计算机信息系统。GIS 能为土地利用、资源管理、环境监测、交通运输、经济建设、城市规划以及政府各部门行政管理提供新的知识，为工程设计和规划、管理决策服务。

GIS 要能够实现数据采集、分析、决策应用的全部过程，需要解决以下五类问题：

（1）位置，位置可表示为地名、邮政编码、地理坐标等。

（2）条件，即符合某些条件的实体在哪里的问题。

（3）趋势，即某个地方发生的某个事件及其随时间的变化过程。

（4）模式，即某个地方存在的空间实体的分布模式的问题。模式分析揭示了地理实体之间的空间关系。

（5）模拟，即某个地方如果具备某种条件会发生什么问题。GIS 的模拟是基于模型的分析。

GIS 是有关空间数据管理和空间信息分析的计算机系统，图 3-5 是地理信息系统的基本处理模式。

2）地理数据

地理数据包括空间位置、属性以及时域特征三部分。其中，空间位置数据描述的是地物或现象所在位置；属性数据，又可称为非空间数据，是属于一定地物或现象并描述其特征的定性或定量指标；时域特征是指地理数据采集或地理现象发生的时刻或时段。

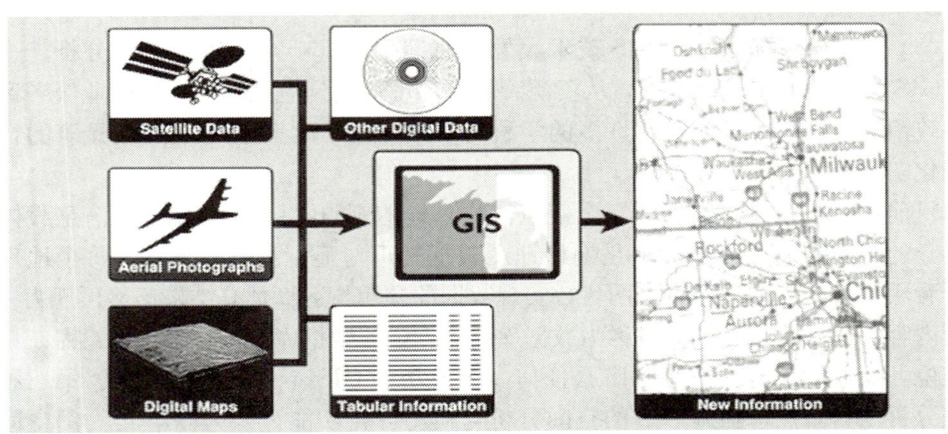

图 3-5　地理信息系统的基本处理模式

3）地理信息

地理信息是指与空间地理分布有关的信息，它是地表物体和环境固有的数据、质量、分布特征与规律的数字、文字、图形、图像的总称。

4）地图与地理信息的区别

地图是运用一定的数学法则与地图语言，经过制图综合，将客观世界表现在平面上，实质上是公式化、符号化、抽象化地再现客观世界；而地理信息属于空间信息，它与一般信息的区别在于它具有区域性、多维性和动态性。

目前，世界上常用的 GIS 软件已达 400 多种。国外较著名的有 ARC/INFO，GENAMAP 和 MGE 等；国内较著名的有 MAP/GIS，Geostar 和 TYSTAR 等。

2. 地理信息系统特征

地理信息系统具有以下三个方面的特征：

（1）具有采集、管理、分析和输出多种地理空间信息的能力，具有空间性和动态性。

（2）以地理研究和地理决策为目的，以地理模型方法为手段，具有区域空间分析、多要素综合分析和动态预测能力，产生高层次的地理信息。

（3）由计算机系统支持进行空间地理数据管理，并由计算机程序模拟常规的或专门的地理分析方法，作用于空间数据，产生有用信息，完成人类难以完成的任务。

3. 地理信息系统的基本原理

一个典型的 GIS 应包括五个基本部分：计算机系统（硬件、软件）、GIS 的开发工具、硬件/网格平台的选择标准、地理数据库系统、GIS 的人员配置。

1）计算机系统

计算机系统可分为硬件系统和软件系统。

（1）硬件系统。硬件系统包括计算机、数据输入设备（数字化仪、扫描仪等）、数据输出设备（图表终端、绘图仪、打印机、硬拷贝设备）和存储设备。

（2）软件系统。GIS 的软件系统由核心软件和应用软件组成。其中核心软件包括数据处理和管理、地图模拟及空间分析等部分，而特殊的应用软件包则紧紧地与核心模块相连，并面向一些特殊的应用问题，如网络分析、数字地形模型分析等。虽然GIS软件有些是通用的DBMS，但大部分是专用的，仅限用于地理信息领域；有些GIS软件是面向特定硬件的，但大多数独立于特定硬件，为开放系统。

GIS的软件包括操作系统软件、数据输入软件、数据查询和分析软件、图像处理软件、网络管理软件和信息输出软件。

① 数据输入软件包括基于矢量的地图数字化编辑软件和基于栅格的地图/影像扫描软件。数据输入软件常见功能有：交互式图表编辑、属性编辑、质量控制、误差检测、数据边界匹配。

② 数据查询软件主要包括图形数据查询和非空间数据查询两种软件。数据分析软件，又分为数据预处理软件和信息分析软件。数据预处理软件，包括地理坐标交换、数据格式转换、数据匹配与纠正、地理内插等功能。信息分析软件，包括缓冲区分析、多边形叠加分析、线性网络分析、空间统计分析等空间信息基本分析软件以及基于地学领域各专业问题解决方案的预测模型、规划模型、决策模型等空间信息高级分析软件。

③ 图像处理软件主要包括影像增强、分类、识别和分析软件。

④ 网络管理软件，用于实现GIS网络数据和设备的管理，常用功能有：多用户数据库的数据管理、网络活动的监视、网络问题的诊断、打印和绘图管理。

⑤ 信息输出软件主要包括：图表显示、表格显示、栅格影像的生成和显示、生成硬拷贝的地图和报表、按照比例尺输出和显示地图、曲线和图表的生成。

（3）GIS的开发工具。ArcVIEW是美国环境系统研究所ESRI的GIS产品，也是流行的GIS平台软件，它有一个面向对象的编程工具-Avenue。

MapInfo是美国MapInfo公司的GIS开发平台。MapBasic是其提供的系统开发语言。

（4）硬件/网络平台的选择标准。

① 性能基准线（performance baseline）。各种硬件平台的性能价格比都在迅速提高。因此，性能基准线的选择也随着硬件平台的发展而水涨船高。通常，内存配置大约为所需最小配置的两倍时，系统的性能将得到显著的改善。增加内存，将减少与硬盘交换有关的系统开销，从而改善系统总体性能。极端的情况是，当内存足够大，以至于内外存储器间的交换降为零时，系统的性能将达到最佳。

② GIS数据服务器配置。GIS数据服务器的配置必须能支持最大的并发网络文件服务（NFS或磁盘共享）客户数。

③ 网络配置。必须保证提供足够的带宽以满足GIS应用的需要。

④ 具有可视化与空间查询功能。利用GIS，人们可以在数字地图、影像和其他图形的显示中来分析它们所表达的各种类型的空间关系。空间数据快速查询是GIS可视化功能的重要应用。GIS中的可视化过程，包括图形图像的生成和空间数据的查询分析。图形图像包括用于数据显示的二维图和三维图，以及用于数据进行分析评价的可视化表达的散点图、直方图和条表图表等。在视窗环境中同时建立某种地理对象的多种类型的图形对象，利用图形图像之间基于地理分析方法模式建立的动态关联，可以更清楚

地表达地理对象分布模式及其不确定性。例如，将地图、图表、图形和扫描影像（如照片）等显示在同一视图中，并使它们彼此之间建立动态联系，通过图形图像的动态连接（热连接）与空间数据查询的结合，可以实现在一个图表图像中的对象选择，同时使另一图形图像中相对应的对应特征高亮显示。

GIS数据库的空间查询包括基于空间特征的查询和基于属性特征的查询。在第一种情况下，用户可以在屏幕上用鼠标点击图形影像来检索发生在该位置上或距该位置一定距离以内的空间对象的属性特征信息；在第二种情况下，用户可以在图形中打出符合一定距离以内的空间对象，被选中的对象区域可以在原视图中高亮显示。

⑤ 系统性能与投资的权衡。每个单位在规划系统时都必须根据自己的实际情况作具体的分析。忽略系统性能和投资比，而单纯追求某一些指标而忽视另外的指标，从系统的角度看都是不恰当的。当然，每个系统的性质不同，其目标也不尽相同，如实时系统就较通常的管理系统更注重响应时间。

2）地理数据库系统

地理数据库系统的关键是空间数据。空间数据（几何数据）由点、线、面组成，它们的数据表达可采用栅格和矢量两种形式，用以表示地理空间实体的位置、大小、形状、方向以及拓扑几何关系。

地理数据库系统由数据库和地理数据库管理系统组成。地理数据库管理系统主要用于数据维护、操作和查询检索。另外，从系统中数据处理看，地理信息处理系统是由数据输入子系统、数据存储与检索子系统、数据处理与分析子系统和输出子系统组成。数据输入子系统，负责数据的收集、预处理和数据转换等。数据存储与检索子系统，负责组织和管理数据库中的数据，以便于数据查询、更新与编辑处理。数据处理与分析子系统，负责对系统中所存储的数据进行各种分析计算，如数据的集成与分析、参数估计、空间拓扑叠加、网络分析等。输出子系统，以表格、图形或地图的形式将数据库的内容或系统分析的结果以屏幕显示或硬件拷贝方式输出。

3）GIS的人员配置

GIS的应用人员一般包括项目经理、数据库人员、空间信息采集与管理人员、系统操作员、软件开发人员等。其中，项目经理负责GIS应用实施规划、GIS产品规划、软件硬件选择、用户讨论/协商、与用户通信/联系、资金预算与筹集、向顾问组和总经理汇报。数据库人员负责GIS数据库设计、数据库维护和更新、数据产品和地图产品规划、GIS数据库产品、空间数据质量控制、数据获取规划。空间信息采集与管理人员负责现有源地图编译、地图数字化、非空间数据输入、野外摄影测量和遥感数据获取、数字化地图设计、数字化地图产品。系统操作员负责硬件、软件和其他外设的运行，物资管理，程序和数据文件备份，对软件库的管理，支持用户请求，用户权限管理。软件开发人员负责系统功能分析、现有软件功能分析、需要开发的功能规划设计、用户平台设计、应用功能开发方案设计、数据转换程序、应用分析软件编程、特定用户菜单开发、解决程序与数据文件之间的接口。

3.2.2 GIS 的运行机理

1. 地理空间的定义与数据的组织

GIS 中的空间概念常用“地理空间”（geo-spatial）来表述。一般来说，地理空间被定义为绝对空间和相对空间两种形式。绝对空间是具有属性描述的空间位置的集合，它由一系列不同位置的空间坐标值组成；相对空间是具有空间属性特征的实体的集合，它由不同实体之间的空间关系构成。

在 GIS 中，对空间实体的数据描述分为空间特征和属性特征，属性特征是对于空间特征的描述，属性值包括数字值和非数值两种。例如，描述道路实体的属性特征包括：

道路类型：1 表示高速公路，2 表示主干道，3 表示居民街道，5 表示其他；路面物质构成：1 表示水泥，2 表示柏油，3 表示碎石；道路宽度：M 米；小巷数量：N 个；道路名字：每条路的名字。

每一条道路都有一组属性对其进行描述，这样的表被称为属性表。空间特征数据的表达方式包括各种数据结构，并表现为点、线、面等各种图形符号信息；属性特征数据的表达方式包括基于地理特征（包括空间特征和属性特征）的多种分类关系的表格。GIS 正是通过建立空间特征数据的图形符号表达与属性特征数据的表格表达之间的联系，才具备了强大的空间分析能力。

如何建立空间特征数据和属性特征数据之间的联系？空间特征通过坐标值和拓扑关系来表达，属性特征又是组织成表格的一系列记录。如果对于每一个具有拓扑关系的空间特征以及这个空间特征的一个描述记录赋予共同并且是唯一的标识符(identifier)，那么，由于这个标识符保证了在空间特征和属性记录之间一一对应的关系，这样，就可以通过空间记录查找并显示属性信息，或者依据存储在属性表格中的属性生成具有地学分析意义的空间图形，如地图。一个空间特性可以具有多个属性特征描述集合。

2. GIS 的地理信息构成和信息结构

地理信息是对地理实体特征的描述，地理实体特征分类如表 3-3 所示。

表 3-3 地理实体特征分类表

类型	特征
空间特征	描述地理实体空间位置、空间分布及空间相对位置关系
属性特征	描述地理实体的物理属性和地理意义
关系特征	描述地理实体之间所有的地理关系，包括空间关系、分类关系、隶属关系等基本关系的描述，也包括对由基本地理关系所构成的复杂地理关系的描述
动态特征	描述地理实体的动态变化特征。地理信息对这些特征的描述是以一定信息结构为基础的

GIS 的信息结构不但要能全面反映空间、属性、关系和动态等四类特征，而且还要能够很容易地被映射到一定的数据模型之中。关于数据本身的一些描述信息包括关于数

据质量、数据获取日期、数据获取的机构等间接地描述了地理实体。在 GIS 领域中，地理信息的组成包含地理实体的描述信息和元数据信息，而地理实体描述信息包括空间属性信息、地理关系信息和地理属性信息；元数据信息包括数据质量信息、机构信息和获取时间。

3. 地理信息的分类与编码

1）地理信息的分类

地理信息分类一般采用线分类法。作为地学编码基础的分类体系，主要是由分类与分级方法形成的。分类是把研究对象划分为若干个类组，分级则是对同一类组对象再按某一方面量上的差别进行分级。在 GIS 领域中的分类方法是传统地理分析方法的应用，不同地理研究目的之下的分类体系可能不同，即使研究对象为同一地理现实，而用以描述该地理现实的分类体系则可能有质的不同。

2）地理信息的编码

对地理信息的代码设计是在分类体系基础上进行的，我国所编制的地理信息代码中，以层次码为主。目前，已形成国家标准的地理信息方面的分类及代码已有多个。如 GB 2260—1980《中华人民共和国行政区划代码》，GB/T13923—1992《国土基础信息数据分类与代码》、GB 14804—1993《1∶200、1∶500、1∶1 000 地形图要素分类与代码》、GB/T5660—1995《1∶5 000、1∶10 000、1∶25 000、1∶50 000、1∶100 000 地形图要素分类与代码》。

4. 地理信息规范及标准的制定

国际标准化组织在 1994 年 3 月的技术局会议上，决定成立地理信息/地球信息专业技术委员会。该技术委员会的工作范围为数字地理信息领域标准化。其主要任务是针对直接或间接与地球上空间位置相关的目标或现象的地理信息制定一套标准，以便确定地理信息数据管理（包括定义和描述）、采集、处理、分析、查询、表示，以及在不同用户、不同系统、不同地方之间转换的方法、工艺和服务。该项工作与相应的信息技术及有关数据标准相关连，并为使用地理数据进行各种开发提供标准框架。

目前，国际标准化组织正开展 20 个标准项目的研制工作。20 个标准组成的结构体系的基本思路是：根据地理信息的独特性，按照信息技术标准化规定的开放系统环境要求，构筑地理信息开放系统环境（GOSE），形成基础层、数据层、服务层和应用层组成的四层结构，每层由若干标准组成。ISO/TC211 研制的地理信息标准是采用结构化方式，将各项标准通过参考模型和概念描述语言相互联系，并明确了 20 个标准之间的相互依赖关系（dependency），使得这些项目成为一个有机的整体，以求最大限度的协调一致。

5. GIS 信息共享

GIS 软件工具记录和处理同一地理信息的方式是有差别的，这往往导致早期不同 GIS 软件平台上的数据不能共享。不同的 GIS 软件能迅速便捷地获取来源不同的数据，进行集成分析，能在不同的系统下相互操作，以及在异构分布数据库中获取所需的数据信息。

记录格式的不同，加上格式对用户是隐蔽的，导致了数据使用上的困难。世界上已有许多数据交换标准。在数据转换中，数据记录格式的转换要考虑相关的数据内容及所采用的数据结构。如果纯粹为转换空间数据而设立的标准，那么重点考虑的将是不同空间数据模型下空间目标的记录完整性及转换完整性。例如，由不同简单空间目标之间的逻辑关系形成的复杂空间目标，在转换后其逻辑关系不应被改变；还要考虑各种参考信息的记录及转换格式，如坐标信息、投影信息、数据保密信息、高程系统等，以及数据显示信息，包括标准的符号系统、颜色系统显示等。

对于地理信息，除了考虑上述数据的转换格式外，还应该多考虑非空间数据的标准定义及值域的记录和转换、地理实体的定义和转换、元数据（metadata）的记录格式和转换等内容。由于在转换过程中，地理数据是一个整体，各类数据的转换一般以单独转换模块为基础进行转换，因此，还要具备不同种类数据转换模块之间关系的说明及数据整体信息说明，如利用一定的机制说明不同转换模块的记录位置信息、转换信息的统计等。

在所有数据标准中，数据交换格式的发展是最快的，如 DXF、TIFF 等可以用于空间数据的记录与交换。SDTS、DIGEST 等数据交换标准以一定的概念模型为基础，不但用于交换空间数据，而且是在地理意义层以上交换数据，不但注重于空间数据的数据格式，而且注重于非空间数据格式以及空间、非空间数据之间逻辑关系的实现。

在数据的使用过程中，数据总是以一定的介质（如磁带、磁盘、光盘）作为存储载体。数据在媒体上的记录格式对用户是否透明也是制约数据应用范围的一个重要因素。在该类记录格式的标准化过程中，各种媒介本身的技术发展对记录格式的影响很大，不同记录媒体，由于处于不同的时期，而应分别采用和制定相应的标准。

1）空间数据转换

从技术角度来讲，GIS 各系统之间数据共享的途径主要包括数据交换和地理信息系统的互操作。数据交换所要解决的核心问题是有关来源于不同 GIS 的数据之间格式转换的问题。伴随着客户机/服务器体系结构在 GIS 领域的广泛应用以及网络技术的发展，数据交换方法已不能满足技术发展和应用的需求，而 GIS 的互操作则成为一种新的数据共享途径。GIS 互操作不但强调不同系统之间数据的相互可操作，而且强调系统之间资源处理和分析方法的共享。

2）GIS 互操作及层次

数据转换方法仅仅是从数据角度考虑互操作，是数据的集成，而没有考虑数据处理方面，因此还不能达到真正的互操作。GIS 互操作是在异构数据库和分布计算的情况下出现的，是信息共享的基础。对系统而言，系统要能够彼此更安全地获取和处理对方的数据；对用户而言，用户则能够方便地查询到所需的信息，并能方便地使用各种不同类型和格式的数据；对信息管理者来说，他们要能够很好地管理信息，并将资源充分地提供给用户。GIS 互操作在不同的情况下具有不同的侧重点，强调软件之间相互调用时，称为软件的互操作；强调协数据集之间相互透明地访问时，称为数据的互操作；强调信息的共享，在一定语义约束下的互操作，称为语义的互操作。一般地，GIS 互操作是指不同应用（包括软件、硬件）之间能动态地相互调用，并且不同数据集之间有一个稳定的接口。

3）GIS 互操作的层次

Bishr、Buehler 和 Mckee 以及 Voisard 和 Schweppe 都描述了 GIS 互操作层的层次结构。Bishr 从网络设计者、操作系统设计者、软件应用工程师、用户以及企业等角度分析，将 GIS 的互操作分为六个层次：网络协议、文件系统、远程过程调用、查询和获取数据、GIS 以及信息群。Buehler 将 GIS 互操作分为八个层次：网络、分布计算环境、数据存储、中间件、工具、应用、企业和信息群。可以看出，尽管两种划分具有不同的层次，但本质上是相似的，都可以将它们归纳到技术、应用和企业这三个不同的层次上。从应用的角度出发，GIS 互操作应当强调在语义层次上的互操作，为了突出在互操作中语义的重要性，可在上述三个层次的基础上将互操作进一步分为网络、硬件和软件、数据库、GIS、应用和企业七层次互操作的层次结构及支持。网络、硬件和软件是指从技术上如何实现 GIS 互操作，它包括：网络协议、文件系统传输、远程过程调用、分布计算平台、软件规程等，它们的正确配置是实现 GIS 互操作的基础。数据库和地理数据系统层实现不同系统之间数据上的互操作。但是 GIS 的互操作不仅仅是数据的互操作，更应该是语义及含义上的互操作，客户对数据和处理资源方法的访问是实时的，并且所获得的结果是可以预测的。

4）基于公共接口的 GIS 互操作。

为了实现各类 GIS 之间要能够实现互操作，在接口上不仅要考虑数据格式、数据处理，还要提供对数据处理应用的协议，各个系统通过公共的接口相互联系，而且允许各自系统内部的数据结构和数据处理可互为不同。

3.2.3 地理信息系统的应用

GPS 在物流领域的应用可以实时监控车辆等移动目标的位置，根据道路交通状况向移动目标发出实时调度指令。而 GIS、GPS 和无线通信技术的有效结合，再辅以车辆路线模型、最短路径模型、网络物流模型、分配集合模型和设施定位模型等，能够建立功能强大的物流信息系统，使物流变得实时且成本最优。

1. GIS 在物流企业应用的优点

1）GIS 的应用必将提升物流企业的信息化程度

企业拥有的物流设备或者客户的任何一笔货物都能用精确的数字来描述，不仅提高企业的运作效率，同时还提升了企业形象，能够争取更多的客户，使企业日常运作数字化。

2）GIS/GPS 和无线通信的结合，可以跟踪和控制物流的流动

先进的桌面地理信息系统，可以与多种主流关系数据库进行动态连接，可提供多种可供选择的方案，充分发挥业务人员的主观能动性，另外还具有很强的图形操作、图形管理、地理分析及统计等功能，使模型更接近实际工作。

例如，物流企业根据实际的仓储情况，从 GPS 获取的实时道路信息可以计算出最佳物流路径，给运输设备导航，减少运行时间，降低运行费用。利用 GPS 和 GIS 技术可以对车辆进行实时定位、跟踪、报警、通信等，能够满足掌握车辆基本信息，有效避免车辆的空载现象，同时客户也能通过互联网技术，了解自己的货物在运输过程中的细

节情况，比如在草原牧场收集牛奶的车辆在途中发生故障，传统物流企业往往不能及时找到故障车辆而使整车的原奶坏掉，损失惨重。而 GIS/GPS 能够方便地解决这个问题。

3）可以促进物流运作的协调发展，让物流企业向第四方物流角色转换

由于物流企业能够实时地获取每部车辆的具体位置、载货信息，故物流企业能用系统的观念运作企业的业务，降低空载率。这一职能的转变，物流企业如果为某条供应链服务，则能够发挥第四方物流的作用。

2. GIS 应用于物流管理的基本功能

1）地图表现

GIS 应用于物流管理是以地图表现为基础的，它具有显示地图和优化路径两部分功能。显示地图的主要环节是电子地图的绘制，车辆智能调度系统的需求决定了电子地图的内容。毫无疑问，道路网络应该是本系统的重要组成部分，其次是送货点分布信息，同时也应包含与车辆行驶有关的各类标志，除此之外，电子地图还应该包含与企业相关的出行、商务等非道路信息。

2）道路网络

道路网络是整个电子地图的基础，如图 3-6 所示，尤其是要将许多算法，如将最短路径搜索、最优路径设计等作用于电子地图时，电子地图中道路网络的设计就显得更加重要。道路网络应该包含道路的物理属性，如道路等级、速度限制、通行车辆种类等，为了完成最佳路径搜索及最优线路安排，道路网络还必须包括道路的行驶属性，如单行道/双行道、禁止左转弯等。在电子地图中完整地表述实际的道路网络是繁琐的，但是可根据车辆优化调度系统的需求，抽取需要的部分，并在实践中完善它。归纳起来，本系统中的电子地图中包含了如下内容：

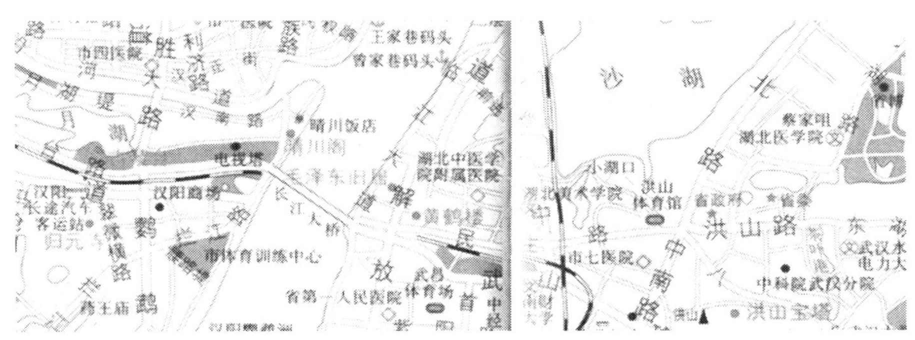

图 3-6　物流系统道路网络图

（1）道路名称：如“中南路”等，可以将道路名称作为识别该道路的关键字。

（2）位置信息：对道路的数字化描述。

（3）物理属性：如普通道路、桥梁等。

（4）道路等级：如高速公路、主干道、小路等。

（5）方向等级：如单行道、双行道、禁止左转弯等。

（6）通行限制：如是否限制卡车通行等。

3.3　全球定位系统

3.3.1　全球定位系统的概念与基本原理

1. 全球定位系统的概念

全球定位系统是利用卫星星座（通信卫星）、地面控制部分和信号接收机对对象进行动态定位的系统。GPS 能对静态、动态对象进行动态空间信息的获取，可快速、精度均匀、不受天气和时间限制地反馈空间信息。

2. 全球定位系统的基本原理

图 3-7 所示为 GPS 的组成，GPS 系统包括三大部分：空间部分——GPS 卫星星座；地面控制部分——地面监控系统；用户设备部分——GPS 信号接收机。

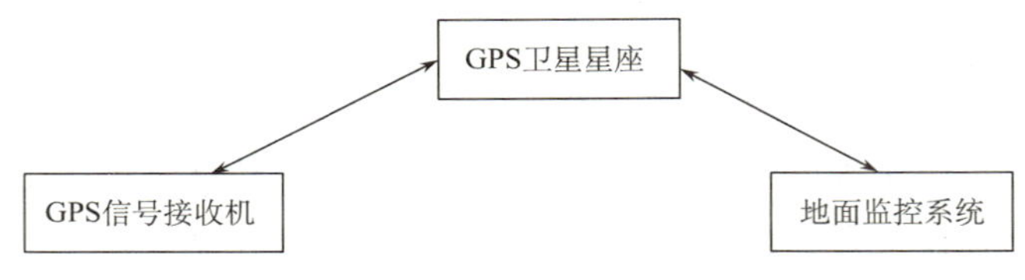

图 3-7　GPS 的组成

1）GPS 工作卫星

GPS 是由 21 颗工作卫星和 3 颗在轨备用卫星组成的 GPS 卫星星座，记做（21+3）GPS 星座。24 颗卫星均匀分布在 6 个轨道平面内，轨道倾角度为 55°，各个轨道平面之间相距 60°，即轨道的升交点赤经各相差 60°。每个轨道平面内各颗卫星之间的升交角距相差 90°，轨道平面的卫星颗数随着时间和地点的不同而不同，最少可见到 4 颗，最多可以见到 11 颗。在用 GPS 信号导航定位时，为了得到三维坐标，必须观测 4 颗 GPS 卫星，称为定位星座。这 4 颗卫星在观测过程中的几何位置分布对定位精度有一定的影响。对于某地某时，甚至不能测得精确的点位坐标，这种时间段叫做“间隙段”。但这种时间间隙段是很短暂的，并不影响全球绝大多数地方的全天候、高精度、连续实时的导航定位测量。

GPS 卫星的核心部件是高精度的时钟、导航电文存储器、双频发射和接收机以及微处理机。GPS 定位成功的关键在于高稳定度的频率标准，这种高稳定度的频率标准由高精确的时钟提供。因为每 10^{-9} 秒误差将会引起 30cm 的站星距离误差，为此，每颗 GPS 工作卫星一般安设两台铷原子种和两台铯原子钟，并计划未来采用更稳定的氢原子钟（其频率稳定度优于 10^{-14}）。GPS 卫星虽然发送几种不同频率的信号，但是它们均源于一个基准信号（其频率为 10.23GHz），所以只需启用一台原子钟，其余作为备用。卫星钟由地面站检验，其钟差、钟速连同其他信息由地面站注入卫星后，再转给用户设备。

2）地面监控系统

GPS 工作卫星的地面监控系统包括一个主控站、三个注入站和五个监测站。主控站的任务是收集、处理本站和监测站收到的全部资料，得到每颗卫星的星历和 GPS 时间系统，将预测的卫星星历、钟差、状态数据以及大气传播改正编制成导航电文传送到注入站。主控站还负责纠正卫星的轨道偏离，必要时调度卫星，让备用卫星取代失效的工作卫星；另外还负责监测整个地面监测系统的工作，检验注入给卫星的导航电文，监测卫星是否将导航电文发送给用户。注入站的任务是将主控站发来的导航电文注入相应卫星的存储器，每天注入三次，每次注入 14 天的星历。此外，注入站能自动向主控站发射信号，每分钟报告一次自己的工作状态。五个临测站均用 GPS 信号接收机对每颗可见卫星每 6 分钟进行一次伪距测量和积分多普勒观测，采集气象要素等数据。在主控站的遥控下自动采集定轨数据并进行各项修正，每 15 分钟平滑一次观测数据，依此推算出每 2 分钟间隔的观测值，然后将数据发送给主控站。

3）GPS 信号接收机

GPS 信号接收机能够捕获到按一定卫星高度截止角所选择的待测卫星的信号，并跟踪这些卫星的运行，对所接收到的 GPS 信号进行变换、放大和处理，以便测量出 GPS 信号从卫星到接收机天线的传播时间，解译出 GPS 卫星所发送的导航电文，实时地计算出测站的三维位置，甚至三维速度和时间。静态定位中，GPS 接收机在捕获和跟踪 GPS 卫星的过程中固定不变，接收机高精度地测量 GPS 信号的传播时间，利用 GPS 卫星在轨的已知位置，计算出接收机天线所在位置的三维坐标。而动态定位则是 GPS 接收机测定一个运动物体的运行轨迹。

GPS 信号接收机所位于的运动物体叫做载体（如航行中的船舰、空中的飞机等），载体上的 GPS 信号实时地测得运动载体的状态参数（瞬间三维位置和三维速度）。接收机硬件和机内软件以及 GPS 数据的后处理软件包，构成完整的 GPS 用户设备。GPS 接收机的结构分为天线单元和接收单元两大部分。对于测地型接收机来说，一般分成两个独立的部件，观测时将天线单元安置在测站上，接收单元置于测站附近的适当地方，用电缆线将两者连接成一个整机。也有的将天线单元和接收单元制作成一个整体，观测时将其安置在测站点上。GPS 接收机一般用蓄电池作电源，同时采用机内外两种直流电源。设置机内电池的目的在于更换外电池时不中断连续观测。在用机外电源的过程中，机内电池自动充电。关机后，机内电池为 RAM 存储器供电，以防止丢失数据。

3. GPS 接收机的分类

GPS 接收机按不同的维度分类，如表 3-4 所示。

表 3-4　GPS 的接收机按不同维度分类表

维度	类别
按接收机的用途分类	导航型接收机、测地型接收机和授时型接收机
按接收机的载波频率分类	单频接收机和双频接收机
按接收机通道数分类	多通道接收机、序贯通道接收机、多路多用通道接收机
按接收机工作原理分类	码相关型接收机、平方型接收机、混合型接收机和干涉型接收机

1）按接收机的用途维度分类

按接收机的用途分类分为导航型接收机、测地型接收机和授时型接收机，如表 3-5 所示。

表 3-5 GPS 的接收机按用途分类表

类型	作用	特征
导航型接收机	此类接收机主要用于运动载体的导航	它可以实时给出载体的位置和速度
测地型接收机	测地型接收机主要用于精密大地测量和精密工程测量	这类接收机主要采用载波相位观测值进行相对定位，定位精度高，仪器结构复杂，价格较贵
授时型接收机	这类接收机主要利用 GPS 卫星提供的高精度时间标准进行授时	这类接收机主要利用 GPS 卫星提供的高精度时间标准进行授时，常用于天文台及无线电通信中的时间同步

导航型接收机一般采用 C/A 码伪距测量，单点实时定位精度较低，一般为±25m，有 SA 影响时为±100m。这类接收机价格便宜，应用广泛。根据应用领域的不同，此类接收机还可以进一步分类，如表 3-6 所示。

表 3-6 GPS 的导航型接收机进一步分类表

类型	用途
车载型	用于车辆导航定位
航海型	用于船舶导航定位
航空型	用于飞机导航定位。由于飞机运行速度快，因此，在航空上用的接收机要求能适应高速运动
星载型	用于卫星的导航定位。由于卫星的运动速度达 7km/s 以上，因此对接收机的要求更高

2）按接收机的载波频率维度进行分类

按接收机的载波频率维度进行分类分为单频接收机和双频接收机，如表 3-7 所示。

表 3-7 按接收机的载波频率维度分类表

类型	特征
单频接收机	单频接收机只能接收 L1 载波信号，测定载波相位观测值进行定位。由于不能消除电离层延迟影响，单频接收机只适用于短基线的精密定位
双频接收机	双频接收机可以同时接收 L1，L2 载波信号。利用双频对电离层延迟不一样，可以消除电离层对电磁波信号延迟的影响，因此双频接收机可用于长达几千千米的精密定位

3）按接收机通道数维度分类

按接收机所具有的通道种类可分为多能道接收机、序贯通道接收机和多路多用通道接收机。

GPS 接收机能同时接收多颗 GPS 卫星的信号，为了分离接收到的不同卫星信号，以实现对卫星信号的跟踪、处理和测量，具有这样功能的器件称为天线信号通道。

4）按接收机工作原理维度分类

按接收机工作原理维度分类可分为码相关型接收机、平方型接收机、混合型接收机和干涉型接收机，如表 3-8 所示。

表 3-8　按接收机工作原理维度分类表

类型	特征
码相关型接收机	利用码相关技术得到伪距观测值
平方型接收机	平方型接收机利用载波信号的平方技术去掉调制信号来恢复完整的载波信号，通过相位测定接收机内产生的载波信号与接收到的载波信号之间的相位差，测定伪距观测值
混合型接收机	这种仪器是综合上述两种接收机的优点，既可以得到码相位伪距，又可以得到载波相位观测值
干涉型接收机	这种接收机是将 GPS 卫星作为射电源，采用干涉测量方法，测定两个测站间距离

3.3.2　全球定位系统的应用

20 世纪 50 年代末期，美国开始研制用多普勒卫星定位技术进行测速、定位的卫星导航系统（子午卫星导航系统，NNSS），用于海空导航。NNSS 采用 6 颗卫星，并都通过地球的南北极运行。多普定位具有经济、快速、精度均匀、不受天气和时间的限制等优点。在 NNSS 建立的同时，苏联也于 1965 年开始建立了 CICADA 卫星导航系统，该系统有 12 颗卫星。NNSS 和 CICADA 卫星导航系统虽然将导航和定位推向一个新的发展阶段，但是也仍然存在着缺点，如卫星少、不能实时定位等。为了实现全天候、全球性和高精度的连续导航与定位，第二代卫星导航系统——GPS 卫星全球定位系统便应运而生。

自 1974 年以来，GPS 计划已经历了方案论证（1974～1978 年）、系统论证（1979～1987 年）、生产实验（1988～1993 年）三个阶段，总投资超过 200 亿美元。整个系统分为卫星星座、地面控制和监测站和用户设备三大部分。论证阶段共发射了 11 颗 BLOCKⅠ的试验卫星，生产实验阶段发射 BLOCKⅡR 型第三代 GPS 卫星，GPS 系统是以此为基础改建而成。

中国于 1995 成立了 GPS 协会，下设四个专业委员会。从 1970 年 4 月把第一颗人造卫星送入轨道以来，中国已成功地发射了 30 多颗不同类型的人造卫星，为空间大地测量工作的开展创造了有利条件。20 世纪 70 年代后期，有关单位引进并成功试制了各种人造卫星观测仪器，其中有卫星摄影仪、卫星激光测距仪和多普勒接收机。80 年代中期，中国引进 GPS 接收机，并应用于各个领域。同时着手研究建立中国自己的卫星导航系统。据有关人士估计，目前中国的 GPS 接收机拥有量在 4 万台左右。近几年，中国已建成了北京、武汉、上海、西安、拉萨、乌鲁木齐等永久 GPS 跟踪站，对 GPS 卫星的精密定轨，为高精度的 GPS 定位测量提供观测数据和精密星历服务。同时，中国还致力于自主的广域差分 GPS（WADGPS）方案的建立，参与全球导航卫星系统（GNSS）和 GPS 增强系统（WAAS）的筹建。现在，中国已着手建立自己的卫星导航系统（双星定位系统），能够生产导航型和测地型 GPS 接收机。GPS 技术在中国的应用正向更深层次发展。

GPS 的应用将进入人们的日常生活，GPS 信号接收机在人们生活中的应用是一个难以用数字预测的广阔天地，如手表式的 GPS 接收机将作为导游，今后所有运载器都将依赖于 GPS。GPS 就像移动电话、传真机、计算机互联网一样，成为我们生活中的一部分。

当然，在现代物流配送中更离不开 GPS。据研究表明，第三方物流在提供的服务中有 2/3 的是基本的运输服务。移动数据库技术配合 GPS 技术，可以用于智能交通管理、大宗货物运输管理。GPS 车辆监控调度系统采用了 GPS 全球卫星定位技术和无线数据通信技术，可对移动中的车辆进行实时监控和调度。

安装在车辆上的 GPS 定位仪可以实时获取车辆的位置信息，包括经纬度、速度、方向等。通过车辆无线数据通信系统，将车辆的定位信息以短消息方式传送到指挥监控中心，并显示在电子地图上。同样，无线车载终端也可将指挥中心的命令传送至移动的车辆上。

在运输方面，利用移动计算机与 GPS/GIS 车辆信息系统相连，使得整个运输车队的运行受到中央调度系统的控制。中央调度系统可以对车辆的位置、状况等进行实时监控。利用这些信息可以对运输车辆进行优化配置和调遣，极大地提高运输工作的效率，同时能够加强成本控制。另外，通过将车辆载货情况以及到达目的地的时间预先通知下游单位配送中心或仓库等，有利于下游单位合理地配置资源、安排作业，从而提高运营效率，节约物流成本。

物流涵盖的地理范围如此之广，需要随时知道在各个区域内车辆的运行状况、任务的执行情况、任务安排情况，让所辖范围的运输状况在眼前一览无余。由于物流集团下属车辆众多，需要对车辆进行集中统一的信息化管理。管理内容涵盖车辆的基本信息（如车牌号、车辆类型、吨位、颜色等）、保险信息（盗险、自然险等）、安全纪录、事故借款等。系统将对车辆的所有这些信息进行采集、录入，而后向用户提供修改、删除以及查询功能，图 3-8 说明了基于 GPS 的物流管理系统的基本结构。

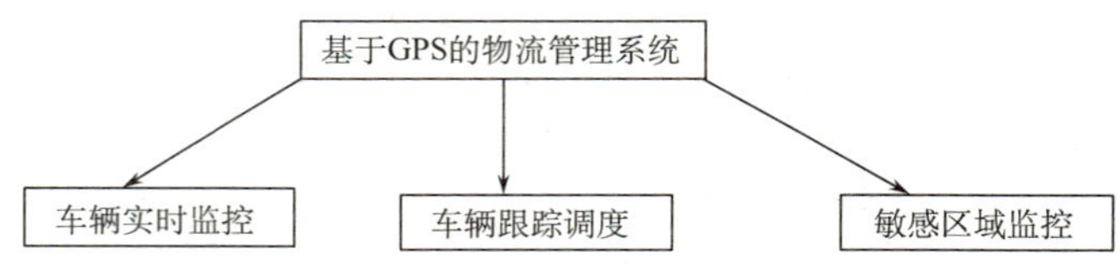

图 3-8　基于 GPS 的物流管理系统结构图

3.4　移动通信定位系统

移动定位系统（location based system，LBS）即利用移动通信网络为用户提供位置服务的系统。无线定位技术融入移动互联网领域，实现更加方便和智能化的通信服务。例如，如果定制了促销信息，当人走进商场时，手机就会自动接收商品的促销信息；可以利用系统查找某个酒店、饭店的报价，电影院的电影信息，停车场的空车位，空房信息；出行在陌生的城市或街区时，系统会自动告诉你所在的地理位置和行车最佳路线。

移动通信网络的发展包括以下几个阶段：

第一代移动通信(1G)：使用模拟制式的移动通信，包括在我国 20 世纪 80 年代开始投入使用的最早的移动电话，即常说的“大哥大”。这种移动电话的缺点除了手机的体积较大以外，其频率利用率低，支持的用户数量十分有限，通信的保密程度也很低。此外，多种移动通信的制式不能够兼容，漫游较麻烦。

第二代移动通信系统(2G)：最早推出的是欧洲研制的 GSM 系统（全球移动通信系统），后来，世界上还有其他第二代移动通信系统推出，其中影响最大的就是由美国高通公司研制的 CDMA（码分多址）移动通信系统。现在总的 2G 用户数量已经超过 10 亿，但是它数据功能很低，不能支持多媒体业务。此外，不同的 2G 彼此间不能兼容，使用的频率也不一样，因此，全球漫游困难。

第 2.5 代（2.5G)：GPRS 是在 GSM 系统上发展起来的通用分组无线业务（general packet radio service)。GPRS 与现有的 GSM 语音系统最根本的区别是 GSM 是一种电路交换系统，而 GPRS 是一种分组交换系统。因此，GPRS 特别适用于间断的、突发性的、频繁的、少量的数据传输，也适用于偶尔的大数据量传输。这一特点正适合大多数移动互联的应用。GPRS 是在第二代无线通信系统 GSM 基础上发展起来的，GSM 网络为数据流的传输增加了支持分组交换的网络系统设备。GPRS 是介于第二代和第三代之间的一种网络技术，也就是一般称为的 2.5 代。它能够为用户提供丰富的应用服务，如：①移动商务：包括移动银行、移动理财、移动交易（股票，彩票）等；②移动信息服务：信息点播、天气、旅游、服务、黄页、新闻和广告等；③移动互联网业务：网页浏览，Email 等；④虚拟专用网业务：移动办公室，移动医疗等；⑤基于位置的业务：位置查询、饭店及类似的服务行业导航等；⑥多媒体业务：可视电话、多媒体信息传送、网上游戏、音乐、视频点播等；⑦个人服务业务：PIM 等为个人量身定做的业务等。

第三代移动通信系统（3G)：吸取了第二代移动通信系统全球标准不统一的教训，ITU（国际电信联盟）从 1997 年开始向全球征集第三代移动通信技术标准的备选提案。在全球，ITU 确认的三大 3G 主流标准分别为：由 GSM 延伸而至的 WCDMA；由 CDMA 演变发展的 CDMA 2000；中国的大唐电信公司和德国西门子公司合作开发的全新标准 TD-SCDMA。

本节主要介绍手机定位系统和其他移动商务定位系统的基本原理和应用，它的发展和应用将更加广泛和深入。

3.4.1 手机定位系统

随着移动通信技术的发展，通信网络不断扩展完善，移动电话的普及率越来越高。

数据显示，2004 年国内手机 WAP 用户为 4 200 万，2005 年年底超过 8 000 万，2006 年无线互联网用户数已超过有线互联网用户数，到 2012 年将突破 6 亿。手机功能也从最初单一的语音功能向短消息、上网、定位等多方向发展。近年来，移动电话定位技术以及该技术的应用在国内外已经成为研究的热点。

1. 手机定位概念与基本原理

1）手机定位的概念

GPS 功能强大，在应急服务等领域，用户往往迫切需要了解自己的地理位置，因此，一些国家开始考虑使用手机这一普及率很高的终端设备提供定位信息。1996 年美国联邦通信委员会 FCC 公布了 E-911（emergency call‘911’）定位需求：到 2005 年底，95％的手机终端都将具有可定位的功能；1999 年 12 月，FCC99-245 对网络设备和手机生产厂商、网络运营商等对定位技术在网络设备和手机中的实施和支持提出了明确要求和日程安排。随后各国对移动电话的定位功能都提出了相应的要求，定位服务将成为今后移动通信网络必备的功能。

手机定位是指通过无线终端（手机）和无线网络的配合，确定移动用户的实际位置信息（经纬度坐标数据，包括三维数据），通过短消息服务（short message service，SMS）、多媒体消息（minerals management service，MMS）、语音发给用户或以此为基础提供某种增值服务。手机定位服务又叫做移动位置服务（location based service，LBS），它是通过移动运营商的网络（如 GSM 网、CDMA 网）获取移动终端用户的位置信息（经纬度坐标），在电子地图平台的支持下，为用户提供相应服务的一种增值业务。现阶段，国内两大主要移动运营商中国移动和中国联通均已推出了手机定位服务。

根据定位方法和定位过程的不同，手机定位主要有以下几种类型：

（1）起源蜂窝定位（cell of origin，COO）：根据移动电话所处的小区 ID 号来确定用户的位置，把用户定位到其所在的蜂窝小区。该方法简单实用，定位响应快，但定位精度很低。

（2）到达时间定位（time of arrival，TOA）：信号传输速度一定，通过测量信号从手机到达基站的传输时间获得二者之间的距离。手机的位置处于以基站为圆心，这一距离为半径的圆周上。通过测量手机信号到达两个或多个基站的时间，做出多个这种位置圆、手机就处在这些圆的交点处，从而获得手机位置。

（3）到达角度定位（angle of arrival，AOA）：移动电话的信号总是以一定的角度传送到基站，手机位置处在从移动电话到基站的径向连线，即测位线上。通过测量信号从移动电话到达两个基站的角度，做出两条测位线的交点，获得移动电话的二维位置坐标。

（4）到达时间差定位（time difference of arrival，TDOA）：TDOA 是通过测量信号到达两个基站的时间差，将移动电话的位置定在以这两个基站为焦点的双曲线上。建立两个以上双曲线方程，两双曲线的交点即为发射机的位置坐标。该方法不要求移动终端和基站之间的时间同步，因此定位精度相对较高、较容易实现，是最常用的手机定位方法。

以上几种移动电话定位方法中，AOA 定位法精度不高，接收设备较复杂；TOA

定位法精度较高，但对时间同步有较高要求；TDOA定位法能够消除对时间基准的依赖性、降低成本并保证一定的定位精度。实际应用中，为了提高定位精度，减小定位误差，可以同时利用这几种方法进行混合定位。

2）手机定位基本原理

手机定位是利用GSM移动通信网的蜂窝技术来实现位置信息的查询。GSM无线通信网是由许多像蜂窝一样的小区构建而成的，每个小区都有自己的编号，通过手机所在小区的识别号就可以知道手机所在区域。移动电话测量不同基站的下行导频信号，得到不同基站下行导频的TOA，根据该测量结果并结合基站的坐标，一般采用三角公式估计算法，就能够计算出移动电话的位置。实际的位置估计算法需要考虑多基站（3个或3个以上）定位的情况，因此算法要复杂很多。一般而言，移动台测量的基站数目越多，测量精度越高，定位性能改善越明显，如图3-9所示。

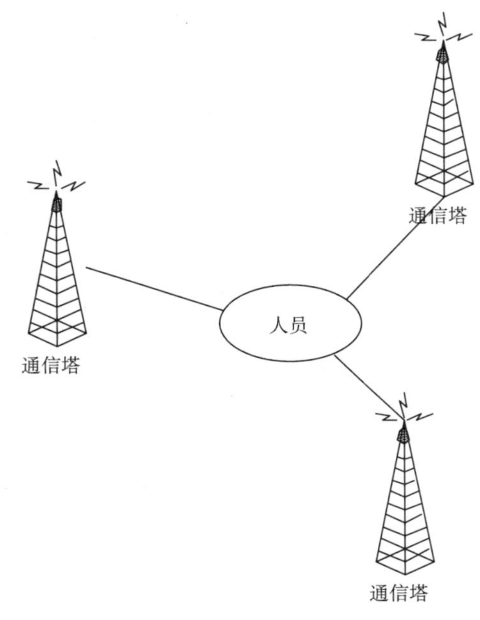

图3-9　手机定位示意图

目前，手机小区定位技术尚在完善之中，市区精度范围大致在200m左右，郊区精度范围大致在1 000～2 000m，随着移动公司技术的不断发展，精度会进一步提高到50m范围内。同时目前显示的地标名还在优化之中，随着进一步优化，地标将更加准确。

3）手机定位的特点

（1）覆盖率高。手机定位要求保证覆盖到每个角落。根据覆盖率的范围，可以分为三种覆盖率的定位服务：在整个本地网、覆盖部分本地网和提供漫游网络服务。除了考虑覆盖率外，网络结构和动态变化的环境因素也可能使一个电信运营商无法保证在本地网络或漫游网络中的服务。

（2）定位精度。手机定位应该根据用户服务需求的不同提供不同的精度服务，并可以提供给用户选择精度的权利。例如，美国FCC推出的定位精度在50m以内的概率为67%，定位精度在150m以内的概率为95%。定位精度一方面与采用的定位技术有关，另一方面还取决于提供业务的外部环境，包括无线电传播环境、基站的密度和地理位置以及定位所用设备等。另外，开通了移动定位服务，手机客户就可以方便地获知自己目前所处的位置，并用手机查询或收取附近各种场所的信息。

4）手机定位技术

GSM手机定位方式通常可分为基于网络方式和基于终端方式两种。从技术上可分为到达时间、增强测量时间差（E-OTD）和GPS辅助（A-GPS）三种方式。

（1）到达时间定位技术。到达时间定位技术定位方式可在现有的任何手机上实现，手机无需作任何改动。

(2) 增强测量时间差增强测量时间差（enhanced observed time difference，E-OTD）定位技术。该方式是从测量时间差（observed time difference，OTD）发展而来的，OTD指测量所得的时间量，E-OTD指测量的方式，手机无需附加任何硬件便可得到测量结果。

(3) GPS辅助（A-GPS）定位技术。GSM网收到GPS辅助信息，将辅助信息发送到手机，手机得到GPS信息，计算并得出自身精确位置，然后手机将位置信息发送到GSM网。该方式有手机辅助GPS定位方式和手机自主GPS定位方式两种。

① 手机辅助GPS定位方式

这种解决方案是将传统GPS接收器的大部分功能转移到网络处理器上实现。该方式需要天线、RF单元和数据处理器等设备。GSM网向手机发送一串极短的辅助信息，包括时间、可视卫星清单、卫星信号多普勒参数和码相位搜索窗口。这些参数有助于内置GPS模块减少GPS信号获得时间。辅助数据来自经手机GPS模块处理后产生的伪距离数据，且可持续数分钟。收到这些伪距离数据后，相应的网络处理器或定位服务器能大致估算出手机的位置。GSM网增加必要的修正后，可提高定位精度。

② 手机自主GPS定位方式

这种手机包含一个全功能的GPS接收器，具有①中手机的所有功能，再加上卫星位置和手机位置计算功能。运算开始时，需要的数据比手机辅助方式要多，这些数据能够持续4小时以上或根据需要进行更新，通常包括时间、参考位置、卫星星历和时间校验参数等。如果某些应用需要更高的精度，则必须持续（间隔约30s）向手机发差分GPS（differential GPS，DGPS）信号。DGPS信号在非常宽的地域范围有效，以一个参考接收器为中心可服务于较宽的地域范围。最终位置信息由手机本身计算得到，若需要，此定位信息可发送到其他任何应用中。

5）手机定位系统（LBS）与全球定位系统（GPS）的区别，如表3-9所示。

表3-9　手机定位与全球定位系统的区别

区别	GPS	LBS
技术原理	GPS车载定位通过接受GPS卫星提供的经纬度坐标信号来进行定位	LBS通过移动通信的基站信号差异来计算出手机所在的位置
优势	精确，只要能接收到四颗卫星的定位信号，就可以进行误差在5m以内的定位。而在中国，一般都可以接收到6～10颗卫星信号，其中南方更容易接收	方便，因为它是通过手机进行定位的。理论上说，只要计算三个基站的信号差异，就可以判断出手机所在的位置。可以随时进行位置定位，而不受天气、高楼、位置等的影响
缺点	GPS受天气和位置的影响较大。当遇到天气不佳的时候或者处于高架桥、树荫的下面，或者在高楼的旁边角落、地下车库或露天的下层车库（或者简单地说当见不到天空的时候），GPS的定位就会受到相当大的影响，甚至无法进行定位服务	通过计算基站信号差异而得出的位置坐标值，很明显地逊于GPS的定位精度；使用范围较窄，LBS虽然不会受到天气、高架桥或高楼的影响，但如果超出手机的服务范围，或者手机所处的基站数量不足，则无法进行LBS定位。从这一点上说不太适合野外使用

总之，手机定位由于基于现有手机通信基站，受环境影响较大，在郊区和农村可以将移动台定位在 10～20m 范围内；在城区由于高大建筑物较多，电波传播环境不好，信号很难直接从基站到达移动台，一般要经过折射或反射，因此定位精度会受到影响，定位范围为 100～200m，一般情况定位响应时间在 3～6s。而在无法接收到手机信号的地方，就谈不上定位了。GPS 定位由于接收机任何时刻都至少被 4 颗卫星覆盖，所以信号得到了很好的保证，并且由于卫星居高临下，排除卫星钟及大气干扰等因素，精度也能保证在几米至几十米。

6）手机定位服务的市场情况

中国移动和中国联通早在几年前，都相继开通位置服务。至目前为止，LBS 提供的四类服务是：

(1) 手机位置定位，即可提供手机持有者现在的具体位置，这种服务涉及个人隐私。

(2) 服务场所的显示，即通过手机定位，可以查找附近的各类服务场所（如酒店、餐厅以及其他特殊场所等），满足用户选择的需要。这类服务这涉及数据点的采集和更新问题。

(3) 路线导航服务，即手机定位可以显示出从 A 地至 B 地的最佳路线。这种服务方式已经类似于 GPS 的定位服务，但同样涉及地图及数据更新问题，运营成本极高。

(4) 特殊定位服务。运营商制作出特殊的、小型化的定位终端，放在小孩、老人的身上，当他们超越规定的地理范围时，就会向监护人发出警告，提醒引起注意。

目前 LBS 在车辆中使用存在以下问题：①手机在野外经常收不到信号或者只遇到一个基站，因而无法定位；②在高速行驶当中，基站如果切换太快反而影响定位效果；③手机屏幕太小，边开车边研究屏幕，易导致行驶意外的发生。

2. 手机定位系统的应用

1）手机定位系统在物流中的应用

基于手机定位的信息服务系统结构如图 3-10 所示，利用手机作为采集的手段和信息发布的平台，可以提供丰富的服务。

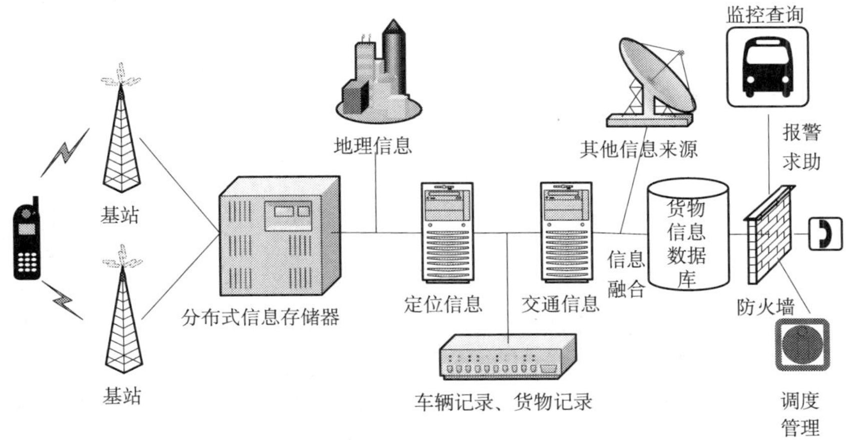

图 3-10　基于手机定位的商用车管理系统结构图

(1) 个性化的监控和查询功能。手机能够通过网络定位或者 A-GPS 定位的方法，响应系统查询的指令，显示自身的实时位置信息。因此，通过车载移动通信设备或者驾驶员携带的手机能够实时监控车辆位置，实现对运输过程的全程控制。同时它也能向用户提供十分方便和个性化的查询服务。例如，它可以通过手机通信定时向客户发送车辆的位置信息，避免了用户的无谓等待。

(2) 报警和求助功能。手机定位最早的应用就是美国的 E-911 求助定位。美国联邦电信委员会的强制要求也是基于这个需要考虑的。在车辆遇险和需要求助的时候，只需要拨通电话甚至只按一个键，就可以自动向系统报告自己的位置，实现快速报警，同时避免了司机由于对周围环境不熟悉带来的报警困难。

(3) 与智能运输系统结合的调度和管理。手机定位为现代物流和智能交通系统（intelligent transportation system，ITS）的结合提供了新的契机。手机不但能够提供位置服务，也是信息采集的手段和信息发布的重要平台。通过大量的手机定位点，结合地图匹配技术、交通信息提取技术和交通信息预测算法，可以得到路网实时和短期预测的交通状况，为科学调度和管理货物车辆提供了新的信息来源，使调度人员能够考虑道路状况对货物的延误，准确预测行程时间。

根据 GPS 定位需求而开发的地图匹配技术和交通信息提取技术，经过改进，能够兼容手机定位技术得到的位置信息，快速形成一个综合的信息平台，增强 ITS 信息平台的价值，并减少手机定位应用的技术难度。

2) 手机定位系统在其他领域的应用

(1) 信息查询。将移动互联网技术和手机定位业务相结合，通过手机定位确定用户所处的位置，然后通过互联网提供的信息，可以查询出用户需要的当地的相关信息，如附近有哪些饭店、商场、加油站、当地天气情况、某公司的位置等。

(2) 个人定位服务。在盲人或旅游者个人迷路时，通过手机定位业务，可以知道自己的位置。

(3) 增强移动网络性能。如果移动通信网络能精确知道手机的位置，通过长时间的统计，可以合理布局和构建蜂窝，提高无线资源利用率，提供重要数据，同时使实现与位置有关的计费成为可能。

3.4.2 其他移动定位系统

目前，除了以上常用的移动定位系统外，仍有其他几种比较流行的移动定位系统的应用。

1. 无线地图应用

无线地图应用（mobile mapping services/server，MMS）提供移动地图服务/服务器，它提供地图和各种附近地区的搜索功能。在 2001 年 6 月，移动地图服务/服务器被香港生产力促进局选为无线科技解决方案。它是香港第一个 WAP（无线应用协议）服务器，通过该服务器 WAP 手机可以用于中文和英文搜索、显示定位地图上的建筑物与地标。WAP 地图服务器还是通往电子商务的大门，是通过连接下载地图的超链接实现的。

2. 卫星汽车导航系统

卫星汽车导航系统（satellite car navigation system，SCNS）利用一般的掌上电脑，通过在车上安装GPS接收器及电子地图，结合卫星导航系统，可不停地为驾驶者提供位置信息、路面情况信息，让驾驶者决定最佳路线。除预设显示外，用户可搜索成千上万个地方作定点导航。导航系统主要功能包括：中英文界面切换、车速显示、方向显示、卫星信号强弱显示、自定多模式地图界面、行驶路线记录、地址查询、点对点导航等。

3. 卫星定位汽车监控系统

卫星定位汽车监控系统（car tracking management system，CTMS）组成结合了地理信息系统（GIS）及全球卫星定位系统（GPS）的技术。其主要功能为：① 即时追踪数个移动目标并显示在数码地图上；② 高效率车队管理及控制；③ 对紧急突发事件作出快速应变。

4. 智能型大厦

智能型大厦（intelligent building）是采用WAP手机及电脑网络控制家中电器设备，如未入屋先开冷暖气、出门后开启保安系统以监督家中小孩等。

3.5　移动商务中物流定位的架构

随着移动通信技术的迅猛发展，越来越多的用户使用移动商务解决企业的管理问题。

3.5.1　移动商务中物流定位的体系结构

移动商务是与商务活动参与主体最贴近的一类电子商务模式，其商务活动中以应用移动通信技术使用移动信息终端为特征。由于用户与移动信息终端的对应关系，通过与移动信息终端的通信可以在第一时间准确地与商业对象进行互动沟通，使用户更多地脱离设备和网络环境的束缚，最大限度地驰骋于自由的商务空间。与以往商务模式相类似，可以说移动商务是电子商务即互联网时代后社会进行移动信息时代的进化产物，是更适应现实环境与需求的产物。

与传统电子商务相比较，移动商务具备以下特征与优势：

（1）移动商务创造更高效、更准确的信息互动，以直接面向用户为特征的随身通信和实时沟通让信息传递突破了互联网局限和在线效率。

（2）移动商务以更广泛的消费者覆盖为基础，将传统电子商务的疆界成倍扩张。在以客户为中心的现代商业社会，将面向互联网用户的关注更多转向数倍人口的移动通信消费者是更加务实更具商业价值的转变。

（3）移动商务开拓更大自由尺度的商务环境，任何人在任何地点任何时间都有条件保持信息沟通，减少传统电子商务对设备条件与网络环境的要求，降低用户端参与的门槛。移动商务在给予消费者更多使用便利的同时，也为企业创造了更多商业机会。

正是移动商务的技术领先性与市场适应性，使其创造出明显优于传统电子商务的竞争实力。更个性化的移动客户服务、更精确的移动营销方法、更高效的移动办公系统、更快速的移动信息采集与管理，以及更安全方便的移动支付手段以及更丰富的行业应用将为企业创造更高的商业效率。

下面以北京数字天堂信息科技有限责任公司的数字天堂移动物流为例进行说明，如图 3-11 所示。该系统就物流相关工作人员没有固定办公地点和没有随时利用电脑和网络条件的工作特点，利用信息化技术——手机＋无线网络，实现生产力的提高。其体系结构包括以下几个组件：①提派员和库管：使用手机和外设，如便携打印机、条形码扫描仪等，进行业务操作。②调度员：可以随时了解客户需求，并协调各提派员。③管理员：进行系统的管理与配置。④货主：可以使用自己的手机（普通手机均可）随时了解自己货物的情况。⑤移动物流中间件：一个包含众多接口的软件，用于与物流公司的数据库或业务后台相连接，以支持手机访问。⑥OTA服务器：用于手机远程下载、安装、更新升级客户端软件。

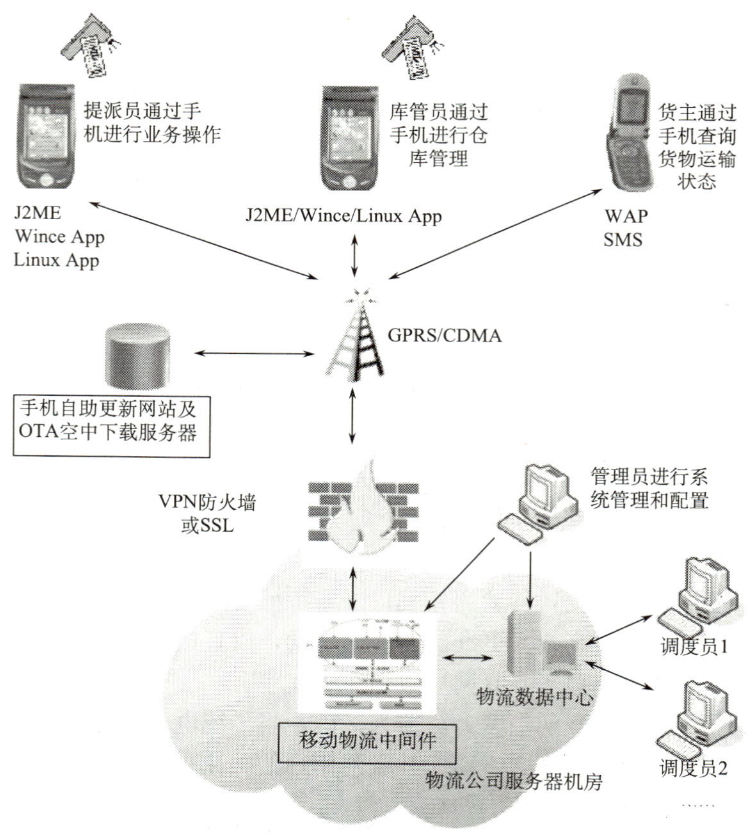

图 3-11　移动物流的体系结构

3.5.2　移动商务中物流定位的模式

企业移动商务的物流定位模式一般包括 GPS 定位、射频技术定位、移动通信定位和混合定位模式。这些模式有的需要结合详细的地图资源，有的需要结合科学的全球（国家、地区、公司、仓库等）定位编码系统。目前，成本最低的可能是通过短信定位描述位置信息。企业短信市场上的产品大致可分为三个层次：

第一层是以纯粹的短信群发为主的，为企业提供促销、广告等消息群发的服务，产品功能简单，产品类同，没有差异性。

第二层是把企业短信应用上升到具体的解决方案，如亿美的满意通、数据通，此类产品相比第一类而言，在功能性上进行了一定的定位和扩展。

第三层是把企业短信应用与企业管理相联系，把移动商务产品逐步完善为一套简便的、平民化的企业管理软件系统，进而真正实现把手机作为企业管理的遥控器，这一层次的代表产品为高维信诚公司的企业移动商务引擎（EMO）。

企业移动商务中物流应用的价值链由八部分构成：基础设施提供商、平台软件提供商、网络运营商、网络运营商、移动商务应用服务提供商、应用开发商、终端设备提供商和最终用户（各物流企业）。

企业移动商务中物流应用的价值链过于复杂，价值链的两端是复杂的网络技术加上用户界面友好的移动终端，而中间则是相互间具有复杂关联的软件系统、各种中间设备以及更多的软件、界面和操作系统。任何环节的薄弱都会影响整个产业的发展。网络运营商和软件开发商在价值链中的作用突出。与网络运营商相比，软件开发商企业对行业应用更加了解，具有深厚的行业背景，专业化的行业应用系统设计、实施能力以及客户服务意识。软件开发商在企业移动商务应用价值链中起到关键作用。

3.5.3　移动商务中物流定位系统的评测

移动商务中物流定位系统的评测指标是一个比较复杂的指标体系，表 3-10 只是从一些基本的指标进行描述，更深入的需要继续研究。

目前企业移动商务应用主要是 OA 系统，其次是 CRM 系统和 ERP 系统。另外，行业特征明显的定制移动商务应用也是目前企业移动商务应用的主要市场。以 CRM、ERP 为代表的复杂纵向应用成为企业移动商务应用的主要领域。中国企业移动商务应用开始由简单的横向应用向复杂的纵向应用延伸。

表 3-10　移动商务中物流定位系统的评测指标

一级指标	二级指标	说明
无线数据采集	①扫描纸质条形码；②扫描电子屏幕上的条形码；③手机内置摄像头采集照片数据；④手机内置麦克风采集音频数据；⑤手机手写笔采集真实签名笔迹	通过无线数据条形码扫描/上传/汇总，资料统计分析

续表

一级指标	二级指标	说明
数据输出	①普通单据打印输出；②打印不干胶条形码；③连接便携税控打印机打印发票	手机连接相应外设，可实现随时随地打印输出
安全性	①移动虚拟专用网（VPN）；②黑白名单机制；③数字签章（名）；④GUID（全球唯一标识符）；⑤独立崩溃机制；⑥核心数据传输一次一密；⑦手机丢失的锁止机制 ⑧移动专网	支持数字证书，加密方式包括通道加密（secure sockets layer，SSL）和内容加密（advanced encryption standard，AES）。加密对象包括网络传输数据加密和手机端/服务器存储数据加密
功能	强大、一般、少	邮件系统，功能丰富
成本	高、中等、低	压缩技术，包括网络传输时的GPRS流量费用和手机端存储邮件的存储卡费用
稳定	稳定、一般、不稳定	包括数据包校验、断点续传、断线重拨等多方面机制，可以更为稳定的保障GPRS的网络通信通畅
文件格式	多、中等、单一	包括文本类、图片类、Word（支持图文混排）、Excel、PPT/PPS、PDF、HTM、zip、rar…
支持终端	多、中等、单一	包括Moto ezx系列、Nokia s60系列、S&E p9X系列等主流商务机，从程序语言上分类包括k-Java手机、Symbian手机、Linux手机、Wince手机。通过拓展指令支持所有中高档手机
易用的界面	友好、一般、复杂	触摸屏手机版本的界面采用类似Windows的操作模式，包括各种PC用控件；按键型手机版UI采用手机原有UI，与用户操作习惯一致

思考练习题三

（1）空间系统中的实体（对象）一般包括哪三种基本信息？空间数据描述的三个基本要素是什么？

（2）空间信息除了具有信息的一般特性，如共享性、客观性等，还具有哪些特性？

（3）空间信息系统处理功能一般有哪些？举例说明空间信息系统在物流中的应用。

（4）什么是GIS？典型的GIS应包括哪三个基本部分？举例说明GIS在物流企业的应用。

（5）地理信息是对地理实体特征的描述，地理实体特征分哪几类？

（6）什么是GPS？GPS系统包括哪三大部分？

（7）举例说明移动定位系统在物流企业中的应用。

（8）上网查询或者实地调查我国利用通信卫星、GPS接收机等应用于物流管理的情况。

第 4 章　物流管理信息系统开发概述

物流管理信息系统的开发是一项复杂的系统工程。它涉及物流管理理论、信息系统技术、物流信息技术等知识；涉及运输部门、仓储、调度、信息中心、门店等多部门；不仅涉及技术，而且涉及管理业务、组织和行为。本章首先介绍物流管理信息系统的开发过程，其次介绍物流管理信息系统基本的开发方法，然后介绍物流管理信息系统开发的方式，最后从项目管理的角度介绍物流管理信息系统的开发过程。

4.1　物流管理信息系统的开发过程

4.1.1　物流信息系统设计科学与开发过程

1. 设计科学

开发一个系统需要一定的规则。A. R. Hevner 于 2004 年总结了信息系统的设计科学方法。该方法力求通过创新性的基于信息系统的产品来扩展个人和组织的管理能力。设计科学对于开发信息系统有一定的指导作用，可以通过以下七条标准来帮助设计一个好的信息系统产品。这七条标准如下：

标准 1：设计 IT 产品必须以一定的结构、数据模型、技术方法或者实例的形式制造一个切实可行的 LMIS 产品，即产品的可用与真实性，如设计一个类似百度搜索引擎的产品。

标准 2：设计的 LMIS 产品能够解决管理问题，即管理问题导向性。通过开发基于 IT 技术的解决方案来解决重要的和相关的管理问题。

标准 3：设计的 LMIS 产品的功能、质量、效率能够通过良好的检查和评估方法来严格证明设计的产品满足要求，即设计的产品可测量。

标准 4：设计的 LMIS 产品能够体现创新的设计方法、可验证的设计贡献，即创新性，体现在设计 LMIS 产品的贡献与价值。

标准 5：设计的 LMIS 产品能够体现严格的设计方法、开发过程和科学的管理理论与方法的运用，即开发产品的严谨性。

标准 6：设计的 LMIS 产品能够体现不断地探索和搜索新的方法完善产品，即开发产品的探索和搜索性。

标准 7：设计的 LMIS 产品能够体现人与信息系统的交流无障碍性和舒适度，即产品的可视性与交流的舒适性。

信息系统的开发如果能够大致遵循以上七条标准，就能够较好地开发一个物流管理信息系统。

2. 物流管理信息系统开发过程与工作内容

物流管理系统开发过程主要包括：系统的可行性分析阶段（任务提出、初步调查和系统的可行性分析)、系统分析阶段、系统设计阶段、系统实施阶段、系统运行阶段、系统维护和系统评价五个阶段，如图 4-1 所示。

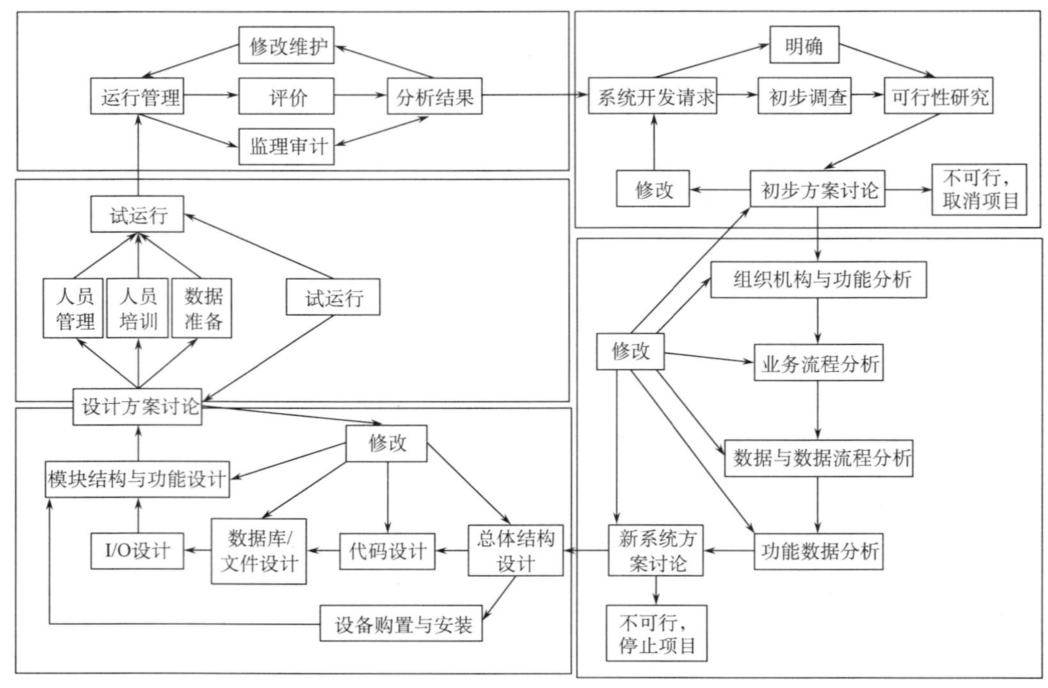

图 4-1　物流管理信息系统开发生命周期

每一阶段的工作内容如下：

(1) 系统可行性分析（规划）阶段。系统可行性分析阶段的工作是根据用户的系统开发请求，初步调查，明确问题，然后进行可行性研究。如果不可行，则取消项目；如果可行并满意，则进入下一阶段工作。

(2) 系统分析阶段。系统分析阶段的任务是分析业务流程，分析数据与数据流程，分析功能与数据之间的关系，最后提出新系统逻辑方案。

(3) 系统设计阶段。系统设计阶段的任务是总体结构设计、代码设计、数据库/文件设计、输入/输出设计、模块结构与功能设计。同时，根据总体设计的要求购置与安装设备，最终给出设计方案。

(4) 系统实施阶段。系统实施阶段的任务是进行编程（由程序员执行)、人员培训（由系统分析设计人员培训业务人员和操作员）以及数据准备（由业务人员完成)，然后投入试运行。

(5) 系统运行阶段（包括系统维护与系统评价阶段)。系统运行阶段的主要任务是：如果转换运行结果好，系统的评价和监理审计好，则送管理部门管理；如果存在问题，则要对系统进行修改、维护或者是局部调整；如果出现了不可调和的大问题（一般是在系统运行一段时间后，系统运行的环境发生了根本的变化)，用户将会进一步提出开发新系统的要求，旧系统结束，新系统诞生。

3. 系统各阶段工作量的估算

调查数据显示，系统生命周期中的各个阶段的工作量如图 4-2 所示。系统实施阶段的工作量约占总工作量的一半，这是因为在系统实施阶段，企业不仅仅要进行程序的设计，为新系统准备大量数据等，还要注意新旧系统的交替可能给用户带来一系列心理和实际上的变化。

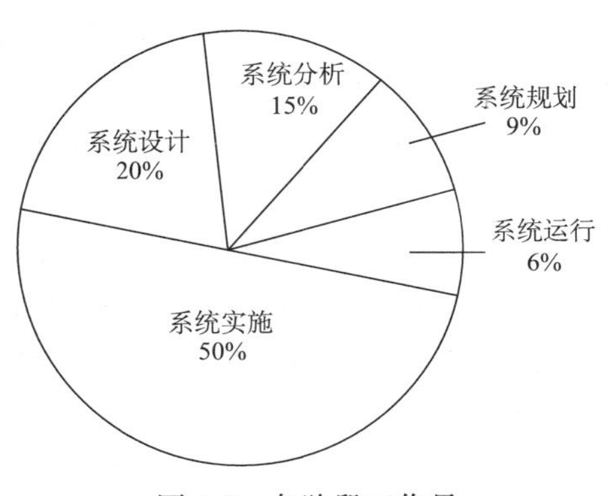

图 4-2　各阶段工作量

一般常用甘特图（Gantt）来记载和描述各阶段的工作量，如时间、进度、投入和工作顺序之间的关系。

例如，系统开发人力投入估算如表 4-1 所示。其中，横坐标表示系统开发各阶段，纵坐标表示人员的工作投入，图中阴影部分表示工作计划所跨越的阶段和拟投入的人力。

表 4-1　系统开发人力投入估算

系统投入	系统规划	系统分析	系统设计	系统实现	系统运行
系统分析师					
具体管理人员					
编程人员					
用户					

4.1.2　系统的可行性分析

开发新系统的要求往往来自对原系统的不满。由于存在的问题可能充斥各个方面，内容分散，甚至含糊不清，这就要求系统分析人员针对用户提出的各种问题识别初始要求，进行可行性分析。

1. 可行性分析

1）可行性分析的作用

为了减少和避免决策上的失误造成人、财、物等方面不必要的损失，事先必须组织有关部门有实际工作经验的领导和管理人员，对拟建信息系统的主要问题从技术、经济和管理三方面进行全面的、深入的调查、分析和比较，对新建信息系统在管理上需不需要、资源上有没有条件、经济上值不值得等问题进行论证，提出若干个可行方案，并向决策者推荐其中投资少、进度快、效益高的最佳方案。

可行性分析作用：①确定系统开发的依据；②为系统开发筹集资金的依据；③与合作单位签订合同的依据；④系统验收的依据。

2）可行性分析需要解决的主要问题

首先要明确开发的目的，即要解决的问题。无论对信息系统开发的需要是来自于战略层、战术层还是操作层，都应该对开发的目的进行研究，以统一认识。在实际中，有些企业由于没有对所开发信息系统达成共识，得不到应有的支持和配合，使得系统的开发不能按计划完成，系统的开发面临很大的风险。

系统开发可行性分析的内容包括：从技术上、经济上、管理与社会上对目标方案的可行性做进一步分析。

（1）技术上的可行性。技术方面的可行性是指根据现有的技术条件，考虑所提出的要求能否达到。一般来说，技术方面的可行性包括如下几个方面：

① 人员和技术力量的可行性，即有多少科技人员，其技术力量和开发能力如何，有没有系统开发的可行性。

② 计算机硬件的可行性，包括各种外围设备、通信设备、计算机设备等的性能是否能满足系统开发的要求，以及这些设备的使用、维护及其充分发挥效益的可行性。

③ 计算机软件的可行性，包括各种软件的功能能否满足系统开发的要求，软件系统是否安全可靠，本单位对使用、掌握这些软件技术的可行性。暂时不能被本单位开发人员掌握的技术，一般应视为不成熟或是没有可行性的技术。

（2）经济上的可行性。经济方面的可行性主要是从组织的人力、财力、物力三方面来考查系统开发的可行性，如有多少资源可以利用，有多少资金可以投入，应该建立什么样规模的系统，资金分几批投入时投资效果最好。另一方面还需要研究系统开发后可能带来的经济效益（直接效益和间接效益两方面）。

（3）管理与社会方面的可行性。

① 基础管理的可行性，即现有的管理基础、管理技术、统计手段等能否满足新系统开发的要求。组织系统开发方案的可行性，即合理地组织人、财、物和技术力量并进行实施的技术可行性。

② 社会的或者人的因素对系统的影响。如由于某些特殊的原因（如体制问题、安全保密问题、制度问题等），不能向系统提供运行所必须的条件。另外，由于信息系统的实施将会给组织各方面带来很多变化，如工作方式的变化、管理模式的变化，以及人的权力、作用、职责、工作范围的变化等，都会对信息系统的开发和开发后的运行造成影响。

2. 初步调查

1）初步调查的目的、原则

初步调查的对象是现行系统（包括手工系统和已采用计算机的管理信息系统），目的在于全面掌握现行系统的现状，发现问题和薄弱环节，收集资料，为下一步的系统化分析和提出新系统的逻辑设计做好准备。

初步调查应遵循用户参与的原则，即由使用部门的业务人员、主管人员和设计部门的系统分析人员、系统设计人员共同进行。

2）初步调查的方法

调查常采用召开调查会、访问、发调查表、参加业务实践等方式。其中，参加业务实践是了解系统的一种很好的形式。一个好办法是在这个阶段就收集出一套将来可供程序调试用的试验数据。为了便于业务交流和分析问题，在调查过程中应尽量使用各种形象、直观的图表工具。常用的有组织结构图、管理业务流程图、表格分配图、数据流程图、判定树和决策表等。

3. 可行性分析报告

可行性分析的结果要用可行性分析报告的形式编写出来，内容包括：①系统描述；②项目的目标；③所需资源、预算和期望效益；④对项目可行性的结论。

可行性分析结论应明确指出以下内容之一：①可以立即开发；②改进原系统；③目前不可行，或者需推迟到某些条件具备以后再进行。可行性分析报告要尽量取得有关管理人员的一致认识，并经过主管领导批准，才可进入系统分析阶段（包括详细调查的阶段）。

1）新系统的定界

要确定系统欲覆盖的部门和相关业务。一个企业的管理系统涉及信息种类多、人员多。所以应该围绕已确定的开发目的，清晰地确定新系统的相关要素和要素之间的关系，即系统的边界。新系统的定界可以以企业的生产和经营为主线，针对开发目的来确定。

物流管理信息系统作为一类信息系统，是为了解决一定的问题而开发的。因此问题的定义就成为开发物流管理信息系统的重要活动。问题定义的目的是准确确定要解决的问题，从而确定新系统的边界，其主要的内容有发现问题、确定用户期望对新系统的能力和确定系统边界。

2）新系统开发的可行性

对于考虑开发的新系统，在管理上、技术上和经济上是否可行，是系统开发规划阶段要解决的重要问题之一。

3）开发所采用的技术规范

选择或制定合适的技术规范，以保证开发工作的规范。开发信息系统已有许多技术标准，包括国家标准、行业标准等。由于信息技术的快速发展，因此在确定新系统开发所采用的技术规范时，相应的技术标准需要随时修订。

4）开发的时机和所需要的时间

由于企业运作与管理的繁忙时间不同，因此要选择合适的开发时机。正确估计新系统开发所需要的时间是估算投资总额、与有关单位签订合同的依据之一。

5）开发的方式

根据拟定的开发目的、企业自身的实际以及市场来选择合适的开发方式。

4.1.3　系统开发的思想

1. 系统工程

1）基本思想

系统工程是按照系统科学的思想，运用信息论、控制论、运筹学等理论和方法，从整体的角度对系统进行规划、研究、设计、实施和控制的工程技术。它研究的对象是系统，属于系统科学的范畴，研究的内容是各种系统的普遍属性和共同规律、各种系统的有效组织与管理问题。它通过协调系统各元素之间的关系，建立合理的系统结构，达到最优规划、最优设计、最优管理和最优控制的目的。它是一种对各类系统都适用的科学方法。

2）基本特点

物流管理信息系统是由各种控制子系统和反映整个物流管理中的各种职能子系统构成的复杂系统，开发这样的系统是一项复杂的工程，它的开发过程有以下特点：

（1）需要运用整体化的方法，即从系统的观点出发，把开发的对象作为一个整体研究开发方案，把开发过程也作为一个连续的整体，然后进行分解。

（2）综合运用管理学、计量经济学、统计学、运筹学、系统工程学、计算机硬件和软件技术、数据通信技术、行为科学等学科和技术领域内的成果，是技术运用的综合化过程。

（3）达到设计方案的优化，以最好的方案实现系统目标。

（4）系统建成后，在使用的过程中，进行相应的维护。

3）系统工程方法

（1）统一规划法。

1972 年由希尔（Hill）和瓦尔菲路德（Warfield）提出的统一规划法是设计大系统时实现对系统的全面规划和总体设计的思想方法。它利用“目标树”的图解方法来描述设计对象的要求、约束、变量关系，通过对这些因素的逐层分解和综合，逐渐达到整体系统的综合平衡，逐层分析明确关系，通过目的分析制订实现系统目标的方案，如图 4-3 所示。

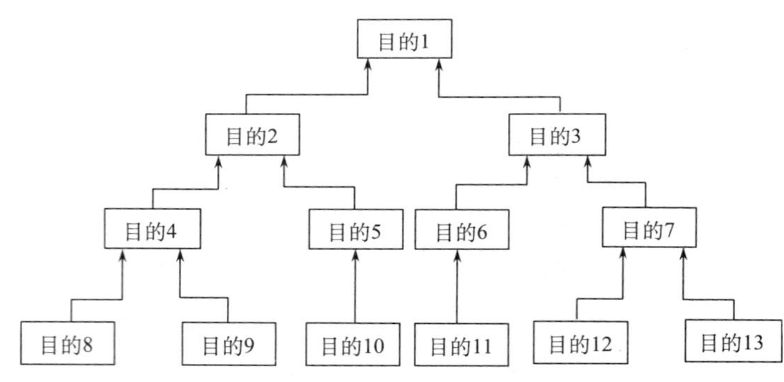

图 4-3　目的树结构

（2）霍尔的三维结构法。

1969 年由霍尔（A. D. Hall）提出的三维结构方法是用于解决大型、复杂、涉及多种因素的系统开发和运行的思想方法。它在时间、逻辑和知识三维空间把系统开发的过程按阶段、步骤和所需知识展开。把开发过程按时间顺序（时间维）分为前后紧密衔接的七个阶段：规划、拟定方案、系统研制、生产、安装、运行和更新。把时间维的每个工作阶段又按实施时应遵循的逻辑思维过程（称为逻辑维）分为七个步骤：明确问题、系统指标设计、系统方案综合、系统分析、系统选择、决策和实施。知识维指出完成各阶段各步骤工作所需要的专业知识和技术素质。在图 4-4 中描绘了解决大系统问题的阶段划分和思维过程，也指出了多种知识和技术的综合运用过程。

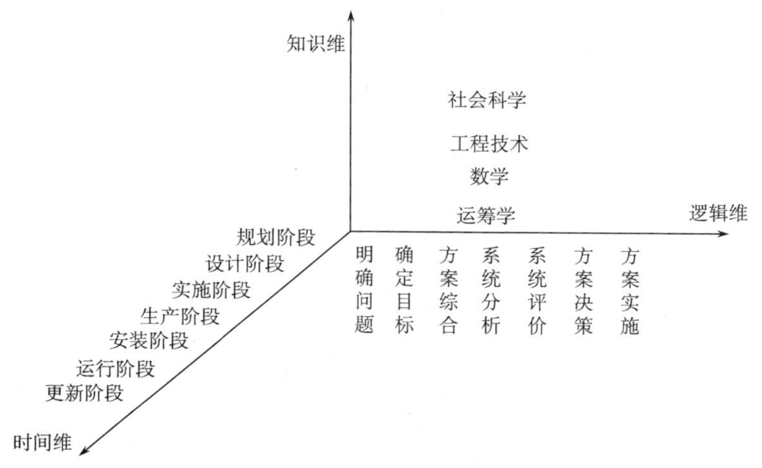

图 4-4　霍尔三维结构图

时间维七个阶段的内容比较明确，逻辑维七个步骤的工作如下：

① 明确问题：通过系统调查，收集和提供要解决问题的有关数据资料。

② 系统指标设计：确定目标和评价标准，以便衡量系统的可行方案。

③ 系统方案综合：按问题性质及目标设计一组系统结构和参数很明确的可行方案。

④ 系统分析：比较各方案的目标，筛选方案，并对选中方案的性能、特点和关系作进一步的说明。

⑤ 系统选择：在限制条件下选择最优方案。

⑥ 决策：根据整体要求选择方案。

⑦ 实施计划：根据选择的方案，将系统具体实施。

4）物流管理信息系统运用系统工程思想的内容

其内容包括：把 LMIS 看成一个系统；LMIS 设计之前必须要有一个目标；LMIS 的开发遵循系统工程的工作程序；开发过程中时刻注意 MIS 的完整性及部分之间的联系。

2. 软件工程

1）软件与软件工程的概念

软件是程序以及开发使用和维护程序所需的所有文档。程序设计不等同于软件开发。计算机软件的发展经历了三个阶段，如表 4-2 所示。相对硬件而言，软件的特点如表 4-3 所示。

表 4-2　计算机软件发展经历的三个阶段

阶段	时间
程序设计阶段	20 世纪 50～60 年代
程序系统阶段	20 世纪 60～70 年代
软件工程阶段	20 世纪 70 年代以后

表 4-3 软件的基本特点

类型	特点
逻辑实体	具有抽象性，虽然可以记录在介质上，但无法看到软件本身的形态
研制（开发）成本高，复制成本低	在研制、开发活动中被创造出来
无物理磨损	软件在长期运行和使用过程中没有磨损、老化等问题
硬件的环境制约软件开发	软件的开发和运行常常受硬件的限制
流水线制造软件存在困难	软件的开发至今尚未完全摆脱手工工艺的开发方式
开发费用愈来愈高	据统计，目前软件开销要占计算机系统费用的90%以上

软件工程吸取和借鉴了人们长期以来从事各种工程项目所积累的有效原理、概念、技术和方法，简单来说，软件工程是开发、运行、维护和修复软件的系统方法。

软件工程借鉴了工程的原则和方法，以提高软件质量、降低开发成本为目的。其中，计算机科学、数学用于构造模型和算法；工程科学用于制定规范、设计范型、评估成本等；管理科学用于计划、资源、质量、成本等管理。软件工程的特点如表 4-4 所示。

表 4-4 软件工程的基本特征

类型	特征
软件工程的基本目标	付出较低的开发成本；达到要求的软件功能；取得较好的软件性能；开发的软件易于移植；较低的维护费用；完成开发工作，及时交付使用
软件工程的基本原理	按软件生存期分阶段制定计划并给予认真实施；坚持进行阶段评审；坚持严格的产品控制；使用现代程序设计技术；明确责任，使工作结果能够得到清楚的审查；用人方面少而精；不断改进开发过程
软件工程三要素	方法；工具；过程

软件工程方法为软件工程开发提供了“如何做”的技术。它包括多方面的任务，如项目计划与估算、软件系统需求分析、数据结构、系统总体结构的设计、算法的设计、编码、测试以及维护等。软件工程方法常常采用某种特殊的语言或图形的表达方式及一套质量保证标准。目前，已经开发出了许多软件工具，能够支持上述的软件工程方法。例如，计算机辅助软件工程（computer aided software engineering，CASE）将各种软件工具、开发和一个存放开发过程信息的工程数据库组合起来形成一个软件工程环境。

2）软件开发模型

软件生存周期可以划分为不同的阶段。事实上，软件开发各个阶段之间的关系不可能是顺序的、线性的，相反，应该是带有反馈的迭代过程。这种过程用软件开发模型表示。

软件开发模型给出了软件开发活动各阶段之间的关系。它为软件工程管理提供里程碑和进度表，为软件开发过程提供原则和方法。

软件开发模型大体上可分为两种类型：第一种是以软件需求完全确定为前提的瀑布模型；第二种是在软件开发初始阶段只能提供基本需求时采用的渐进式开发模型，如原型模型、螺旋模型等。实践中经常将几种模型组合使用以便充分利用各种模型的优点。

（1）瀑布模型。

瀑布模型也称软件生存周期模型。根据软件生存周期各个阶段的任务，瀑布模型从可行性研究（或称系统需求分析）开始，逐步进行阶段性变换，直至通过确认测试并得到用户确认的软件产品为止。

瀑布模型上一阶段的变换结果是下一阶段变换的输入，相邻的两个阶段具有因果关系，紧密相连。为了保证软件开发的正确性，每一阶段任务完成后，都必须对它的阶段性产品进行评审，确认之后再转入下一阶段的工作。评审过程发现错误和疏漏后，应该反馈到前面的有关阶段修正错误、弥补疏漏，然后再重复前面的工作，直至某一阶段通过评审后再进入下一阶段，这种形式的瀑布模型是带有反馈的瀑布模型。

瀑布模型的主要特点是阶段间的顺序性和依赖性，开发过程是一个严格的下导式过程，即前一阶段的输出是后一阶段的输入，每一阶段工作的完成需要确认，而确认过程是严格的追溯式过程，后一阶段出现了问题要通过前一阶段的重新确认来解决。因此，问题发现得越晚解决问题的代价就越高。

为弥补瀑布模型的不足，人们提出了其他几种开发模型。

（2）快速原型法模型。

快速原型法是针对瀑布模型（即传统的生存周期法）提出来的一种方法。它的基本思想是回避（或暂时回避）传统的生存周期法中的一些难点，从用户需求出发，快速建立一个原型，使用户通过这个原型初步表达出自己的要求，在征求用户对原型意见的过程中，进一步修改、完善、确认软件系统的需求并达到一致的理解，这就大大避免了在瀑布模型冗长的开发过程中，看不见最终软件产品雏形的现象。通过反复修改、完善，逐步靠近用户的全部需求，最终形成一个完全满足用户要求的新体系。因此，快速原型法的最大特点是快捷，且避免了许多由于不同理解而造成的错误。

快速原型模型在各个阶段用户反馈活动的基础上，突出了快速的改进过程，它改变了瀑布模型的线性结构，采用逐步求精方法使原型逐步完善，以满足用户的要求，是一种在新的高层次上不断反复推进的过程。

由于原型是用户和软件开发人员共同设计和评审的，因此利用原型能统一用户和软件开发人员对软件项目需求的理解，有助于需求的定义和确认。利用原型定义和确认软件需求之后，就可以对软件系统进行设计、编码、测试和维护。

快速原型系统的不足之处有以下两点：①系统开发人员在初期往往考虑得不周全，有可能使原型不能成为最终软件产品的一部分，只是一个示例而已。这样，在实际开发软件产品时，仍有许多工作要做；② 快速原型模型对工具和环境的依赖性较强。

3）螺旋模型

螺旋模型是瀑布模型与原型模型的结合，不仅体现了两个模型的优点，而且还增加了新的成分——风险分析。螺旋模型由四个部分组成：① 需求定义；② 风险分析；③ 工程实现；④ 评审。

螺旋模型的每一周期都包括需求定义、风险分析、工程实现和评审四个阶段，这是对典型生存周期的发展。它不仅保留了生存周期模型中系统地、按阶段逐步地进行软件开发和“边开发、边评审”的风格，而且还引入了风险分析，并把制作原型作为风险分析的主要措施。用户始终关心、参与软件开发并对阶段性的软件产品提出评审意见，这对保证软件产品的质量是十分有利的。

4.2 物流管理信息系统的开发方法

下面介绍目前最常用的三种系统开发方法的基本思想、主要特点以及相应的工具和技术。

4.2.1 生命周期方法（结构化的方法）

结构化系统开发方法也称 SSA&D（structured system analysis and design）或 SADT（structured analysis and design technologies），是自顶向下结构化方法、工程化的系统开发方法和生命周期方法的结合，是迄今为止开发方法中应用最普遍、最成熟的一种。

1）结构化系统开发方法的基本思想

结构化系统开发方法的基本思想是：用系统工程的思想和工程化的方法，按用户至上的原则，结构化、模块化、自顶向下地对系统进行分析与设计。具体来说，就是先将整个信息系统开发过程划分出若干个相对独立的阶段，如系统规划、系统分析、系统设计、系统实施等。在前三个阶段坚持自顶向下地对系统进行结构化划分，在系统调查或理顺管理业务时，应从最顶层的管理业务入手，逐层深入至最基层。在系统分析、提出新系统方案和系统设计时，应从宏观整体入手，先考虑系统整体的优化，然后再考虑局部的优化问题。在系统实施阶段，则应坚持自底向上地逐步实施。也就是说，组织力量从最基层底模块做起（编程），然后按照系统设计的结构，将模块一个个拼接到一起进行调试，自底向上、逐渐地构成整体系统。

2）结构化开发方法的特点

（1）自顶向下整体性的分析与设计和自底向上逐步实施的系统开发过程。即在系统分析与设计时要从整体考虑，要自顶向下工作（从全局到局部、从领导者到普通管理者）；而在系统实现时，则要根据设计的要求先编制一个个具体的功能模块，然后自底向上逐步实现整个系统。

（2）用户至上。用户对系统开发的成败是至关重要的，故在系统开发过程中要面向用户，充分了解用户的需求和愿望。

（3）深入调查研究。即强调在设计系统之前，深入实际单位，详细地调查研究，努力弄清楚实际业务处理过程的每一个细节，然后分析研究，制订出科学合理的信息系统设计方案。

（4）严格区分工作阶段。把整个系统开发过程划分为若干个工作阶段，每个阶段都有其明确的任务和目标，以便控制进度，有条不紊地协调展开工作。而实际开发过程中要求按照划分的工作阶段一步步地展开工作，如遇到较小、较简单的问题，可跳过某些步骤，但不可打乱或颠倒之。

（5）充分预计可能发生的变化。因系统开发是一项耗费人力、财力、物力且周期很长的工作，一旦周围的环境（组织的外部环境、信息处理模式、用户需求等）发生变化，则会直接影响到系统的开发工作。所以，结构化开发方法强调在系统调查和分析时，对将来可能发生的变化给予充分的重视，强调所涉及的系统具有一定的适应能力。

（6）开发过程工程化。要求开发过程的每一步都按工程标准规范化，文档资料也要标准化。

3）结构化系统开发方法的优缺点

结构化系统开发方法的突出优点就是它强调系统开发过程的整体性和全局性，强调在整体优化的前提下考虑具体的分析设计问题，即自顶向下的观点。它强调的另一个观点是严格地区分开发阶段，强调一步一步地严格地进行系统分析和设计，每一步工作都及时总结，发现问题及时反馈和纠正。这种方法避免了开发过程的混乱状态，是一种目前广泛被采用的系统开发方法。

但是，这种开发方法也存在不足。手工绘制各种各样的分析设计图表致使系统的开发周期过长，带来了一系列的问题（如在这段漫长的开发周期中，原来所了解的情况可能发生较多的变化等）。另外，这种方法要求系统开发者在调查中充分掌握用户需求、管理状况以及预见可能发生的变化，这不大符合人们循序渐进地认识事物的规律性的过程。

4.2.2　原型方法

原型方法是 20 世纪 80 年代随着计算机软件技术的发展，特别是在关系数据库系统（relational data base system，RDBS）、第四代程序生成语言（4th Generation Language，4GL）和各种系统开发生成环境产生的基础之上，提出的一种从设计思想到工具、手段都全新的系统开发方法。与前面的结构化方法相比，它扬弃了那种一步步周密细致地调查分析，然后整理出文字档案，最后才能让用户看到结果的繁琐做法。原型法一开始就凭借着系统开发人员对用户要求的理解，在强有力的软件环境支持下，创新一个实实在在的系统原型，然后与用户反复协商修改，最终形成实际系统。

1）原型方法的工作流程

首先，用户提出开发要求，开发人员识别和归纳用户要求，根据识别、归纳的结果，构造出一个原型（即程序模块），然后同用户一道评价这个原型。如果不行，则回到第三步，重新构造原型；如果不满意，则修改原型，直到用户满意为止。这就是原型法工作流程，如图 4-5 所示。

2）原型方法的特点

原型方法无论从原理到流程都是十分简单的，并无任何高深的理论和技术，在实践中获得了巨大的成功，原型方法具有如下几方面的特点：

（1）从认识的角度来看，原型方法更多地遵循了人们认识事物的规律，因而更容易为人们所普遍接受，这主要是因为人们对任何事物都不可能一次就完全了解，并把工作

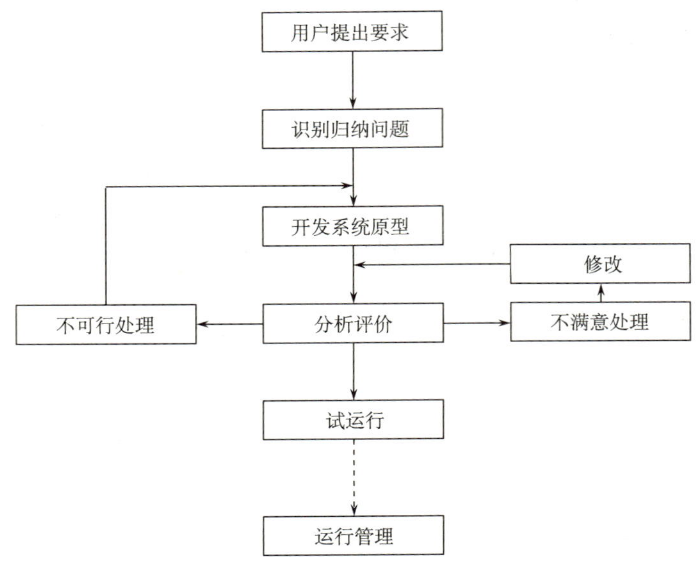

图 4-5 原型方法工作流程

做到尽善尽美，认识和学习的过程都是循序渐进的，人们对于事物的描述往往会受环境的启发而不断完善，人们批评一个已有的事物，要比空洞地描述自己的设想容易得多，改进一些事物要比创造一些事物容易得多。

（2）原型方法将模拟的手段引入系统分析的初级阶段，沟通了人们的思想，缩短了用户与系统分析人员之间的距离，解决了结构化方法中最难解决的一环。这主要表现在：所有问题的讨论都是围绕某一个确定原型而进行的，彼此之间不存在误解和答非所问的可能性，为准确认识问题创造了条件；有了原型后才能启发人们对原来想不起来、很难挖掘或不易准确描述的问题有一个比较确切的描述；能够及早地暴露出系统实现后存在的一些问题，促使人们在系统实现之前就加以解决。

（3）充分利用了最新的软件工具，摆脱了老一套的工作方法，使系统开发的时间、费用大大减少，效率、技术等方面都大大提高。

3）软件支持环境

原型方法有很多优势和很大的推广价值，但必须要有一个强有力的软件支持作为背景。一般认为原型方法所需要的软件支撑环境主要有：方便灵活的关系数据库系统；与 RDBS 相对应的、方便灵活的数据字典（它具有存储所有实体的功能）；与 RDBS 相对应的快速查询系统，能支持任意非过程化（即交互定义方式）组合条件的查询；高级的软件工具（如 4GLS 或信息系统开发生成环境等），用以支持结构化程序，并且允许采用交互的方式迅速地进行书写和维护，产生任意程序语言的模块（即原型）；非过程化的报告和屏幕生成器，允许设计人员详细定义报告或屏幕输出样本。

4）适用范围

作为一种具体的开发方法，原型法有一定的适用范围和局限性。这主要表现在：

(1) 不太适合大型的系统。

(2) 对于大量运算的、逻辑性较强的程序模块，原型方法很难构造出模型来供人评价，因为这类问题没有那么多的交互方式（如果有现成的数据或逻辑计算软件包，情况则例外）。

(3) 对于信息处理过程有问题和原基础管理不善的情况，使用有一定的困难。首先是由于对象工作过程不清晰，构造原型有一定的困难；其次是由于基础管理不好，没有科学合理的方法可依，系统开发容易走上机械地模拟原来手工系统的轨道。

(4) 对于批处理系统，大部分是内部处理过程，这时用原型方法有一定困难。

综上所述，原型方法是在信息系统研制过程中的一种简单的模拟方法，与最早人们不经分析直接编程时代以及结构化系统开发时代相比，站在前者的基础之上，借助于新一代的软件工具，螺旋式地上升到了一个新的更高的起点，它"扬弃"了结构化系统开发方法的某些繁琐细节，继承了其合理的内核，是对结构化方法的发展和补充。这种相互补充、相互促进的系统开发方式将会是今后若干年信息系统或软件工程中所使用的主要方法。

4.2.3 面向对象的方法

面向对象（object-oriented，OO）的系统开发方法是从 20 世纪 80 年代各种面向对象的程序设计方法逐步发展而来的。面向对象方法不同于那种功能分解方法，它们只能单纯反映管理功能的结构状态，数据流程模型（data flow diagram，DFD）只是侧重于反映事物的信息特征和流程，信息模拟只能被动地迎合实际问题需要的做法，而面向对象的方法为我们认识事物，进而开发系统提供了一种新的方法。

1. 面向对象的基本思想

面向对象的方法认为，客观世界是由各种各样的对象组成的，每种对象都有各自的内部状态和运动规律，不同的对象之间的相互作用和联系就构成了各种不同的系统。当设计和实现一个系统时，如能在满足需求的条件下，把系统设计成一些不可变的（相对固定）部分组成的最小集合，那么这个设计就是最好的。它把握了事物的本质，不再会被周围环境（物理环境和管理模式）的变化以及用户没完没了的变化需求所左右。这些不可变的部分就是所谓的对象。

对象是面向对象方法的主体，它至少应有以下特征：

(1) 模块性。从外部可以了解它的功能，但其内部细节是"隐蔽"的，不受外界干扰。对象之间的相互依赖性很小，因而可以独立地被其他各个系统所选用。

(2) 继承和类比性。人们是通过对客观世界的分解和合并来认识事物的，事物之间都有一定的相互联系，事物在整体结构中都会占有它自身的位置。这种对象之间属性关系的共同性，在面向对象方法学中称之为继承性，即子模块继承了父模块的属性。通过类比方法抽象出典型对象的过程称为类比。

(3) 动态连接性。即人及各种对象之间统一、方便、动态的消息传递机制。

因此，以对象为主体的面向对象方法就可以简单解释为：

(1) 客观事物都是由对象组成的，对象是在原事物基础上抽象的结果。任何复杂的事物都可以通过对象的某种组合构成。

（2）对象由属性和方法组成。属性反映了对象的信息特征，如特点、值、状态等；方法则是用来定义改变属性状态的各种操作。

（3）对象之间的联系主要是通过传递消息来实现，传递的方式是通过消息模式（message pattern）和方法所定义的操作过程来完成的。

（4）对象可按其属性进行归类。类有一定的结构，类上可以有超类（super class），类下可以有子类。这种对象和类之间的结构层次是靠继承关系维系着的。

（5）对象是一个被严格模块化了的实体，称之为封装。封装了的对象满足软件工程的一切要求，而且可以直接被面向对象程序设计语言所接受。

2. *面向对象的描述方法*

统一建模语言（unified modeling language，UML）是用于建立面向对象系统模型的标准标记法，是面向对象系统分析和设计（object oriented analyse and design，OOA&D）的重要标准和工具，从而使面向对象系统分析和设计系统化及规范化。

1）UML 的发展历史

面向对象的分析与设计方法的发展在 20 世纪 80 年代末至 90 年代中出现了一个高潮，UML 是这个高潮的产物。它不仅统一了 Booch、Rumbaugh 和 Jacobson 的表示方法，而且对其作了进一步的发展，并最终统一为大众所接受的标准建模语言。面向对象技术和 UML 的发展过程如图 4-6 所示。

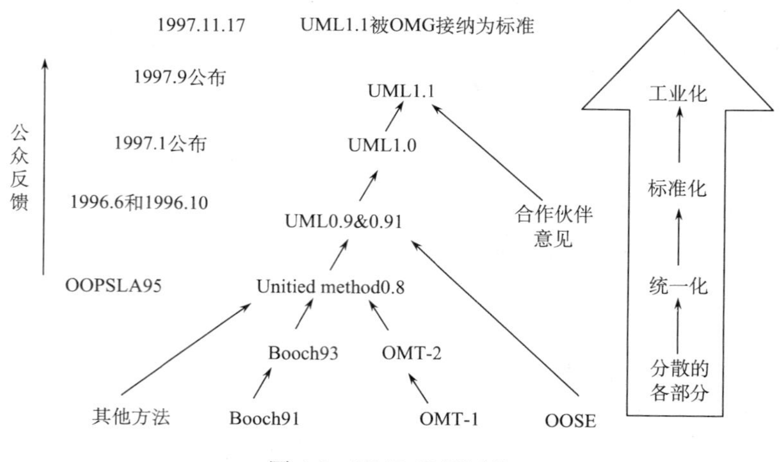

图 4-6　UML 发展历程

Booch 是面向对象方法最早的倡导者之一，他提出了面向对象软件工程的概念。1991 年，他将以前面向 Ada 的工作扩展到整个面向对象设计领域。Rumbaugh 等提出了面向对象的建模技术（object modeling technique，OMT）方法，采用了面向对象的概念，并引入各种独立于语言的表示符。这种方法用对象模型、动态模型、功能模型和用例模型，共同完成对整个系统的建模，所定义的概念和符号可用于软件开发的分析、设计和实现的全过程，软件开发人员不必在开发过程的不同阶段进行概念和符号的转换。OMT-2 特别适用于分析和描述以数据为中心的信息系统。

Jacobson 于 1994 年提出了面向对象软件工程（object oriented software engineering，OOSE）方法，其最大特点是面向用例（use case），并在用例的描述中引入了外部角色的概念。OOSE 比较适合支持商业工程和需求分析。此外，还有 Coad/Yourdon 方法，即著名的 OOA/OOD，它是最早的面向对象的分析和设计方法之一。该方法简单、易学，但由于该方法在处理能力方面的局限，目前已很少使用。

1994 年 10 月，Grady Booch 和 Jim Rumbaugh 开始致力于建立统一建模语言这一工作。他们首先将 Booch93 和 OMT-2 统一起来，并于 1995 年 10 月发布了第一个公开版本，称之为统一方法 UM0.8（unitied method）。1995 年秋，OOSE 的创始人 Ivar Jacobson 加盟到这一工作。经过 Booch、Rumbaugh 和 Jacobson 三人的共同努力，于 1996 年 6 月和 10 月分别发布了两个新的版本，即 UML0.9 和 UML0.91，并将 UM 重新命名为 UML。1996 年，一些机构已将 UML 作为其商业策略。UML 的开发者得到了来自公众的正面反应，并倡议成立了 UML 成员协会，以完善、加强和促进 UML 的定义工作。当时的成员有 DEC、HP、I-Logix、Itellicorp、IBM、ICON Computing、MCI Systemhouse、Microsoft、Oracle、Rational Software、TI 以及 Unisys。这一机构对 UML1.0（1997 年 1 月）及 UML1.1（1997 年 11 月 17 日）的定义和发布起了重要的促进作用。

UML 是一种定义良好、易于表达、功能强大且普遍适用的建模语言。它融入了软件工程领域的新思想、新方法和新技术。它的作用域不限于支持面向对象的分析与设计，还支持从需求分析开始的软件开发的全过程。在美国，截至 1996 年 10 月，有 700 多个公司表示支持采用 UML 作为建模语言。1996 年年底，UML 已占面向对象技术市场的 85%，成为可视化建模语言事实上的工业标准。1997 年 11 月 17 日，OMG 采纳 UML1.1 作为基于面向对象技术的标准建模语言。UML 代表了面向对象方法的软件开发技术的发展方向，具有巨大的市场前景。

2）UML 的特点

标准建模语言 UML 的主要特点可以归结为三点：

（1）UML 统一了 Booch、OMT 和 OOSE 等方法中的基本概念，而且这些基本概念与其他面向对象技术中的基本概念大多相同，因而，UML 必然成为这些方法以及其他方法的使用者乐于采用的一种简单一致的建模语言。

（2）UML 不是上述方法的简单汇合，而是在这些方法的基础上广泛征求意见，集众家之长，几经修改而完成的，因此 UML 扩展了现有方法的应用范围。

（3）UML 是标准的建模语言，而不是标准的开发过程。尽管 UML 的应用必然以系统的开发过程为背景，但不同的组织和不同的应用领域，需要采取不同的开发过程。

作为一种建模语言，UML 的定义包括 UML 语义和 UML 表示法两个部分。

（1）UML 语义：描述基于 UML 的精确元模型定义。元模型为 UML 的所有元素在语法和语义上提供了简单、一致、通用的定义性说明，使开发者能在语义上取得一致，消除了因人而异的最佳表达方法所造成的影响。此外，UML 还支持对元模型的扩展定义。

(2) UML 表示法：定义 UML 符号的表示法，为开发者或开发工具使用这些图形符号和文本语法为系统建模提供了标准。这些图形符号和文字所表达的是应用级的模型，在语义上它是 UML 元模型的实例。

3）标准建模语言 UML 的内容

标准建模语言 UML 的重要内容可以由下列五类图来定义，如表 4-5 所示。

表 4-5　UML 的内容

内容	具体描述图	功能
用例图	类图	从用户角度描述系统功能，并指出各功能的操作者描述系统中类的静态结构。不仅定义系统中的类，表示类之间的联系，如关联、依赖、聚合等，也包括类的内部结构（类的属性和操作）；描述的是一种静态关系，在系统的整个生命周期都是有效的
静态图（static diagram）	对象图	是类图的实例，使用与类图几乎完全相同的标识。不同点在于对象图显示类的多个对象实例，而不是实际的类。一个对象图是类图的一个实例。由于对象存在生命周期，因此对象图只能在系统某一时间段存在
	包图	由包或类组成，表示包与包之间的关系。包图用于描述系统的分层结构
行为图（behavior diagram）	状态图	描述类的对象所有可能的状态以及事件发生时状态的转移条件。通常，状态图是对类图的补充。在实际使用中并不需要为所有的类画状态图，仅为那些有多个状态，其行为受外界环境的影响并且发生改变的类画状态图
	活动图	描述满足用例要求所要进行的活动以及活动间的约束关系，有利于识别并行活动
交互图（interactive diagram）	时序图	强调时间和顺序，显示对象之间的动态合作关系，它强调对象之间消息发送的顺序，同时显示对象之间的交互
	合作图	强调上下级关系，描述对象间的协作关系，合作图跟顺序图相似，显示对象间的动态合作关系。除显示信息交换外，合作图还显示对象以及它们之间的关系
	构件图	描述代码部件的物理结构及各部件之间的依赖关系。一个部件可能是一个资源代码部件、一个二进制部件或一个可执行部件。它包含逻辑类或实现类的有关信息
实现图（implementation diagram）	部件图	有助于分析和理解部件之间的相互影响程度
	配置图	定义系统中软硬件的物理体系结构。它可以显示实际的计算机和设备（用节点表示）以及它们之间的连接关系，也可显示连接的类型及部件之间的依赖性。在节点内部，放置可执行部件和对象，以显示节点和可执行软件单元的对应关系

当采用面向对象技术设计系统时，首先是描述需求；其次根据需求建立系统的静态模型，以构造系统的结构；第三步是描述系统的行为。其中在第一步与第二步中所建立的模型都是静态的，包括用例图、类图、对象图、组件图和配置图等五个图形，是标准建模语言 UML 的静态建模机制。第三步中所建立的模型或者可以执行，或者表示执行时的时序状态或交互关系。它包括状态图、活动图、时序图和合作图等四个图形，是标准建模语言 UML 的动态建模机制。因此，标准建模语言 UML 的主要内容也可以归纳为静态建模机制和动态建模机制两大类。在实际应用中，常选用用例图、时序图、状态图、合作图和类图。

4）UML 的应用领域

UML 的目标是以面向对象图的方式来描述任何类型的系统，具有很宽的应用领域。其中最常用的是建立软件系统的模型，但它同样可以用于描述非软件领域的系统，如机械系统、企业机构或业务过程，以及处理复杂数据的信息系统、具有实时要求的工业系统或工业过程等。总之，UML 是一个通用的标准建模语言，可以对任何具有静态结构和动态行为的系统进行建模。此外，UML 适用于系统开发过程中从需求规格描述到系统完成后测试的不同阶段。在需求分析阶段，可以用用例来捕获用户需求。通过用例建模，描述对系统感兴趣的外部角色及其对系统（用例）的功能要求。分析阶段主要关心问题域中的主要概念（如抽象、类和对象等）和机制，需要识别这些类以及它们相互间的关系，并用 UML 类图来描述。为实现用例，类之间需要协作，这可以用 UML 动态模型来描述。在分析阶段，只对问题域的对象（现实世界的概念）建模，而不考虑定义软件系统中技术细节的类（如处理用户接口、数据库、通信和并行性等问题的类）。这些技术细节将在设计阶段引入，因此，设计阶段为构造阶段提供更详细的规格说明。编程（构造）是一个独立的阶段，其任务是用面向对象编程语言将来自设计阶段的类转换成实际的代码。在用 UML 建立分析和设计模型时，应尽量避免考虑把模型转换成某种特定的编程语言。因为在早期阶段，模型仅仅是理解和分析系统结构的工具，过早考虑编码问题十分不利于建立简单正确的模型。

UML 模型还可作为测试阶段的依据。系统通常需要经过单元测试、集成测试、系统测试和验收测试。

总之，标准建模语言 UML 适用于以面向对象技术来描述任何类型的系统，而且适用于系统开发的不同阶段，从需求规格描述直至系统完成后的测试和维护。

4.3　物流管理信息系统的开发方式

合理选择信息系统开发方式是建设信息系统的首要任务。开发方式是否恰当直接关系到信息系统的成败。信息系统的开发方式有自行开发、IT 外包与委托开发、联合开发和软件采购四种。这几种开发方式各有特点。每个企业都有自身的特点和要求，这就决定了企业不可能随意选择开发方式，而只能通过慎重的分析，确定对本企业发展最有利的开发方式。以下通过对这几种开发方式的讨论来分析企业选择哪一种方式更为合适。

4.3.1　自行开发

自行开发方式是指基层单位或行业主管部门自己组织技术力量进行信息系统的开发工作。其优点是：

（1）企业建设自己的信息系统的动力来源于自身的需求。自行开发方式使企业能够控制信息系统开发的全过程。开发成功的系统能够充分、真实地反映企业的实际需求，能较迅速地满足企业主要业务的需要，而且针对性强，使用效率高。

（2）便于企业规划本企业整个信息系统的建设工作，在企业的信息系统中为其他管理子系统预留接口，采用开放的设计方法，便于企业建立一个完整而且易于扩充的无缝连接的管理信息系统。

（3）由于本企业的技术人员和应用人员直接介入系统的开发工作，系统建成后推广应用迅速。业务人员对系统功能有明确的认识，从而使新系统能很快发挥作用，取得预期的经济效益。

（4）自行开发信息系统，可为企业培养一支称职的维护队伍。任何系统如果没有好的维护，不能稳定地运行，在企业中将一文不值。

自行开发方式具有许多优点，但对开发队伍的素质要求很高，如果不具备一定条件，在开发过程中将会存在以下问题：

（1）一般的企业自行开发信息系统时容易忽视成本、收益分析。企业的任何决策都应建立在科学的成本与收益分析的基础上，但企业一般往往重视系统开发硬件投资的成本计算，忽视软件投资和人力投资的成本计算，对软件投资和人力投资成本估计不足，仅凭领导的热情和对信息系统的迫切需求而着手开发。

（2）人员组成结构不合理。一般企业的开发队伍中业务人员多、技术人员少，尤其缺少高水平的系统分析员，虽然企业清楚自己的需求，但往往受系统分析员能力的限制而不能准确完整地实现本企业的需求。同时，大多数企业开发人员缺乏经验，没有受过计算机专业培训，开发出的产品稳定性差。

（3）一般的企业开发队伍没有实力采用和尝试先进及新兴的技术，开发的系统技术先进性差。

4.3.2　IT 外包与委托开发

1. IT 外包

信息系统项目的风险不仅来自项目管理，还受最初决策的影响。谁提供系统服务就是第一个问题。除了组织内部的 IT 部门/IT 人员可以提供信息系统开发、维护服务以外，还可以把 IT 服务外包给第三方。IT 外包（IT outsourcing）主要指的是依靠第三方提供企业所需的 IT 功能，如应用程序维护和开发、网络管理和运作等。

1）IT 外包发展的背景

早先的 IT 外包集中在财务管理和运作支持方面，如工资管理、库存管理。但是直到 1989 年柯达公司宣布将公司的主机系统和数据通信服务转包给第三方，IT 外包才引起人们的广泛关注。除了柯达以外，还有一些颇有影响的 IT 外包合同，如杜邦公司与计算机科学和安达信咨询两家公司签订的 4 亿美元的信息系统开发和维护合同；施乐公司与 EDS 签订的 3 亿美元的 IT 外包合同，以及麦当劳与 ISSC 的 3 亿美元 IT 外包合同。当这些大的合同签订以后，商业界报道说它们获得了预期的收益，降低了 IT 成本，提高了服务水平，能够利用新技术重新集中经营核心业务。

进入 20 世纪 90 年代以来，企业对于 IT 外包表现出浓厚的兴趣。推动 IT 外包浪潮的原因可以归纳为如下四条：① 企业战略的转变；② IT 成本压力；③ IT 服务水平低；④ 供应商推动作用。

2）IT 外包的优越性和局限性

很多公司在首次签订了 IT 外包合同之后很快宣布它们成功地达到了目标，如重新把资源集中到核心活动上来，减少了 10%～50%的 IT 成本，增加了 IT 的服务水平，但也有的公司在经历了 IT 外包的蜜月期之后经历了很大的困难，包括 IT 成本上升，服务水平不尽人意，不能灵活适应变化的商业环境和技术条件，有的甚至又回到原来组织内部提供 IT 的方式上去。

（1）IT 外包的优越性。

① 降低成本。由于规模经济，严格的成本控制，人力资源的廉价获取，更重要的是 IT 供应商更有能力保证一些削减成本措施的实施，IT 供应商可能以更低的成本运作 IT。

② 能够利用新技术。对新资源的利用首先是对新技术的利用。信息技术的发展速度非常快，软件的更新间隔很短，很多企业尚在为新软件而培训人员的时候这些软件就已经不是最新的了。而不断跟踪领域内的最新技术是很多 IT 供应商必需的生存手段，否则无法保证它们的技术是有竞争力的。能够利用最新的技术或者专门技术，是一些企业做出 IT 外包决策的原因。

③ 更集中于核心活动。通过将 IT 外包，能够削减在非核心竞争力方面的投资，从而能够保证在核心活动上的资金投入，所以 IT 外包能够改善公司的财务业绩。而且通过 IT 外包，企业能够把很多原来花费在 IT 上的管理注意力和资源转移到其他方面，把“如何做”的问题留给第三方。

④ 改善 IT 管理。IT 供应商往往具备较强的软件过程管理能力，实施严格的软件质量管理标准，从而能够提高服务质量。他们在员工培训和教育方面也比企业 IT 部门做的要好，在吸引高水平专业人员方面也比企业 IT 部门有优势，能够大大加强他们解决问题的能力。与之相比，企业内部 IT 部门的人员通常缺乏激励而逐渐落后，或缺乏 IT 实践而水平不够。

（2）IT 外包的局限性

① 有的 IT 功能不容易同企业分离。IT 外包对于管理独立的、成熟的 IT 活动也许是适合的。例如，公司局域网管理、计算中心管理、独立系统的开发，可以靠年度评估、激励措施、同行比较等管理在这些领域中的风险。而另外一些 IT 活动，如供应链管理系统，不限于单个的部门，而是跨部门的。IT 给外包带来了障碍，尤其是不同供应商之间以及供应商与客户之间容易出现接口问题。

② 技术发展的不确定性。IT 业正以惊人的速度发展，企业很难对若干年之后的 IT 需求做出准确的估计。尽管企业的经理们最初希望第三方能够提供最新的技术，但是其所签订的合同仅仅能反映当前的技术水平。结果两三年过去之后，技术更新了，原来的合同成了绊脚石，阻碍企业吸纳新的技术以获得竞争优势。例如，一家美国的石油化工公司 1988 年签订了一个 10 年的外包合同，当时多数公司的系统是主机系统。随着客户服务器技术的出现，公司想向客户服务器平台迁移，但合同不允许这么做。因此，公司不得不另投资金开发客户服务器平台，而且同时还必须遵守合同的规定维护原有的过时的主机系统。

③ IT 活动的估价较为困难。计算机硬件的成本不断下降。企业很难估计长期的 IT 服务外包活动的成本。很可能经过若干年后，它们发现合同价格远超出了当时的市场价格。

④ IT 服务提供策略的转换成本很高。在其他服务的外包策略中，企业可以通过多个供应商或者是年度检查的策略来防止不良的决策。但是对于 IT 服务来说，不同供应商的解决方案千差万别，一旦你选择了一个供应商，就很难再切换到别的供应商，甚至不能够停止购买服务，因为你要么完全放弃从头再来，要么就跟着它走。最糟糕的情况是，企业和供应商之间的关系就变成了一种“双败”关系。

⑤ 缺乏组织学习和创新。很多组织都是在实践中学习使用和管理 IT 的，通过学习能发现更好地利用 IT 改进业务的机会。从长远的角度讲，公司希望维护其 IT 力量是因为它希望能够发现更好地利用 IT 的方式和提供新的 IT 服务。如果公司把 IT 服务外包给第三方，这种创新能力将会受到伤害。另外供应商的目标与企业的目标从根本上是不同的。供应商与企业的合约关系限制了它在创新方面的能力，而且这种关系会限制熟悉业务的用户和熟悉 IT 的专家之间的接触，这也会阻碍新技术和业务的结合。

3）IT 外包决策因素

尽管 IT 外包也有很多局限性，但 IT 外包正不断向前发展，而且它的深度和广度也在不断地增加。企业在考虑 IT 决策时不再只有一种选择，而是应该衡量一下是否应该利用市场所提供的 IT 服务。但是这个决策是比较困难的，尤其是 IT 外包提供给管理者以更多的选择的同时，也带来了更多的迷惑。

（1）外包范围。企业在 IT 外包范围上有三种策略：完全外包、不外包和选择性外包。完全外包指把 IT 资产、人员和管理责任统统从企业内部的 IT 部门转移给第三方供应商。这部分的预算至少占整个 IT 预算的 80%。不外包指 80%的 IT 管理和服务是内部提供的，第三方资源仅仅被用来作为内部管理的补充。选择性外包指既有一部分 IT 服务由第三方提供，又有一部分 IT 服务由企业内部提供。外部提供的总预算占到整个预算的 20%～80%。研究结果表明，选择性外包的成功机会是比较高的。

（2）IT 活动类型。选择性外包首先要解决的问题是选择什么 IT 活动外包。企业内的 IT 活动是无处不在的，如计算中心维护、数据通信、计算机维护、系统开发等。对 IT 活动的分类有助于识别可以外包的 IT 活动。一些在 IT 外包中取得成功的企业通常把 IT 活动按照对企业的贡献大小和战略影响加以区分。

① 战略影响。一些 IT 活动能够使企业不同于它的竞争对手，称为差异型；而另外一些 IT 活动只是提供必要的功能，称为商品型。这两种类型的划分不是绝对的，如当第一家书店将店面搬到 Internet 上的时候，它的这种特色 IT 活动可以看作是差异型的，而当这已经是各家书店所共有的服务时，就只能看作商品型了。

② 对企业贡献的大小。一些 IT 活动对企业运作是关键的，而另外一些只是有益的，但并不是必不可少的。后者的例子如企业的工资管理系统，有了它会运作得更好，但是没有也不是不可以接受的。

这两个维度构成了识别 IT 外包活动的一个框架，如图 4-7 所示。

（3）技术类型。在与供应商谈判外包合同的时候，双方的信息是不对称的。供应商懂得合同的技术含义，而顾客却没有什么经验。为了平衡这种差异，企业必须对所要外包的技术有一个清楚的理解。

如图 4-8 所示的决策框架，当技术集成度较高，而技术上比较成熟时，企业一方面能够在合同谈判中详细地确定供应商的职责，另一方面，为了保证系统与其他企业活动之间的接口，企业必须与供应商发展一种紧密的关系。而当技术集成度较高，而技术成熟度较低时，企业适合利用供应商向它提供广泛的产品和技术专家，而 IT 活动由企业自己来管理。

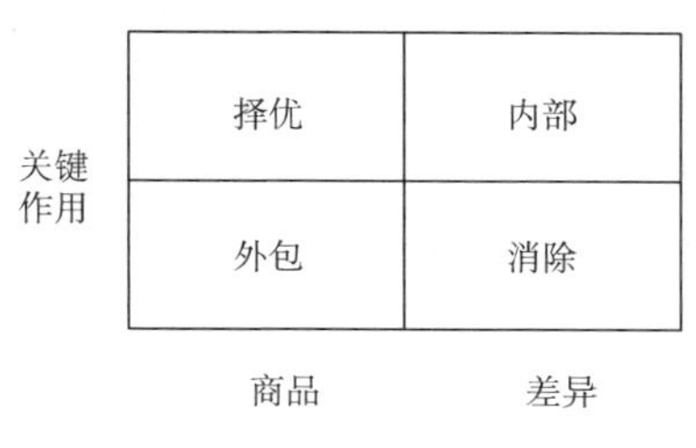

图 4-7　识别 IT 外包的一个框架

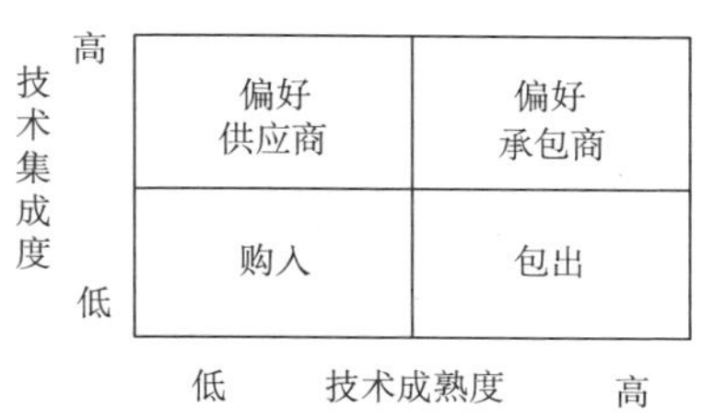

图 4-8　决策框架图

(4) 外包合同类型。在选择外包活动的同时还需要选择外包类型。不同类型合同的弹性不同，管理方式也有可能不同。IT 外包合同一般可以从外包方式和外包目标两个角度加以区分。

按照外包方式划分，可以把 IT 外包合同分成事务型和关系型。事务型的外包要在合同中规定所有的细节，合同作为原始的参考文档是衡量双方行为的唯一标准。而关系型的外包合同则不那么详细，它建立在双方的长期合作动机之上。

按照外包目标划分，可以分成资源型和结果型。在资源型外包中，公司购买的是供应商的资源，如硬件、软件或者 IT 专业人员，管理 IT 活动的责任在于公司自己。而在结果型外包中，公司购买的是供应商提供的特定结果，管理 IT 活动的责任在于供应商。

(5) 供应商服务质量、稳定性和业绩。在做出外包决策过程中，对供应商能力的考察也很重要。

对 IT 外包来说，客户正在把企业运作的一个重要部分的控制权交给第三方。尤其当 IT 革新是企业发展的重要影响因素，或者企业的日常运作很大程度上依赖于良好的 IT 服务时，客户更加关心第三方所能提供的服务质量。因此必须认真地考察供应商的服务质量，并且把系统响应时间、服务水平等标准详细地反映到合同中。

若干年后，技术和企业环境肯定会发生变化，如果供应商不能够致力于不断提高技术水平和培训员工，就不适合作为企业的战略伙伴。供应商的财务状况是否稳定也是一个重要的问题。可想而知，如果供应商在合同结束前破产了会造成多么大的损失。因此，在选择合作的供应商时一定要把稳定性和业绩的考虑放在显著的位置上。

4) IT 外包合同管理

由于 IT 外包存在着很大的技术和业务不确定性，在合同的执行过程中很有可能会出现许多问题，发生很多变化。外包之后的合同管理的重要性并不比签订合同之前的决策逊色。

IT 外包合同管理至少包括以下五个方面：

(1) 合同管理。合同在执行过程中有一系列的管理，包括履行情况的评审、修改、终止等。

(2) IT 战略规划。规划应该包括网络标准、软硬件标准、数据库标准、系统间的互联性等，只有企业 IT 人员才有可能站在企业发展的战略角度，规划企业的 IT 应用。

(3) 追踪新出现的信息技术。企业 IT 人员可以通过参加第三方举办的技术产品会，参加同行间举行的研讨会、参观正在使用新技术的公司，实现对新的信息技术的追踪。

(4) 不断组织学习。企业对技术的不可见性只有靠良好的组织学习来弥补，如了解供应商所使用的技术，学习系统运行的原理和维护的方法。

(5) 接受用户反馈。积极接受用户的反馈不仅有助于发现存在的问题，推动供应商改善服务，而且有利于正确处理用户与供应商之间关系，使合作顺利地进行。

2. 委托开发

委托开发方式是企业委托具有雄厚技术力量和丰富软件开发经验的计算机软件公司、科研机构、高等院校等外部技术单位完成。采用这种方式建设信息系统，要注意以下问题：

(1) 被委托单位的开发人员对企业的管理业务熟悉程度。

(2) 在实现用户需求上能否对手工系统不合理的地方提出合理的改进意见和方法。

(3) 委托单位的开发人员能否发现较为准确的需求和开发的系统是否具有柔性。

(4) 在系统交付使用后，委托单位对系统的维护支持度如何。

4.3.3 联合开发

联合开发方式指企业邀请有信息系统开发实践经验的软件开发公司、科研院所的专家进行协作，并选派得力的领导和有经验的管理人员以及本企业的计算机技术人员参与。协作单位的专家负责整个系统分析和设计的工作，而编程等技术工作可在协作单位专家的指导下由企业组织人员完成。采用这种方式开发的信息系统实用性强，技术上也过硬，而且由于有本单位人员参与，使用和维护也比较方便。

采用联合开发方式，企业技术部门可以学习专业软件公司的开发方法，同时由软件公司负责解决技术难点，对开发进程进行科学的安排和控制，企业技术人员负责编制代码。这样就可回避企业系统开发队伍开发经验少、技术水平低的问题，同时又在联合开发中锻炼和培训了本企业技术人员，所以联合开发方式的效果一般好于自行开发。

4.3.4 软件采购

目前，我国已有不少专门从事信息系统软件开发的公司，它们开发的软件在性能上较注意通用性和易学易用性，在开发的管理和技术力量上具有较大的优势，软件质量相对较高。但现在我国自行开发的通用软件产品还是较少，而引进的国外软件产品价格昂贵又不太适合我国国情，因此，这种方式目前还不是主要的开发方式。

总之，不同企业可根据自身的条件和建设信息系统的目的确定合适的开发方式。制约企业的因素主要有企业的技术力量、资源条件和企业的外部因素。通过对这四种开发方式的分析，我们可以得出结论：信息技术力量弱的企业可采用委托开发或购买商品化通用软件包的形式来建设自己的信息系统；而拥有雄厚信息技术力量的企业应以联合开发、购买商品化软件包方式为首选。实际上任何商品化软件包一般不能完全满足企业的要求，还需要进行二次开发，而进行二次开发仍然存在合理选择开发方式的问题。

4.4　物流管理信息系统的项目管理

4.4.1　项目管理问题的提出

现代项目管理通常被认为始于 20 世纪 40 年代，比较典型的是美国研制原子弹的曼哈顿计划。20 世纪 50 年代，在美国出现了关键路径法（critical path method，CPM）和工程评价技术（program evaluation and review technique，PERT）。1957 年，美国杜邦公司把 CPM 方法应用于设备维修，使维修停工时间由 125 小时锐减为 78 小时。1958 年，美国在北极星导弹设计中应用 PERT 技术，把设计完成时间缩短了两年。20 世纪 60 年代，美国阿波罗登月计划使用了 PERT 技术，该项目耗资 300 亿美元，有两万多家企业参加，40 多万人参与，动用了 700 万个零部件，由于使用了网络计划技术，各项工作进行得有条不紊，取得了很大的成功。20 世纪 70～80 年代项目管理的方法迅速传遍了世界其他各国，并在 90 年代进入了新的发展高潮。

第二次世界大战之后的 40 年间，项目管理的观点及所要求的技能并没有大的变化。项目管理被发展和提炼成一种具有普遍科学规律的独立行为模式是近十几年的事情。项目管理逐步将最初的计划和控制技术与系统论、组织理论、经济学、管理学、行为科学、心理学、价值工程、计算机技术等学科知识结合起来，并吸收了控制论、信息论及其他学科的研究成果，应用到管理信息系统的开发和管理中。项目管理科学的发展归结起来，如图 4-9 所示。

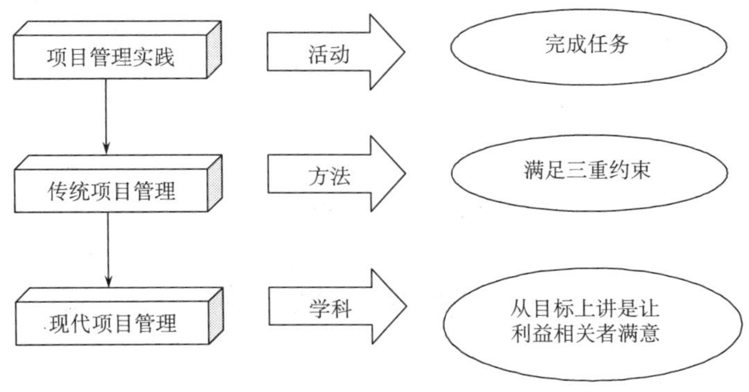

图 4-9　项目管理的发展

为了完成任务，人们对项目的实现需要在时间、费用与可交付物之间进行综合平衡。项目管理的概念就是基于实现项目的三坐标约束而提出的一套管理方法，它追求的目标是在给定的费用限额下，在规定的时间内完成给定的项目目标。在这一界定下，传统项目管理着重在项目实施的环节，并且更多的是站在项目实施方的立场上，分析如何才能更好地完成项目。但是项目管理涉及的面非常广泛，有投资方、设计方、承包方、监理方及用户方等，为此，现代项目管理就必须具有多赢的思想，其追求的目标也就是使项目参与方都得到最大的满意及项目目标的综合最优化。基于管理信息系统下的项目管理更加面向市场和竞争，注重人的因素，注重客户，注重柔性管理。

4.4.2 项目的质量管理与软件能力成熟度模型

1. 项目的质量管理

1）质量及项目质量概念

国际标准化组织（International Organization for Standardization，ISO）对质量的定义是：反映实体满足明示的、隐含的、必须履行的需求或期望的程度。项目质量是指项目管理、项目成果以及项目产品或服务的质量，而不是单指项目产品或服务的质量，良好的项目管理过程是取得令人满意的项目质量的保证。在这里我们需要将质量和等级区别开来：等级是“一种具有相同使用功能，不同质量要求的实体的类别或级别”；质量低通常是个问题，级别低就可能不是。例如，一个软件产品如果其功能特点的数量非常有限，但是没有任何明显的问题，并且具备可读性好的用户手册，那么，该产品就是属于低等级、高质量的产品。决定和传达质量与等级的要求层次是项目经理和项目团队的责任。

2）项目质量管理的含义

项目的质量管理不仅体现在对于项目产品或服务的质量管理上，而且也体现在对项目管理程序本身质量的管理上。在任何一方面未满足质量要求都可能导致项目的失败。保证项目能够兑现它的关于满足各种需求的承诺。例如，项目管理必须满足或超越需求和期望，一个项目团队必须与关键人，特别是项目的主要客户，建立良好关系，因为客户是项目成果质量是否可接受的最终裁判。因此，作为项目的执行组织应努力通过 ISO 9000 系列的标准认证，建立、健全质量管理体系，开展各项质量活动，从而提高业务程序的质量即管理质量，继而保证产品或服务的质量，以用户和市场的需求至上，推进质量管理和质量改进，以获得优质的项目产品和服务质量。

3）项目质量管理原则

（1）以客户为中心：理解、管理和引导客户当前和未来的需求，满足客户要求并争取超越客户的期望。使项目提供的系统或服务能够满足实际需要。

（2）全员参与：要求项目经理和所有的团队成员都参加到改善系统和服务质量的活动中来，项目经理应努力创造并保持能使团队成员充分参与的内部环境，及时从技术上和组织上解决项目中所出现的各种质量问题，特别是关键的质量问题。

（3）重预防：避免出现质量问题的费用要比解决已出现质量问题的费用低得多。因此，在项目管理中应将“预防出现质量问题”的意识和措施贯穿质量管理的全过程。

(4) 明确管理责任：为了使项目获得成功，需要有团队全体成员的合作，也更应明确管理工作的职责，提供所需要的资源并对其进行有效管理。

(5) 凭数据说话：有效的质量管理决策是建立在数据的收集、分析和处理的基础之上的，如用“统计分析表”去收集数据，用“排列图”去分析处理数据。

(6) 按“PDCA”运作：PDCA 管理循环是全面质量管理所应遵循的科学程序，即按计划—执行—检查—处理的顺序运作。一个程序完成以后，紧接着又按此程序再做循环，如此一轮接一轮地循环。每完成一次循环，质量管理的整体水平就提高一个层次。

按上述原则执行，既能提高项目成果的质量，又能提高管理过程的质量。

4) 项目质量管理的构成

项目质量管理包括在质量体系中，是与决定质量工作的策略、目标和责任的全部管理功能有关的各种活动。这些活动是通过如下的三个质量管理的主要过程来实现的。

(1) 质量计划：确定项目应当采用哪些质量标准以及如何达标。将质量标准纳入项目设计是质量规划的重要组成部分。

(2) 质量保证：在常规基础上对整个项目执行情况作评估，以提供信用，保证该项目能够达到有关质量标准。质量保证过程不仅要对项目的最终结果负责，而且还要对整个项目过程承担质量责任。

(3) 质量控制：监控特定项目的执行结果，以确定它们是否符合有关的质量标准，并以适当的工具和技术来消除导致项目绩效不佳的原因，从而提高项目整体的质量。项目具体结果既包括项目可交付的成果，也包括项目过程的结果。

2. 软件能力成熟度模型

早在 20 世纪 60 年代中期，人们就发现软件的生产出现了“问题”，主要表现在生产过程不规范，缺乏管理。后来，人们在软件开发中引入了工程的概念、原理、技术和方法，这种思想在一定程度上解决了软件生产过程中遇到的问题。但是直至 80 年代还是没有提出一套管理软件开发的通用原则，软件管理不善的问题依旧在大范围内存在。

为了保证软件产品的质量，20 世纪 80 年代中期，美国联邦政府提出对软件承包商的软件开发能力进行评估的要求。在 Mitre 公司的帮助下，1987 年 9 月，美国卡内基-梅隆大学软件工程研究所（CMU/SEI）发布了软件过程成熟度框架，并提供了软件过程评估和软件能力评价两种评估方法和软件成熟度提问单。4 年之后，SEI 将软件过程成熟度框架进化为软件能力成熟度模型（capability maturity model for software，CMM）。1991 年 8 月，SEI 发布了最早的 CMM v1.0。经过两年的试用，1993 年 SEI 正式发布了 CMM v1.1，这是目前使用最为广泛的版本。软件能力成熟度模型基于众多软件专家的实践经验，是组织进行软件过程改善和软件过程评估的一个有效的指导框架。

1) CMM 的管理思想背景

CMM 不仅是一个模型，一个工具，它更代表了一种管理哲学在软件工业中的应用。CMM 的管理思想来源于已有 60 多年历史的产品质量管理。1930 年，Walter Sheward率先提出了一整套基于统计学原理的质量控制方法，这些方法后来经过 W. E. Deming和 Joseph Juran 的发展和实践得到了广泛的应用。Philip Crosby 在《质量是免费的》一书中率先提出将质量管理形成成熟度框架的概念，“质量管理成熟度坐标图表”描述了进行质管实践的五个阶段，表达了质量管理的全部运作。

Deming、Juran 和 Crosby 等的做法后来被称为全面质量管理理论。在 IBM 公司，W. Humphrey 和 R. Radice 将这种全面质量管理的思想应用于软件工程过程，取得了很大的成效。SEI 的软件能力成熟度框架就是在以 W. Humphrey 为主的软件专家实践经验的基础上发展而来的。软件能力成熟度框架中融合了全面质量管理的思想。

2）软件能力成熟度模型的概念

软件能力成熟度模型的概念是对软件组织进化阶段的描述，随着软件组织定义、实施、测量、控制和改进其软件过程，软件组织的能力经过这些阶段逐步前进。

这个能力成熟度模型使软件组织能够较容易地确定其当前过程的成熟度并识别出其软件过程执行中的薄弱环节，确定对软件质量和过程改进最为关键的几个问题，从而形成对其过程的改进策略。软件组织只要关注并认真实施一组有限的关键实践活动，就能稳步地改善其全组织的软件过程，使全组织的软件过程能力持续增长。

3）相关概念

（1）软件过程：用于开发和维护软件及其相关产品（如项目计划、设计文档、代码、测试用例、用户手册等）的一系列活动，包括软件工程活动和软件管理活动，其中必然涉及有关的方法和技术等。

（2）软件过程能力：描述（开发组织或项目组）通过遵循其软件过程能够实现预期结果的程度。一个软件开发组织或项目组的软件过程能力提供一种预测该组织承担下一个软件项目时最可能的预期结果的方法。软件过程能力既可对整个软件开发组织而言，也可对一个软件项目组而言。

（3）软件过程性能：表示（开发组织或项目组）遵循其软件过程所得到的实际结果。同样，软件过程能既可对整个软件开发组织而言，也可对一个软件项目组而言。可见，软件过程性能描述已得到的实际结果，而软件过程能力则描述最可能的预期结果。

（4）软件过程成熟度：一个特定软件过程被明确和有效地定义、管理、测量和控制的程度。成熟度可指明一个软件开发组织软件过程能力的增长潜力。随着软件组织的软件过程成熟度的提高，开发组织通过其方针、标准和组织机构等将其软件过程规范化和具体化，从而使得开发组织明确定义的有关管理和工程的方法、实践和规程等在现有人员离去后仍能继续下去。

（5）软件过程成熟度等级：软件开发组织在走向成熟的过程中几个具有明确定义的、表征软件过程能力成熟度的平台。每一个成熟度等级为过程继续改进、达到下一个等级提供一个基础。每个等级包含一组过程目标，当其中一个目标被达到时，就表明软件过程的一个（或几个）重要成分得到了实现，从而导致组织的软件过程能力增长。

（6）关键过程域：互相关联的若干软件时间活动和有关基础设施的一个集合。每个软件能力成熟度等级包含若干个对该成熟度等级至关重要的过程域，它们的实施对达到该成熟度等级的目标起保证作用。

（7）关键实践：对关键过程域的实施起关键作用的方针、规程、措施、活动以及相关基础设施的建立。关键实践一般只描述“做什么”，而不强调规定“如何做”。关键过程域的目标是通过其包含的关键实践的实施来达到的。

4）SEI CMM 模型概要

下面以 SEI CMM v1.1 版本为依据进行介绍。SEI CMM v1.1 模型概要如表 4-6 所示。

表 4-6　SEI CMM v1.1 模型概要

过程能力等级	特　点	关键过程域
初始级	软件过程是无序的，有时甚至是混乱的，对过程几乎没有定义，成功与否取决于个人努力。管理是反应式（消防式）的	
可重复级	建立了基本的项目管理过程来跟踪费用、进度和功能特性。制定了必要的过程纪律，能重复早先类似应用项目取得的成功	需求管理 软件项目策划 软件项目跟踪和监督 软件子合同管理 软件质量保证 软件配置管理
已定义级	已将软件管理和工程两方面的过程文档化、标准化，并综合成该组织的标准软件过程。所有项目均使用经批准、剪裁的标准软件过程来开发和维护软件	组织过程定义 组织过程焦点 培训大纲 集成软件管理 软件产品工程 组织协调 同行专家评审
已定量管理级	收集对软件过程和产品质量的详细度量，对软件过程和产品都有定量的理解与控制	定量的过程管理 软件质量管理
优先级	过程的量化反馈和先进的新思想、新技术促使过程不断改进	缺陷预防 技术变更管理 过程变理管理

这个模型的制定者有一个基本认识，就是软件开发的风险之所以大，其中最关键的问题在于软件开发组织不能很好地管理其软件过程，从而使一些好的开发方法和技术起不到预期的作用。

5）CMM 的应用

为适应国际化发展，各企业把 CMM 作为软件过程改善的指导框架，并把 CMM 主要应用在两大方面：能力评估和过程改善。

(1) 能力评估。有两种通用的评估方法用以评估组织软件过程的成熟度：软件过程评估和软件能力评价。

软件过程评估用于确定一个组织当前的软件工程过程状态及组织所面临的软件过程的优先改善问题，为组织领导层提供报告以获得组织对软件过程改善的支持。软件过程评估集中关注组织自身的软件过程，在一种合作的、开放的环境中进行。评估的成功取决于管理者和专业人员对组织软件过程改善的支持。

软件能力评价用于识别合格的软件承包商或者监控软件承包商开发软件的过程状

态。软件能力评价集中关注识别在预算和进度要求范围内完成制造出高质量的软件产品的软件合同及相关风险。

(2) 过程改善。软件过程改善是一个持续的、全员参与的过程。CMM 建立了一组有效地描述成熟软件组织特征的准则。该准则清晰地描述了软件过程的关键元素，并包括软件工程和管理方面的优秀实践。

4.4.3 项目的人员管理

项目人员管理首先要对每个项目人员明确权责角色，建立岗位职责或职务说明书，详细规定各个岗位（职务）的职权、职责以及与其相关方的上下左右的关系。

(1) 项目管理选用人是关键。由项目负责人选定各子项目负责人和项目管理各部门负责人，再由各子项目负责人选定各分项目负责人和分项目管理部门负责人，层层递推，直到选定最底层项目执行人员为止。每个层次人员选拔要根据各层次任务需要的素质能力，辅之以兴趣、合作精神、敬业态度、以往业绩、工作作风、自适应性等多方面要求，按照完成任务的效率、效果（效益）开展量化评价。对各层项目人员进行动态调整。对于项目人员，要知人之明，用人之长；人得其所，人适其事，事适其位，各尽所能；人尽其才，才尽其用，用当其时。项目人员要各司其职，各负其责。

(2) 分配是项目管理的重要内容。这里的分配是指包括任务分配、性能分配、工期分配、资源分配、责权利分配和精神分配等广义概念上的分配。选拔考核项目人员的主要尺度应是分配，尤其是对项目负责人而言。首先要看其分配素质，其次看其分配能力，三是看其实现和控制分配的能力。对各级项目负责人和设计者这三点都是关键的任务，其中前两点是考核顶层项目负责人和主要设计者的首要尺度。

另外，项目管理需要建立项目目标体系、项目评价体系和项目分配体系：

(1) 项目目标体系。使个人目标、群体目标、项目负责人目标和组织目标协调一致，在项目管理者之间、项目设计开发者之间以及项目管理者和开发者之间具有融洽、合作的默契关系。项目文化的目标之一就是要使上述四个目标保持一致。

(2) 项目评价体系。达到客观、公平、公正、公开、科学，定性和定量考核与评价相结合。

(3) 项目分配体系。以能力和素质为基础，以贡献为标准，效率优先，做到投入与所得相一致，兼顾需要标准和平等标准。同时，要完善竞争机制，实现机会均等。

4.4.4 项目的时间与进度管理

1. 项目进度管理的基本理论

项目进度管理又称项目时间管理，是为了确保项目按时完成所进行的一系列管理过程。项目需要在一定的时间和预算内完成一定的工作范围，并使客户满意，因此项目的重要特征之一是有具体的时间期限。为了使项目能够按时完成，在项目开始之前制定一份项目活动的进度计划是非常有必要的。

项目进度管理包括以下几个主要过程：

(1) 活动定义：确定为完成各项目可交付成果所必须进行的各项具体活动。

（2）活动排序：确定各活动之间的依赖关系。

（3）活动持续时间估计：估算完成各项活动所需要的时间长度。

（4）进度计划制定：分析活动顺序、活动持续时间和资源需求，以编制项目进度计划。

以上四个主要过程既相互影响又相互关联，使得它们在实际的项目管理中相互交叉和重叠。在某些项目，特别是一些小型项目中，项目的一些管理过程甚至可以合并在一起视为一个阶段。

2. 进度表达方式

网络图是非常有用的进度表达方式。一般情况下根据工作分解结构（WBS）图编制网络图。在网络图中一个活动用一个方框表示，每一个活动被各种关系线相连接着，将项目中的各个活动的逻辑关系表示出来，从左到右画出各个任务的时间关系图。网络图开始于一个任务、工作、活动、里程碑，结束于一个任务、工作、活动、里程碑，有些活动有前置任务或后置任务，表明项目任务将如何以什么顺序继续。常用的网络图有节点法网络图（PDM）、箭线法网络图（ADM）和条件箭线图法（CDM）。

1）进度网络图的基本术语

这些术语既会用到进度网络图中，也会运用到进度估算的基本方法中。

（1）活动：项目过程中的工作单元，一个活动通常需要资源。活动通常细分为单个任务。

（2）里程碑：项目中的重大事件，通常指一个主要可交付成果的完成。

（3）最早开始时间（early start，ES）：表示一项任务的最早可以开始执行的时间。

（4）最晚开始时间（late start，LS）：表示一项任务的最晚可以开始执行的时间。

（5）最早完成时间（early finish，EF）：表示一项任务的最早可以完成的时间。

（6）最晚完成时间（late finish，LF）：表示一项任务的最晚可以完成的时间。

（7）浮动时间：浮动时间是一个活动的机动性，是一个活动在不影响项目完成的情况下可以延迟的时间量，Float＝LF－EF＝LS－ES。如果 Float＞0，那么时间安排较为合理；如果 Float＝0，那么时间安排较紧张；如果 Float＜0，那么项目进度会推迟。

（8）关键路径：是网络终端元素的元素序列，该序列具有最长的总工期并决定了整个项目的最短完成时间，是 Float＝0 的路径，是完成项目的最短时间量。关键路径上的任何活动延迟，都会导致整个项目完成时间的延迟，一般通过网络图找出关键路径。关键路径上的任何任务都是关键任务。

2）常用网络图

（1）PDM 网络图。PDM 网络图又称节点法或单代号图，构成单代号网络图的基本特点是节点，节点表示活动（工序、工作），用箭线表示各种活动（工序、工作）之间的逻辑关系，如图 4-10 所示。

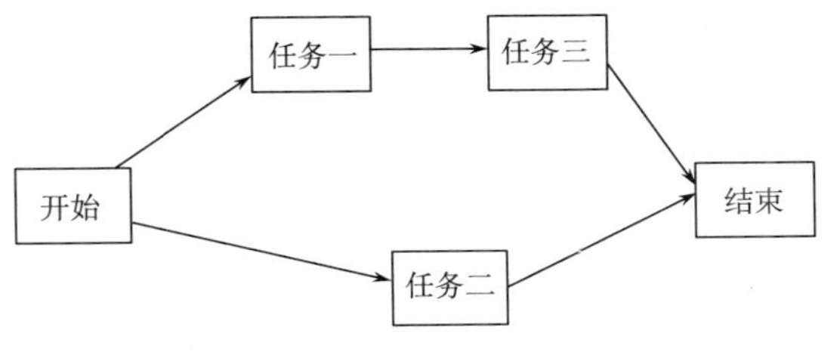

图 4-10　PDM 网络网的关系

（2）ADM 网络图。ADM 网络图

又称为双箭线法或者双代号网络图。在双箭线网络图中，前线表示活动（工序、工作），节点表示前一道工序的结束，同时也表示后一道工序的开始。

（3）CDM 网络图。CDM 网络图允许活动序列相互循环与反馈。从而在绘制网络图的过程中会形成许多条件分支，而在 PDM，ADM 中是绝对不允许的。这种网络图在实际项目中使用得很少。

3. 项目进度估算的基本方法

项目进度估算即估算任务的持续时间，是项目计划的基础工作，直接关系到整个项目所需的总时间。估计太长或太短对整个项目都是不利的。一般常用的估算方法是定额计算法、工程评价技术、关键路径法、专家估算方法、类比方法等。这里我们主要对前三种方法进行详细说明。

1）定额估算法

定额估算法是比较基本的估算项目历时的方法，公式是

$$T = Q/R \cdot S$$

其中，T 为活动持续时间，可以用小时、日、周等表示；Q 为活动的工作量，以实物度量单位表示；R 为人力或设备的数量，以人或台数表示；S 为产量定额，以单位时间完成的工作量表示。

2）工程评价技术 PERT

工程评价技术 PERT 最初发展于 1958 年。由于美国海军专门项目处关心大型军事项目的发展计划，于 1958 年将 PERT 引入到它的海军北极星导弹开发项目中。它是利用网络顺序图逻辑关系和加权历时估算来计算项目历时的，采用加权平均 $(a+4m+b)/6$。其中，a 是最小估算值，b 是最大估算值，m 是最大可能估算。

3）关键路径法 CPM

关键路径法 CPM 是杜邦公司开发的技术，它是根据指定的网络顺序逻辑关系进行的单一的历时估算，计算每一个活动的单一的、确定的最早和最迟开始和完成日期，计算网络中完成时间最长的路径。其核心是计算浮动时间。

PERT 与 CPM 是 20 世纪 50 年代末发展起来的两项重要的技术，可以检查程序员起止日期变化对整个项目的影响。它们的主要区别是：PERT 计算历时采用的算法是加权平均 $(a+4m+b)/6$，而 CPM 计算历时采用的算法是最大可能值 m。

4. 编制项目进度计划

进度计划至少要包括各项活动计划的起始时间和完成时间。在分配资源之前，进度计划只是初步的，经过项目分解，成本估算，以及任务的关系确认，画出网络关系图，就可以进行项目进度计划的编制了。

项目进度计划的编制步骤主要有：

（1）创建项目进度计划文件：输入项目常规信息，如项目名称、项目类型、项目简介等。

（2）创建项目的任务：一是建立层次结构来反映任务建的关系，以便管理；一是建立里程碑，表明某些需要强调的关键点。

（3）确定任务之间的关系：任何两个任务之间都有一种关系存在，串并关系或是前

置任务与后续任务的关系。

(4) 为任务分配资源：每项任务需要的资源包括人力资源、设备资源等。

(5) 安排任务的工期：依据公式工时＝工期×总资源单位来确定工期。

(6) 分配项目成本，进行成本预算：分配项目成本包括分配资源成本、给任务分配固定资源成本和给任务分配固定成本三种，从而对实际成本进行控制，为项目管理者控制项目提供一把有效的尺子。

在项目进度计划编制好后，还需要不断地优化、评审，最后才可以确定所编制的项目进度计划为基准计划。在进行项目进度计划优化时，需要调整资源，解决资源冲突。在安排计划时，应该有适度的压力，让开发人员有适度的紧迫感。

4.4.5　项目的标准化管理

1. 标准化的概述

1) 标准化的定义

2005年5月1日国家质量技术监督局和国家标准化管理委员会联合宣布，物流行业实施《物流企业分类与评估指标》国家标准，要求所有参与评估等级的物流企业货物跟踪水平要达到50%～90%。

定义4.1　1983年我国颁布的国家标准《标准化基本术语第一部分》(GB3935.1-1983)中给出标准化的定义为："在经济、技术、科学及管理等社会实践中，对重复性事物和概念通过制定、发布和实施标准达到统一，以获得最佳秩序和社会效益。"

定义4.2　1986年国际标准化组织ISO发布的第2号指南中提出的标准化定义为："针对现实的或潜在的问题，为制定供有关各方共同重复使用的规定所进行的活动，其目的是在给定范围内达到最佳有序化程度。"ISO同时对标准化这一概念做了两点注释：首先，标准化是指制定、发布和实施标准的活动；其次，标准化的重要作用是改善产品、生产过程和服务对于预定目标的适应性，消除贸易壁垒，便利技术协作。

上述定义从不同角度对标准化这一概念的特征进行描述，它们的共同点是：

(1) 标准化不是一个孤立的事物，而是一个活动过程，主要是指制定标准、贯彻标准并且修订标准的过程。

(2) 标准化的效果只有标准在社会实践中实施以后才能表现出来。

(3) 标准化是一个相对的概念，在深度和广度上都有程度的差别。任何一项标准都在逐步发展，在深度和广度上是无止境的，但一定条件下，它有一个最佳程度。

(4) 标准化概念的相对性，还包含标准和非标准之间的相互转化。

项目标准化管理是把项目管理的优秀经验和做法，通过制定成为标准进行实施，使项目管理实现从人为管理到制度管理的转化。

2) 标准化的本质

标准化的本质就是按照一定的规律对相关的事物进行统一。

(1) 任何标准都是一定条件下的统一规定。标准是生产、使用、科研、管理等有关方面的意见达成一致，共同认可的产物，并通过批准而被实施的。

(2) 同一功能的同一对象在同一范围、同一标准化级别上只能有一个统一的标准，一个统一的标准号。

(3) 标准化的统一与事物的多样性是一致的。标准并不排斥多样性，标准化的工作正是为了技术和产品多样化更规范、更健康的发展。

(4) 标准化的统一是相对于一个时期而言的。标准的水平，质量指标，各项内容的确定，一般反映了一定时期的水平。

(5) 统一的内容和基础是科学、技术和实践经验的综合成果。

2. 标准化的层次

在国际标准化的过程中，各种标准都会对世界各国的生产产生影响，其中影响最大的是国际标准、区域标准和国家标准，如图 4-11 所示。

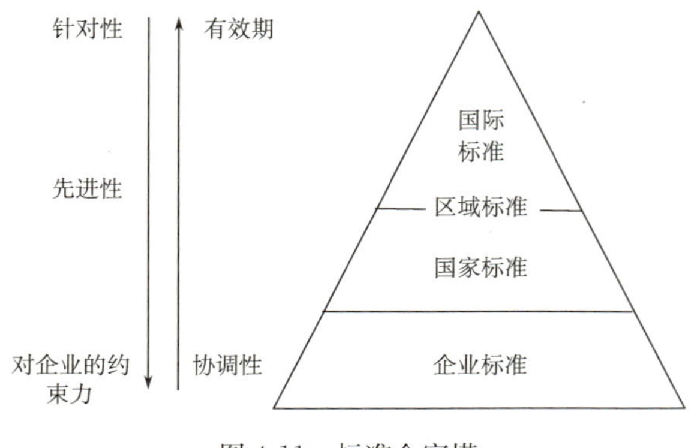

图 4-11　标准金字塔

在图 4-11 中可以看出，向上指的箭头说明越靠近塔顶的标准，有效期越长，协调性越强；向下指的箭头说明越靠近塔底的标准，针对性、先进性和对企业的约束力越强。下面就针对主要的三种标准化进行说明。

1) 国际标准化

国际标准化是指在国际范围内由众多的国家、行业（专业）、团体共同参与进行的标准化活动。

国际标准化主要机构如表 4-7 所示。

表 4-7　国家标准化主要的机构

机构名称	英文缩写	成立时间	职能
国际电信联盟	ITU	1865 年	协调世界各国政府的电信主管部门之间电信事务，通过决议提出推荐标准；制定国际电信协定，以及电报、电话、无线电等标准和规程
国际电工委员会	IEC	1906 年	协调统一各国的电工标准；促进国际间的相互合作，便于贸易交流，提高生产率。工作主要有：制定共同的表达方法、试验方法、产品质量或性能指标、机械或电器互换性、有关人身的安全标准等
国际标准化组织	ISO	1947 年	在世界范围内促进标准化工作的开展，便于国际物资交流和互助，并扩大在知识、科学、技术和经济方面的合作。主要任务是制定 ISO 国际标准，协调世界范围内的标准化工作，交流国际标准化情况

2）区域标准化

区域标准化是指为发展同一地区或毗邻国家间的经济及贸易，维护该地区国家的利益，协调各国标准和技术规范而出现了区域成立的标准化机构所开展的标准化活动。这些机构一般是按地理上相近结合的，但有些已超出这一地区概念，而是按政治的、经济的或民族的利益相结合的，仍属于区域标准化机构。他们或制定区域性标准，或协调本地区各国标准、技术规范和认证制度，或在国际标准化活动中统一表达本地区各国的共同区域标准化活动。

区域标准化机构如表 4-8 所示。

表 4-8　区域标准化主要机构

机构名称	英文缩写	成立时间	职能
泛美技术标准委员会	COPANT	1947 年	为促进中美、拉美各国经济的发展，以 ISO、IEC 标准为基础制定该地区的统一标准
欧洲电器标准协调委员会	CENEL	1960 年	从事有关电子标准的协调统一和联邦德国电子元件质量的协调工作。在电工方面与 EEC 处于对等地位
欧洲标准化委员会	CEN	1961 年	向欧洲共同经济体（EEC）成员国提供标准，以便增进贸易和租金业务交流；实行 CEN 标志制度
亚洲标准咨询委员会	ASAC	1967 年	主要任务是在 ISO 和 IEC 标准的基础上，协调各成员国的标准化活动，制定区域性标准
阿拉伯标准化与计量组织	ASMO	1967 年	提高该地区各国的生产率和产品质量，统一计量单位；促进各成员国之间的通商贸易；方便该地区的经济合作
太平洋地区标准委员会	PASC	1973 年	就国际标准化活动，特别是 ISO 和 IEC 的重大问题和决策进行探讨并协调意见，以维护本地区各国的利益

3）国家标准化

国家标准化是指在国家范围内建立标准化机构，制定国家标准，开展标准化活动。英国工程标准委员会（ESC）的建立（1901 年）标志着世界上建立国家标准化机构的开始。而国家标准化的普遍开展，则是在第一次世界大战以后，如荷兰、德国、美国、瑞士、法国、瑞典、比利时、奥地利、日本及前苏联等，都是在 1917～1925 年这一期间建立了国家标准化机构。

国家标准化的主要任务是制定国家标准、建立本国标准体系，并对标准的实施进行监督和管理。也有少数国家如北欧几个工业发达的小国，则主要致力于采用国际标准转化为本国标准，而本身只制定少量标准作为补充。目前，大多数工业发达国家的标准，除涉及安全、卫生、环境保护以及法律、法规引用的标准强制执行外，其余的绝大多数标准都自愿采用。但另有一些国家，主要是发展中国家则仍实行单一的强制性标准。

国外部分国家标准化机构如表 4-9 所示。

表 4-9 国外部分国家标准化机构

机构名称	英文缩写	成立时间	职能
英国标准学会	BSI	1901 年	协调生产者和用户之间的关系，达到标准化；制定和修订英国标准；以学会名义，对各种标志进行登记并颁发许可证；必要时采取各种行动，保护学会利益；对外代表英国参加国际或区域标准化活动
美国国家标准局	NBI	1901 年	对标准、计量和工程技术的综合研究
美国国家标准学会	ANSI	1918 年	组织协调、情报交换、审核批准美国国家标准，代表美国参加国际标准化活动
加拿大标准协会	CSA	1919 年	标准的制修订、质量管理、负责国家产品认证和测试工作
加拿大标准理事会	SCC	1919 年	审定认可国内标准，进行产品认证，组织和测试试验室；协调各标准制定组织间的工作；制定共同的标准法规；确定标准发展方向；组织审批国家标准；代表加拿大政府参加国际标准工作；负责 ISO 和 IEC 国家委员会；开展国际标准化交流和标准化合作
意大利全国标准协会	UNI	1921 年	起草意大利国家标准，在征求公众意见后批准发布，涉及的范围有：声学、集装箱、技术制图、文献、核能、起重设备、工业通风设备等
瑞典标准化委员会	SIS	1922 年	制定传统机械、电工、建筑、金属、非金属材料、包装、管理、数据处理、文献、能源使用和保护、环境保护和卫生与安全等方面的标准
法国标准化协会	AFNOR	1926 年	在标准专员的指导监督下，集中和协调全国性的标准化活动；协助它们制定标准草案、审查草案，承担标准的审批工作；协调各标准化组织的活动并担任他们与政府间的联络人；代表法国参加国际标准化组织和出席会议；散发标准，宣传标准化和情报工作；在没有标准化局管辖的领域，组织技术委员会进行标准草案的制定工作

3. 标准化的对象

在国民经济的各个领域中，凡具有多次重复使用和需要制定标准的具体产品，以及各种定额、规划、要求、方法、概念等，都可称为标准化对象。

标准化对象一般可分为三大类：

第一类是具有重复性的事物需要标准化。包括有形实体的反复获得，如原材料的连续生产，机器、产品的批量制造等；包括无形观念的重复运用，如概念术语，规章制度的反复使用。

第二类是具有多样性的事物需要标准化。事物常具有各种形式。例如，同一用途的产品可以有多种结构；评定同一质量指标可以有多种检验方法；完成同一项工作可以有多种程序或措施等。

第三类是具有联系性和制约性的事物需要标准化。常通过一事物的某一因素的确定，并按一定规律扩散到与之相关的其他事物的某些因素的确定。例如，集装箱尺寸的确定，将扩散到集装箱运输有关的交通运输工具的某些尺寸的确定，也将扩散到有关的港口、车站的起重设备的某些因素的确定。为了这些事物的存在和发展，必须通过标准化来协调并保持这种有机联系。

4.4.6　项目的费用管理

项目费用管理是指为保障项目实际发生的成本不超过项目预算而开展的项目费用估算、项目预算编制和项目预算控制等方面的管理活动。项目费用管理包括项目资源计划、项目费用估算、项目费用预算、项目费用控制等过程，如表 4-10 所示。

表 4-10　项目费用管理

项目费用管理的阶段	内容	
项目资源计划	（1）资源计划的主要依据	① 工作分解结构；② 项目工作进度计划；③ 历史资料；④ 项目范围陈述；⑤ 资源安排的描述；⑥ 组织策略
	（2）资源计划的方法	① 专家判断；② 选择确认；③ 数学模型
项目费用估算	（1）项目费用估计的主要依据	① 工作分解结构；② 资源需求计划；③ 资源价；④ 工作的延续时间；⑤ 历史信息；⑥ 会计表格
	（2）项目费用估计的工具和方法	① 类比估计法；② 参数模型法；③ 自上而下估计法；④ 自下而上估计法
项目费用预算	（1）直接人工费用预算 （2）辅助服务费用预算 （3）采购物品费用预算	其主要依据包括项目费用估计、工作分配结构和项目进度
项目费用控制	（1）费用控制的内容	① 监控费用执行情况以确定与计划的偏差；② 确认所有发生的变化都被准确记录在费用线上；③ 避免不正确的、不合适的或者无效的变更反映在费用线上；④ 股东权益改变的各种信息
	（2）费用控制的依据	① 费用线；② 实施执行报告；③ 改变的请求
	（3）费用控制的方法和技术	① 费用控制改变系统；② 实施的度量；③ 附加的计划；④ 计算工具

4.4.7　项目的风险管理

物流管理信息系统随着物流业的发展而兴起。人们对它寄予很高的期望，希望它的成长给人类社会创造一种新的生活和生产方式，以这种方式，人们可以以更少的资源换取更高的生活和生存质量。尽管我们已经拥有大量的分析工具来帮助我们进行物流管理信息系统建设中的过程控制，但是仍然有太多的风险无法避免。

1. 风险类型

物流管理信息系统的风险类型可从不同的维度分类，表 4-11 是基本的风险分类。

表 4-11　风险的类型

分类维度	类别
一般风险（保险单）	自然风险、意外事故、经济风险、技术风险、政治风险和社会风险
整合风险	供应链管理的风险、文化整合等
物流管理信息系统风险	开发的六阶段都有一定的风险，特别是系统安全风险、人员接受程度的风险

2. 抗风险的措施

抗风险的措施如表 4-12 所示。风险管理方法除上述方法以外还有：风险限制，即通过合同和交易的标准化限定企业潜在的风险；风险结合，即不同企业对相同的风险缔结某种协定，将这种风险排除出去，如缔结价格、生产限额和竞争限制等协定排除竞争风险和倒闭风险等。

表 4-12　风险的防范

方法类别	方法
管理控制方法	风险避免；风险防止；风险分离；风险分散
财务处理方法	费用的控制和成本的管理
综合方法	工程控制方法

思考练习题四

(1) 什么是物流管理信息系统的可行性分析？可行性分析一般包括哪些内容？
(2) 物流管理信息系统开发一般包括哪些阶段？每个阶段主要完成哪些内容？
(3) 物流管理信息系统开发中一般有哪些开发思想？
(4) 物流管理信息系统开发如何规划？
(5) 物流管理信息系统开发方法有哪些？
(6) 比较原型法和生命周期方法的各自特点。
(7) 什么是面向对象的方法？有何特点？
(8) 物流管理信息系统开发方式有哪些？比较不同开发方式的异同点。如何选择开发方式？
(9) 什么是 IT 外包？如何选择外包企业？
(10) 上网查询比较中国和印度软件企业的特点。我国如何才能做好外包软件业务？
(11) 什么是物流管理信息系统的项目管理？
(12) 物流管理信息系统项目的时间和进度如何管理？
(13) 项目的风险管理一般包括哪些内容？

第 5 章　物流管理信息系统分析

系统分析阶段的任务是：在详细调查的基础上，分析用户的需求和现行系统，分析和优化企业的业务流程，设计数据流程图，进而抽象出新系统的逻辑模型。

物流管理信息系统是多个不同功能物流要素的集成。各要素相互联系、相互作用，形成众多的功能模块和各级子系统，使整个系统呈现多层次结构。通过系统分析可以了解物流系统各部分的内在联系，明晰物流系统内外的流程处理，把握物流管理系统的规律。

5.1　物流管理信息系统的需求分析

系统需求分析以详细调查为基础，对用户的需求进行分析，包括分析现行系统的信息需求、功能需求、辅助决策需求等，提出对新系统的设计要求，确定对系统的综合要求、系统功能要求、系统性能要求、运行要求和将来可能提出的要求。需求分析的结果是否能够准确地反映用户的实际要求，将直接影响到后面各个阶段的设计，并影响到系统的设计是否合理和实用。

一般物流企业需求特点分析如下：业务覆盖地域广；车辆众多，信息量大；区域与线路监控要求突出；与货运单据配合紧密；对货物安全保障要求高；对系统响应要求灵活、及时；需要位置服务信息的用户多；数据共享程度要求高；运行中的车辆位置分散，流动信息沟通困难；需要完善车辆统一信息管理。

做好物流管理系统的需求分析，需要开展详细的调查和具有相关的综合理论知识。

5.1.1　详细调查

系统分析阶段的详细调查是根据系统规划的新系统的目标、范围、规模和要求，解决开发系统要做什么的问题。调查对象是现行系统，搞清现行系统的信息处理，包括分析数据规格、数据的环境、数据的处理、数据的流程，发现其问题环节，收集原始资料，为提出新系统的逻辑模型做准备。

1）详细调查的原则

在详细调查过程中要把握“基于现行系统，又高于现行系统”的指导思想，对现行系统不能一味否定，要客观对待。因此，调查过程中要遵循以下原则：

（1）真实性。真实性是指系统调查资料要真实，能够准确地反映现行系统的状况，不完整的、带有调查者意愿的调查资料会影响系统分析人员的判断和分析。

（2）全面性。物流管理信息系统是由许多子系统有机组合在一起而实现其功能的，因此，在调查过程中要关注每一个局部系统，任何疏忽都会影响新系统的实现。

（3）规范性。全面、真实地表达系统的逻辑模型，就需要有一套循序渐进、逐层深入的调查步骤和层次分明、通俗易懂的规范化逻辑模型描述方法。一般采用“自顶向下”的方法。

(4) 启发性。实际上，系统调查的过程也是调查人员与业务人员相互启发的过程。现行系统（包括手工系统）中好的业务（信息）处理流程会对新系统信息处理流程的设计带来有益的启示，而计算机信息处理的特殊性也会对业务人员产生启发。

2）详细调查的内容

详细调查的主要内容包括：现行系统边界和运行状态；组织机构与功能调查；业务流程调查；决策方法的调查；资源情况和约束条件；薄弱环节和用户要求等。

3）详细调查的方法

做好调查前需要一套好的调查方法。常见的调查研究方法有召开调查座谈会、重点询问方式、问卷调查方式、查阅与待开发系统有关的资料、跟踪现场业务流程、向用户领域的专家个别咨询、实地考察、使用各种调查工具等。

(1) 调查座谈会，它是一种集中征求意见的办法，适用于对系统的定性调查。座谈会大体上有两种方式：一是按职能部门召开座谈会；另一种是各类人员座谈会。

(2) 重点询问方式，它是个别征求意见的一种方式，是收集数据的主要渠道之一。重点询问一般要提前准备好提问的问题，如表 5-1 所示。

表 5-1　重点询问的问题

编号	问题
1	你所在的岗位是什么？岗位工作的性质、地位是什么？
2	你的工作任务是什么？对于每天的工作怎样进行时间安排？
3	你的工作分为几班？工作结果同前、后续工作如何联系？
4	你所接触的报表有几类？数据有哪些？满意程度如何？
5	你通常采取什么手段提高工作效率？使用计算机吗？
6	从有效组织经营的角度出发，你的权限是否适当（大或小）？
7	你认为新的信息系统应该重点解决哪些问题？
8	在所了解的管理工作中，你认为决策的效益应从哪些方面去衡量？
9	你认为业务、财务、储运等部门是否已经使用了计算机？有什么问题？
10	如果用过计算机，你认为企业现在使用计算机还有什么困难吗？
11	在你所了解的管理决策工作中，有哪些可以定量或定性地用计算机来处理？
12	本企业与外部哪些企业有业务联系？业务往来用计算机处理吗？
13	如果用过原来的系统软件，你认为有哪些缺陷？
14	你的工作涉及哪些单据、台账、报表、计划、工作标准、管理标准？
15	你对计算机认识如何？你认为你所在的部门应该如何实施计算机辅助管理？

(3) 问卷调查方式，关键是调查表的设计，既要便于业务管理人员操作，又要能反映所调查的系统。这种方式可以减轻被调查部门的负担，方便系统调查人员得到系统、准确的结果。调查问卷有多种形式，包括固定式问卷和自由式问卷。

(4) 查阅与待开发系统有关的历史资料，全面地了解原有系统的业务流程及使用、处理和产生的数据信息。

(5) 跟踪现场业务流程，需要按照业务的处理流程制定跟踪路线，在跟踪过程中可以亲身了解到企业的作业和管理状况，能和各种各样的业务人员进行沟通和交流，为详细调查提供准确翔实的资料，特别是能提供一套系统业务流程资料。

企业管理水平的好坏也影响物流管理信息系统的发挥，只有物流管理信息系统和企业的现代物流信息技术相结合，才能发挥真正的效用，提高企业的物流管理水平。因此，我们要对企业各个方面进行详细的调查。

5.1.2　需求获取模型

1. 流行的需求分析方法

常见的分析方法有功能分析方法、结构化分析方法、信息建模法和面向对象的方法。

功能分析方法将系统看作若干功能模块的集合，每个功能又可以分解为若干子功能，子功能还可继续分解。

结构化分析方法是一种以数据、数据的封闭性为基础，从问题空间到某种表示的映射方法，由数据流图表示。

信息建模法是从数据的角度对现实世界建立模型的。大型信息系统通常十分复杂，很难直接对它进行分析设计，人们经常借助模型来分析设计系统。

面向对象的需求分析方法通过提供对象、对象间消息传递等语言机制，为需求建模活动提供直观、自然的语言支持和方法学指导。关键是识别问题域内的对象，分析它们之间的关系，并建立起三类模型：对象模型、动态模型和功能模型。

结构化开发方法由结构化分析方法、结构化设计方法及结构化程序设计方法构成。它是广泛应用的方法，属于结构化的系统开发方法。结构化开发方法（structured developing method，SDM）是现有的软件开发方法中最成熟，应用最广泛的方法，主要特点是快速、自然和方便。

结构化分析方法（structured analysis，SA）是面向数据流的需求分析方法，是 20 世纪 70 年代末由 Yourdon、Constaintine 及 DeMarco 等提出，并得到广泛的应用。它适合于分析大型的数据处理系统，特别是企事业管理系统，也适用于物流管理信息系统。SA 法也是一种建模的活动，主要是根据软件内部的数据传递、变换关系，自顶向下逐层分解，描绘出满足功能要求的软件模型。

SA 法的基本思想是“分解”和“抽象”。分解是指对于一个复杂的系统，为了将复杂性降低到可以掌握的程度，可以把大问题分解成若干小问题，然后分别解决。顶层抽象地描述了整个系统，底层具体地画出了系统的每一个细节，而中间层是从抽象到具体的逐层过渡。抽象分解可以分层进行，即先考虑问题最本质的属性，暂把细节略去，以后再逐层添加细节，直至涉及最详细的内容，这种用最本质的属性表示一个自系统的方法就是“抽象”，如图 5-1 所示。

SA 法常用的描述工具有分层的数据流图、数据字典、处理逻辑的表达工具（结构化语言、判定表或决策树）和数据立即存取图。

SA 法的步骤如下：

首先，建立当前系统的“具体模型”。系统的“具体模型”就是现实环境的忠实写照，即将当前系统用 DFD 图描述出来。这样的表达与当前系统完全对应，因此用户容易理解。

其次，抽象出当前系统的逻辑模型。分析系统的“具体模型”，抽象出其本质的因素，排除次要因素，获得用 DFD 图描述的当前系统的“逻辑模型”。

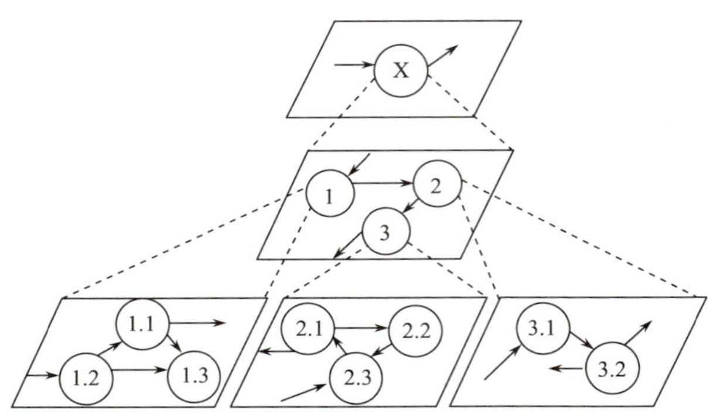

图 5-1 自顶向下逐层分解

然后，建立目标系统的逻辑模型。分析目标系统与当前系统逻辑上的差别，从而进一步明确目标系统“做什么”，建立目标系统的“逻辑模型”（修改后的 DFD 图）。

最后，为了对目标系统作完整的描述，还需要考虑人机界面和其他的一些问题。

2. 组织结构与功能分析

1）组织结构分析

组织机构是一个组织内部部门的划分及其相互之间的关系。组织的特点是：①在交换物资、资金过程中，产生信息流；②既是信息的接收者，又是信息的输出者；③组织具有层次性。对物流企业进行调查时，首先要了解其组织机构状况，企业组织结构是指企业内部的机构设置和权力的分配方式，并按照企业内边界可将企业管理组织和作业组的组织形式划分为直线制、直线职能制、事业部制和矩阵制。

组织结构调查内容有：弄清组织内部的部门划分；各部门之间的领导与被领导关系；信息资料的传递关系；物资流动关系与资金流动关系；此外，还应详细了解各级组织存在的问题以及对新系统的要求等。图 5-2 和图 5-3 分别给出了海尔集团的现代事业部的组织结构图和第三方物流企业的组织结构图。

组织结构虽然能够反映各部门之间的关系，却不能反映主要业务职能与所承担工作的关系。借助组织/功能关系表可以反映这种关系，如表 5-2 所示。

表 5-2 某企业组织/功能关系表

序号	业务	企业发展部	市场经营部	业务运作部	企业管理部	财务部	信息部
1	物流项目开发	√	△	△	×	×	△
2	订单安排与计划	×	×	△	×	×	
3	联运业务处理		√	△	√	√	×
4	统计分析	×	×	△	×	×	△
5	信息系统开发	×	×	×	×	×	△
6	人事管理	√	√	×	△	×	×

注：“△”表示该项业务是对应组织的主要业务；“×”表示该单位是参加协调该项业务的辅助单位；“√”表示该单位是该项业务的相关单位；空格表示该单位与对应业务无关。

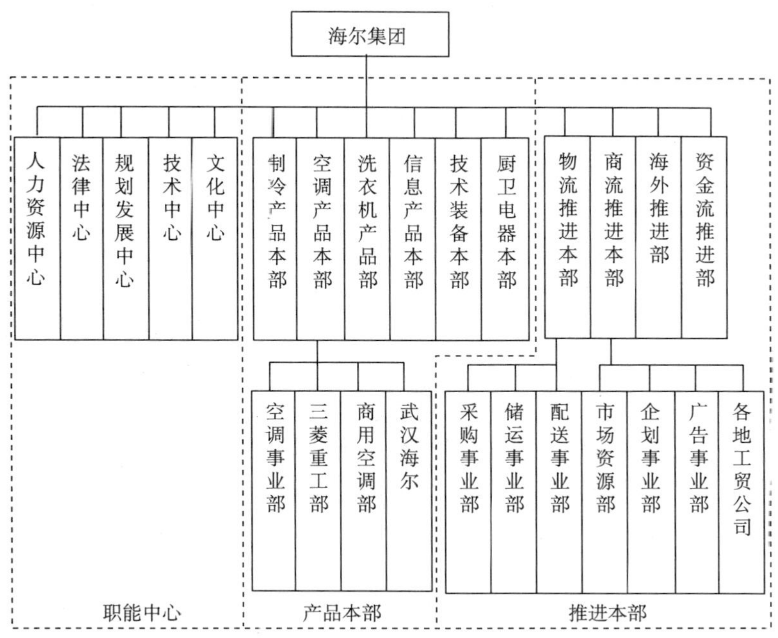

图 5-2　海尔集团组织机构图

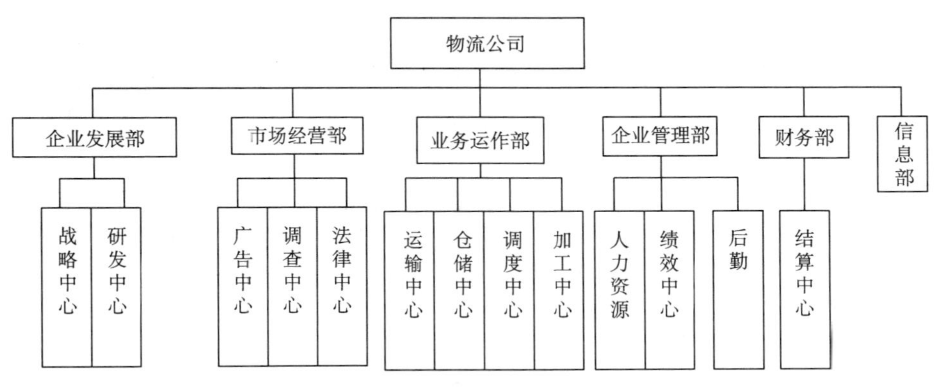

图 5-3　第三方物流企业的组织结构

2）功能分析

功能指的是完成某项工作的能力。为了实现系统目标，系统必须具有各种功能。各子系统功能的完成，又依赖于下面更具体的工作的完成。管理功能的调查就是要确定系统的这种功能结构。业务功能一览表是一个完全以业务功能为主体的树型表，其目的在于描述组织内部各部分的业务和功能。功能调查就是要详细调查各部门的业务功能，将来子系统的划分就是以此为依据的。

物流管理信息系统受到组织机构的影响，但同时也对组织结构和功能也会产生重大影响。这种影响产生的结果是，组织结构发生重大变革，组织的功能出现重新组合。通过组织结构与功能分析，使组织的功能进一步理顺，促使组织结构形式由传统向现代组织转变。

3. 不同视角的需求获取模型

物流企业的需求描述可以从两个方面进行：一是对客户现行系统的描述；二是对系统未来的设想。两种描述都要包括企业信息系统的五个基本要素，即企业的组织结构、流程、数据、商务规则与功能（性能）。如果从用户的角度看，流程是核心要素，通过流程将其他几个要素贯穿起来，需求分析人员应该从这个角度和用户沟通；如果从开发人员的角度看，数据、商务规则与功能是核心要素，开发人员应做好这些要素的分析，以便于系统的实现；如果从实施者的角度看，企业的组织结构与功能是核心要素，解决好这方面的问题便于系统的的发布和实施。从各个不同视角的需求来分析，可以得出企业的组织模型、流程模型、数据模型、商务规则模型和功能模型。

物流企业的组织模型就是前面讲到的物流企业的组织结构，包括部门设置、岗位设置和岗位职责等。一般用树型组织结构图来描述企业的组织模型，表示各部门之间的领导关系、内部的人员配备和职责分工等情况，它是划分系统范围，进行系统网络划分的基础。

企业的流程模型包括作业流程和管理流程。每条流程都由活动、活动间逻辑关系、活动承担者及活动的执行方式四个要素构成，流程及其四个要素又涉及部门和岗位等。

企业的数据模型主要指企业中信息载体的类型，以及对各类信息载体的详细刻画，包括企业的各种单据、账本、台账、计划和报表的描述，最好对各类信息载体进行汇总和分类。在需求报告中，应特别将单据的描述格式化，需求描述的内容有单据的用途、格式、数据项的具体长度、填写数据项的角色、数据填写的必要性、单据流量、单据分类和单据间的关系。企业载体汇总如表 5-3 所示，某信息载体描述如表 5-4 所示。

表 5-3　息载体汇总表

载体编号	载体名称	类型	描述	用途	联数	相关载体
2376411	货物出仓单	单据			3	
2376412	运输计划	计划				
2376413	运费结算报表	报表				
2376414						

表 5-4　信息载体描述

载体编号：2376411

业务编号	载体名称	平均份数	高峰份数	来源	去向
A450202	货物出仓单	200	250	客户订单	仓库、收货单位、会计部
处理时间	保存时间	存档时间	产生周期		
			随机		
		载体具体内容			

续表

数据项名称	描述	类型	长度	小数点	数据加工方式	数值范围	备注
客户名称		字符					
供应商		字符					
购买商		字符					
部件编号	货物的标识单号	字符		两位			
部件体积	单个货物的体积	数值		两位			
部件毛重	单个货物的毛重	数值		两位			
部件净重	单个货物的净重	数值		两位			
部件价值	单个货物的价值	数值		两位			
部件规格		字符					
标准包装	货物包装种类	字符					
海关编号	海关系统中的货物编号	字符					
报关名称	货物报关名称	字符					
币种	货物价值的具体计量币种	字符					

企业的商务规则模型即企业中的商务规则有哪些，这些规则用在哪些地方。商务规则可以从影响的范围划分为两类：一类是局部的规则，如不允许出现负库存；另一类是整体的规则，如对所有的物料管理到批次。商务规则一般隐藏在功能模型或流程模型中，不需要单独描述。但有些复杂的商务规则需要单独抽出来描述，如企业的各种单据记账的商务逻辑，如表 5-5 所示。

表 5-5　企业的各种单据记账的商务逻辑表

	仓库保管账	仓库成本账	往来账
采购入库单	记账的方法		
采购发票			
销售发票			
销售提货单			
采购付款单			
销售回款单			
……			

功能需求是用户最主要的需求，对用户功能需求的描述可以采用文字描述，也可以采用语言加图形的描述方式，只要能够将用户的需求描述得完整、准确并易于理解即可。对功能需求比较复杂的系统，可以先描述一个概要，而对简单的系统可以直接进行详细描述。对于用户的功能需求要进行分类，分类的方法应便于用户理解，如按照用户的部门设置进行分类，分别描述每个部门的需求，也便于组织用户进行评审。功能需求和性能需求是相关的，必须具体到某项功能需求上。可以将上述的五个基本元素描述为一个五元组——组织、流程、功能、数据和业务逻辑。用户习惯于从组织维来看待系统，即某个部门有哪些岗位，它们都参与了哪些流程的哪些活动，在某个功能上操作了哪些数据，对这些数据进行了哪些逻辑处理；而开发人员则习惯于从功能维来看待系统，即某个功能操作了哪些数据，然后进行了哪些逻辑处理，这个功能属于哪个流程，

可以由哪些岗位来使用；设计人员可能习惯于从数据维来看系统，即系统中有哪些数据，在这些数据上可以做哪些处理，这些处理都利用面向对象的操作。对此几个基本元素之间关系的描述可以采用矩阵的方式，列的排列顺序可以根据面向的用户不同而改变，如表 5-6 所示。

表 5-6 矩阵描述方式

岗位（角色）	业务流程	功能	数据	商务规则
配送员				
保管员				
核算员				
配载员				

5.2 物流管理信息系统的流程描述

完成对企业的组织结构和功能分析之后，需要从业务处理的角度描述和分析业务的处理模式，以及从数据的处理与流动过程描述和分析实际业务的数据动态处理模式，从总体概念分析和优化业务流程，发现业务流程是否合理，数据处理、业务过程和管理是否达到最优化。

5.2.1 业务流程描述

1. 业务流程的定义

对于企业业务流程的概念，不同的学者对其有不同的定义，然而定义大同小异，可以认为是为完成某一个目标（或任务）而进行的一系列逻辑相关活动的有序集合。传统的企业是以部门的分工为基础来运作的，是在特定历史条件下为了管理的方便而设置的。在实际运作过程中，对于企业的某项任务必须通过部门之间的合作来完成，这种不同部门之间通过合作来完成一项任务就构成了一个流程。

流程管理以流程为中心，通过优化企业的组织结构、灵活易变的流程设计、面向客户而非管理者的横向流程管理体制等一系列措施，来提高企业的运行效率、优化资源利用率、优化人员之间的协作关系，从而降低企业的运营成本、提高企业对客户需求的响应速度，以争取企业利润的最大化。主要的业务流程是由直接存在于企业的价值链条上的一系列活动及其之间的关系构成的，辅助的业务流程是由为主要业务流程提供服务的一系列活动及其之间的关系构成的。

业务流程调查的主要任务是调查系统中各环节的业务活动，掌握业务的内容、作用、及信息的输入、输出、数据存储和信息的处理方法及过程等。它是掌握现行系统状况，确立系统逻辑模型不可缺少的环节。

2. 业务流程的描述方法

用文字描述流程，只是一般意义上对流程的一种抽象的描述，为了更好地认识流程、分析流程以及对流程进行优化，必须用比较直观的图形来表示，这就是通常被广泛采用的流程图方法。业务流程图（transaction flow diagram，TFD），就是用一些规定的符号及连线来表示某个具体业务处理过程。业务流程图的绘制基本上按照业务的实际处理步骤和过程绘制。换句话说，就是“文本”利用图形方式来反映实际业务处理过程的“流水账”。TFD 的绘制方法有很多，如业务活动图（business activity mapping，BAM）、角色活动图（role activity diagram，RAD）和 IDEF 系列（integration definition method，IDEF）等。IDEF 系列是由美国 KBSI 提出的一系列建模、分析、仿真方法的统称，其中功能模型（function modeling，IDEF0）和过程描述获取（process description capture，IDEF3）的基本思想是结构化分析方法，利用它们绘制业务流程图能够全面地描述系统功能，通过建立模型来理解系统功能。

其实，在系统分析过程中，业务流程图图例没有统一的标准，为了便于管理，只要求在同一系统开发过程中所使用形式应是一致的。在众多系统开发项目中，常见的业务流程图的符号如图 5-4 所示。

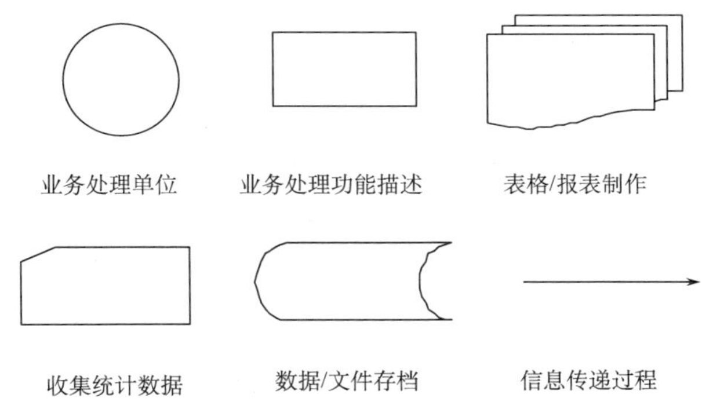

图 5-4 常见的流程图基本图例

海尔退换货（RMA）业务流程如图 5-5 所示。

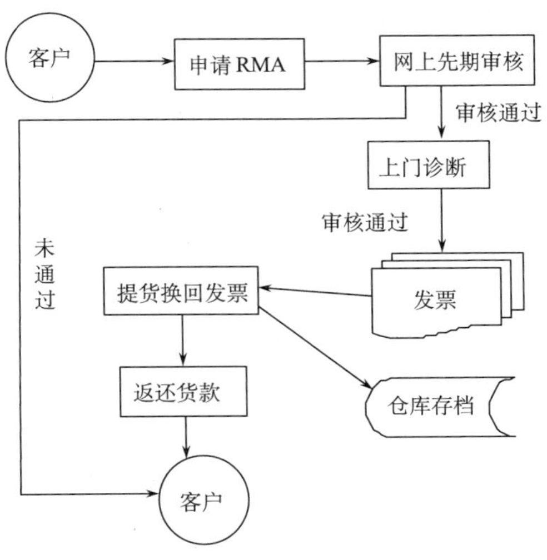

图 5-5 海尔 RMA 业务流程图

（1）客户网上 RMA 申请。

（2）维修部门网上先期审核，售后技术人员上门诊断原因，进行确认。

（3）维修部门通知相关部门决定退/换方式，进行审核。

（4）退货方式下审批通过，网络营销中心开出退货发票，配送部门凭发票顾客联送至顾客地点，提货返回配送中心仓库并记录。

（5）配送部门将原发票从客户处换回，交给财务部门。

（6）资金通过财务部门直接把货款返还或通知结算银行返还给客户。

5.2.2 数据流程描述

1. *数据分析*

数据是信息的载体，是今后系统要处理的主要对象。因此，必须对系统调查中所收集的数据以及统计和处理数据的过程进行分析和整理，而数据分析是数据流程分析的基础。

在系统调查中收集大量的数据载体（如报表、统计表文件格式等）和数据调查表，这些原始资料基本上是由每个调查人员按组织结构或业务过程收集的，它们往往只是局部地反映了某项管理业务对数据的需求和现有的数据管理状况。对于这些数据资料必须加以汇总、整理和分析，使之协调一致，为以后在分布式数据库内各子系统充分的调用和共享数据资料奠定基础。数据汇总分析的任务首先是将系统调查所得到的数据分为如下三类：系统输入数据类（主要指报来的报表），即今后下级子系统或网络要传递的内容；系统内要存储的数据类（主要指各种台账、账单和记录文件），它们是今后系统数据库要存储的主要内容；系统产生的数据类（主要指系统运行所产生得各类报表），它们是今后系统输出和网络传递的主要内容。然后再对每一类数据进行如下三项分析：

（1）汇总并检查数据有无遗漏。将系统调查中所收集到的数据资料，按业务过程进行分类编码，按处理过程的顺序排放在一起；按业务过程自顶向下地对数据项进行整理；将所有原始数据和最终输出数据分类整理出来；确定数据的字长和精度。

（2）检查数据的匹配情况。数据汇总只是从某项业务的角度对数据进行了分类整理，还不能确定收集数据的具体形式以及整体数据的完备程度、一致程度和冗余程度，因此还需对这些数据作进一步分析。

（3）建立统一的数据字典。确定数据的类型以及精度和字长、合理取值范围、数据量即单位时间内（如天、月、年）的业务量、使用频率、存储和保留的时间周期等。这些都是网上分布数据资源和确定设备存储容量的基础。

2. *数据流程分析*

数据分析与数据流程分析是今后建立数据库系统和设计功能模块处理过程的基础。数据流程分析把数据在组织（或原系统）内部的流动情况抽象地独立出来，舍去了具体组织机构、信息载体、处理工作、物资、材料等，单从数据流动过程来考查实际业务的数据处理模式。数据流程分析的目的就是要发现和解决数据流通中的问题。这些问题有数据流程不畅、前后数据不匹配、数据处理过程不合理等。问题产生的原因有的是属于原系统管理混乱、数据处理流程本身有问题，有的也可能是我们调查了解数据流程有误或作图有误。总之，这些问题都应该尽量地暴露并加以解决。数据流程分析主要包括对信息的流动、传递、处理、存储等的分析。一个通畅的数据流程是今后新系统用以实现这个业务处理过程的基础。

现有的数据流程分析多是通过分层的数据流程图（data flow diagram，DFD）来实现的。其具体的做法：按业务流程图理出的业务流程顺序，将相应调查过程中所掌握的数据处理过程，绘制成一套完整的数据流程图，一边整理绘图，一边核对相应的数据和报表、模型等。如果有问题，则定会在这个绘图和整理过程中暴露无遗。

5.3　物流管理信息系统分析描述工具的比较

物流管理信息系统的系统模型有很多设计方法，结构化方法就是其中的一种，与后期出现的面向对象方法（面向对象的系统分析方法、面向对象的系统设计方法与面向对象的程序设计方法）相比，面向对象方法更接近现实世界，易于理解开发，然而前者是后者的基础，是我们开发物流管理信息系统必须了解的，适用于分析大型的数据处理系统，特别是物流管理信息系统的开发。

5.3.1　结构化系统分析的描述模型

结构化的分析方法，采用自顶向下逐层分解、由粗到细、由复杂到简单的求解方法，应用数据流程图和数据字典来描述系统逻辑模型。

1. 数据流程图

数据流程图是描述数据在系统中的流动和变化，以及对数据流进行变换的功能。常见的数据流程图有两种：一种是以方框、连线及其变形为基本图例符号来表示数据流动过程；另一种是以圆圈及连接弧线作为其基本符号来表示数据流动过程。这两种方法实际表示一个数据流程的时候，大同小异，但是针对不同的数据处理流程却各有特点。故在此我们介绍其中前一种方法，以便读者在实际工作中根据实际情况选用。

方框图的图例符号及基本用法如图 5-6 所示。

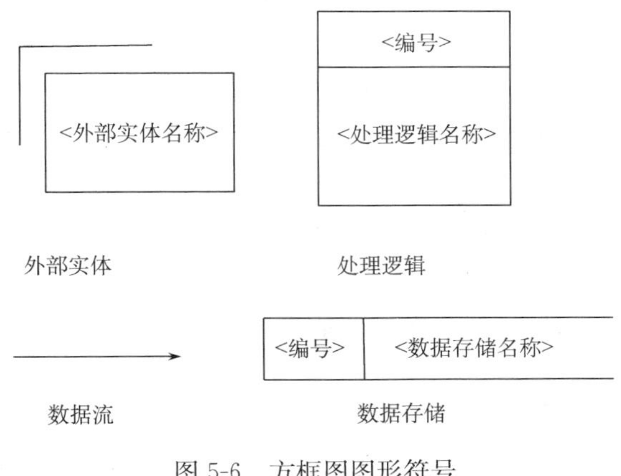

图 5-6　方框图图形符号

1）外部实体

外部实体用来表示与某处理逻辑有信息关联的，且为系统之外的人、部门、单位或其他系统等。例如，与物资管理相关的外部实体有供应厂商、财务部门、生产部门或生产管理子系统。在 DFD 中，不需要标示系统内部实体如仓库保管员。

外部实体用一个小方框并外加一个立体轮廓线表示，在小方框中用文字注明外部实体的编码属性和名称。如果该外部实体还出现在其他数据流程中，则可在小方框的右下角画一斜线，标出相对应的数据流程图编号。

2）数据流

数据流表明数据在 DFD 中的流向，它可以由外部实体、处理逻辑、数据存储产生。当同一外部实体与某处理逻辑之间有多个数据流时，为了描述清楚，可以用综合的名称来标示该数据流。

数据流由直线、箭头上加文字说明组成，如销售报告送销售管理人员、库存数据送盘点处理等，如果数据流的含义十分清楚，可以不用标示数据流名。

3）处理逻辑

处理逻辑表示对数据的变换，从用户的角度来看就是表示系统能“做什么”。企业在物流管理中涉及的数据变换有三种：数据格式的转换、数据内容的转换以及数据的传递。

数据格式的转换是将一种格式的数据转换成另一种新格式的数据。数据内容的转换是按物流管理的需要，从给定的数据中生成新的数据，如会计科目的“期末凭证结账”。数据的传递是信息从一个地方传输到另一个地方，或者输出，如各种报表的打印输出。

处理逻辑用小方框来表示。方框内必须表示清楚的信息：一是综合反映数据流程、业务过程及处理过程的编号；二是处理过程文字描述；三是该处理过程的进一步详细说明。采用的编号可以按照编码模型来设计，必须能够唯一标识。处理过程的文字描述可以是动宾结构的短语，也可以是主谓结构的短语，如“管理产品入库”或“产品入库管理”都可以命名处理逻辑。不宜采用纯技术的术语来命名，避免用户不理解。因为处理过程一般比前几种图例所代表的内容要复杂得多，故必须在它的下方再加上一个信息——注释，用它来指出进一步详细说明具体处理过程的图号。

4）数据存储

在 DFD 中，数据存储用来标识需暂时或永久保存的数据类，在企业的生产、经营管理和销售中会有大量有价值的数据需要保留下来，为了能在以后的管理中借鉴这些信息，需要用数据存储长期保存。

数据存储是对数据记录文件的读写处理，一般用一个右边不封口的长方形来表示。同上述图例符号一样，它也必须表明数据文件的标识编码和文件名称两部分信息。数据流箭头指向存储的，表示将数据流表示的数据写入该数据存储，反之从该数据存储中读取数据流表示的数据。

由于实际数据处理过程常常比较繁杂，故应该按照系统的观点，自顶向下地分层展开绘制，即先将比较繁杂的处理过程（不管有多大）当成一个整体处理块来看待，然后绘出周围实体与这个整体块的数据联系过程，再进一步将这个块展开。如果内部还涉及若干个比较复杂的数据处理部分的话，再将这些部分别视为几个小“黑匣子”，同样先不管其内部，而只分析它们之间的数据联系，这样反复下去，以此类推，直至最终搞清楚所有的问题为止。也有人将这个过程比喻为使黑匣子逐渐变“灰”，直到“半透明”和“完全透明”的分析过程。

无论是旧系统还是新系统都可以用 DFD 来描述，绘制数据流程图的基本步骤是：

第一步，确定系统所有的处理逻辑。

第二步，确定某个处理逻辑的全部数据流。

第三步，确定某个处理逻辑的所有外部实体。

第四步，确定某个处理逻辑的所有数据存储。

第五步，重复步骤二至步骤三，直至每个处理逻辑的相关外部实体、数据流、数据存储以及处理逻辑之间的数据存储全部确定完毕为止。

无论是现行系统还是新系统都可以用分层的数据流程图来描述，分层的数据流程图绘制的步骤如下：

第一步，掌握对系统调查的全部资料。

第二步，画顶层图，初步确定新系统的输入、输出和外部实体。

第三步，分解顶层图的处理功能，绘制一级细化图。

第四步，逐步分解、扩充、调整，得到比较完整的数据流程图，并初步划分出计算机处理过程和手工处理过程。

第五步，组织领导和业务人员讨论、修改，直至定稿。

数据流程图的分层表示模型如图 5-7 所示。

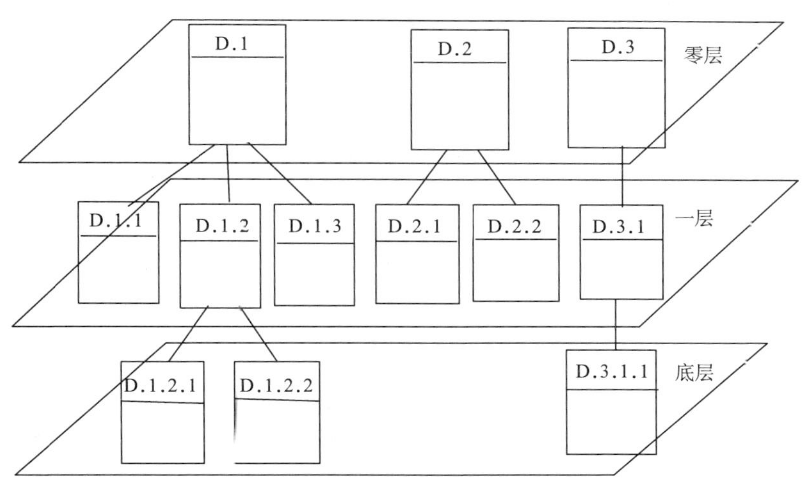

图 5-7　数据流程图的分层模型

实例：物流管理信息系统是发展第三方物流的重要基础，物流企业可以利用信息系统规范各物流中心和仓库的业务标准，优化配置运力和仓储资源，完善订货单证、存货信息、仓库作业命令、货运单证、各种发票等内容，向客户对象即时反馈物流信息，提供实时的统计汇总和辅助决策。客户可以通过物流网络信息平台即时了解各类物流动态信息，建立与物流企业的联系，利用物流企业的信息服务，及时调整和改进采购、生产、销售等活动。

第三方物流基本作业流程为：第三方物流企业接受客户的配送请求后，进行有关订单审核、分类等处理，并根据订单安排货物的进出库，拟定配送计划，力求按照客户需求将货物准确、及时地从市场供应方运送到市场需求方手中，如图 5-8 所示。

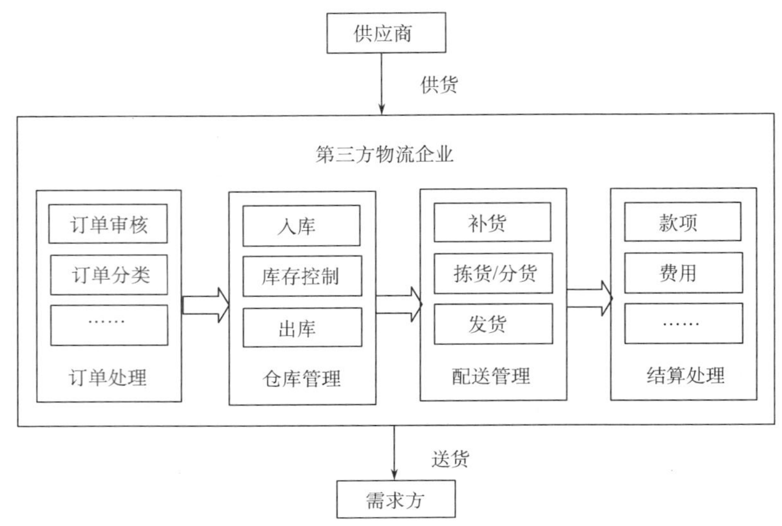

图 5-8　第三方物流的基本作业流程

第三方物流企业的物流管理信息系统数据流程分析如下：第三方物流管理信息系统的顶层数据流程图如图 5-9 所示；在顶层图的基础上，继续细化，将顶层图展开成第一层 DFD 图，包含决策管理、作业和客户管理三部分，如图 5-10 所示；物流作业管理包括了第三方物流企业的重要部分，图 5-11 扩展了第一层 DFD 中的作业管理，即第二层 DFD；图 5-12 是描述物流仓储管理的底层 DFD。

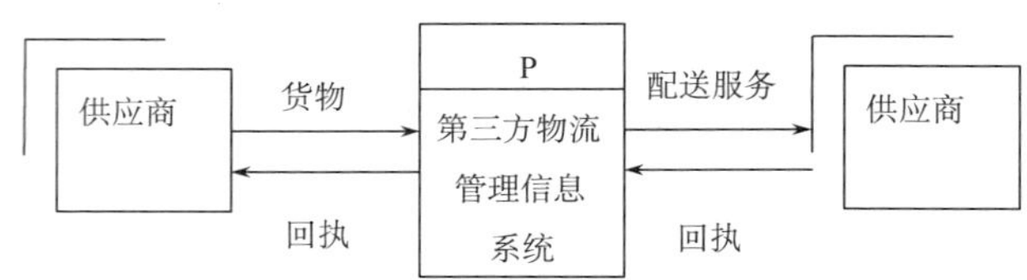

图 5-9　第三方物流管理信息系统的顶层 DFD

数据流程图更注重描述业务内数据间的关系，并把业务看作一个整体功能，也就是更注重描述其“系统”特征，而该项业务通过外部实体与其环境交换信息。应当指出，业务流程图和数据流程图都是描述企业业务数据处理过程的图形工具，只是两者着眼点不同。

从使用者的角度来看，应用业务流程图描述企业各项业务的数据处理过程更容易与用户进行交流。数据流程图较业务流程图抽象，描述的是企业业务数据处理过程的本质

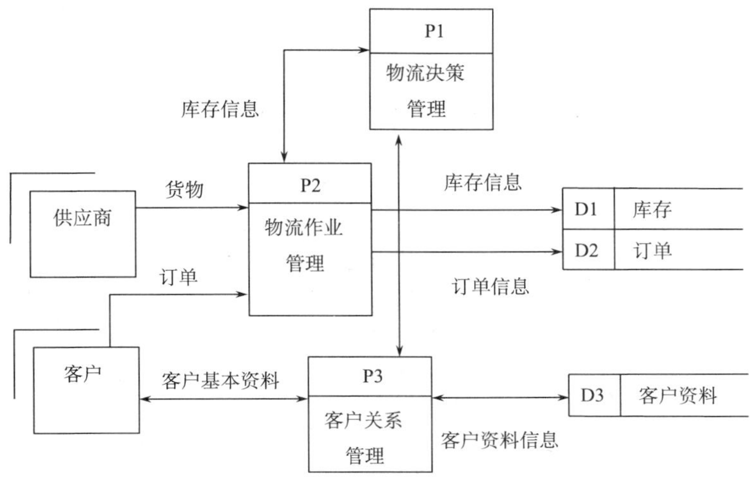

图 5-10　第三方物流管理信息系统的第一层 DFD

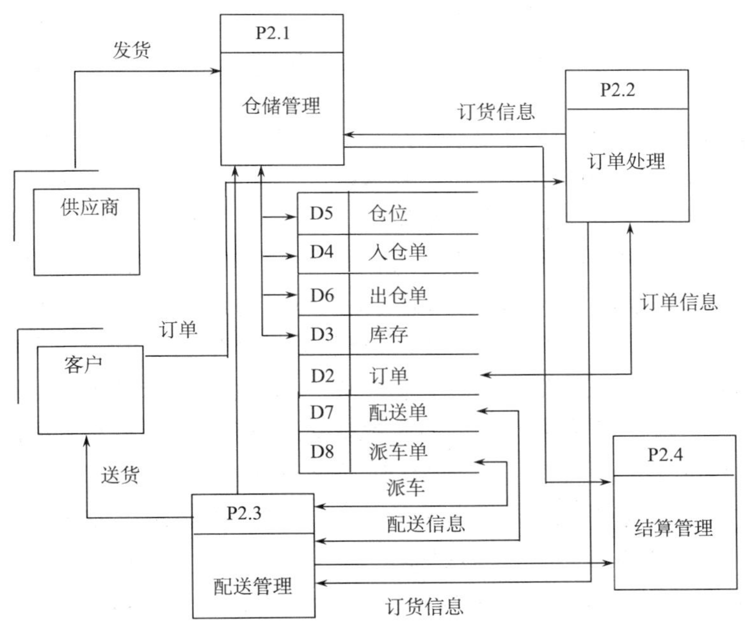

图 5-11　第三方物流管理信息系统的第二层 DFD

（业务的数据流动、处理及存储），但难以描述系统的控制流。在一般的情况下，在描述现有系统的业务处理过程时，业务流程图和数据流程图二者兼用，而在系统设计阶段描述新系统的数据处理过程时，只用数据流程图。

2. 数据字典

数据字典是关于数据的信息集合，也就是对数据流程图中包含所有元素的定义的集合。具体来讲，它是对数据流程图中的数据项（亦称为数据元素）、数据结构、数据流、

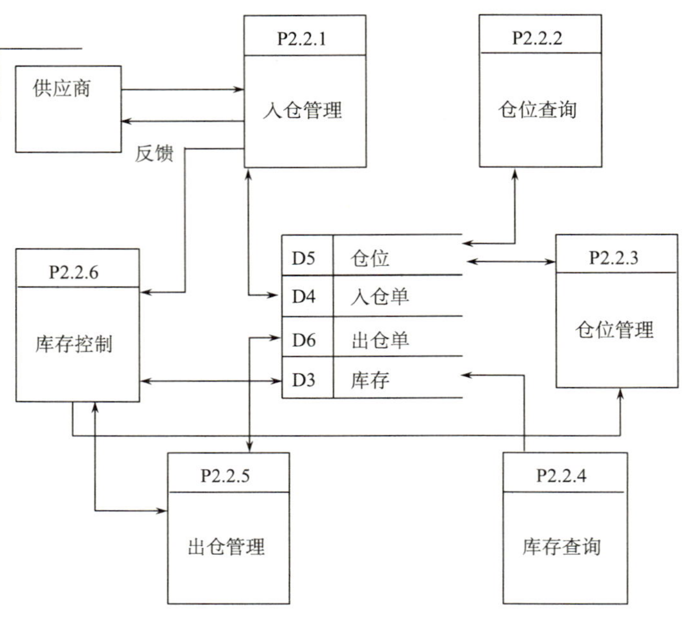

图 5-12　第三方物流管理信息系统仓储管理的底层 DFD

处理逻辑、数据存储和外部实体进行定义和描述的工具，也是数据分析和管理工具，其作用是对数据流程图的补充说明，给出新系统中相关要素的统一定义和描述，同时在系统设计阶段也为数据库设计提供重要依据。

数据字典中的数据分为动态数据（可在系统内外流动的数据）和静态数据（不参与流动的数据存储）。数据字典的形式有手工卡片式、电子式。数据字典主要包括数据元素、数据结构、数据流、数据存储、处理逻辑的定义和描述，其中，在物流管理信息系统的各个子系统中全局的数据元素、数据结构、数据流、数据存储、处理逻辑的定义、描述都应该一样。编写数据字典必须做到数据的完整性、一致性和可用性。

数据项是数据的最小单位，描述数据的静态特性，具有逻辑不可再分性。图 5-13 给出了数据元素描述表格的一种参考模式。当一个系统的数据元素个数很多时，为了便于以后的查询，需要为每个数据元素给出一个唯一的编号。数据元素的标识符用于数据库的定义中，一般以字母命名，而不用汉字，其命名方法可以取数据元素名称的每个汉

数据项编号：dm-01
数据项名称：条形码
别名：条码
简述：某物体或商品的EAN代码
类型及宽度：数字型；13位
取值范围：0000000000001~9999999999999

图 5-13　数据项描述

字的第一个字母，或用相应的英文单词，或采用其他方式命名。

数据结构描述数据项之间的关系可由若干数据项、数据结构或数据与数据结构组成。数据元素在系统中的传送总是以满足某种应用的要求逻辑组合一起，一般情况下这种组合不必再分，可以直接引用。例如，产品的名称、规格、型号、单位通常是逻辑组合在一起的，用来标识一种物资，可以将该组合以“产品标识”来命名。凡是要用到的都以“产品标识”来代替。在数据字典中，“产品标识”就是一个数据结构，既简单明了，又描述出了数据元素之间的关系。如图 5-14 数据结构描述如图 5-14 所示。

数据结构编号：S02-01
数据结构名称：产品标识
简述：某种产品
组成：产品名称+产品规格+产品型号+出产单位
相关数据流：产品入库单、产品采购单、产品销售合同
相关处理逻辑：产品入库管理、产品出库管理、产品合同管理

图 5-14　数据结构描述

数据流由一个或一组固定的数据项组成。可以是一个已定义的数据结构，也可以由若干数据元素、简单的数据结构和复杂的数据结构组成。数据流的流通量是指数据流在单位时间内（天、周、月等）的传输次数，它是反映系统运行状态的一个重要参数。对于与外部项相关的数据流，它反映系统和外部的数据交换频率，若为系统内部的数据流，则反映数据共享的程度。因此对于网络型的管理信息系统，该指标是选择、配置网络设施的重要参数。图 5-15 是仓库货物流清单数据流的描述。

数据流编号：C02-01
数据流名称：仓库货物流清单
数据流来源：货物入库清单
数据流去向：货物流出清单
数据流量：10份/天
高峰流通量：10份/天

图 5-15　数据流描述

数据存储在数据字典中，只描述数据的逻辑存储结构，不涉及它的物理组织，主要描述它所表示的数据结构和输入、输出数据流。数据结构编号和名称具有唯一性，一般以数据流程图中标识的编号和名称一样，在不同数据流程图中出现的同一数据存储应该标识相同的编号和名称；数据存储的组成可以由若干个数据元素、数据结构组成；关键字是标识唯一确定一条记录的数据项。数据存储描述如图 5-16 所示。

处理逻辑在数据流程图中只进行简单的描述，与数据流程图中的编号和名称一致；

数据存储编号：D02-01
数据存储名称：产品入库
简述：存储自制或自组产品每次入库的品种、数量、金额等信息
数据存储组成：日期、入库单号、产品标识、数量、金额、收货人
关键字：日期、入库单号、产品标识

图 5-16　数据存储描述

简述通常采用简单的语言来表达某个处理逻辑是做什么的；输入和输出则分别描述与处理逻辑相关的数据流或者相关的数据存储；处理频率用于描述处理的次数；处理概括性地描述处理逻辑的功能，其具体表达可以采用自然语言、决策树、判定表、结构化语言或其他简明的方法。这种描述针对黑盒子结构，即知道输入的数据元素和输出的数据元素，确定黑盒子具有哪种处理能力。处理逻辑描述如图 5-17 所示。

数据逻辑编号：XS02.1
数据逻辑名称：统计
简述：每个月的月底要统计当月的货物流通情况，包括进货、出货、存储等
处理：根据每月的入库数据和出库数据修改仓库存储数据列出当月的货物流通情况
输入：入库、出库、仓库清单
输出：数据流统计表，去向是外部实体的“经理”
处理频率：每月处理一次

图 5-17　处理逻辑描述

3. 处理逻辑的表达工具

在数据流程图中的处理逻辑有简单的、也有复杂的，复杂的处理逻辑仅在数据字典中描述是不够的，可使用处理逻辑的表达工具来描述，即处理逻辑说明。表达工具有自然语言、判断树、判断表、结构化语言和其他简明的方法。

1）决策树表达工具

决策树用来描述一个功能模块的逻辑处理过程，是结构化语言的另一种表现形式。它方便描述一种策略以及相关条件的组合关系，如图 5-18 所示。

2）判定表表达工具

判定表用来表达逻辑判断的工具，它能把所有的条件组合充分地表达出来，但其建立过程较为繁杂，表达方式不如前一种简便。判定表的逻辑表达能力较强，描述比较完整，对于比较复杂的逻辑判断易于表达，如表 5-7 所示。

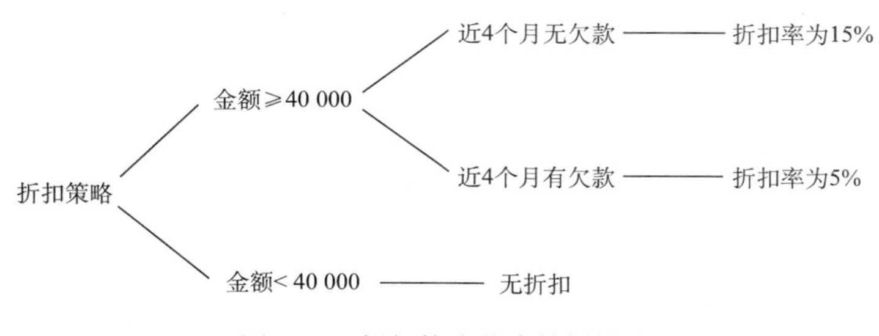

图 5-18　折扣策略的决策树描述

表 5-7　收费判定表描述

条件	是否省内	Y	Y	Y	Y	N	N	N	N	状态
	是否快件	Y	Y	N	N	Y	Y	N	N	
	质量（W）＞20kg	Y	N	Y	N	Y	N	Y	N	
决策方案	3W			Y	Y					决策规则
	5W	Y	Y						N	
	7W						N			
	5W＋(W－20)×1.5							N		
	7W＋(W－20)×1.5					N				

3）结构化语言

结构化语言用来描述一个功能单元逻辑要求，不同于自然语言，它有三种基本结构：顺序结构、判断结构和循环结构，并利用几个关键词来完成对模块处理过程的描述，如 IF，THEN 等。

这三种表达逻辑的工具各有千秋，除了我们谈到的几个方面外，其直观性、可修改性等方面的比较如表 5-8 所示。

表 5-8　表达逻辑工具的比较

特点	结构化语言	决策树	判定表
直观性	一般	很好	一般
用户检查	不便	方便	不便
可修改性	好	一般	差
逻辑检查	好	一般	很好
机器可读性	很好	差	很好
机器可编程	一般	不好	很好

这三种工具的适用范围可概括为：决策树适用于 10～15 种行动，即一般复杂程度的决策。有时可将判定表转换成决策树，便于用户检查。判定表适合于多个条件的复杂组合，虽然判定表也适用于很多数目的行动或条件组合，但数目庞大时使用也不方便。如果一个判断包含了一般顺序执行的动作或循环执行的动作，则最好用结构化语言表达。

4. 数据立即存取图

数据流程图中定义了数据存储。数据字典对每个数据存储的结构进行了描述，但是没有详细说明有哪些需要立即存取，有哪些查询需要实时响应。数据立即存取图就是说明这些问题的工具，用来定义那些用户需要且系统能够实现的实时查询信息（包括实体和属性）。

在系统分析阶段，系统分析员要详细了解用户对系统的查询要求。然而，往往在开始的时候，由于用户对计算机缺乏了解而提不出具体要求，这就需要系统分析员根据对业务情况的了解，根据需要与可能，进行立即存取分析，用适当的工具表达用户立即存取要求，与用户讨论，确定必要的立即存取要求。

1）数据存取要求的基本类型

由于用户有各自的业务要求，提出各种数据存取要求。概括起来，一般有六种基本类型。在下面的讨论中，我们用 E 表示实体（entity），用 A 表示实体的属性（attribute），用 V 表示属性的值（value）。能唯一标识出一个实体的属性称为“主关键字”，简称为关键字。一个主关键字可由一个或一个以上的属性组成，有时还需要若干“次关键字”。它虽然不能唯一地标识出一个实体，但能标识出具有某种特性的所有实体。图 5-19 是实体描述的一个例子。

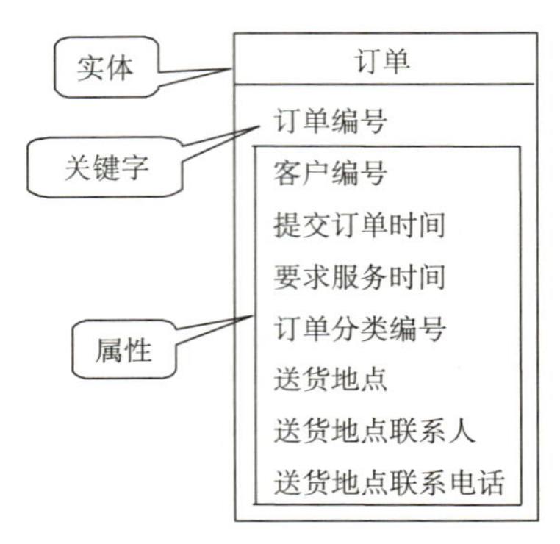

图 5-19　实体的描述

2）数据立即存取图

某些查询要求立即响应，所需要的内外存开销较大，实现也比较困难。因为这些查询不是依靠关键码通过读文件或排序得到，而是要通过多重目录、倒排文件等获得信息。系统分析员在了解用户对立即存取的要求后，运用数据库存取的理论知识，结合新系统的实际条件进行分析，与用户商量，舍去一些不重要的和难以实现的查询项目，确定哪些实时查询需要实现，画出相应的数据立即存取图，这是数据库设计、对话设计的重要依据之一。

用户的一次查询往往涉及多个数据存储。在商品供应系统中，“产品”、“供应商—产品”、“供应商”的实体的结构如图 5-20 所示。

用户想通过查询，确定向哪个厂家订货可以做到物美价廉，就涉及两个数据存储。此图表示用户要求输入产品名称和规格，逆行实时查询。因此，进行数据库设计时必须考虑如何通过这些非关键字进行检索。通过数据立即存取图，具体实现步骤如下：在“产品”数据存储中通过“产品名称”和“规格”查“产品编号”，这是通过属性查实体；用得到的“产品编号”在“供应商—产品”数据存储中查找全部相应的“供应商编号”；因为“供应商编号”、“产品编号”组合构成“供应商—产品”实体的关键字，所以这也是通过属性查实体；在“供应商—产品”数据存储中通过“供应商编号”和“产品编号”组合码查找相应的出厂价，通过比较，找出最低价出厂价；在“供应商—产品”数据存储中，通过最低出厂价查找相应的厂家编号；通过“供应商编号”在“供应商”数据存储中查找该供应商的全部信息，以便订货。

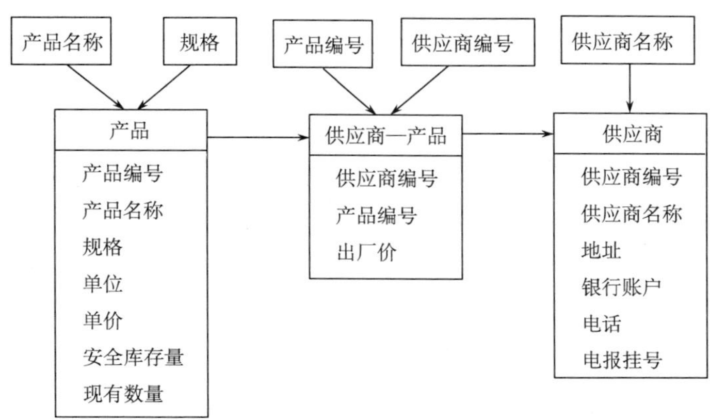

图 5-20　产品供应查询立即存取图

5.3.2　UML 的描述模型

面向对象的系统分析的主要目的是利用面向对象的方法，站在对象的角度对所要研究的问题空间及系统责任进行深刻的理解，正确认识问题空间中的事物及其事物之间的关系，识别描述问题空间及系统责任所需的对象及类，定义对象及类的属性与服务，建立与问题空间和系统责任相映射的系统对象分析模型。

统一建模语言不限于支持面向对象的分析与设计，还支持从需求分析开始的软件开发的全过程。目前，在多数大型企业的正规化开发流程中，开发人员普遍使用 UML 进行模型的建立。

UML 支持从需求分析开始的软件开发的全过程。UML 通过三类图形建立系统模型：用例图、静态结构图（对象类图、对象图、组件图、配置图）和动态行为图（顺序图、协同图、状态图、活动图），这些图可以从不同的抽象角度实现系统的可视化。UML 主要包括三个基本构造块：事物（things）、关系（relationships）和图（diagrams）。

1. 事物

事物是实体抽象化的最终结果，是模型中的基本成员。UML 中包含结构事物、行为事物、分组事物和注释事物。

1）结构事物（structural things）

结构事物是模型中的静态部分，用以呈现概念或实体的表现元素，是软件建模中最常见的元素，共有以下七种：

类（class）：类是指具有相同属性、方法、关系和语义的对象的集合。

接口（interface）：接口是指类或组件所提供的服务（操作），描述了类或组件对外可见的动作。

协作（collaboration）：协作描述合作完成某个特定任务的一组类及其关联的集合，用于对使用情形实现建模。

用例（use case）：用例定义了执行者（在系统外部和系统交互的人）和被考虑的系统之间的交互来实现的一个业务目标。

活动类（active class）：活动类的对象有一个或多个进程或线程。活动类和类很相像，只是它的对象代表的元素的行为和其他的元素是同时存在的。

组件（component）：组件是物理的、可替换的部分，包含接口的集合，如 COM+、JAVABEANS 等。

结点（node）：结点是系统在运行时存在的物理元素，代表一个可计算的资源，通常占用一些内存和具有处理能力。

2）行为事物（behavioral things）

行为事物指 UML 模型中的动态部分，代表语句里的“动词”，表示模型里随着时空不断变化的部分，包含两类：

交互（interaction）：交互是指由一组对象之间在特定上下文中，为达到特定的目的而进行的一系列消息交换而组成的动作。

状态机（state machine）：状态机由一系列对象的状态组成。

3）分组事物（grouping things）

可以把分组事物看成是一个“盒子”，模型可以在其中被分解。目前只有一种分组事物，即包（package）。结构事物、动作事物甚至分组事物都有可能放在一个包中。包纯粹是概念上的，只存在于开发阶段，而组件在运行时存在。

4）注释事物（annotational things）

注释事物是 UML 模型的解释部分。

2. 关系

关系是将事物联系在一起的方式，UML 中定义了四种关系：

(1) 依赖（dependencies）：两个事物之间的语义关系，其中一个事物发生变化会影响另一个事物的语义。

(2) 关联（association）：一种描述一组对象之间连接的结构关系，如聚合关系（描述了整体和部分间的结构关系）。

(3) 泛化（generalization）：一种一般化-特殊化的关系。

(4) 实现（realization）：类之间的语义关系，其中的一个类指定了由另一个类保证执行的契约。

3. 图

图是事物集合的分类，UML 中包含多种图，如表 5-9 所示。

表 5-9　UML 的图说明

图名	说明
类图	类图描述系统所包含的类、类的内部结构及类之间的关系
对象图	对象图是类图的一个具体实例

续表

图名	说明
包图	包图表明包及其之间的依赖类图
组件图	组件图描述代码部件的物理结构以及各部件之间的依赖关系
部署图	部署图定义系统中软硬件的物理体系结构
用例图	用例图从用户的角度出发描述系统的功能、需求，展示系统外部的各类角色与系统内部的各种用例之间的关系
顺序图	顺序图表示对象之间动态合作的关系
协作图	协作图描述对象之间的协作关系
状态图	状态图描述一类对象的所有可能的状态以及事件发生时状态的转移条件
活动图	活动图描述系统中各种活动的执行顺序

当前，使用最广泛的 UML 建模工具是 Rational Rose。Rational Rose 中可实现正向（为模型产生相应的代码）、逆向（从用户原来的软件系统导出该系统的模型）和双向工程（实现模型和代码之间的循环工程），从而保证模型与代码的高度一致。对于小规模应用，我们可以使用微软公司 Office 套件中的 Visio，其中提供了对 UML 各种图的绘制支持。

从应用的角度上来讲，面向对象的系统分析一般需要完成如下步骤的工作：

（1）描述需求。

（2）根据需求建立系统的静态模型。

（3）描述系统的行为。

前两步中所建立的模型是静态的（采用用例图、类图、对象图、组件图和部署图等），是标准建模语言 UML 中的静态建模机制；而第三步中所建立的模型则表示执行时的序列、状态或交互关系（以状态图、活动图、顺序图和协作图描述），是标准建模语言 UML 中的动态建模机制。

由此可以看出，标准建模语言 UML 的主要内容也可以归纳为静态建模机制和动态建模机制两大类。此外，需要说明的是，UML 只是一种建模语言，它独立于具体的建模过程。因此，利于它建模时，可遵循任何类型的建模过程。

5.4　子系统的划分

5.4.1　子系统划分原则

按照系统的思想，划分子系统的目的就是要将复杂的难以研究的大系统划分成若干个简单的易处理的系统。一个企业的物流管理信息系统涉及的部门和业务管理很多，如果当一个整体来实施，困难很大，必须将其划分为若干个子系统。一般在系统分析阶段进行子系统划分。为了便于今后系统开发和系统运行，系统的划分应遵循如下几点原则：

（1）子系统要具有相对独立性。子系统的划分必须使得子系统内部功能、信息等各方面的凝聚性好。在实际中我们都希望每个子系统或模块相对独立，尽量减少各种不必要的数据调用和控制联系，并将联系比较密切、功能近似的模块相对集中，这样对以后的搜索、查询、调试、调用都比较方便。

（2）要使子系统之间数据的依赖性尽量小。子系统之间的联系要尽量减少，接口要简单、明确。一个内部联系强的子系统对外部的联系必然很少，所以划分时应将联系较多者列入子系统内部。相对集中的部分均已划入各个子系统的内部，剩余的一些分散、跨度比较大的联系，就成为这些子系统之间的联系和接口，方便以后系统调试、维护和运行。

（3）子系统划分的结果应使数据冗余较小。

（4）子系统的设置应考虑今后管理发展的需要。

（5）子系统的划分应便于系统分阶段实现。

（6）子系统的划分应考虑到各类资源的充分利用。子系统划分应该既考虑有利于各种设备资源共享，又考虑到各类信息资源的合理分布和充分使用，以减少系统对网络资源的过分依赖，减少输入、输出、通信等设备压力。

5.4.2 子系统的划分方法

有的子系统划分方法划分为三类：经验法、功能法和过程/数据类法。还有的把它分为以下六类：

（1）按功能划分法，即按照系统的功能划分子系统，是目前最常用的一种划分方法。

（2）按业务处理顺序划分法，即按业务先后顺序划分，在一些时间和处理过程顺序特别强的系统中采用。

（3）按数据拟合程度划分法，即按数据拟合的程度划分，而不是按子系统内部尽量集中来划分子系统，这种划分方式的子系统内部聚合力强，外部通信压力小。

（4）按过程划分法，即按业务处理过程划分。

（5）按时间划分法，即按业务处理时间划分。

（6）按环境划分法，即按实际环境和网络分布划分。

按业务处理过程划分子系统，在某些系统开发资源限制较大的场合，特别是要分段实现开发工作时被采用。按业务处理的时间关系或业务展开的环境条件来对系统进行划分，在某些特定的场合也有这种划分的情况。而实际在开发一个系统时，常用的系统划分方法是在系统分析阶段功能划分的基础上采用混合划分方法，即一种以功能/数据分析结果为主，兼顾组织实际情况的划分方法。在业务流程、数据流程及数据分析的基础上，为了整体地考虑新系统的功能子系统和数据资源的合理分布而进行的系统化的分析。

混合划分方法可以通过 U/C 矩阵的建立和分析来实现。从数据处理的角度来分析，过程和数据之间的关系只有三类：产生并使用（create，C）、使用（use，U）、无关（null）。C 表示某流程或者活动产生并使用相应的数据类，U 表示某流程或者活动仅使用相应的数据类，Null 表示某流程或活动既不产生也不使用某数据类。

U/C 矩阵的主要功能是：通过其正确性检验，及时发现前段分析和调查工作的疏漏和错误；分析数据的正确性和完整性；通过对 U/C 矩阵的求解过程最终得到子系统的划分；通过对子系统之间的联系（“U”）可以确定子系统之间的共享数据。

U/C 矩阵的建立应首先进行系统化，自顶向下地划分，逐个确定其具体的功能（或功能类）和数据（或数据类），然后填上功能/数据之间的关系，即完成了 U/C 矩阵的建立过程。U/C 矩阵的正确建立需通过如下检验：

（1）完备性（completeness）检验：指对具体的数据项必须有一个产生者（C）和至少一个使用者（U），功能则必须有产生或使用（U 或 C）发生。

（2）一致性（uniformity）检验：指对具体的数据项必须有且仅有一个产生者（C）。

（3）无冗余性（non-verbosity）检验：指 U/C 矩阵中不允许有空行和空列。

U/C 矩阵的求解过程常通过表上作业法来完成。在建立一个 U/C 矩阵之后，其具体操作方法是：调整表中的行变量或列变量，使得“C”元素尽量地朝对角线靠近；然后再以“C”元素为标准，划分子系统。系统逻辑功能的划分方法是：在求解后的 U/C 矩阵中用若干个不重叠的方框将对角线上字母“C”覆盖；每一个小方块即为一个子系统。划分时应注意的是：沿对角线一个接一个地画，既不能重叠，又不能漏掉任何一个数据和功能；小方块的划分是任意的，但必须将所有的“C”元素都包含在小方块内。

所有数据的使用关系都被小方块分隔成了两类：一类在小方块以内；一类在小方块以外。在小方块以内所产生和使用的数据，今后主要放在本系统的计算机设备上处理；而在小方块以外的“U”，则表示了各子系统之间的数据联系，这些数据资源今后应考虑放在网络服务器上供各子系统共享或通过网络来相互传递数据。

根据详细调查和用户需求分析的资料，采用过程/数据类法划分子系统，建立初始矩阵，经过调整后最终确定 U/C 矩阵和子系统。

5.5　物流管理信息系统逻辑模型的建立与理解

新系统逻辑方案是经分析和优化后，新系统拟采用的管理模型和信息处理方法。因它不同于计算机配置方案和软件结构模型方案等实体结构方案，故称逻辑方案，其建立是系统分析阶段的最终成果。逻辑模型的建立是否达到设计者的目标，还有通过各种途径进行验证和评估。

5.5.1　逻辑模型的准确性

逻辑模型的建立方法是否正确，要看是否遵循了从上到下和从下到上相结合的方法，是否选择了正确的模型表示方式，对实际业务是否采用正确的概括抽象。

逻辑模型的准确性指逻辑模型和实际业务即“真值”之间的差异程度越小，准确性就越高。这里所谓的“真值”是可知的，尽管逻辑模型经过了抽象、概括等方法总结共性，但是模型的具体化后，与“真值”是应当符合的。可以通过范围误差、计数误差、不回答率、加工整理差错、模型假设误差等影响准确性的各个因素，测算统计估算值的变动系数、标准差、均方差、曲线配合吻合度、假设检验、偏差等，修正逻辑模型将其误差控制在一个可接受的置信区间内。

5.5.2 逻辑模型的可理解性

在公布系统逻辑模型时，应同时公开逻辑模型的补充解释信息或称为“元数据”，即关于模型数据的解释说明。其内容包括所使用的建设方法、建设目标，以防止模型数据二义性导致错误解释和使用，以此提高逻辑模型的可理解性。

为了避免模型被理解成属于个人感觉的问题，我们需要弄清楚两个问题：第一，模型是否可以使我们了解预测为什么会成功或失败？第二，模型是否能对其产生的结果进行检测？因此，系统的逻辑模型应该产生文档向用户解释它为什么在预测方面取得成功以及在哪些方面存在缺陷，与已知结果进行比较，模型是否能够表明其预测数据的准确性。

5.5.3 逻辑模型的性能

逻辑模型的性能主要体现在如下几个方面：

（1）完备性。目前的业务需求和所用的业务规则完全包含在逻辑模型中，模型中不存在没有包含的需求业务对象（如实体，属性，以及它们之间的关系）。

（2）一致性。模型中的各个对象命名方式统一，有明确的命名规范，而且模型中各个相关对象的粒度一致，业务逻辑模型对象的划分标准应当统一。

（3）可扩展性。当新的业务产生时，仅仅是增加了相关逻辑模型对象的实例内容，不影响目前的逻辑模型，模型这些分类能够随统计分析需求的不同进行相应的调整，无需改变数据库结构，具有灵活的扩展性，仅在个别情况下，需要对逻辑模型的属性或者实体本身增加，支持分步骤的实施。

（4）适用性。适用性指收集的信息是否有用，是否符合用户的需求，它要求逻辑模型的粒度、分割方式符合用户的需求分析。

（5）可衔接性。逻辑模型来自拥有行业经验的概念模型，里面凝聚了许多成功的经验，而且从规划上符合行业系统的长远发展，因此逻辑模型应当从概念模型上相对平滑地过渡过来。此外，物理模型来自逻辑模型，逻辑模型的建立应当具有一定的可操作性，便于向物理模型转化。

5.5.4 逻辑模型描述和可视化

逻辑模型的描述和可视化是通过规则、表、报告、图表、图像、决策树等形式对新系统逻辑模型进行表示的方式。系统逻辑模型是一种表示复杂数据处理的方法，它使复杂处理更容易理解。相对于报告和数字来说，图表常常能更好地表示数据处理，而以图表表示的数据处理往往易于理解。

新系统逻辑模型是从现行系统的逻辑模型转换过来的，它既与现行系统的逻辑模型有差别，也是对现行系统逻辑模型的补充和完善。新系统逻辑模型的具体描述内容如下：

（1）确定合理的业务处理流程。

（2）删去或合并多余的或重复处理的过程。

（3）优化和改动业务处理过程，原因是什么。

（4）确定最终的业务流程图。

（5）指出业务流程图中哪些部分新系统（计算机软件系统）可以完成，哪些需要用户完成，或需要用户配合新系统来完成。

（6）确定合理的数据和数据流程。

（7）删去或合并多余的或重复的数据处理过程。

（8）优化和改动数据处理过程，原因是什么。

（9）确定最终的数据流程图。

（10）指出数据流程图中哪些部分新系统（计算机软件系统）可以完成，哪些需要用户完成或需要用户配合新系统来完成。

（11）确定新系统的逻辑结构和数据分布。

经分析和优化后，新系统的逻辑模型主要包括：对系统业务流程分析整理的结果；对数据及数据流程分析整理的结果；子系统划分的结果；各个具体的业务处理过程，以及根据实际情况应建立的管理模型和管理方法。每项都可以由可视化的图形和图表描述，清晰直观地描述了新系统逻辑模型的建立过程。

5.5.5 逻辑模型验证与评估

1. 验证

为了检测逻辑模型的正确性，常用的验证方法可分为模拟、仿真和形式验证三种。

1）模拟验证

模拟验证是传统的验证方法，而且目前仍然是主流的验证方法。模拟验证是将激励信号施加于设计，进行计算并观察输出结果，并判断该结果是否与预期一致。模拟验证的主要缺点是非完备性，即只能证明有错而不能证明无错。因此，模拟一般适用于在验证初期发现大量和明显的设计错误，而难以胜任复杂和微妙的错误。模拟验证还严重依赖于测试向量的选取，而合理充分地选取测试向量，达到高覆盖率是一个十分艰巨的课题。由于设计者不能预测所有错误的可能模式，所以尚未发现某个最好的覆盖率度量。即使选定了某个覆盖率度量，验证时间也是一个瓶颈。

2）仿真验证

仿真验证在原理上与模拟验证类似，只是将模拟验证的三个主要部分即激励生成、监视器和覆盖率度量集成起来，构成测试基准，用 FPGA 实现。仿真比模拟的验证速度快得多，其缺点是代价昂贵，灵活性差。

3）形式验证

形式验证就是从数学上完备地证明模型是否实现了设计者的意图，这意味着首先要用某种语言和逻辑构造系统的数学模型，然后运用严格的数学推理来证明设计的正确性。形式验证的主要优点是完备性，能够完全断定设计的正确性。其缺点是首先要对原始设计进行模型抽取，这对使用者有数学技能和经验上的要求。而且，有的工具需要人工引导（如定理证明），有的工具存在状态空间爆炸问题（如模型检验）。

可以根据新逻辑模型构造的不同阶段，采用最佳的验证方法。选择验证方法，还要考虑到成本、时间、技术等问题，并不是最好的验证方法才是最佳的选择，要兼顾到各方面的因素。

2. 评估

对新系统逻辑模型的评估，就是对逻辑模型质量的考察，什么是逻辑模型的质量呢？从狭义的概念说，逻辑模型是否正确表达了业务规则，即是否具有准确性，但是随着人们对物流管理信息系统认识的加深，质量的含义不断延伸，现在对模型质量要求不仅仅指单纯的业务规则，还包括模型满足用户分析需求的程度，它是一个包含丰富内涵、具有多维因素的综合性概念。相应地逻辑模型质量概念的认识也从狭义向广义转变，准确性已不再是衡量的唯一标准。评估逻辑模型一般从系统的准确性、可理解性、性能等方面进行评估。

5.6 系统分析报告

系统分析报告又称系统说明书，它反映了系统调查与分析阶段的全部情况，是系统分析阶段的成果与工作总结，也是系统分析阶段的重要文档。用户可以通过系统分析报告来论证和认可新系统的开发策略和开发方案。系统开发人员可以用来作为评价项目成功与否的标准。

系统分析报告主要包括以下内容：

1）报告概述

系统分析报告概述要求简单介绍新系统的名称、主要目标和功能、开发背景以及新系统与现行系统之间的主要差别。

2）组织概况

对分析对象的基本情况作概括性的描述，包括组织的结构、组织的目标、组织的工作过程和性质、业务功能，系统和外部实体（其他系统或机构）间有哪些物质以及信息的交换关系和联系，参考资料和专门术语说明。

3）现行系统概况

用系统分析阶段所使用的工具，如组织结构图、功能体系图、业务流程图、数据流程图、数据字典等，比较详尽地描述了现行用户需求的目标，即系统的目标、系统的主要功能、组织结构、业务流程等。此外，还包括有各个主要环节对业务的处理量、总的数据存储量、处理速度要求、处理方式和现有的一些技术手段等的简单说明。

4）系统需求说明

在了解了现行系统真实情况的基础上，针对系统存在的问题，全面了解组织中各层面的用户对新系统中信息的各种需求。

5）新系统的逻辑方案

新系统逻辑方案是系统分析报告的主体。主要内容有：新系统拟定的业务流程和业务处理方式；提出明确的功能目标，并与现行系统进行比较分析，重点要突出计算机处理的优越性；新系统拟定的数据指标体系和分析优化后的数据流程，各个层次的数据流图、数据字典和加工说明，以及计算机系统将完成的工作部分；新系统在各个业务处理环节拟采用的管理方法、算法、模型与新系统相配套的管理制度和运行体制的建立；出错处理要求；其他特性要求。例如，系统的输入输出格式、启动和退出等；遗留问题；根据当前条件，暂时不能满足的一些用户要求或设想，并提出今后解决的措施和途径。

6）系统开发费用、资源与时间

在系统分析报告的最后还应对开发新系统所需的费用、资源和时间作进一步的修改和估算，便于对系统的阶段性开发工作进行管理，也使用户在阶段审查中了解关于开发费用和开发工作量以及所需开发资源的情况。

在系统分析报告中，数据流图、数据字典和加工说明这三部分是主体，是系统分析报告中必不可少的组成部分，而其他部分则应根据所开发目标系统的规模、性质等具体情况选用，无需面面俱到。总之，系统分析报告必须简明扼要、抓住本质、反映出目标系统的全貌和开发人员的设想。

5.7　物流管理信息系统分析中常见的一些问题

在物流管理系统分析中经常会遇到很多问题，从而影响到新系统逻辑模型的建立。下面介绍在物流管理系统分析中常见的几个问题。

5.7.1　用户需求不确定的问题

在系统分析过程中，分析人员获得的信息具有主观性，企业的各级管理者和决策者会在自身的实践中，随着经验的丰富而不断地提出新的信息需求，这包括信息类别、定义以及加工方法等。如果在需求分析过程中有遗漏或用户和调查人员都没有发现的需求，会给系统分析人员带来不必要的麻烦。

用户多变的需求对管理信息系统的系统分析来说，就意味着系统的逻辑模型从理论上应该适应多变的需求，然而在实际中这是不可能实现的。系统分析员如何建立较为稳定的系统结构成为系统分析阶段工作的关键。

5.7.2　技术问题

基于计算机的系统模型在分析的过程中，会碰到很多技术上难以实现的问题。一类是在逻辑模型的建立过程中，可能碰到的技术问题，如数据立即存取图如何建立。像这一类与物理模型的建立有密切联系的分析技术，为了便于系统的实现，需要有较高的技术能力和丰富的经验。

另一类是在未来可能碰到的技术问题。由于分析过程过于繁杂，系统逻辑模型的优化超过目前所能达到的技术状况，从而造成了难以解决的技术问题。如果在系统可行性分析工作中，没有准确分析技术可行性，在高估团队的技术水平情况下，就会造成需求分析和系统分析超出现实的可行性。

5.7.3　图表描述的问题

通常，用图表描述比用文字表达更加直观明了，逻辑模型的表达可以采用多种描述方法，如用图、表或图表兼用。是图还是表更合适模型的某部分描述，还要取决于图表描述本身的性质和模型描述内容的角度和特点，如处理逻辑的表达工具可以是表也可以是图，每个工具都有各自的特点，对于比较复杂的逻辑表达采用判定表比较合适。

准确理解图表的作用，对系统分析过程中不同任务的准确完成很关键。新逻辑模型的描述要求从各角度来描述，而针对一项描述工作，图或表的描述方法又是各种各样，如业务流程图的描述方法就很多。然而，究竟哪种描述方法最合适，还要看所选择的方法能否清晰完整地展现系统的逻辑结构，能否让系统分析人员、开发人员和系统用户都能理解。

5.7.4　信息载体收集的问题

在系统分析的详细调查中，往往要收集相关业务涉及的各种资料，如工作规范、业务流程、规章制度、信息载体、交谈记录等，这些资料有时是不规范的、零乱的。如何对这些资料进行整理、分析和综合，对系统分析员来说是艰巨、细致、繁琐的工作。

另外，信息载体归类汇总的方法是收集信息载体有条不紊地进行的关键。选择正确的方法必须根据信息载体的类别、性质、作用等而定，不能以一概全的套用。因此，掌握正确的收集、整理、分析和汇总信息载体的方法将会使需求分析更方便、容易。

5.7.5　业务流程重组的问题

在企业物流管理信息化的过程中，必定伴随着组织架构的重组和流程的重新设计，因此，企业物流管理信息化的实践过程本身就是组织管理变革与流程创新的过程。在20世纪90年代，作为最早倡导业务流程重组理论（business process reengineering，BPR）的学者之一，美国麻省理工学院哈默教授在《企业再造》一书中将“BPR”定义为：“对企业业务处理中的核心过程，从根本上重新思考并彻底重新设计业务流程，以实现在关键业绩上，如成本、质量、服务和响应速度，取得突破性的进展。”BPR是企业物流管理信息化成功的基础，信息化的建设过程也离不开业务流程的优化和重新设计。

然而，很多企业在被动的业务流程重组下完成了系统的实施。对于系统开发商来说，这是一个成功的项目，在预期的时间、成本下完成了工作。可是对于企业而言，虽然系统上线了，工作也在新的流程下运行了，可是这个被迫修改的流程是否适合企业的运营模式？是否能获得更多的利润？是否比以前的流程更有效率呢？这个问题的答案是否定的。

解决问题的关键就在于企业要把实施系统的主动权抓到自己的手里。首先，企业要明确自己到底需要的系统是要解决什么问题，如何去做。其次是到市场上寻找最符合自己需要的产品。

在系统分析过程中，针对管理的变革和流程的创新，企业进行业务流程重组容易忽视的问题如下：

(1) 首先，要界定好流程再造的重点和范围。满足管理信息化的需求或解决管理中存在的问题，这是在管理信息化建设中推动流程再造的出发点。只有界定了流程再造的重点和范围，工作才能有的放矢。BPR 即可以借助 IT 技术在企业管理变革过程中独立推行，也可以在企业管理信息化建设过程中借鉴其先进理论和方法，有重点、有步骤、循序渐进地推行。

(2) 管理信息化规划中要明确以流程再造为信息化建设前提，并且在系统设计与实施的整个过程中贯穿关键业务流程这一主线。

(3) 在推动企业业务流程再造前，企业要重新设计原有的组织，应建立以客户为中心、以流程为导向，面向流程的组织结构、人员结构和岗位结构，这也是在管理信息化过程中实践流程再造最主要的前提之一。

(4) 信息技术是实现流程再造的必要载体。在设计流程和考虑为流程配备人员操作时，都要考虑信息需求和信息的可获取性。信息技术在创造、转移和管理信息方面扮演着重要的角色，在整个流程再造框架中处于支撑和基础地位。

借助其他的先进管理思想指导流程的再设计。管理信息化建设的过程不仅需要 BPR 思想和方法的指导，也应该吸收其他先进的管理理论来指导业务流程的优化和再设计，如 ERP（企业资源计划）思想、JIT（精益生产）管理思想、SCM（供应链管理）思想等。

5.7.6　经济管理模型运用的问题

物流管理信息系统涉及算法、计算、软件和数据结构等课题，但是它本身的技术领域并不是计算机科学的延伸，而是管理和组织理论的延伸，它更强调应用计算机科学已经取得的技术能力。

物流管理信息系统是一门边缘学科，它涉及计算机技术、管理学、管理科学、物流学、经济学、系统论、应用数学等。计算机技术研究语言、算法、数据库、网络。管理学研究企业管理的基本理论、原理和方法。管理科学研究数学、运筹学、统计学中的原理和方法，为管理决策提供数学模型。物流学研究物流的理论、技术和方法，将物流的现代化理论和现代化技术与现代物流理念、现代物流技术、现代物流管理和现代物流模式进行对接。要运用经济管理模型就必须将这些理论、方法和原理结合起来，这就要求开发物流管理信息系统的人员既懂管理，又懂计算机，还要懂物流。而目前正缺少这种综合性人才，在这种情况下，由于各学科人才看问题的角度不同，要开发出系统来，就需要他们相互学习和交流，一起合作开发，解决各类问题。

开发出来的信息系统是未来企业运营管理的平台，运用适合企业发展的经济管理模型将会带动企业管理模式的改善和提高，相反，若不能发挥系统的作用，则是浪费投资。当然，不是越好的经济管理模型对企业的改革越有益，而应该根据企业目前的管理状况，寻找带来实际效益最大的经济管理模型，选择适合企业发展的管理模型。

思考练习题五

（1）什么是系统分析？物流信息系统分析主要有哪些任务？

（2）什么是需求分析？物流信息系统需求分析主要包括哪些内容？

（3）详细调查和初步调查各是系统开发的哪个阶段？调查的内容有何不同？调查一般有哪些方法？应注意哪些问题？

（4）结构化系统分析包括哪些工具？每个工具的作用是什么？

（5）什么是数据流程图？结合物流企业实例画一个具体业务的数据流程图（如仓储中心、物流配送中心、运输调度中心、超市等）。

（6）系统的逻辑模型用哪些描述方法？各种方法有何特点？如何评价物流管理信息系统的逻辑模型？

（7）子系统的划分方法有哪些？如何应用 U/C 矩阵来划分子系统？

（8）系统分析报告包括哪些部分？写一份物流系统开发的系统分析报告。

（9）物流管理信息系统分析中常见哪些问题？如何解决？

第 6 章　物流管理信息系统设计

系统设计阶段的主要任务是针对新系统的目标，依据系统分析阶段所建立的逻辑模型，确定新系统的软件总体结构与功能模块之间的关系，设计系统实现的物理方案，即系统的物理模型。系统设计的主要目的就是为系统制定蓝图，在各种技术和实施方法中权衡利弊，精心设计，合理使用各种资源，最终勾画出新系统的详细设计方案。系统设计阶段的成果为系统实施阶段的工作提供了具体的方案。

在设计阶段中常用的方法有结构化设计方法（SD）、面向对象设计方法（OOD）和计算机辅助软件开发工具（CASE）等。

6.1　系统平台的设计

系统平台设计指设计物流管理信息系统运行所依赖的硬件和软件环境。根据新系统的目标，在各种技术手段和实施方法中选择适当的系统物理配置方案，以满足新系统逻辑模型的需要和技术需求。系统平台设计包括系统网络配置、数据库管理系统的选择、软件平台选择以及硬件平台选择等。

6.1.1　系统网络框架

1. 网络的有关概念和原理

1）概念

计算机网络，就是把分布在不同地理区域的独立的计算机、专门的外部设备用通信设备和通信软件通过传输介质（包括电缆、电话线和无线通信）互联成一个计算机系统，从而使众多的计算机可以方便地互相传递信息，共享硬件、软件、数据信息等资源。

2）分类

计算机网络可以按不同的维度分类，如表 6-1 所示。

表 6-1　计算机网络分类

维度	类别	特征
计算机联网的区域大小	局域网	较小地理范围内，在几千米的范围之内，如在一个房间、一座办公大楼
	城域网	中等范围
	广域网	地理范围较大，Internet 就是最大最典型的广域网

续表

维度	类别	特征
网络的拓扑结构	总线型拓扑结构	所有站点都通过相应的硬件接口直接连接到传输介质
	星型拓扑结构	点到点链路接到中央节点的各站点
	环型拓扑结构	单根传输线作为传输介质
	混合型拓扑结构	节点与它左右相邻的节点连接
	树状拓扑结构	多个网络组成的分级结构
	分布式拓扑结构	无严格的布点规定和形状
用户特征	Internet、Intranet 和 Extranet	
传输介质	同轴电缆、双绞线、光纤、无线等	
使用的网络操作系统	Novell 网、Windows 网络、Unix 和 linux	
共享目的	专用和共享的	
使用行业的特点	教育网、纺织服装网等	

3）网络的拓扑结构

网络的拓扑结构是指网络中通信线路和节点的几何形状，反映各节点之间的结构关系。常用的拓扑结构有总线型拓扑结构、星型拓扑结构、环型拓扑结构、混合型拓扑结构、树状拓扑结构和分布式拓扑结构，如图 6-1 所示。

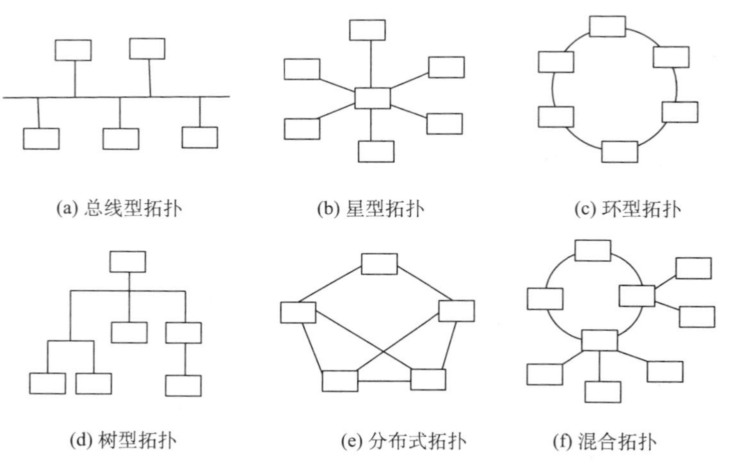

图 6-1　常见的网络拓扑结构

（1）总线型拓扑。总线型网络采用单根传输线作为传输介质，所有的站点都通过相应的硬件接口直接连接到传输介质或总线上。总线拓扑的优点是：易于布线和维护；结构简单，传输介质是无源元件，十分可靠。总线拓扑的缺点是：因为总线拓扑网不是集中控制的，所以故障检测需要在网上的各个站点上进行；在扩展总线的干线长度时，需重新配置；总线上的站点需要介质访问控制器，这就增加了站点的硬件和软件费用。

(2) 星型拓扑。星型结构由通过点到点链路接到中央节点的各站点组成。通过中心设备如主机或集线器，实现许多点到点连接。在星型网中，可以在不影响系统其他设备工作的情况下，非常容易地增加和减少设备。星型拓扑的优点是：利用中央节点可方便地提供服务和重新配置网络；单个连接点的故障只影响一个设备，不会影响全网，容易检测和隔离故障，便于维护；任何一个连接只涉及中央节点和一个站点，因此控制介质访问的方法很简单，从而访问协议也十分简单。其缺点是：每个站点直接与中央节点相连，需要大量电缆；如果中央节点产生故障，则全网不能工作，所以对中央节点的可靠性和冗余度要求很高。

(3) 环型拓扑。环型结构由连接成封闭回路的网络节点组成的，每一节点与它左右相邻的节点连接。在令牌环网络中，拥有“令牌”的设备允许在网络中传输数据。这样可以保证在某一时间内网络中只有一台设备可以传送信息。在环型网络中信息流只能是单方向的。环型拓扑的优点是：它能高速运行，而且为了避免冲突其结构相当简单；有旁路设备，节点一旦发生故障，系统自动启用旁路设备，可靠性高。其缺点是：信息要串行穿过多个节点，在网中节点过多时传输效率低，系统响应速度慢；由于环路封闭，扩展较难。

(4) 树型拓扑。树型结构是总线结构的扩展形式，传输介质是不封闭的分支电缆，主要用于多个网络组成的分级结构中，其特点同总线型网。

(5) 分布式拓扑。分布式结构无严格的布点规定和形状，各节点之间有多条线路相连。其特点为：分布式网有较高的可靠性，当一条线路有故障时，不会影响整个系统工作；资源共享方便，网络响应时间短；由于节点与多个节点连接，故节点的路由选择和流量控制难度大，管理软件复杂；硬件成本高。

(6) 混合拓扑。混合拓扑结构是由星型结构或环型结构和总线型结构结合在一起的网络结构，这样的拓扑结构更能满足较大网络的拓展，解决星型网络在传输距离上的局限，而同时又解决了总线型网络在连接用户数量上的限制，如星型环、星型总线、菊花链型等。

广域网与局域网的网络结构有所不同，广域网多用分布式或树状结构，而局域网常采用总线状、环状、星状或树状结构。

4) 网络互联的七层框架与联网设备

将计算机网络层次模型和各层协议的集合定义为计算机网络体系结构。该体系结构标准定义了网络互联的七层框架，即 ISO/OSI 参考模型。在这一框架中进一步详细规定了每一层的功能，以实现开放系统环境中的互联性、互操作性与应用的可移植性。

OSI 标准制定过程中采用的方法是将整个庞大而复杂的问题划分为若干个容易处理的小问题，这就是分层的体系结构办法。在 OSI 中，采用了三级抽象，即体系结构、服务定义和协议规格说明。

OSI 的参考模型共有七层，分别为物理层、数据链路层、网络层、传输层、会话层、表示层和应用层。构建一个网络，需要网络的传输介质、网络互联设备作为支持。按照 OSI 的分层原则，这个中间设备要实现不同网络之间的协议转换功能，可以根据它们工作的协议层不同进行分类。

中继器和集线器是网络物理层的互联设备。中继器是由于信号在网络传输介质中有衰减和噪声，为了保证有用数据的完整性，并在一定范围内传送，要用中继器把所接收到的弱信号分离，并再生放大以保持与原数据相同。集线器（hub）可以说是一种特殊的中继器，以集线器为中心的优点是：当网络系统中某条线路或某节点出现故障时，不会影响网上其他节点的正常工作。集线器可分为无源（passive）集线器、有源（active）集线器和智能（intelligent）集线器。集线器技术发展迅速，已出现交换技术（在集线器上增加了线路交换功能）和网络分段方式，提高了传输带宽。Hub 又分为切换式、共享式和可堆叠共享式三种。

网桥（bridge）和交换器是数据链路层的互联设备。网桥是一个局域网与另一个局域网之间建立连接的桥梁。网桥可分为本地网桥和远程网桥。

路由器（router）是网络应用层的互联设备，它是用于连接多个逻辑上分开的网络。逻辑网络是指一个单独的网络或一个子网。当数据从一个子网传输到另一个子网时，可通过路由器来完成。因此，路由器具有判断网络地址和选择路径的功能，它能在多网络互联环境中建立灵活的连接，可用完全不同的数据分组和介质访问方法连接各种子网。另外，路由器只接收源站或其他路由器的信息，不关心各子网使用的硬件设备，但要求运行与网络层协议相一致的软件。

网关设备是在连接不同类型而协议差别又较大的网络时用到的互联设备。网关的功能体现在 OSI 模型的最高层（应用层），它将协议进行转换，将数据重新分组，以便在两个不同类型的网络系统之间进行通信。网关和多协议路由器（或特殊用途的通信服务器）组合在一起可以连接多种不同的系统。和网桥一样，网关可以是本地的，也可以是远程的。

网络连接设备间的中间介质是传输介质，也是信号传输的媒体，常用的介质有双绞线、同轴电缆、光纤、微波、红外线和激光，还有卫星通信。

网络中的计算机之间通过网络协议交换信息，不同的计算机之间必须使用相同的网络协议才能进行通信。网络协议也有很多种，如 TCP/IP 协议、NWLink IPX/SPX/NetBIOS 兼容传输协议、NetBEUI 协议、DLC 协议、AppleTalk 协议、IrDA 协议等，具体选择哪一种协议则要视情况而定。Internet 上的计算机使用的是 TCP/IP 协议。

2. 网络的规划

从使用的用户角度考虑以下三种网络。

1）互联网

互联网（Internet）是一个开放的网络系统，它的主要特点是开放性或通用性，能实现全球任何地方之间的信息交换。互联网的结构是多层网络群体结构，一般是由三层网络构成的：主干网、中间层网和底层网。主干网是 Internet 的最高层，它是 Internet 的基础和支柱网层。中国的 Internet 主干网由 CHINANET、CERNET、CSTNET 等构成。中间层网是由地区网络和商业用网络构成的。底层网处于 Internet 的最下层，主要是由各科研院所、大学及企业的网络构成。Internet 的主要功能有邮件服务、文件传输、远程登录、万维网服务、电子公告牌。

2）企业内部网与企业外联网

企业内部网（Intranet）是指利用 Internet 的成熟技术，建立企业内部的信息系统。它不仅是内部信息发布系统，同时还是企业内部业务运作系统，用户是企业的员工。

企业外联网（Extranet）就是将企业内部网拓展到供应链中的合作伙伴。用户是合作伙伴，所使用的技术同 Internet，但获取和交换的资源不一样。

Intranet 具有以下特点：跨平台、兼容性好、简单易用。Intranet 最主要的应用是 WWW 服务，采用 Web/Browser 结构，用户端采用标准通用的软件浏览器，安全保密性强，通过防火墙技术与 Internet 通信阻止非授权用户获取本企业内部信息，保护企业的利益。

Intranet 利用 EDI 技术和互联网络，加快了物流企业自身的敏捷化改造，实现从商品订货、生产、销售到售后服务所有步骤的“全程物流管理”；优化物流企业配送中心、物流中心网络，充分利用物流管理信息系统，以此来减少物流环节、简化物流过程，提高物流系统的快速反应性能；在物流行业和各重要业务部门之间建立支持业务应用系统的数据处理和网络传输技术，以便及时交流有关信息。Intranet 的基本构成如图 6-2 所示。

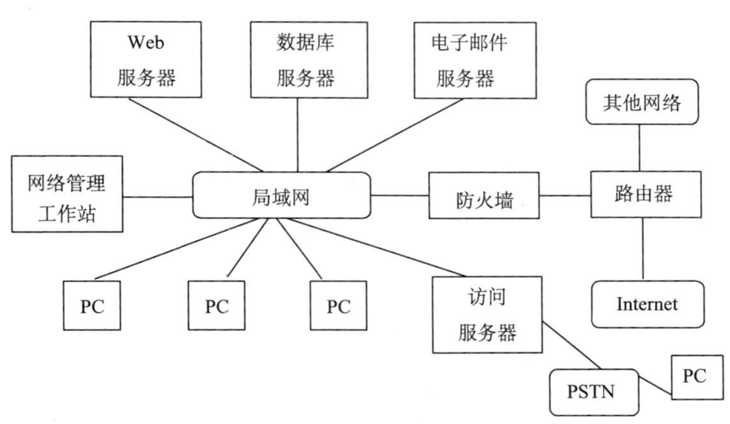

图 6-2　Intranet 的基本构成

Intranet 规划的主要任务是：定量或定性分析和估计；规模与结构分析；扩展性分析；网络管理与安全规划。

（1）定量或定性分析和估计。针对企业物流业务需求、网络规模、网络结构、管理需要、增长预测、安全要求、网络互联等指标，给出尽可能明确的定量或定性分析和估计。

（2）规模与结构分析。网络规模与结构分析即确定网络规模、拓扑结构、与外部网络互联方案。

网络的规模大小有工作组或小型办公室局域网、部门局域网、骨干网络和企业级网络。网络拓扑结构受企业的地理环境制约，网络拓扑结构的规划要充分考虑企业的地理环境，方便结构化综合布线工程设计与实施，如表 6-2 所示。

表 6-2　网络规模与结构分析

网络规模分析	拓扑结构分析	网络互联分析
哪些部门需要联网	网络接入点（访问网络的入口）的数量	是否与 Internet 联网
哪些资源需要上网	网络接入点的分布位置	用拨号上网还是租用专线，带宽多少
有多少网络用户	转接点分布位置网络设备间的位置	是否与专用网络连接
采用什么档次的设备	连接的距离参数及其他结构化综合布线	上网用户授权和计费
网络及终端设备数量	系统中的基本指标	

（3）扩展性分析。网络的扩展性有两层含义：第一层指新的部门能够简单地接入现有网络；第二层指新的应用能够无缝地在现有网络上运行。规划网络时考虑扩展性要注意分析网络当前的技术指标；估计网络未来的增长，以满足新的需求；保证网络的稳定性；保护企业的投资。

（4）网络管理与安全规划。是否按照设计目标提供稳定的服务主要依靠有效的网络管理。网络管理的两个方面：一方面，网络管理员利用网络设备和网管软件提供的功能对网络进行操作，它在网络规模较小、结构简单时，可以很好地完成网管职能；另一方面，制定管理规定和策略，用于规范人员操作网络的行为。

网络安全规划必须确定物流企业的敏感性数据及其分布情况、网络用户的安全级别、可能存在的安全漏洞、网络设备的安全功能要求、网络系统软件的安全评估 、应用系统的安全要求、防火墙技术方案、安全软件系统的评估及网络遵循的安全规范和达到的安全级别。网络安全要达到的目标是实现网络访问的控制、信息访问的控制、信息传输的保护、攻击的检测和反应、偶然事故的防备、事故恢复计划和制定、物理安全的保护及灾难防备计划。

3. 网络的实施与测试

1）网络的实施

在确定系统所需的计算机类型和数量之后，根据各业务位置分布和有无联机通信的要求来决定在网络实施过程中是否需要与网络相连以及怎么与网络相连。选择网络设备（包括传输介质和互联设备等）的要求是：安全可靠，抗干扰性强，性能价格比好。

在组建内部网时，选择哪种合适的网络拓扑结构主要考虑经济性、网络信息吞吐量、网络响应时间、网络可靠性、网络接口复杂性、未来的升级换代以及相应的软件开销等方面。由于网络的详细设计涉及很多因素，不少网络设计都采用计算机模拟的方法进行分析。

2）网络测试

网络测试是保证网络高性能、高可靠性和高可用率的基本手段，网络测试分为三个不同的层次进行，即设备层、系统层和应用层。

网络设备测试主要包括功能测试、性能测试、一致性和互通性测试等几个方面。典型的网络设备测试方法有两种：第一种方法是使用网络测试设备单独对产品进行测试；第二种方法是将设备放在具体的网络环境中，通过分析该产品在网络中的行为对其进行测试，这种网络环境多数是用仿真的方式实现的。

网络系统测试包括物理连通性、基本功能和一致性的测试、网络系统的规划验证测试、性能测试、流量测试和模型化等。物理连通性、基本功能和一致性的测试是最基本的测试内容，其中主要是线缆测试，用以查明所测试线缆及布线是否符合设计要求和国际标准。性能测试可分为被动测试和主动测试。被动测试就是用仪表监测网络中的数据，通过分析采集到的数据判断网络性能状况，被动测试应在不影响网络正常工作的情况下测试。主动测试通过向网络中发送特定的数据包来分析网络系统的性能。

完成网路设备测试和系统测试之后就可以在网络上加载各种应用，各种网络应用的性能水平与网络的类型、网络本身的性能有直接关系。网络应用测试主要测试网络对应用的支持水平，如网络应用的性能和服务质量的测试等。另外，网络应用测试和网络应用本身直接相关，对于不同的网络应用有不同的测试内容和测试方法。

网络测试的关键是测试方法、测试工具和测试经验等三个方面。测试工具主要有线缆测试仪、协议分析仪和网络智能分析仪等。测试人员除了要掌握必需的网络知识外，还需要有丰富的系统集成和现场测试的经验。

6.1.2　系统数据库平台

1. 基本概念与原理

1）数据库技术概述

数据库是与特定的主题或目的相关的数据集合。数据库可以直观地理解为存放在计算机存储器上按照一定的格式存放数据的集合，可以认为数据库是被长期存放在计算机内、有组织的、可以表现为多种形式的可共享的数据集合。

计算机对数据的管理是指对数据的组织、分类、编码、存储、检索和维护提供操作手段。计算机数据管理大致经历了如下三个阶段：人工管理阶段、文件系统阶段和数据库系统阶段。其特点如表 6-3 所示。

表 6-3　计算机数据管理发展的三个阶段

功能类别	硬件	软件	特点
人工管理阶段（20世纪50年代以前）	外存：纸带、卡片、磁带，没有直接存取设备	实际上，当时还未形成软件的整体概念，没有操作系统以及管理数据的软件	计算机主要用于数值计算；从数据看，数据量小，数据无结构，用户直接管理，且数据间缺乏逻辑组织，数据依赖于特定的应用程序，缺乏独立性
文件系统阶段（50 年代后期～60 年代中期）	出现了磁鼓、磁盘等直接存取数据的存储设备。1954 年出现了第一台商业数据处理的电子计算机	标志着计算机开始应用于以加工数据为主的事务处理阶段	数据组织成相互独立的数据文件，系统按照文件的名称访问，对文件中的记录进行存取，并能对文件修改、插入和删除 文件系统实现了记录内的结构化，文件从整体来看却是无结构的。其数据面向特定的应用程序，数据共享性、独立性差，冗余度大，管理和维护的代价大
数据库系统阶段（60 年代后期）	计算机性能得到提高，更重要的是出现了大容量磁盘，存储容量大大增加且价格下降	满足和解决实际应用中多用户、多应用程序共享数据的要求，从而使数据能为多种应用程序服务，出现了数据库管理技术	数据不只针对特定应用，而是面向组织，具有整体的结构性，共享性高，冗余度小，具有一定的程序与数据间的独立性，实现了对数据进行统一控制，使数据存储量猛增，用户增加，数据处理系统从围绕以加工数据的程序为中心转向围绕共享的数据来进行

数据库管理系统（database management system，DBMS）是对数据库进行管理的系统软件，它的职能是有效地组织和存储数据，获取和管理数据，接受和完成用户提出的访问数据的各种请求。数据库管理系统主要功能如表 6-4 所示。

表 6-4　数据库管理系统主要功能

功能类别	功能内容
数据定义功能	数据定义语言。例如，对数据库、表、索引进行定义
数据操纵功能	数据操纵语言，能对数据库操作。例如，对表中数据的查询、插入、删除和修改
数据库运行控制功能	DBMS 的核心部分。它包括并发控制、安全性检查、完整性约束条件的检查和执行、数据库的内部维护。所有数据库的操作都要在这些控制程序进行，以保证数据的安全性、完整性以及多个用户对数据库的并发使用
数据库的建立和维护功能	数据库的建立和维护功能。包括数据库初始数据的输入、转换功能，数据库的转储、恢复功能，数据库的重新组织功能和性能监视、分析功能等。这些功能通常是由一些实用程序完成的。它是数据库管理系统的一个重要组成部分

2）数据库系统的组成

数据库系统由四部分组成：硬件系统、系统软件（包括操作系统、数据库管理系统等）、数据库应用系统和各类人员。数据库系统的组成如图 6-3 所示。

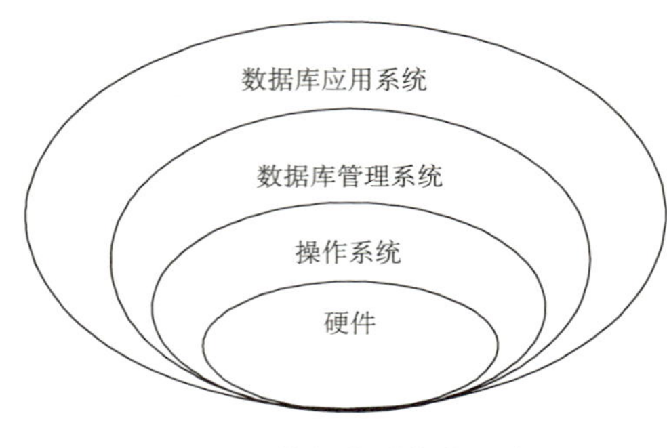

图 6-3　数据库系统的组成

（1）硬件系统。有足够大的内存以存放操作系统、DBMS 的核心模块、数据缓冲区和应用程序，足够大的直接存取设备存放数据和足够的其他存储设备来进行数据备份。

（2）系统软件。主要包括操作系统、数据库管理系统、与数据库接口的高级语言及其编译系统，以及以 DBMS 为核心的应用开发工具。

（3）数据库应用系统。为特定应用开发的数据库应用软件。数据库管理系统为数据的定义、存储、查询和修改提供支持，而数据库应用系统是对数据库中的数据进行处理和加工的软件，它面向特定应用。

（4）各类人员。参与分析、设计、管理、维护和使用数据库的人员均是数据库系统的组成部分。分析、设计、管理和使用数据库系统的人员主要是数据库管理员、系统分析员、应用程序员和最终用户。

3）数据库的三级模式结构

数据库的三级模式结构是数据的三个抽象级别。模式之间的关系如图 6-4 所示。数据库系统的三级模式是模式、外模式和内模式。与之对应的是数据库的三级结构，即全局逻辑结构、局部逻辑结构和物理存储结构。

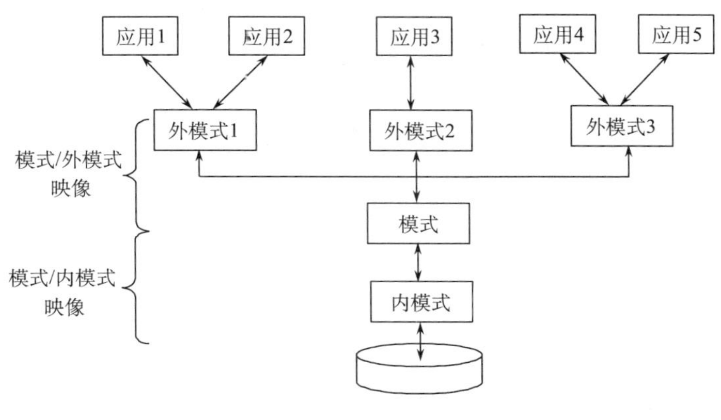

图 6-4　模式关系图

4）数据模型

数据模型是用来抽象、表示和处理现实世界中的数据和信息的工具。从事物的客观特性到计算机里的具体表示用现实世界、概念世界和数据世界来表示。概念世界的术语描述如表 6-5 所示。

表 6-5　概念世界的术语描述

名称	含义
实体	现实世界客观存在并且可以相互区别的事物。实体可以是实际事物，也可以是抽象事件。例如，一个医生的记录
实体集	同一类实体的集合。例如，全体医生的记录构成一个完整的医生表，是一个实体集
属性	描述实体的特性称为属性。例如，医生的编号、姓名、性别、职称、科室等
关键字	如果某个属性或属性组合的值能唯一地标识出实体集中的每一个实体，可以选作关键字。例如，医生编号是唯一标识医生的不相重复信息，可选作关键字
联系	实体集之间的对应关系称为联系，反映现实世界事物之间的相互关联

现实世界的事物及事物之间存在着联系，这种联系是客观存在的，是由事物本身的性质决定的。概念世界是对客观事物及其联系的一种抽象描述，从而产生概念模型。数据世界是存入计算机系统的数据，是将概念世界中的事物数据化的结果。

数据模型将概念世界中的实体及实体间的联系进一步抽象以便于计算机处理。数据模型分为概念数据模型和基本数据模型。

概念数据模型是按用户的观点对数据和信息建模，是现实世界到信息世界的第一层抽象，主要用于数据库设计。这类模型中最著名的是实体联系模型，简称 E-R 模型。

基本数据模型是按计算机系统的观点对数据建模，是现实世界数据特征的抽象，用于 DBMS 的实现。数据库中最常见的基本数据模型有三种，它们是层次模型、网状模型、关系模型。

① 层次模型：有且仅有一个结点无父结点，此结点是根结点。例如，在运输管理

数据模型中的运输管理无父结点；其他结点有且仅有一个父结点。运输管理分属车辆管理，它的父接点就是运输管理。层次模型如图 6-5 所示。

② 网状模型：允许结点有多于一个的父结点，可以有一个以上的结点无父结点。网状模型适用于表示多对多的联系。例如，供应商与项目、项目与库存间的关系等都是 $M:N$ 的关系，如图 6-6 所示。

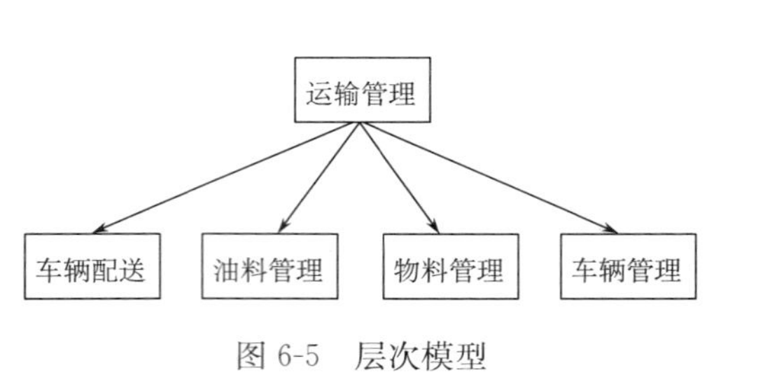

图 6-5　层次模型

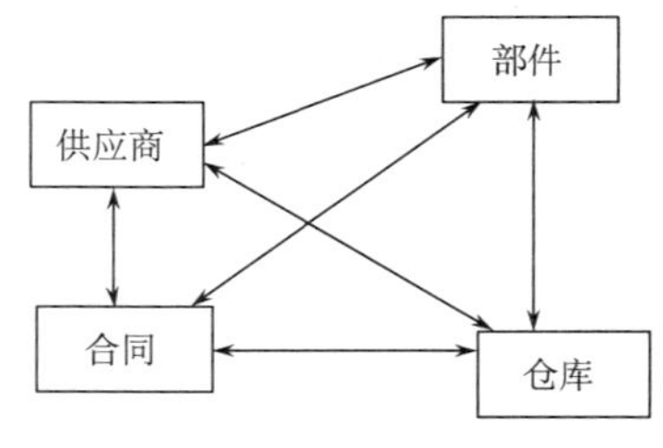

图 6-6　网状模型

③ 关系模型：一个关系的逻辑结构是一张二维表，表示实体和实体之间联系的数据模型称为关系数据模型。关系在磁盘上以文件形式存储，每个字段对应表的一列，每个记录是表中的一行。

关系：一个关系是一张二维表，每个关系有一个关系名。在计算机里，一个关系可以存储为一个数据库文件的表如医生表或患者表。

元组：表中的行称为元组。一行是一个元组，对应表中的一个记录。

属性：表中的列称为属性，每一列有一个属性名，对应数据表中的一个字段如医生编号、姓名、职称等字段。

域：属性的取值范围，即不同元组对同一个属性的取值所限定的范围。例如，在“员工档案”表中“女”或“男”是性别的取值范围，对应“性别”字段的一个域。

候选码：如果某个属性的值能唯一地标识一个元组，就称其为候选码；在关系的多个候选码中，选择一个作为主键-主关键字，作为表中的主键。主键的属性被称作主属性。

外键定义：F 是基本关系 R 的一个或一组属性，但不是关系 R 的候选码，如果 F 与基本关系 S 的主键 Ks 相对应，则称 F 是基本关系 R 的外键。

关键字：属性或属性组合，其值能够唯一地标识一个元组。比如，“医生”表中的“医生编号”字段，“患者”表中的“患者病历号”都唯一地表示一名医生、一名患者，那么它们都可以作为记录的关键字。

关系模式：对关系的描述称为关系模式，其格式为：关系名（属性 1，属性 2，…，属性 N）。一个关系模式对应一个关系的结构。

关系数据模型的操作和完整性约束：关系模型的操作主要包括查询、插入、删除和修改数据等，操作必须参照数据的完整性约束条件。

关系数据模型的存储结构：在关系模型中实体与实体的联系都用表来表示。

对关系数据库进行查询时，若要找到用户关心的数据，就需要对关系进行一定的关系运算。关系运算有两种：一种是传统的集合运算（并、差、交、广义笛卡尔积等）；另一种是专门的关系运算（选择、投影、连接）。

关系运算的操作对象是关系，运算的结果仍为关系。关系代数就是在关系上定义了一些运算，这些运算的结果仍然是关系。关系代数的运算包括四个集合运算，即交（intersect）、并（union）、差（except）和广义笛卡尔积（extended artesian product）；四个关系运算，即选择（select）、投影（project）、连接（join）和除（divide）；以及辅助这些运算的比较运算、逻辑运算。关系代数就是用这些运算表达对关系数据库的各种查询的。专门的关系运算有如下几种：

（1）选择。选择运算是从关系中找出满足条件的那些元组（记录）的运算。其中，条件是以逻辑表达式形式给出的，取值为真的元组将被选取。运算是从水平方向选取满足条件的元组。

例如，从企业员工管理数据库（表 6-6）中找到所有的职务是“驾驶员”的员工记录，记录是在水平方向被读取的，获得的员工记录如表 6-7 所示。

表 6-6　员工表

员工编号	姓名	出生日期	性别	部门	电话	职务
001	白薇	1985-3-3	女	运输部	66576588	调度员
002	邴媛媛	1986-5-5	女	运输部	66576478	调度员
003	曹辉	1987-4-3	男	运输部	66576578	驾驶员

表 6-7　选择运算查询的结果

员工编号	姓名	出生日期	性别	部门	电话	职务
003	曹辉	1987-4-3	男	运输部	66576578	驾驶员

（2）投影。从关系模式中挑选若干属性组成新的关系运算是投影运算。投影运算是从列（字段）的角度进行运算，相当于对关系进行垂直分解。

例如，从“员工”表中选择字段“学号、姓名、部门和职务”，生成关系如表 6-8 所示。

表 6-8　投影运算查询的结果

学号	姓名	部门	职务
001	白薇	运输部	调度员
002	邴媛媛	运输部	调度员
003	曹辉	运输部	驾驶员

(3) 连接。连接运算是将两个关系模式通过共有的属性名拼接成一个更宽关系模式的运算。生成的新关系中包含满足连接条件的元组。运算过程是通过连接条件来控制的，连接条件中将出现两个关系中的公共属性名，也可以是具有相同语义、可比的属性。

例如，将“员工”的基本信息表与“年度考核成绩表”（表 6-9）通过“员工编号”连接，连接结果如表 6-10 所示。

表 6-9 员工年度考核成绩表

员工编号	考核编号	考核成绩
001	001	78
002	002	85
003	004	76

表 6-10 连接运算查询的结果

员工编号	姓名	出生日期	性别	部门	电话	职务	考核编号	考核成绩
001	白薇	1985-3-3	女	运输部	66576588	调度员	001	78
002	郦媛媛	1986-5-5	女	运输部	66576478	调度员	002	85
003	曹辉	1987-4-3	男	运输部	66576578	驾驶员	004	76

(4) 自然连接。自然连接要求在两个关系中进行比较的字段必须是相同的属性组，并且在结果中把重复的属性列去掉。它是去掉重复属性的等值连接，是属于连接运算的一个特例。

例如，把两个相关数据表合并为一，其中一个表是员工基本信息，另一个表是工资管理的基本信息，公共属性是的员工编号，可以通过连接把两个表合并。

5）数据库标准语言

结构化查询语言（structured query language，SQL）是 IBM 公司最早应用于其数据库系统中的。1986 年 10 月，美国国家标准学会对 SQL 进行规范后作为关系数据库管理系统的标准语言 X3H2，1987 年得到国际标准化组织的支持成为国际标准。目前，RDBMS 均采用 SQL 语言，在其产品中都对 SQL 规范作了某些扩充，具体到 SQL 语法上也有些细微差别，但标准 SQL 所要求的主要功能在各 DBMS 产品上都是可以实现的。

SQL 主要功能是数据定义功能、数据操纵功能和数据控制功能，它的基本操作只用了八个动词：CREATE、DROP、SELECT、INSERT、UPDATE、DELETE、GRANT 和 REVOKE。其语言接近自然语言，简单易学，容易使用。SQL 语言按照功能可以分为三大类，如表 6-11 所示。

表 6-11　SQL 语言

功能	作用	基本语句关键词
数据定义语言（data definition language，DDL）	用于定义关系数据库的模式、外模式和内模式，以实现对数据库基本表、视图及索引文件的定义、修改和删除等操作	CREATE DROP ALTER
数据操纵语言（data manipulation language，DML）	完成数据查询和数据更新操作。数据更新指对数据进行插入、删除和修改操作	SELECT，INSERT UPDATE，DELETE
数据控制语言（data control language，DCL）	用于控制对数据库的访问，服务器的关闭、启动等操作	GRANT REVOKE

SQL 的理论基础是关系代数与关系演算。其特点如下：①高度非过程化的语言；②SQL 语言是一体化语言，功能上的核心是数据查询，但还包括了数据定义、数据操纵和数据控制等几部分；③SQL 语法简单，只有几条命令，但功能强大而全面；④SQL可以命令方式直接在命令窗口中使用，也可在程序中以程序方式使用或在事件代码中使用。

2. *数据库管理系统的结构*

数据库管理系统的结构图，如图 6-7 所示。

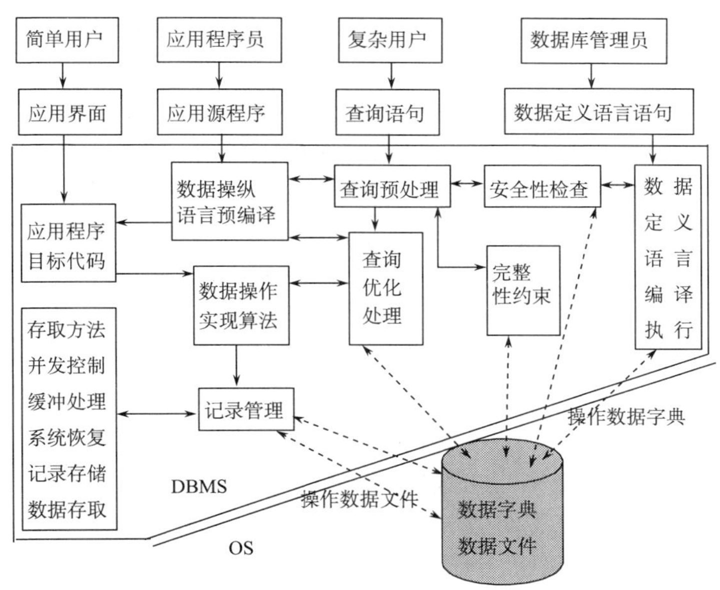

图 6-7　数据库系统的结构图

DBMS 的主要模块功能说明如下：①数据定义语言编译执行模块：对 DDL 作语法及安全性检查，然后更新数据字典的元数据。②查询预处理模块：对 DML 作语法、安全检查和完整性验证。③查询优化处理模块：对查询要求产生优化的执行计划；若模块由复杂用户调用，则把执行计划交给操作模块；若模块由程序用户调用，则把执行计划返回 DML 预编译。④数据操纵语言预编译模块：调用预处理模块作安全检查和完整性验证，调用优化处理模块优化程序中的查询，调用宿主语言编译程序产生程序的目标代码，目标代码执行时调用数据操作模块的算法完成查询。⑤记录管理模块：调用相关模块实现并发控制、系统恢复、缓冲处理、记录存储、存储方法和数据存取等功能。

3. 数据库管理系统的选择

目前，商品化的数据库管理系统以关系型数据库为主导产品，技术比较成熟。从数据库性能、应用支持的范围、伸缩性和并行性来分析，按功能强弱可以将商品化的数据库管理系统产品容量分为小型、中型和大型数据库，如表 6-12 所示。主要的 DBMS 有 SQL Server、Oracle、Sybase 和 DB2，其特性如表 6-13 所示。可以根据各自的特点，根据具体情况选择。

表 6-12 数据库分类

容量	数据库产品	数据组织方式
小型	Access、Visual 、Foxpro、Foxbase、Approach 和 Dbase	关系模型
中型	SQL Server	关系模型
大型	DB2、Informix、Sybase、Oracle 等	关系模型

在物流管理信息系统的建设过程中，DBMS 的选择可从以下几个方面予以考虑：

（1）构造数据库的难易程度。有没有范式的要求；DBMS 语句是否符合国际标准；数据库的容量特性。

（2）程序开发的难易程度。有无计算机辅助软件工程工具 CASE；有无第四代语言的开发平台——第四代语言具有非过程语言的设计方法，用户不需编写复杂的过程性代码；有没有面向用户的易用的开发工具；是否有对多媒体数据类型的支持，这类支持能减少应用程序的开发和维护工作。

（3）数据库管理系统的性能分析。DBMS 的性能分析包括性能评估（响应时间、数据单位时间吞吐量）、性能监控（内外存使用情况、系统输入/输出速率、SQL 语句的执行、数据库元组控制）和性能管理（参数设定与调整）。

（4）对分布式应用的支持。对分布式应用的支持包括数据透明与网络透明程度。数据透明是指用户在应用中不需指出数据在网络中的什么节点上，DBMS 可以自动搜索网络，提取所需数据；网络透明是指用户在应用中无需指出网络所采用的协议，DBMS 自动将数据包转换成相应的协议数据。

（5）数据完整性约束。数据完整性指数据的正确性和一致性保护，包括实体完整性、参照完整性和复杂的事务规则。

（6）可移植性和可扩展性。可移植性指垂直扩展和水平扩展的能力。垂直扩展要求新平台能够支持低版本的平台，数据库客户机/服务器机制支持集中式管理模式；水平扩展要求满足硬件上的扩展，支持从单 CPU 模式转换成多 CPU 并行机模式（SMP，CLUSTER，MPP）。

（7）并行处理能力与并发控制功能。所选的 DBMS 要求支持多 CPU 模式的系统，

表6-13 主流数据库的比较

特性	SQL Server	Oracle	Sybase	DB2
可伸缩性，并行性	并行实施和共存模型并不成熟，很难处理日益增多的用户数和数据卷，伸缩性有限	提供高可用性和高伸缩性簇的解决方案，Oracle的并行服务器对各种UNIX平台的集群机制都有集成	DB SWITCH支持其并行服务器，但技术层面只支持版本12.5以上的ASESERVER	具有很好的并行性。DB2把数据库管理扩充到了并行的、多节点的环境
开放性	只能在Windows上运行，没有丝毫的开放性	能在主流平台上运行（包括Windows）。支持所有的工业标准，采用完全开放策略	能在主流平台上运行（包括Windows）。但早期Sybase与OS集成度不高	能在主流平台上运行（包括Windows）。最适于海量数据在企业级的应用
安全认证	没有获得高级别任何安全证书	获得最高认证级别的ISO标准认证	获得最高认证级别的ISO标准认证	获得最高认证级别的ISO标准认证
性能	多用户时，性能不佳	性能高，保持开放平台下的TPC-D和TPC-C的世界纪录	在UNIX平台下的并发性要优于SQL Server	性能较高适用于数据仓库和在线事务处理
客户端支持及应用模式	C/S结构，只支持Windows客户，可以用ADO、DAO、OLEDB、ODBC连接	多层次网络计算，支持多种工业标准，可以用ODBC、JDBC、OCI等网络客户连接	C/S结构，可以用ODBC、Jconnect、Ct-library等网络客户连接	跨平台，多层结构，支持ODBC、JDBC等客户
使用风险	完全重写代码，经历了长期的测试，兼容较差	长时间的开发经验，能向下兼容，应用广泛，完全没有风险	向下兼容，但是移植有一定风险	在巨型企业得到广泛地应用，向下兼容性好，风险小
操作简便	操作简单，但只有图形界面	较复杂，同时提供GUI和命令行，在WindowsNT和UNIX下操作相同	较复杂，同时提供GUI和命令行，GUI较差	操作简单，同时提供GUI和命令行，在WindowsNT和UNIX下操作相同
价格	便宜	贵	一般	较贵

负载的分配形式，并行处理的颗粒度、范围。对于多任务分布环境，可能会有多个用户点在同一时刻对同一数据进行读或写操作，为了保证数据的一致性，需要由DBMS的并发控制功能来完成。评价并发控制的标准是：保证查询结果一致性方法；数据锁的颗粒度（数据锁的控制范围，表、页、元组等）；数据锁的升级管理功能；死锁的检测和解决方法。

（8）容错能力与安全性控制。异常情况下DBMS对数据的容错处理能力，其评价标准有硬件的容错，即有无磁盘镜像处理功能；软件的容错，即有无软件方法异常情况的容错功能。安全性控制是指安全保密的程度（账户管理、用户权限、网络安全控制和数据约束）。

（9）支持汉字处理能力。汉字处理能力包括数据库描述语言的汉字处理能力（表名、域名、数据）和数据库开发工具对汉字的支持能力。

4. 数据库管理系统的实施与测试

建立实际的数据库结构、装入数据、进行测试和试运行的过程称为数据库的实施。

1）建立实际数据库结构

用具体的数据库管理系统提供的数据定义语言，把数据库逻辑设计和物理设计的结果严格描述出来，作为 DBMS 可以接受的源模式，通过 DBMS 编译成目标模式，执行之后实际的数据库结构就建立起来了。

2）装入试验数据，调试应用程序

实验数据可以是实际的数据，也可以是随机的数据。按确定的目标运行系统，评价运行结果分析，根据分析结果调整结构及性能，运行调整后的系统，再进行分析评价，直到满意为止。

3）装入实际数据

数据库系统的数据量通常是很大的，所以一般是通过系统提供的使用程序或专门的录入程序来完成装入数据的工作。

4）进入试运行

当有部分数据装入数据库后进行联调，这个过程就称为数据库的试运行。若发现问题，则反过来修改物理结构，甚至修改逻辑结构。在试运行阶段，除了对应用程序做进一步的测试之外，重点是执行对数据库的各种操作，实际测量系统的功能和性能指标，检查是否达到设计要求。数据库试运行也称为联合调试，其主要工作包括功能测试（实际运行应用程序、执行对数据库的各种操作、测试应用程序的各种功能）和性能测试（测量系统的性能指标、分析是否符合设计目标）。

6.1.3　系统的软件平台

系统的软件平台即选择和购置物流管理信息系统开发、运行、维护等工作所需的操作系统和开发工具软件。一个好的软件平台必须能够与硬件平台、系统配置环境和网络环境很好地匹配，满足系统的要求，才能保证物流管理信息系统开发和运行更易成功、效率更高和更易维护。系统软件选择一般应遵循的原则是：符合开放式系统、有必要和足够的软件工具支持、能够支持新技术、购买成本低。

1. 操作系统的类型、结构与选择

操作系统按其功能特征的不同，可分为批处理系统、分时系统和实时系统。

批处理系统分为单批道处理系统和多批道处理系统。单批道处理系统是在单处理机系统中，每次只能调用一个用户作业程序进入内存并运行的操作系统。多批道处理系统在计算机系统中能同时运行多个用户作业程序。从宏观上看，多批道处理操作系统能同时运行多个用户程序（作业），这些程序是相互独立的。从微观上看，各道程序轮流使用 CPU，交替运行。这种处理方式，使得在计算机内存中总是同时存在几道程序，系统资源得到较充分的利用。

分时系统是指多个用户分享使用同一台计算机，也就是说把计算机的系统资源（如 CPU）进行时间上的分割，即将整个工作时间分成一个个时间片，从而可以将 CPU 工作时间分别提供给多个用户使用，每个用户依次轮流使用时间片。

实时系统用于控制实时过程，它主要包括实时过程控制和实时信息处理两种系统。其特点是：对外部事件的响应十分及时、迅速；系统可靠性高；一般都是专用系统，为专门的应用而设计。

选择操作系统的第一项要求是硬件配置必须能支持所选择的操作系统，其次必须考虑操作系统是否能够满足对物流系统数据处理（容量、时间等方面）的要求。操作系统还应该有适当的应用软件的支撑，可以完成系统开发、运行、维护等工作，而对操作系统安全性的考虑是保证所开发的物流管理信息系统安全性的基础。

2. 开发工具的类型、结构与选择

物流管理信息系统开发的直接平台，可分为数据库开发工具和第三方开发工具。系统的功能分为后台和前台。后台是大型关系数据库以及数据库管理信息系统，前台是具有对后台访问能力的开发工具。前端访问的开发工具和环境仍处在不断完善和发展之中。数据库前台开发工具一般分为 B/S 结构的开发工具和 C/S 结构的开发工具，如表 6-14 所示。

表 6-14　物流管理信息系统主流开发工具

类别	工具	编写程序环境	特点
B/S	ASP 类： ASP. NET；ASP	文本编辑器，Frontpage，Dreamweaver 和工具自带环境	易学、开发效率高，安全性和跨平台较差，开发工具和运行服务器需要购买
	JSP 类：Java，JSP	文本编辑器，Frontpage，Dreamweaver 和工具自带环境	较难，开发效率一般，安全性和跨平台好，开发工具和运行服务器要大量免费软件
	PHP 类：php	文本编辑器，Frontpage，Dreamweaver 和工具自带环境	一般，开发效率一般，安全性和跨平台一般，开发工具和运行服务器要大量免费软件
C/S	PB	工具自带环境	开发效率高，与 DataBase 结合好，安全性和跨平台一般，开发工具需要购买
	Delphi	工具自带环境	开发效率一般，与 DataBase 结合一般，安全性和跨平台一般，开发工具需要购买
混合	VB VC++	工具自带环境 工具自带环境	开发效率低，与 DataBase 结合较差，安全性和跨平台一般，运行效率高，需要购买

开发工具各有千秋，可以通过系统集成技术和平台集成技术将 B/S 和 C/S 结构融为一体，形成信息平台的三层 B/S 结构。具体要选择什么样的模式结构，应根据具体情况综合分析各种因素，认真地做出选择。在选择开发工具时，应注意以下原则：

（1）开放性。开放性既包括实用软件对操作系统的开放，又包括对各种数据库管理系统的开放。既能充分利用操作系统的资源，提高应用的速度和效率，又能通过各种数据库驱动程序访问服务器上对应的 RDBMS，如 SQL Server、Oracle、Sybase、DB2 等，同时，通过 ODBC 可以访问各种单机数据库，如 FoxPro、Access 和 dBase 等。

（2）易用性。不同的开发人员对工具的偏爱也不同。选择易用的、适合开发者的工具能够缩短在一定网络环境下编程人员的培训时间。

（3）硬件要求和性能。硬件配置必须能支持所选择的开发工具，能够保证数据处理的要求。

（4）支持团队开发。开发工具应该能够使一组开发人员同时对一个项目进行开发。平衡开发速度，以确保开发人员对程序的修改不会重写。

（5）面向对象性。面向对象的方法不仅可以加快开发速度，而且可以简化代码维护。有些工具还提供对象属性和类的等级浏览器、对象库管理器和用于跨目录对象管理的开发人员使用程序。

3. 系统运行的软件构架

基于Web集成式的B/S标准三层结构的企业计算模式是物流管理信息系统的发展方向，适用于Web开发的主流技术有ASP和JSP。

ASP和JSP技术都能使开发者实现通过点击网页中的组件制作交互式的、动态的内容和应用程序的Web站点，但ASP仅支持组件对象模型COM，而JSP技术提供的组件都是基于JavabeansTM技术或JSP标签库。JSP技术依附于一次写入之后，可以运行在任何具有符合JavaTM语法结构的环境。JSP技术能够运行在任何Web服务器上，并且支持来自多家开发商提供的各种各样工具包。所以，JSP具有超强的平台和服务器的独立性，而ASP是基于ActiveX控件技术提供客户端和服务器端的开发组件，因此，ASP技术基本上局限于微软的操作系统平台之上。

JSP组件（企业JavabeansTM，或定制的JSP标签）都是跨平台可重用的。企业Javabeans组件可以访问传统的数据库，并能以分布式系统模式工作于UNIX和Windows平台。JSP技术的标签可扩充功能为开发人员提供简便的与XML兼容的接口。这种基于组件的模式对提高应用程序的开发效率很高，能使开发人员利用快捷的子组件快速创建模板应用程序，然后再整合一些附加功能以后便可使用。像这样有效的方法在JSP中无处不在，并可将其打包成一个Javabean或一个工业标准化的Javabean组件，如图6-8所示。

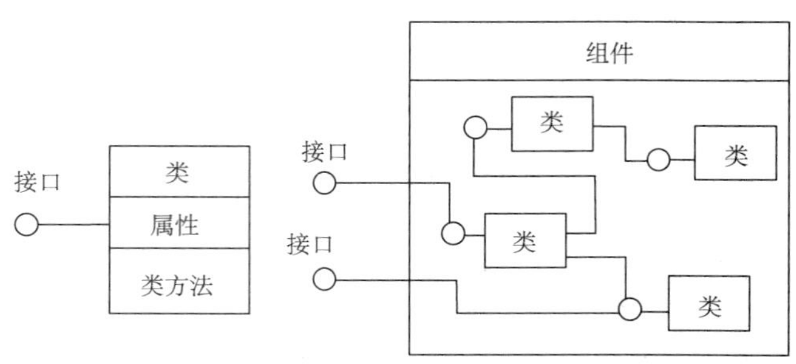

图6-8　类和组件图

Java2平台即企业版（J2EE）是适用于多企业应用程序的Java结构。作为J2EE的部分，JSP网页可访问所有J2EE的组件，包括Javabeans，企业级Javabeans及Java Servlets。JSP网页都能完全编译成为Servlets。EJB（enterprise java bean）定义在J2EE内部用于创建服务器端应用程序商业逻辑的基本机制。J2EE平台内容不仅包括管理复杂的企业应用程序，而且包括事务管理技术和 Pooling 资源管理技术。J2EE 支持两种 CORBA 规范的技术：Java IDL 和 RMI-IIOP。在企业级 Javabeans 技术支持下，JSP 网页通过运用高级的、对象映射的方式访问数据库。因为 JSP 技术是基于 Java 的开放性过程的产品，因此它能够广泛支持不同提供商提供的工具、Web 服务器和应用程序的服务。

系统后台数据库的连接通过 JDBC 将开发技术和数据库技术结合起来，为前台的访问提供了有力的支持。Oracle、Sybase、SQL 关系型分布式数据库，为搭建 B/S 模式的物流管理信息系统平台提供了强大的开发工具。多种物流技术的无缝集成使物流管理信息系统的应用更有价值。系统的软件构架如图 6-9 所示。

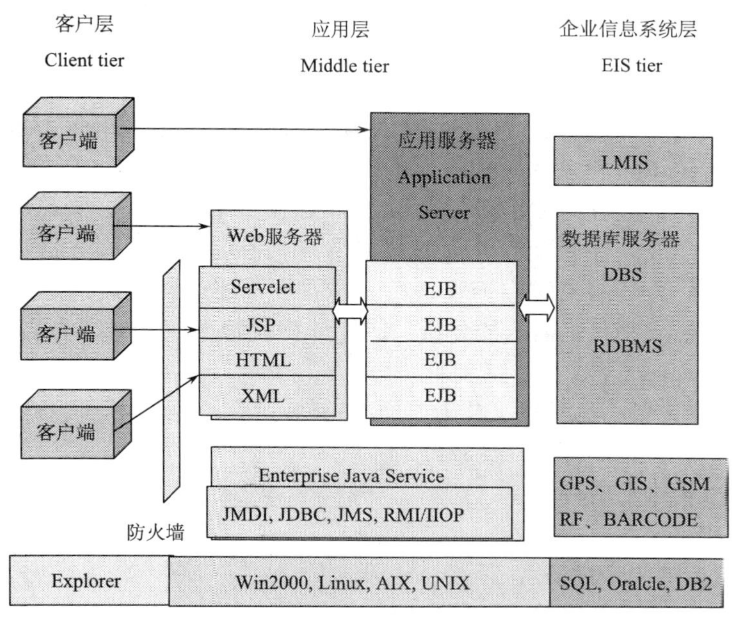

图 6-9　系统软件构架

6.1.4　系统的硬件平台

系统的硬件平台以方便、实用为目的，注重系统的安全与可靠性、技术和设备的先进性，在保证系统功能及其结构先进与可扩充的前提下，考虑计算机硬件性能价格比高的设备。一般硬件选型应遵循以下原则：选择通用机型；满足应用的处理速度要求；采用的系统结构应当是先进的、开放的体系结构；支持所选择的软件平台的能力；厂家或供应商的技术服务与售后服务好；操作方便。

1. 计算机与服务器

对计算机的选择主要取决于数据处理方式和运行的软件系统，考虑计算机内存，CPU 时钟，输入、输出和通信通道数目，显示方式，外接转储设备及其类型。硬件的选择必须与网络操作系统和数据库管理系统的选择统筹考虑。

服务器的配置要注意可管理性、可用性和容错性。服务器是这一系统建设中的关键资源，因为整个系统的建设过程会涉及各种复杂的系统，它们都需要运行在一个可靠、稳定的服务器平台之上。服务器可以分为面向对象计算类的、面向应用系统的、面向通信与网络的等。由于多用户同时使用，数据库服务器通常要求有较好的并行处理能力，对于集中式数据库，有较高的磁盘流量与较大的磁盘容量，可以考虑磁盘阵列设备与数据备份设备。分布式数据库则要求较高的网络速率，安全要求是对服务器提出相应密钥与可信赖操作系统的安全级别要求。

计算机终端设备是可在多用户操作系统下享用主机软硬件资源并可与主机实时通信的信息设备。计算机终端必须与主机联机方能工作。终端往往只负责前台的输入输出工作，而整个系统上功能的提升都在后台进行。根据实用和经济原则，可以选用较低档次的兼容机或无盘和有盘工作站等。

2. 数据采集设备的选择

高效的数据采集技术能加快信息流的流动。数据采集是指从传感器和其他待测设备等模拟和数字被测单元中自动采集信息的过程。数据采集设备可以实现数据采集的功能。除了计算机内部应有的数据采集设备，如U盘、采集模块、液晶屏幕、操作键和用于远程传输的总线，还应配有外部的数据采集设备，如后台服务器、条形码采集设备、数据采集器、现场的实时扫描设备、显示看板等通过网络连接起来的数据采集系统。通过对管理需求和技术需求的分析，能保证物流管理信息系统有高效的数据采集、处理和传输能力。

1）数据采集设备需具备以下几个方面的条件

（1）产品的稳定性和扩展性比较好。

（2）实时性要求比较高。

（3）性能价格比高。

2）常用数据的采集设备

常用的数据采集设备有条形码阅读器、射频阅读器、键盘、鼠标、读卡机、磁性墨水识别器、光电阅读器、扫描仪等。不同的输入方式应用的采集设备也不相同。

3. 数据输出设备的选择

数据输出设备是人与计算机交互的一种部件，用于数据的输出。它把各种计算结果数据或信息以数字、字符、图像、声音等形式表示出来，常见的有显示器、打印机、绘图仪、影像输出系统、语音输出系统、磁记录设备等。

输出设备是直接与用户打交道的，其选型的好坏直接关系到系统能否正常运转，因此，在输入、输出设备的选型上要考虑到诸如外观、性能、质量、是否操作方便等有关方面。

常用输出设备有显示终端、打印机、磁带机、绘图仪、多媒体设备、缩微胶卷输出器等，常见输出介质有纸张、磁盘、磁带、光盘、多媒体介质等。设计时应考虑这些设备和介质的特点，结合用户的要求及资金等情况进行选择。

6.2　系统总体结构

系统的总体结构设计，是指在系统分析的基础上，对整个系统在结构上的划分，根据软硬件环境的配置和确定子系统与模块的处理流程，对新系统的总体结构和可利用的资源进行宏观设计。

系统总体结构设计的原则有：①分解-协调原则；②自顶向下原则；③信息隐蔽、抽象原则；④一致性原则；⑤明确性原则；⑥模块之间的耦合尽可能小，模块内部组合要尽可能紧凑；⑦模块的扇入系数和扇出系数要合理；⑧模块的规模适当。

系统总体结构设计的评价指标有：

（1）系统的正确性。

（2）系统的可靠性。包括系统的容错能力、恢复能力、安全性和保密性等。可靠的系统的平均故障间隔时间长，恢复能力强的系统平均排除故障所用的修理时间短。

（3）系统的运行效率。系统的响应时间和处理速度反映了系统的运行效率。

（4）系统的可移植性和可修改性。可移植性是指系统可以不作改动或仅作少量改动就可在不同的硬件或软件环境中运行。

（5）系统对用户的友好性。

6.2.1　系统的模块设计

结构化系统设计思想是将系统自顶向下划分为若干个子系统，而子系统又划分为模块，模块又划分为子模块，层层划分直到每个模块能够作为计算机可执行的单独程序为止。一个程序、一个系统都可以由一组功能操作构成，而任何计算机程序都可以用顺序结构、分支结构和循环结构组成。因此，系统可以看作是功能模块的集合，对其模块之间的关系进行设计。

结构化系统设计方法采用结构图（structure chart，SC），用于描述系统模块结构的图形工具，它不仅描述了系统的子系统结构分层的模块结构，清楚地表示每个模块的功能，而且直观地反映了块内联系和块间联系等特性，因此，结构图给出了系统功能的层次结构，功能图就是结构图的简化。

1. 模块的定义及划分

1）模块的定义

模块是指可以组合、更换和分解的单元，是组成系统便于处理的基本单元。把一个信息系统设计成若干模块的方法称为模块化。其基本思想是将系统设计成由相对独立、单一功能的模块组成的结构，从而简化研制工作，防止错误蔓延，提高系统的可靠性。在这种模块结构图中，模块的调用关系非常明确、简单。每个模块可以单独的被理解、编写、调试、查错与修改。模块结构整体上具有较高的正确性、可理解性与可维护性。

模块应具备以下四个要素：

（1）输入和输出。模块的输入来源和输出去向都是同一个调用者，一个模块从调用者取得输入，加工后再把输出返回调用者。

（2）功能。模块把输入转换成输出所做的工作。

（3）内部数据。仅供该模块本身引用的数据。

（4）程序代码。用来实现模块功能的程序。

前两个要素是模块的外部特性，即反映模块的外貌，后两个要素是模块的内部结构特性。在结构化设计中，首先关心的是外部特性，其内部特性只做必要了解，具体的实现将在系统实施阶段完成。

2）模块结构图符号

系统中的任何一个处理功能都可看成一个模块，也可以理解为用一个名字就可以调用的一段程序语句。模块结构图主要关心的是使系统的外部属性，即上下模块、同级模块之间的数据传递和调用关系，与模块的内部无关。它是结构化系统设计中描述系统结构的图形工具。作为一种文档，必须严格地定义模块的名字、功能和接口，同时，还应当在模块结构图上反映出结构化设计的思想。模块结构图由模块、调用、数据、控制和转换等五种基本符号，如图 6-10 所示。

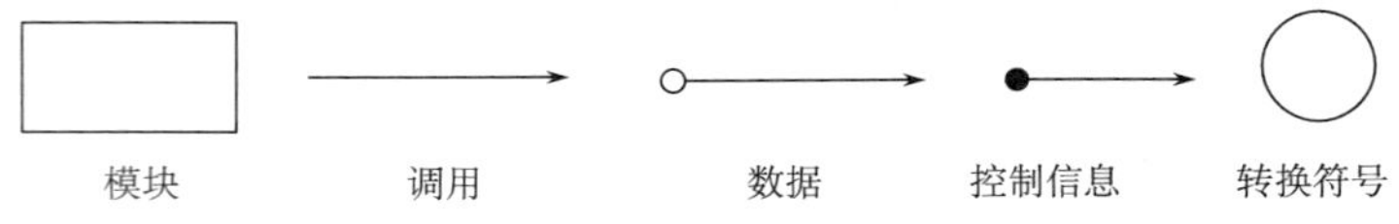

图 6-10　模块结构图的基本符号

（1）模块。这里的模块指用一个名字就可以调用的一段程序语句，长方形中间标上能反映模块处理功能的模块名字。

（2）调用。在模块结构图中，用连接两个模块的箭头表示调用，箭头总是由调用模块指向被调用模块，但是应该理解成被调用模块执行后又返回到调用模块。

一个模块是否调用一个从属模块，取决于调用模块内部的判断条件，该调用称为模块间的判断调用，采用菱形符号表示。如果一个模块通过其内部的循环功能循环调用一个或多个从属模块，则该调用称为循环调用，用弧形箭头表示。调用、判断调用和循环调用的示意图如图 6-11 所示。

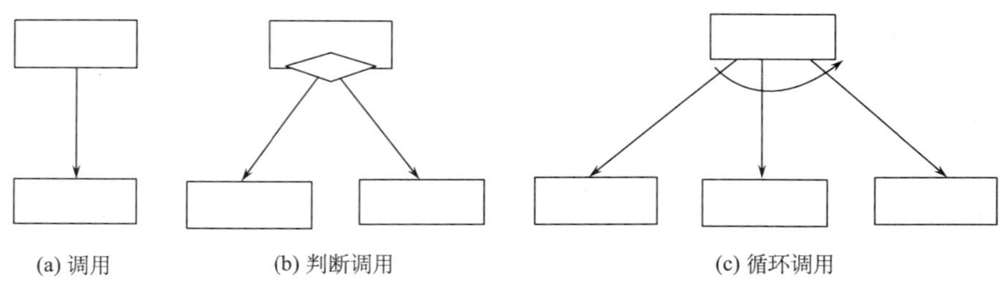

图 6-11　模块调用示例

（3）数据。当一个模块调用另一个模块时，调用模块可以把数据传送到被调用模块处处理，而被调用模块又可以将处理的结果送回调用模块。在模块之间传送的数据，使用与调用箭头平行的带空心圆的箭头表示，并在旁边标上数据名。

（4）控制信息。为了指导程序下一步的执行，模块间有时还必须传送某些控制信息。例如，数据输入完成后给出的结束标志，文件读到末尾产生的文件结束标志等。控制信息与数据的主要区别是前者只反映数据的某种状态，不必进行处理。在模块结构图中，用带实心圆的箭头表示控制信息。

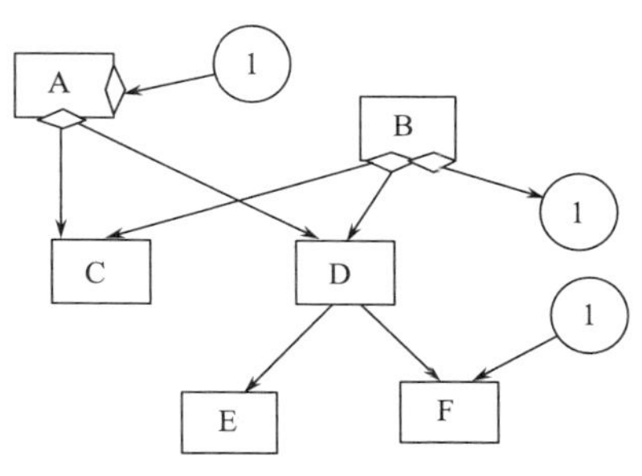

图 6-12　转接符号的使用

（5）转接符号。当模块结构图在一张图上画不下，需要转接到另外一张纸上，或者为了避免图上线条交叉时，都可以使用转接符号（圆圈内加上标号），如图 6-12 所示。

系统总体结构设计的实质是合理划分与组织模块。一个复杂的系统首先可以分为几个大模块，而每个大模块又可以分为不同层次的多个模块。模块应具有单一功能，并且与其他模块没有过多交互作用。模块化程度较高的系统其功能易于实现，接口简单，系统的开放、测试、维护和修改都比较容易。

3）模块的耦合和聚合

模块的独立性可以用聚合和耦合两个定量准则来度量。

（1）耦合。模块与模块之间的连接形式称为耦合。耦合由弱到强可以分为五种：数据耦合（模块之间传递数据元素所引起的耦合）；特征耦合（模块之间传递数据结构所引起的耦合）；控制耦合（模块之间由于相互调用所引起的耦合）；公共耦合（模块之间由于共享数据区所引起的耦合）；内容耦合（一模块与另一模块内部数据相关所引起的耦合）。数据耦合是不可避免的，特征耦合有时采用，必要时候采用控制耦合和公共耦合，坚决避免内容耦合。

为了减少模块间的耦合程度，可以采用下列措施：①在耦合方式上，可以通过过程或函数调用而不采用直接引用。前者使模块之间只有调用参数的传递，因此关系简单、清晰，不易发生错误。②在传递信息类型上，应尽量使用数据耦合，而少采用控制耦合。控制/数据型的信息传递是指在某个模块中修改另一个模块的指令信息，这对修改模块来说是数据，而对被修改模块来说则是控制。这种类型的耦合程度最高，应坚决避免使用。③在耦合数量上，模块间相互调用时模块间传递参数的个数最好只有一个，在大多数情况下，2～4 个也就足够了。

（2）聚合。聚合是模块内部的集会程度，表示该模块功能的相对强度。一般按功能的强度从强到弱包括七类：功能聚合（最好）、顺序聚合、通讯聚合、过程聚合、时间聚合、逻辑聚合和机械聚合。如果一个模块内存在着多种聚合，模块的聚合按等级最差的聚合来分类。

耦合和聚合是相互联系的。系统中每个模块的聚合度越高，耦合度就越低，反之亦然。划分系统模块时，应使模块之间的尽可能独立，使模块内联系尽量大，模块间联系尽可能小。功能模块应逐层分解、细化，直至形成若干可编程的模块。当然，还要注意模块的功能、规模、模块的出入口等诸多因素。划分模块尽量做到高聚合、低耦合，使得所设计的系统具有较高的独立性，从而方便系统实施与维护。

4）模块的划分与模块评价原则

一般情况下，模块按照功能划分，所得到的模块称为功能模块。

系统应用软件结构所表现出来的形状是“形态”，软件结构形态可以用四个参数表示，即深度、宽度、扇入和扇出。

（1）深度用来衡量软件调用其他模块的最多层次，用于简单描述系统的规模和复杂度。

（2）宽度用来衡量软件结构中模块划分的粒度大小，若粒度过细，则宽度可能会较大。

（3）扇入用来衡量某模块被其他模块调用的情况，若有 n 个其他模块调用模块 A，模块 A 的扇入系数为 n。

（4）扇出用来衡量某个模块调用其他模块的调用情况，若模块 A 调用 m 个其他模块，则模块 A 的扇出系数为 m。过高的扇出系数会使模块执行复杂。

这四个形态参数是相互影响的。例如，宽度大，深度可能小；宽度小，深度可能大。扇入系数越大越好，但可能加深模块的复杂度。扇出系数一般不宜超过七，各个参数过小过大都不合适，要适中。模块的划分取决于设计者。因此，设计者应该根据系统逻辑模型特别是其中的功能模块，完成应用软件的结构设计，使系统有适当的深度、宽度、扇出和扇入系数，保证模块有较高的聚合、较低的耦合。

2. 结构图和模块说明书的设计

结构图所表示的模块结构的耦合和聚合代表了系统的一种静态结构，它指出了模块间是否有关系，是否相互影响。与数据流程图不同的是结构图表现的是层次、上下级模块的调用和控制关系，而它的设计是根据系统的数据流，定义一组不同的映射，对系统功能模块进行分解和扩展，合理地将数据流程图转换为系统的结构图。

在系统分析阶段得到的由分层 DFD 以及 DD 表示的新系统功能模型，在系统的设计阶段的主要任务就是将分层 DFD 以及 DD 中的处理逻辑说明转换/映射为模块结构图和模块说明书。

1）映射策略与选择

细化模块常用的映射策略有变换分析、事务分析和混合结构分析。

（1）变换分析映射策略。变换分析映射策略是按照（输入-处理-输出）的方式，根据 DD 中处理逻辑的说明，将某处理逻辑分为输入部分、加工部分、输出部分，即得到叶子的下一层模块，然后再逐一对输入部分、加工部分、输出部分分别划分模块，设定模块的调用参数和返回数据。若物流管理信息系统作为企业数据处理的要求，即单纯地完成数据录入、存储、加工、传输、输出，而不涉及流程，则 DFD 就是按照“输入-处理-输出”来设计的，是描述“输入-处理-输出”的数据流，因此适合采取变换分析映射策略。

（2）事务分析映射策略。事务分析映射策略是根据活动的序列得到初始结构图，然后分析每个活动，分解出相应细节，由此细化活动的模块。若物流管理信息系统只作为企业运行平台要求，则 DFD 就是按照企业流程来设计的，是描述企业流程中活动的实现，因此适合采取事务分析映射策略。

(3) 混合结构分析映射策略。混合结构分析是将变换分析和事务分析结合起来使用，以前者为主，以后者为辅的映射策略。首先找到系统输入、主加工的输出，用变换分析法设计模块结构图的上层。然后，根据 DFD 各个部分的特点，适当进行变换分析和事务分析，就可以导出结构图。若物流管理信息系统既有企业数据处理的要求，又有企业运行平台的要求，可以采用混合结构分析映射策略。

2) 转换步骤

将分层 DFD 映射为初始结构图。

细化叶子模块。根据 DD 中处理逻辑说明，将初始结构图中的叶子模块细化，得到每个叶子模块的结构图。细化的原则：顶层模块负责控制处理服务，实际数据处理较少；下一层模块控制处理服务较少，实际数据处理较多。将叶子模块的结构图合并到初始结构图，得到扩展后的结构图。优化扩展后的模块结构图，根据模块化的高聚合、低耦合的原则，优化扩展后的模块结构图，获得最终模块结构图。

实例：图 6-13 为第三方物流管理信息系统仓储管理，图 6-14、图 6-15 为其部分结构图，它们均采取事务分析策略结构。细化每个处理逻辑的结构图后，再根据模块的原则，优化结构图，最终得到系统的结构图。

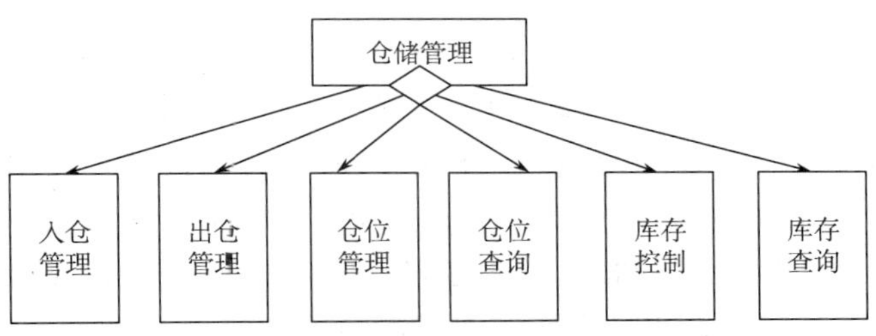

图 6-13　“仓储管理”结构图之一

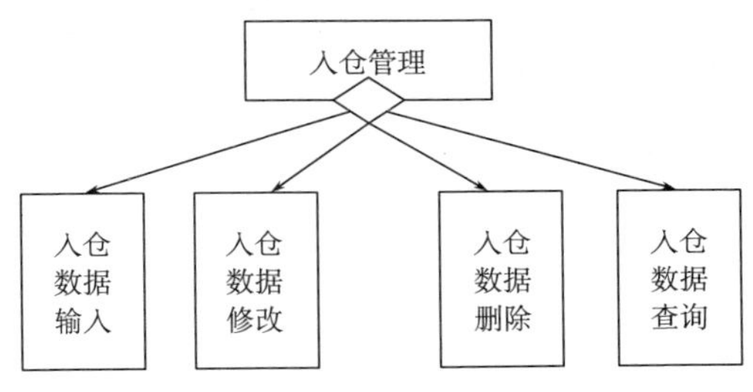

图 6-14　“仓储管理”结构图之二

3) 模块说明书

模块结构图只描述了模块的外部属性，却没有描述模块的内部属性，因此要利用“模块说明书”完成对每个模块的详细设计。

①模块标识必须是唯一的；②“属于企业规则”是否为 n 层 C/S 计算模式设置的，

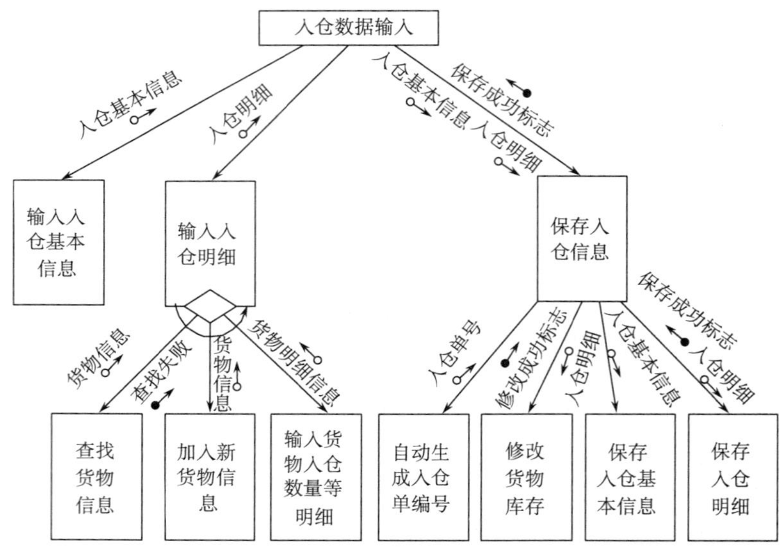

图 6-15　“仓储管理”结构图之三

若是，则“所属子系统”就不填写；③“主要功能”简单描述模块的功能；④“调用模块”为该模块需要调用的其他模块的清单；⑤“被调用模块”为该模块被其他模块调用的清单；⑥“输入”为调用该模块的输入数据；⑦“输出”为该模块的输出数据；⑧“相关数据表”为该模块完成指定功能所涉及的数据表或数据文件；⑨“主要内部变量”为模块内部的主要变量；⑩“算法”为实现指定功能的具体算法，可以用伪语言等方式表述。模块说明书的格式如表 6-15 所示，表 6-16 为“入仓配车”的模块说明书。

表 6-15　模块说明书

模块标识	所属子系统	属于企业规则	是/否
模块名称			
主要功能			
调用模块			
被调用模块			
输入			
输出			
相关数据表			
主要内部变量			
算法			
设计者：	设计日期：	版本：	

表 6-16 入仓配车管理模块说明书

模块标识	RC-002	所属子系统	仓储管理子系统	属于企业规则	是/否
模块名称	入仓配车管理				
主要功能	计算本次入仓的总体积和总重量，安排运输类型和车辆类型				
调用模块	入仓资料管理				
被调用模块					
输入	选择车辆类型				
输出	入仓货物的总体积、总重量、指令单号				
相关数据表	入仓货物部件清单、客户订车单				
主要内部变量	货物体积、货物重量、货物数量				
算法	调用入仓货物的体积、重量、数量，计算出入仓货物的总体积、总重量；根据货物的总体积、总重量安排运输类型及车辆类型；将订车单传输到运输部门				

设计者： 设计日期： 版本：

6.2.2 系统的功能设计

系统的功能图主要用来描述系统的功能块，说明参与者和功能之间的关系。功能图的目的是定义清晰的功能块而不是解释系统的内部结构。第三方物流管理信息系统仓储管理模块的功能设计如图 6-16 所示。

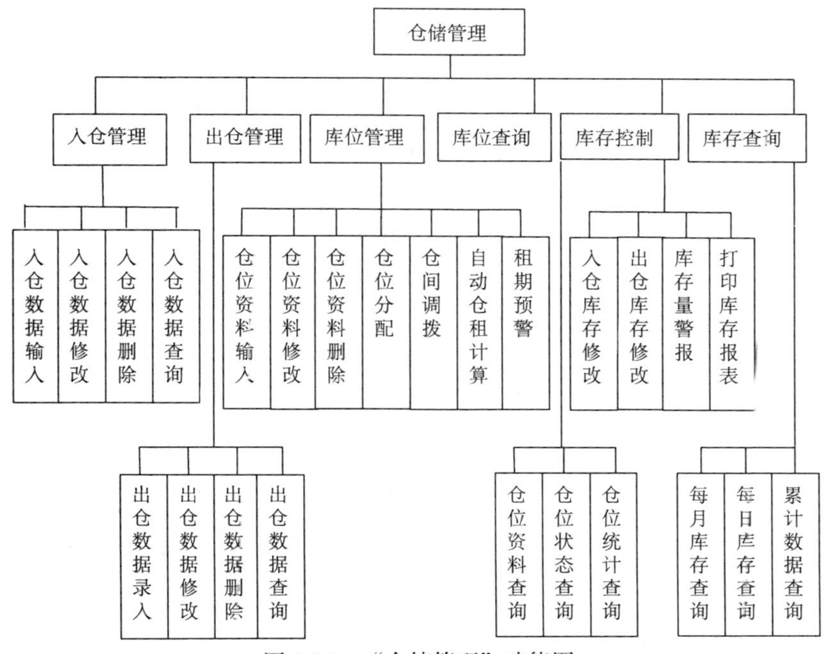

图 6-16 “仓储管理”功能图

6.3 物流管理信息系统的详细设计

完成系统总体结构设计之后，物流管理信息系统详细设计的任务是设计每个模块的实现细节和局部数据结构。具体包括系统输入输出（I/O）设计、数据库设计、代码模型设计、安全设计及相关文档和报告的编写。

6.3.1 输入设计

在实现系统开发过程中输入设计所占的比重较大。一个好的输入设计能为今后系统运行带来很多方便，可以为用户和系统双方带来良好的工作环境，从而保证向系统输入正确的数据。

1. 输入设计应遵循的原则

1）可靠性

输入操作应尽可能简单，提示应简单明了；设置容忍用户操作上的失误，并有允许用户改正的机制；给出运行状态提示，防止错误积累；检测用户错误，屏蔽输入错误。

2）简单性

在数据输入过程中应尽可能减少操作员的击键次数，可采用启发式和交互式的操作过程以提高输入速度。例如，对于一些信息比较固定的数据，像产品名称、产品代码、单位名称、单位代码等可事先将其放在下拉列表或弹出式列表中，当输入到这些数据时，可让用户在列表中选择相应的项目输入，既可加快输入速度，又可提高输入数据的准确性。

3）易学易用性

对初学者来说，可采用以计算机为主导的对话方式，减少用户回答或操作的难度，多采用菜单、按钮等方式。对于计算机专业人员来说，可以选用以人为主导的命令方式。为了方便用户，还可在必要的地方设置帮助功能。

4）输入界面应简单明了、色彩适中、风格统一

由于操作人员需要长期使用系统，因此，在系统输入及人机界面设计时应充分考虑到人作为信息处理器的特点。一方面，界面上要安排足够的提示信息来引导操作，并使提示信息尽可能简单明了，用户容易理解输入要求，并能进行正确的输入操作；另一方面，由于操作员输入数据时可能在屏幕前长时间工作，因此，输入界面的色彩和亮度搭配应避免引起操作员的视觉疲劳及情绪烦躁；其三，界面采用统一风格可使操作员缩短培训与学习的时间，尽快掌握系统使用的方法。

5）快速响应性

一个良好、高效的输入界面对用户所有的输入和任务请求都能立即响应并作出反馈，这个反馈响应时间也称为系统延迟，它取决于系统软硬件的性能。响应时间超过15秒，用户会感到空闲或疑问，应尽量避免，实在无法避免时，应给予提示等待或系统工作状态进展提示信息等辅助界面，以分散用户等待的焦急情绪。

2. 输入格式设计与约束规则设计

1）输入格式设计

在我们实际设计数据输入时（特别是大批量的数据统计报表输入时）常常遇到统计报表（或文件）结构与数据库文件结构不完全一致的情况。如有可能，应尽量改变统计报表或数据库关系表二者之一的结构，并使其一致，以减少输入格式设计的难度。现在还可采用智能输入方式，由计算机自动将输入送至不同表格。

2）约束规则的设计

约束规则的设计通常由输入数据内容、输入方式设计和校对方式设计来决定。

输入数据内容取决于所需输出信息的内容，因此，输入数据内容的确定应根据输出设计来确定系统都需要哪些数据输入，包括数据项名称、数据类型、精度、取值范围等。为了减少输入数据的错误，避免数据重复输入，输入量应保持在满足处理要求的最低限度。

输入方式的设计主要是根据总体设计和数据库设计的要求来确定数据输入的具体形式。常用的输入方式有：键盘输入，模/数、数/模输入，网络数据传送，磁/光盘读入等几种形式。通常在设计新系统的输入方式时，应尽量利用已有的设备和资源，避免大批量的数据重复多次地通过键盘输入，因为键盘输入不但工作量大、速度慢，而且出错率较高。

（1）键盘输入。键盘输入方式（key-in）包括联机键盘输入和脱机键盘输入。它们主要适用于常规、少量的数据和控制信息的输入以及原始数据的录入。这种方式不大适合大批中间处理性质的数据的输入。

（2）数模/模数转换方式。数模/模数转换方式（A/D，D/A）的输入是目前比较流行的基础数据输入方式。这是一种直接通过光电设备对实际数据进行采集并将其转换成数字信息的方法，是一种既省事又安全可靠的数据输入方式。

（3）网络传送数据。这既是一种输出信息的方式，又是一种输入信息的方式。对下级子系统它是输出，对上级主系统它是输入。使用网络传送数据既可安全、可靠、快捷地传输数据，又可避免下级忙于设计输出界面，上级忙于设计输入界面的盲目重复开发工作。

（4）磁盘传送数据。即数据输出和接收双方事先约定好待传送数据文件的标准格式，然后再通过软盘/光盘传送数据文件。这种方式不需要增加任何设备和投入，是一种非常方便的输入数据方式，它常被用在主-子系统之间的数据连接上。

在输入时校对方式的设计是非常重要的。特别是针对数字、金额数等字段，没有适当的校对措施做保证是很危险的。因为从理论上来说，操作员输入数据时所发生的随机错误在各个数位上都是等概率的。对一些重要的报表，输入设计一定要考虑适当的校对措施，以减少出错的可能性。常用校对方式如下：

（1）人工校对。输入数据后再显示或打印出来，由人来进行校对。这种方法对于少量的数据或控制字符输入还可以，但对于大批量的数据输入就显得太麻烦，效率太低。这种方式在实际系统中很少有人使用。

（2）二次键入校对。二次键入是指一种同一批数据两次键入系统的方法。输入后系统内部再比较这两批数据，如果完全一致则可认为输入正确，反之则将不同部分显示出来有针对性地由人来进行校对。这是数据录入中心、信息中心录入数据时常用的方法，该方法可以用于任何类型的数据符号。二次键入在同一个地方出错一致的可能性概率极小。

（3）数据平衡校对。这种校对方法常用在对财务报表和统计报表等这类完全数字型报表的输入校对中。具体做法是：在原始报表每行每列中增加一位数字小计字段（在这类报表中一般本来就有），然后在设计新系统的输入时再另设一个累加值，先让计算机将输入的数据累加起来，然后再将累加的结果与原始报表中的小计自动比较。如果一致，则可认为输入正确，反之，则拒绝接受该数据记录。当同一记录中几个数同时输错，而累加后结果仍正确时出现的可能性也是很小的。

6.3.2 输出设计

从系统开发的角度看，输出决定输入，即输入信息只有根据输出要求才能确定。输出是系统产生的结果或提供的信息。对于大多数用户来说，输出是系统开发的目的和评价系统开发成功与否的标准。因此，一个好的输出设计可以为管理者提供简捷、明了、有效、实用的管理和控制信息。

1. 显示设备的输出格式设计

显示设备的输出格式常由输出设计的内容、输出方式决定。

输出设计的内容由用户的需求决定，包括有关输出信息使用方面的内容、信息的使用者、使用目的、报告量、使用周期、有效期、保管方法和复写份数等。

输出信息的内容，包括输出项目、位数、数据形式（文字、数字）。

输出格式，如表格、图形或文件。

输出设备，如打印机、显示器、卡片输出机等。

输出介质，如输出到磁盘还是磁带上，输出用纸是专用纸还是普通白纸等。

在系统设计阶段，设计人员应给出系统输出的说明，这个说明既是将来编程人员在软件开发进行实际输出设计的依据，也是用户评价系统实用性的依据。因此，设计人员要能选择合适的输出方式，并以清楚的方式表达出来。输出方式主要有以下几种：

（1）表格信息。表格信息以表格的形式提供，一般用来表示详细的信息，根据应用的需要，可以采用预印表格、打印多层表格等。

（2）图形信息。物流管理信息系统用到的图形信息主要有直方图、圆饼图、曲线图、地图等。图形信息在表示事物的趋势、多方面的比较等方面有较大的优势，可以充分利用大量历史数据的综合信息，表示方式直观，常为决策用户所喜爱。

（3）图标。图标也用来表示数据间的比例关系和比较情况。由于图标易于辨认，无需过多解释，在信息系统中的应用也日益广泛。

（4）其他输出方式。输出方式还包括报告和由不同输出设备产生的不同输出方式等。

为了提高系统的规范化程度和编程效率，在输出设计上应尽量保持输出内容和格式的统一性，即同一内容的输出，对于显示器、打印机、文本文件和数据库文件应具有一致的形式。显示器输出用于查询或预览，打印机输出提供报表服务，文本文件格式用于为办公自动化系统提供剪辑素材，而数据库文件可满足数据交换的需要。

2. 报表打印的设计

除了屏幕输出外，打印报表是用户获取信息的另一条重要途径。它提供了用多种多样的方式显示表的内容，而且不需要进行任何的编程，可以用极少量的工作就能使你的项目取得显著的进展。一般来说，对于高层领导或宏观、综合管理部门，则应该使用图形方式给出比例或综合发展趋势的信息为宜，而对于基层或具体事物的管理者，应用报表方式给出详细的记录数据。

通常一个覆盖整个组织的信息系统，输出报表的种类都有百种。在实际工作时常常是在确定了报表的种类和格式之后，开发出一个报表模块，并由它来产生和打印所有的报表。这个报表模块的原理如图 6-17 所示，由两部分组成：①左格式部分，定义完后将其格式以一个记录的方式存于报表格式文件中；②右边是打印报表部分，它首先打开文件读出已定义的报表各列于菜单中，供用户选择，当用户选中某个报表后，系统读出该报表的格式和数据并进行打印。

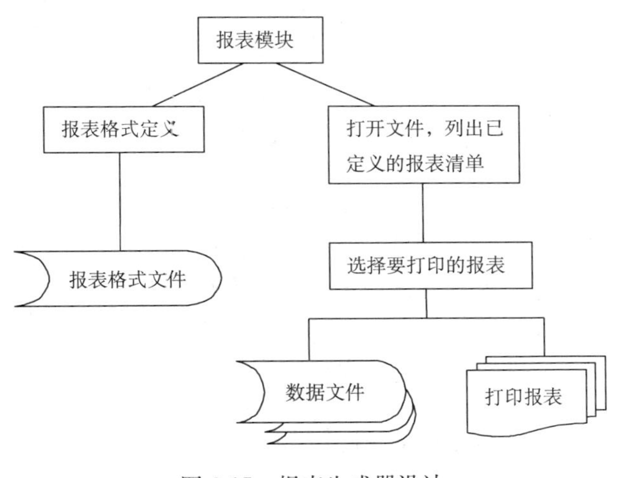

图 6-17　报表生成器设计

6.3.3　界面设计

用户界面是系统与用户之间的接口，也是控制和选择信息输入输出的主要途径。用户界面设计应坚持友好、简便、实用、易于操作的原则，尽量避免过于烦琐和花哨。例如，在设计菜单时应尽量避免菜单嵌套层次过多，菜单最好是二级、三级就可以了。根据系统详细设计的要求，界面设计包括人机对话设计、出错提示设计和界面的集成设计。

1. 人机对话的设计

人机对话问题通常的处理方式是让系统开发人员根据实际系统操作过程将对话语句

写在程序中。最为常见的对话方式有：

（1）提示和警告性的信息。当用户操作错误时，系统向用户发出提示和警告性的信息。

（2）操作提示。为了操作使用方便，常常把操作提示和要点同时显示在屏幕的旁边，当系统执行用户操作指令遇到两种以上的可能时，系统提请用户进一步地说明。

2. 出错提示的设计

出错提示设计方法是将整个系统操作说明书全部送入到系统文件之中，并设置系统运行状态指针。当系统运行操作时，指针随着系统运行状态来改变，当用户按“求助”键时，系统则立刻根据当前指针调出相应的操作说明。调出说明后还请求进一步详细说明的方式，可以通过标题来索引具体内容，也可以通过选择关键字方式来索引具体的内容。

3. 界面的集成设计

用户界面设计是系统与用户之间的接口，也是控制和选择信息输入/输出的主要途径。所以，坚持界面友好、简便、实用、易于操作是用户界面设计的原则。

1）菜单方式

菜单（menu）是信息系统功能选择操作的最常用方式。按目前软件所提出的菜单设计工具，菜单的形式包括下拉式、弹出式、按钮（bottom）选择式（如 Windows 下所设计的菜单多属这种方式）。菜单选择的方式可以是移动光标、选择数字（或字母）、鼠标（mouse）驱动或直接用手在屏幕上选择等多种方式（甚至还可以是声音系统加电话键盘驱动的菜单选择方式）。

菜单设计时一般应安排在同一层菜单选择中，功能尽可能多，而进入最终操作层次尽可能少（最好是二级左右）。一般功能选择性操作最好让用户一次就进入系统，只有在少数重要执行性操作时，才设计让用户选择后再确定一次的形式。例如，选择执行删除操作，系统尚未执行完毕前执行退出操作等。设计时在两个邻近的功能菜单之间，可以考虑交替使用深浅不同的对比色调，以使它们之间的变化更加醒目。

2）权限管理

不同类型的用户拥有的权限是不同的，进入系统后对系统能够操作的方式也不同。权限管理一般都是通过上机或入网口令和建网时定义该节点级别相结合来实现的。所以在设计系统对数据操作权限的管理方式时，要结合实际情况综合确定。

6.4 物流管理信息系统的数据库设计

6.4.1 概念数据模型

概念数据模型是独立于任何计算机系统实现的，如实体联系模型，这类模型完全不涉及信息在计算机系统中的表示，只是用来描述某个特定组织所关心的信息结构，是现实世界到信息世界的第一层抽象，主要用于数据库概念设计。

1. 基本的描述方法

要进行数据库的概念设计与数据模型相关联，概念数据模型为数据库结构设计提供了基础。用于概念设计的数据模型要具有如下特点：①有足够的表达能力，可以很方便地表示各种类型的数据及其相互间的联系和约束；②组成模型的概念少，定义严格，无多义性；③具有使用图形表示概念的能力。

E-R 模型具有上述的特点，它是基于对现实世界的这样一种认识：世界是由一组称作实体的基本对象及这些对象间的联系组成。因此，E-R 模型是一种语义模型，其语义主要体现在 E-R 模型用图去表达数据的意义。但 E-R 模型只能说明实体间的语义联系，还不能进一步地说明详细的数据结构。一般解决实际问题时，应先设计一个 E-R 模型，然后再把它转换成计算机能接受的数据模型。它涉及的三个主要概念是实体、联系和属性。

1）实体

实体是现实世界中可区别于其他对象的“事件”或“物体”。属于同一类的一堆实体的集合称为实体集。每个实体有一组性质，其中一部分性质的取值可以唯一地标识实体。实体可以是实实在在的，也可以是抽象的。例如，一个人是一个实体，一笔贷款也是一个实体。人有名字、住址和身份证号等性质（属性），身份证号可唯一地标识一个人。实体集是具有相同类型及相同性质（或属性）的实体集合。例如，某银行所有客户的集合可以定义为实体集 customer；实体集 loan 表示银行发放的所有贷款的集合。组成实体集的各个实体也称作实体集的外延。

2）联系

实体的联系分为实体内部的联系和实体与实体之间的联系。实体内部的联系反映数据在同一记录内部各字段间的联系。这里主要讨论实体集之间的联系。多个实体间的联系反映多个不同实体集之间的联系。联系集是同类联系的集合。严格地说，联系集是 n（$n\geqslant 2$）个实体集上的数学关系，这些实体集不必互异。联系集的形式化定义如下：

如果 E_1，E_2，…，E_n 为 n 个实体集，那么联系集 R 是 $\{(e_1, e_2, \cdots, e_n) \mid e_1\in E_1, e_2\in E_2, \cdots, e_n\in E_n\}$ 的一个子集，而（e_1，e_2，…，e_n）是一个联系。

3）属性

属性是实体某方面的特性。对于实体来说属性是一个具体的值，而对于实体集来说属性是一个取值的范围。描述实体的属性可以根据其组成、取值和派生关系简单地划分为以下几类：

（1）简单属性和复合属性。简单属性是原子的、不可再分的；复合属性可以细分为更小的部分（即划分为别的属性）。例如，员工实体集的通信地址可以进一步分为省、市、街道。若不特别声明，我们通常指的是简单属性。

（2）单值属性、多值属性。一般定义的属性对一个特定的实体都只有一个单独的值。例如，一件商品只对应一个条形码编号，这样的属性叫做单值属性。但是，在某些特定情况下，一个属性可能对应一组值。例如，某个运输公司的运输路线数在不同地区是不同的，有的地区可能没有，有的可能很多。这样的属性称为多值属性。

（3）NULL 属性。当实体在某个属性上没有值或属性值未知时，使用 NULL 值，表示无意义或不知道。

（4）派生属性。派生属性可以从其他属性得来。例如，员工实体集中有“参加工作时间”和“工作年限”属性，那么“工作年限”的值可以由当前时间和参加时间得到。这里，“工作年限”就是一个派生属性。

2. E-R 模型

E-R 图也被称为 E-R 模型（实体联系模型），是描述概念世界、建立概念模型的实用工具。E-R 图包括几个主要构件，如图 6-18 所示。

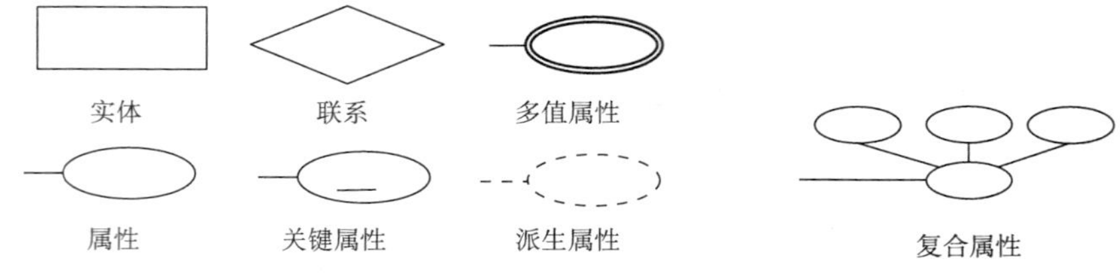

图 6-18　E-R 图的主要部件

实体（型）：用矩形框表示，框内标注实体名称。

属性：用椭圆形表示，并用连线与实体连接起来，在实体中作为主码的一部分属性以下划线标明。

实体之间的联系：用菱形框表示，框内标注联系名称，并用连线将菱形框分别与有关实体相连，并在连线上注明联系类型。

多值属性：用两个套在一起的实线椭圆表示。

派生属性：用一个虚线椭圆来表示。

常见实体联系的三种类型：①一对一联系（1∶1），如部门与经理之间是一对一的关系；②一对多联系（1∶n），如一个部门和员工之间是一对多的关系；③多对多联系（m∶n），如员工与职称之间存在多对多的关系，如图 6-19 所示。

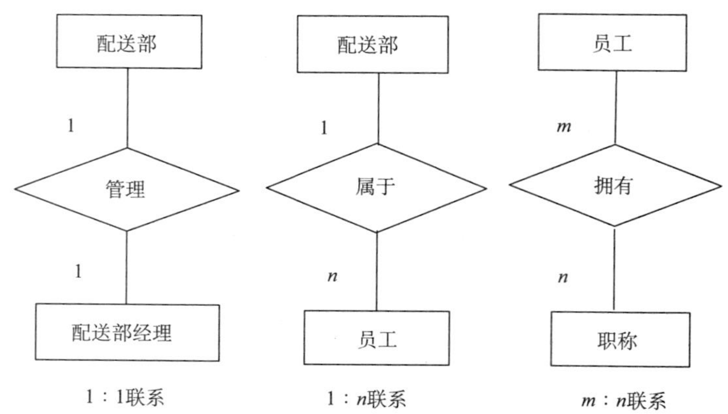

图 6-19　两个实体间的联系

图 6-20 是物资库存管理的 E-R 模型，供应商、物资和领用单位是三个实体。供应商给仓库供应物资，领用单位从仓库领用物资。一个供应商可以供应多种物资，而一种物资可以由多个供应商供应。一个领用单位可以领用多种物资，而一种物资也可以被多

个领用单位领用。故供应商和物资之间是多对多的关系，而领用单位和物资也是多对多的关系。配送管理是物流管理信息系统的核心。图 6-21 是第三方物流企业配送管理的 E-R 模型。

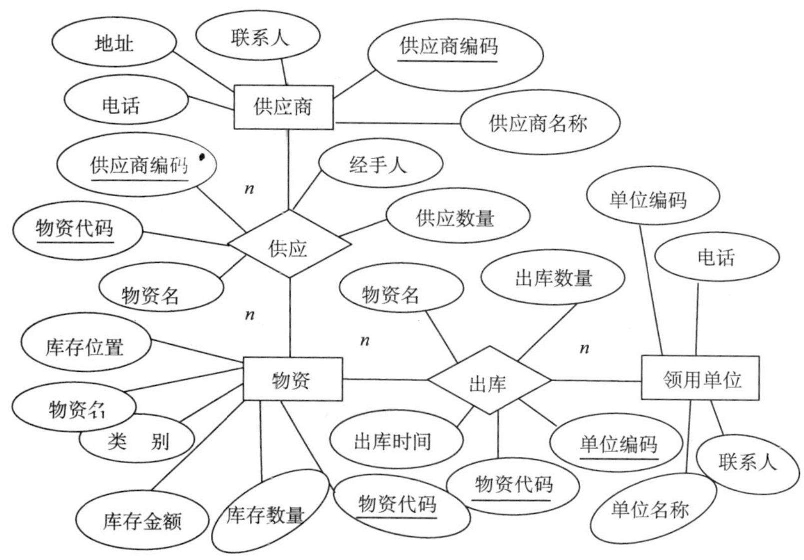

图 6-20　物资库存管理 E-R 模型

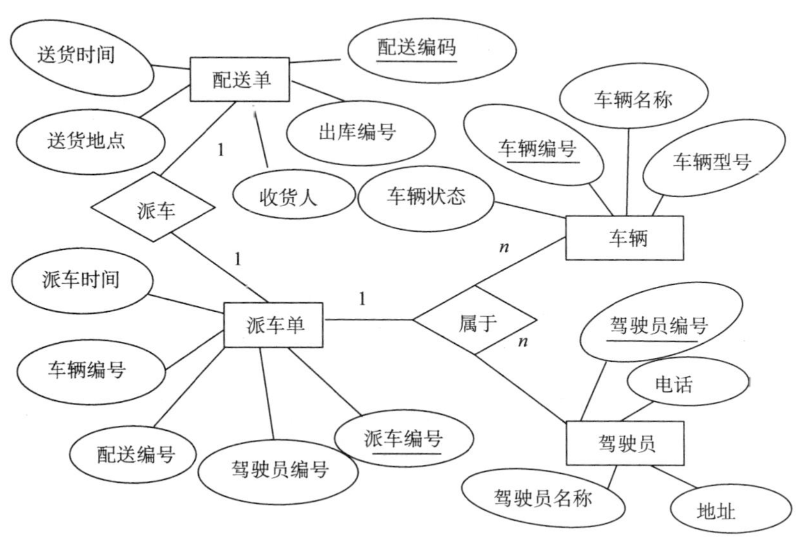

图 6-21　配送管理 E-R 模型

6.4.2　物理数据模型的设计

物理数据模型的设计是指数据库在物理设备上的存储结构和存取方法。数据库物理设计的任务是为每个关系模式选择合适的存储结构和存取路径。数据库物理设计的目标一是提高数据库的性能，特别是满足主要应用的性能要求；二是有效地利用存储空间。

1. 数据表的设计

关系模型的逻辑结构是一组关系模式的集合，所以将 E-R 图转换为关系模型实际上就是要将实体、实体的属性和实体之间的联系转换为关系模式。一个关系模型相当于一个记录型，也是一张表。

转换一般应遵循如下原则：

(1) 一个实体型转换为一个关系模式，实体的属性就是关系的属性，实体的码就是关系的码。

(2) 一个联系转换为一个关系模式，与该联系相连的各实体的码以及联系的属性转换为关系的属性。

(3) 具有相同码的关系模式可以合并。

由图 6-20 所示的物资库存管理 E-R 模型转换成的数据库表结构，如表 6-17～表 6-21 所示。

表 6-17　供应商资料表

字段标识	字段名称	数据类型	字段长度	主键/外键
Gysbh	供应商编号	Character	20	主键
Gysmc	供应商名称	Character	20	
Gysdz	地址	Character	20	
Gysdh	电话	Numeric	15	
Gyslxr	联系人	Character	15	

表 6-18　物资供应表

字段标识	字段名称	数据类型	字段长度	主键/外键
Gysbh	供应商编码	Character	20	主键
Wzdm	物资代码	Character	20	主键
Gysl	供应数量	Numeric	10	
Gysj	供应时间	Date	8	
Jsr	经手人	Character	15	

表 6-19　物资资料表

字段标识	字段名称	数据类型	字段长度	主键/外键
Wzdm	物资代码	Character	20	主键
Wzmc	物资名称	Character	20	
Wzlb	物资类别	Character	20	
Kcsl	库存数量	Numeric	10	
Kcje	库存金额	Numeric	10	
Kcwz	库存位置	Character	15	

表 6-20　领用单位资料表

字段标识	字段名称	数据类型	字段长度	主键/外键
Dwbm	单位编码	Character	20	主键
Dwmc	单位名称	Character	20	
Dwdh	电话	Numeric	15	
Dwlxr	联系人	Character	20	

表 6-21　物资出库表

字段标识	字段名称	数据类型	字段长度	主键/外键
Wzdm	物资代码	Character	20	主键
Dwbm	单位编码	Character	20	主键
Wzmc	物资名称	Character	20	
Cksj	出库时间	Date	8	
Cksl	出库数量	Numeric	10	

2. 数据的转储设计

数据的转储就是建立冗余数据。数据的转储分为：静态转储和动态转储；海量转储和增量转储。

（1）静态转储和动态转储。静态转储是指在转储期间不允许对数据库进行任何存取、修改操作；动态转储是在转储期间允许对数据库进行存取、修改操作，因此，转储和用户事物可并发执行。

（2）海量转储和增量转储。海量转储是指每次转储全部数据；增量转储是指每次只转储上次转储后更新过的数据。

3. 历史数据的查询存储设计

数据的查询存储设计需要选择物理数据库设计所需参数，包括如下：

（1）数据库查询事务。包含查询的关系、查询条件所涉及的属性、连接条件所涉及的属性、查询的投影属性。

（2）数据更新事务。包含被更新的关系、每个关系上的更新操作条件所涉及的属性、修改操作要改变的属性值。

（3）每个事务在各关系上运行的频率和性能要求。数据库系统是多用户共享的系统，对同一个关系要建立多条存取路径才能满足多用户的多种应用要求。物理设计的第一个任务就是要确定选择哪些存取方法，即建立哪些存取路径。DBMS 常用存取方法有索引方法（目前主要是 B+树索引方法）、聚簇（cluster）方法、Hash 方法。

1）选择索引存取方法的一般规则

如果一个（或一组）属性经常在查询条件中出现，则考虑在这个（或这组）属性上建立索引（或组合索引）；如果一个属性经常作为最大值和最小值等聚集函数的参数，则考虑在这个属性上建立索引；如果一个（或一组）属性经常在连接操作的连接条件中出现，则考虑在这个（或这组）属性上建立索引。要注意的是，关系上定义的索引数过多会带来较多的额外开销，即维护和查找索引的开销。

2）选择聚簇索引的原则

经常进行更新操作的表不能进行聚簇索引；应对经常进行等值连接（自然连接）的表的连接项进行聚簇；对重复率高的属性（组）进行聚簇索引，可以减少存储空间；综合考虑聚簇代价与性能的关系，选择必要的聚簇。建立聚簇索引后，基表中数据也需要按指定的聚簇属性值的升序或降序存放，即聚簇索引的索引项顺序与表中元组的物理顺序一致。

3）选择 Hash 存取方法的规则

当一个关系满足下列两个条件时，可以选择 Hash 存取方法：一是该关系的属性主要出现在等值连接条件中或主要出现在相等比较选择条件中；二是该关系的大小可预知，而且不变，或该关系的大小动态改变，但所选用的 DBMS 提供了动态 Hash 存取方法。

影响数据存放位置和存储结构的因素有硬件环境和应用需求（包括存取时间、存储空间利用率、维护代价）。确定数据库存储结构的基本原则是：根据应用情况将易变部分与稳定部分、存取频率较高部分与存取频率较低部分分开存放，以提高系统性能。

数据库数据备份、日志文件备份等由于只在故障恢复时才使用，而且数据量很大，可以考虑存放在磁带上。如果计算机有多个磁盘，可以考虑将表和索引分别放在不同的磁盘上，在查询时，由于两个磁盘驱动器分别在工作，因而可以保证物理读写速度比较快。

6.4.3　数据库的规范化与非规范化

1. 规范化理论

关系数据库中关系规范化问题在 1970 年 Godd 提出关系模型时就同时被提出来。规范化设计的基本思想是通过对关系模式进行分解，用一组等价的关系子模式来代替原有的关系模式，消除数据依赖（包括函数依赖和多值依赖）中不合理的部分，使其具有较少异常性与较小的冗余度。这一过程必须在保证无损连接性、保持函数依赖性的前提下进行，即确保不破坏原有数据，并可将分解后的关系通过自然连接恢复至原有关系。

1）范式类型

关系规范化可按属性间不同的依赖程度分为第一范式、第二范式、第三范式、Boyce-Codd 范式以及第四范式。

（1）第一范式。第一范式是关系中的每个属性值均必须是一个不可分割的数据单元，如一个关系模式满足此条件则称为第一范式（first normal form，1NF）。一个关系模式 R 如满足第一范式，则可记为 R∈1NF。

（2）第二范式。设有 R（U）∈1NF 且其每个非主属性完全函数赖于关键字，则称 R（U）满足第二范式（可简写为 2NF）或写为 R∈2NF。

但是，第二范式还不能完全避免异常现象出现，由于存在传递函数依赖，所以会出现插入异常与删除异常。

（3）第三范式。若关系模式 R（U）的每个非主属性都不部分依赖也不传递依赖于关键字，则称 R 满足第三范式（可简写为 3NF），并记作 R∈3NF。

一个关系模式如果不满足第三范式，可以通过模式分解使分解成若干个模式，使分解后的模式能满足第三范式，没有异常现象出现，同时减少了冗余度。

(4) Boyce-Codd 范式。1972 年 Boyce、Codd 等从另一个角度研究了范式，发现了函数依赖中的决定因素与关键字间的联系与范式有关，从而创立了另一种第三范式，称为 Boyce-Codd 范式。只有当 R 中决定因素都是关键字时才能认为满足 Boyce-Codd 范式。在里不再详细论述。

2) 范式转化

把一个非规范化的数据结构转换成第三范式的数据结构，一般要经过三个步骤，基本过程如图 6-22 所示。

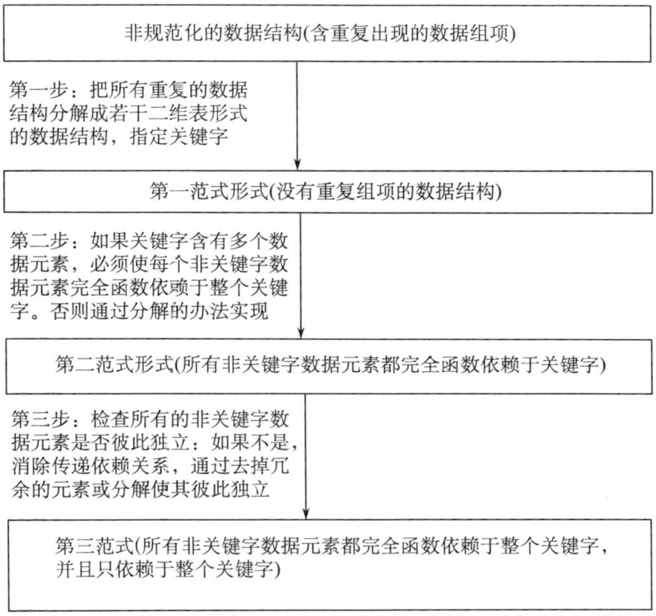

非规范化的数据结构(含重复出现的数据组项)

第一步：把所有重复的数据结构分解成若干二维表形式的数据结构，指定关键字

第一范式形式(没有重复组项的数据结构)

第二步：如果关键字含有多个数据元素，必须使每个非关键字数据元素完全函数依赖于整个关键字。否则通过分解的办法实现

第二范式形式(所有非关键字数据元素都完全函数依赖于关键字)

第三步：检查所有的非关键字数据元素是否彼此独立：如果不是，消除传递依赖关系，通过去掉冗余的元素或分解使其彼此独立

第三范式(所有非关键字数据元素都完全函数依赖于整个关键字，并且只依赖于整个关键字)

图 6-22　数据存储结构规范化步骤

规范化设计的优点：可有效地消除数据冗余，理顺数据的从属关系，保持数据库的完整性，增强数据库的稳定性、伸缩性、适应性。

规范化设计存在的主要问题是增加了查询时的连接库表运算，导致计算机时间、空间、系统及运行效率的损失。在大多数情况下，这一问题可通过良好的索引设计等方法得到解决。

2. 非规范化

非规范化设计的基本思想是：现实世界并不总是依从于某一完美的数学化的关系模式，强制性地对事物进行规范化设计，会导致数据库运行效率的减低。非规范化要求适当地降低甚至抛弃关系模式的范式，不再要求一个表只描述一个实体或者实体间的一种联系。其主要目的在于提高数据库的运行效率。非规范化处理的主要技术包括增加冗余或派生列，对表进行合并、分割或增加重复表。

一般认为，在下列情况下可以考虑进行非规范化处理：

（1）大量频繁的查询过程所涉及的表都需要进行连接。

（2）主要的应用程序在执行时要将表连接起来进行查询。

（3）对数据的计算需要临时表或进行复杂的查询。

非规范化设计的主要优点是减少了查询操作所需的连接，减少了外部键和索引的数量，可以预先进行统计计算，提高了查询时的响应速度。

非规范化存在的主要问题是增加了数据冗余，影响数据库的完整性，降低了数据更新的速度，增加了存储表所占用的物理空间。其中最重要的是数据库的完整性问题。这一问题一般可通过建立触发器、应用事务逻辑、在适当的时间间隔运行批命令或存储过程等方法得到解决。

数据库被规范化后，减少了数据冗余，数据量变小，数据行变窄。这样 DBMS 的每一页可以包括更多行，那么每一区里的数据量更多，从而加速表的扫描，改进了单个表的查询性能。但是，当查询涉及多个表的时候，需要用很多连接操作把信息从各个表中组合在一起，导致更高的 CPU 和 I/O 花销。因此，有很多时候需要在规范化和非规范化之间保持平衡，用适当的冗余信息来减少系统开销，用空间代价来换取时间代价。

6.4.4 数据库建模工具

1. 主流数据库建模工具

目前流行的数据库建模软件有很多，每种都有各自的优缺点，针对不同的应用特点可以采用不同的建模工具。当前流行数据库建模工具 Power Designer、Rational Rose、Together、Erwin 和 Microsoft Vision，如表 6-22、表 6-23 所示。

表 6-22 数据库建模工具比较一

工具名称	易使用性	图形能力	生成文档	版本控制
Power-Designer	常用功能操作简单，而高级功能不易上手	有非常强的图形布局和组织能力。图形直观清晰，但美观性不如 Vision	自带 Report 报告生成工具；除了提供标准的模板之外，在报告定制方面也有着突出的表现	自带 Repository，具体较好的版本控制解决方案，不过有一些 Bug
Rational Rose	软件体系很庞大，不易上手	图形美观性差；图形布局能力差	需要独立安装 Rational Soda，功能较为强大；定制能力不强	无自带的版本控制系统；同 Rational Clear Case 可完美整合，同时支持 VSS 等版本
Together	软件体系比较大，不易完全上手	图形操作美观方便；布局没有太强的功能	提供强大的、可以定制的文档生成能力，其中包括多种文档格式与模板	ControlCenter 与 SCC 复合型版本控制系统进行了集成，其中包括 Borland StarTeam 与 Rational ClearCase

续表

工具名称	易使用性	图形能力	生成文档	版本控制
ERwin	上手容易，与 PowerDesinger 在操作上有所不同	图形操作方便；在美观布局方面没有太强的功能	ERwin 的报表浏览器提供预制的和可定制的报表格式，可用多种格式输出，如 Word 和 Excel，图形化报表书写器控制报表外观；Model Web Publisher 可发布 Web 静态模型信息	ModelMart 扩展 ERwin，可以访问、共享并重用对象与模型，包括：建立子模型、版本控制、模型合并、影响分析和安全性；ModelMart 独立于平台和网络，集成现有环境中
Microsoft Vision	使用方便	具有非常强的图形美观性；布局非常好	不支持	不支持

表 6-23　数据库建模工具比较二

工具名称	功能特性	支持平台
Power Designer	提供对各种建模技术的支持（概念数据模型、物理数据模型、业务流程模型、面向对象模型，以及自由模型）；在数据库方面继承了 Sybase 优势，全面的建模和整合能力；加强了横贯所有建模技术的元数据集成，模型间的转化非常方便，实现了不同类型模型的无缝连接；支持对模型元语言的用户自定义，提供扩展属性和 VB 脚本处理，用户可以通过自己定制的源文件生成特定需求的代码；面向对象建模与 Rose 相比使用较为方便，PowerDesigner 早期版本仅支持三种或更少的 UML 图形	支持超过 40 种（包括不同版本）数据库的建模；物理数据库模型可以随意在各种 DBMS 之间切换，做到“数据库平台无关性”；完全兼容 WebXML、J2EE、WebDervice 及 . NET 平台
Rational Rose	属于高端建模分析软件，功能非常强大，涉及软件分析建模工具的几乎所有方面，具有庞大的体系；对 UML 支持非常全面，在 Rose2003 中加入了设计模式支持；Rational 套件中包含的从需求、分析设计到测试的一系列工具，对 Rose 的进一步推广也起到了非常好的强化作用；在数据库建模方面与 PowerDesigner 有较大的差距	具有较好的软件平台支持性，得到大部分厂商支持，通过一些插件可以同 Delphi 等开发工具集成应用；完美支持 J2EE，XDE 提供了同 . NET 开发工具的整合
Together	主要应用在面向对象分析建模方面，支持所有主要的 UML 图形，通过 Together Live Source 可以保持代码与模型的同步；支持设计模式，同时也与领先的需求管理工具进行了集成，其中包括 Borland CaliberRM 与 Rational RequisitePro；支持与大多数主流开发环境集成，但速度方面与 Rational XDE 一样，过于缓慢，还提供了 QA 方面的一些功能	Together 控制中心支持 Java，C++，CORBA，IDL，Microsoft Visual Basic 6，Visual Basic. NET 及 C#；支持 Jbuilder，Eclipse，SAPNetweaver Studio，Visual Studio. NET 及 C++ Builder 等开发工具

续表

工具名称	功能特性	支持平台
ERwin	是一款优秀的数据库设计软件，有强大理论体系的支持，曾经多次被国外有关方面授予各种奖励；可以进行逆向工程、能够自动生成文档、支持与数据库同步、支持团队式开发；所支持的数据库多达 20 种；作为以系统建模为主的工具，Erwin 在最新版本中也增强了其“一站式”系统建模的功能	支持大多数（包括不同版本）数据库的建模，同样的建模能够生成多个数据库，或将应用从一个数据库平台移植到另一个数据库平台，做到“数据库平台无关性”
Microsoft Vision	适合制作专业的演示图形，但模型能力不强（如一些版本不支持代码生成和正反向工程）；设计或分析模型较大的系统时，速度会急剧下降，同时有很多 Bug	主要用途为作图、建模方面涉及不多，不支持面向对象代码生成及数据库正向工程，支持数据库类型少

2. 逆向工程与 Power Designer 工具

逆向工程与传统的正向设计的根本区别在于：正向设计是由抽象的较高层次概念或独立实现的设计过渡到设计的物理实现，从设计概念到物理模型有一个明确的过程；而反向工程是基于一个可以获得的物理模型，来构造出它的设计概念，并且可以通过对重构模型特征参数的调整和修改，来达到对物理模型正确修改的目的。

PowerDesigner 作为图形化的数据库模型设计工具软件，其集成特性灵活，采用基于 E-R 数据模型，分别从概念数据模型（conceptual data model，CDM）和物理数据模型（physical data model，PDM）两个层次对数据库进行设计。其采取模块化设计，共由以下六个模块组成：ProcessAnalyst、DataArchitect、AppModeler、MetaWorks、Warehouse-Architect 和 Viewer。PowerDesigner 在应用这些模块的过程中，采用了正向工程和逆向工程的方式。采用正向工程能直接地从 PDM 产生一个数据库，或产生一个能在数据库管理系统环境中运行的数据库脚本。如果选择 ODBC 方式，则可以直接连接到数据库，从而直接产生数据库表以及其他数据库对象。而采用逆向工程可以将已存在的数据库产生进新的 PDM 之内。数据来源可能是从脚本文件或一个开放数据库连接数据来源。

特别是 DataArchitect 模块，它主要用于概念数据模型和物理数据模型的设计及其相互转换与维护。这个模块能提供高质量的文档生成能力和逆向工程能力，可从现有的数据库中得到其物理模型和概念模型，并生成相应文档。这只是逆向工程的一种，即根据物理层次上的改动对概念层次上的模型进行相应的修改。PDM 和 CDM 中的对象之间的对应关系如表 6-24 所示。

表 6-24　PDM 和 CDM 的对应关系

PDM 中的对象	CDM 中的对象
表	实体
表中的列	实体属性
主码或外码	标识符
参照	一对多联系
连接表	多对多联系

6.5　物流管理信息系统的代码模型设计

6.5.1　代码的概念

代码是用来代表某实体或实体某属性值的一种符号，通常由数字、字母组成。编码是指由某一种符号系统表示的信息转换为另一种表示信息的符号系统的过程。二者既有联系也有区别，简单地说，编码就是代码的编制过程。需要编码的实体或属性统称为编码对象。例如，公民、员工、手机就是实体，而身份证号、职工号、手机号码就是相应的代码，公民、员工、手机就是编码对象。

6.5.2　代码的分类

根据所用代码符号数量的多少，可将物流信息划分为少位的（包含 1 或 2 个符号）和多位的。每个代码可以是简单的，也可以是复合的。所谓复合码，是指由两种及两种以上简单码所组成的代码。按不同的分类标准，可将代码分类。

1. 按代码的基本结构分类

1）顺序码

顺序码又称序列码，它是一种以连续的数字或字符代表编码对象的代码。在企业员工管理中，员工号通常采用顺序码。顺序码可以按信息在项目表中出现的顺序编号，也可以按字母顺序或数字顺序排列。它的优点是短而简单、用途广，还可以与其他形式的编码组合使用，追加新码比较方便。但该码没有逻辑基础，本身不反映信息的任何特征。另外，新加的数据只能列在最后，删除数据则造成空码。

2）块码

块码又称区间码，按照一定的方式将码的值分成若干段或者块，每一段或块代表一定类型的编码对象。在编码时把数据项分成若干组位置，每个位置都代表一定意义。我国的邮政编码就是采用的块码，邮政编码是 6 位数字，前两位是“44”或“43”的邮政编码代表湖北省地区的邮政编码。这种形式的编码，需要为待编码的每组信息规定出一个号码序列：当项目表很复杂，但易于明确分组时，适宜使用块码。块码的优点是：码中数字的值和位置都代表一定意义，信息处理比较可靠，排序、分析、检索等操作易于进行。但这种码的长度与它分类属性的数量有关，有时可能造成很长的码，代码的维护比较困难。

3）层次码

层次码是按照编码对象自身的某种分类方法进行编码，如图 6-23 所示。在码的结构中，为数据项的各个属性，各规定一个位置（一位或几位）并进行排列，符合一定层次关系。层次码适合具有层次结构的编码对象，商场中的商品分类就具有层次结构。层次码具有结构清晰、可维护性强

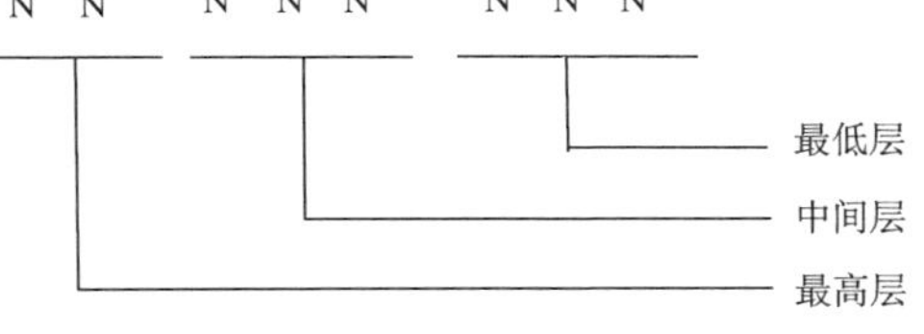

图 6-23　层次码的一般结构

等特点，但是编码设计较复杂。采用层次码，首先要理清编码对象的层次结构。

4）特征码

在编码系统中，为实体的多个属性各规定一个位置（若干位码），从而表示某一实体不同的属性。特征码与顺序码、块码、层次码不同，在编码对象中，各属性之间没有关系，相互独立。例如，表示用材质、直径、形状处理方式属性来为金属材料编码，这种代码是就是特征码。特征码组合灵活、设计简单，一般用于枚举型的编码对象，如直径、表面、性别等。

5）十进制码

编码的项目表中有多种特征时，通常都使用十进制码，因为这些特征在进行数据处理时需要加以区别，每种特征都固定赋予若干位十进位码。所分配的号码数量总是10的倍数。十进位码的优点是编码、排序、分组都比较简单。在使用十进位码时应注意将代码的位数固定下来，这样有利于计算机的处理，如531.1表示自然科学大类物理中类机构小类中的机械。

6）助忆码

助忆码采用文字、数学或字母与数字结合起来描述，因而可以通过联想帮助记忆。例如，TV-B-12表示12寸黑白电视机、TV-C-20表示20寸彩电电视机，它们将编码对象的名称、规格等作为代码的一部分。

7）缩略码

它是助忆码的特例，从编码对象名称中提取几个关键字母作为代码。例如，AMT（amount）表示总额、Cont（contract）表示合同、Inv. N（invoice Number）表示发票号。

2. 按照代码中采用的符号分类

按照代码中采用的符号，代码分为数字型代码、字母型代码和字母数字型代码。

（1）数字型代码采用若干位数字进行编码，其数字可以是十进制、八进制、二进制等。数字型代码便于排序，但不能直观表达编码对象。

（2）字母型代码只允许代码的各位采用字母。与数字型代码相比，字母代码容量大，能直观地表达实体或实体属性。通常助忆码一般采用字母型代码，在代码位有限且代码量大的情况下，可以考虑使用字母型代码。

（3）字母数字型代码是前两种代码的组合。该码综合了数字码和字母码的优点，但是代码复杂，尤其需要系统自动编码时，其算法复杂，而且从外观上该码显得混乱，通常较少使用。

3. 按代码涉及的范围分类

按代码涉及的范围来分，企业代码一般有全局代码和局部代码。凡涉及或应用于多个子系统的代码称为全局代码，仅在一个子系统中应用的代码称为局部代码。对于局部的代码，设计起来比较简单，而对于全局代码，由于实际中不同用户的要求不同，因此在编码设计时，要考虑相关部门的分类要求、统计要求等。

6.5.3 代码的设计

任何信息系统中，信息的表示方法是系统的基础，都要通过编码之后，以代码的形式输入并储存于计算机中。设计比较科学的、严谨的代码体系可以使系统的质量得到很大的提高。代码设计的任务就是确定编码原则，即包括编码的结构、编码的长度、允许使用的合法符号、每位码的含义、特殊码的设计以及校验码设计。为方便编码设计工作，特约定编码设计中所用符号是N、A和X。

1. 代码的作用

代码设计的作用主要有以下几个方面：

（1）唯一地标识一个实体或属性值。在一个信息分类编码标准中，一个代码只能唯一地表示一个分类对象，一个分类对象有且仅有一个代码，保证了每一个表示的实体只有一个确定的代码。

（2）系统集成的基础。物流管理信息系统具有集成性，其计算机网络、数据模型为系统集成提供很好的物理基础，但是代码也是系统集成的另一重要因素。如果同一产品不同部门使用不同的编码，那么对研发部门、生产部门、财务部门来说，就很难使用其他部门的数据，整个企业就谈不上系统集成了。实现统一的编码是系统集成的基础。

（3）便于分类和统计。如果对分类对象的属性分类，代码可以作为分类对象类别的标识，有时利用代码能很容易完成一定要求的统计。例如，运输部门的车辆采用统一编码，以便实现车辆调度，进行车辆保养维修。

（4）在某些场合节省存储空间。例如，对商品进行统一编码，每段数据或字母代表与商品有关的一些信息，不用另花存储空间存储这些冗余信息。系统采用代码处理起来简便、标准、节省空间。

（5）便于排序与索引。如果按分类对象产生的时间、所占空间或其他方面的顺序关系进行分类，并赋予不同的代码，代码可以作为排序和索引的标识。

（6）能提供专门含义。当客观上需要采用一些专用符号时，代码可提供一定的专门含义，如分类对象的技术参数、性能指标等。

2. 代码设计的原则

代码设计一定要遵循基本的、重要的原则，合理的代码结构是决定物流管理信息系统有无生命力的重要因素之一。代码设计要遵循以下一些基本原则：

（1）唯一性。代码设计要保证每一个代码都有确定的代码实体，做到一一对应而不能有歧义，系统中不能出现相同的代码。

（2）合理性。代码应具有逻辑性、直观性强，便于掌握，能准确、一致地标识出对象的分类特征。尽量利用原业务处理上的习惯代码，方便使用。既要适应业务分类，又要考虑计算机处理效率。

（3）可扩充性。随着信息量的迅速增长，代码长度日趋加长，信息处理的出错率必然随之增加，同时也增加了信息收集的工作量，加大了信息输入、存储、加工和输出设备的负荷。在编码过程中要考虑留有适当的后备编码，以备将来扩充实使用。

（4）一致性。代码的设计在逻辑上必须满足用户的需要，在结构上要与处理的方法相一致。

（5）标准性。代码应系统化、标准化，便于同其他代码的连接，适应系统多方面的使用需要，即代码应尽量适应组织的全部功能。尽可能利用国际的、国家的、各行业颁发的标准代码。

（6）简单性。代码设计应尽量简单，方便计算机处理。同时简单的代码既能节约存储空间，还能加快数据的处理速度。

（7）稳定性。代码的稳定性是指在代码的编码以及代码的编码规则一旦确定之后就不要轻易改变。

6.6 物流管理信息系统的安全设计

6.6.1 问题的提出

物流管理信息系统的安全设计是一个非常值得重视的问题，特别是对于基于网络应用的物流管理信息系统而言。系统安全是指计算机的硬件、软件和数据受到保护，数据不因偶然和恶意的原因而遭到破坏、更改和泄露，系统能够连续正常运行。系统的安全内容包括物理安全和逻辑安全两个方面。

物理安全指系统设备及相关设施受到物理保护，免于破坏、丢失等。

逻辑安全包括信息完整性、保密性、可用性。其中信息完整性指信息不会被非授权修改及信息保持一致性等；信息保密性指高级别信息仅在授权情况下流向低级别的客体与主体；信息可用性指合法用户的正常请求能及时、正确、安全地得到服务或回应。

物流管理信息系统的安全威胁来自各方面（图 6-24），有人为和非人为的、恶意的和非恶意的，有的来自网络外部，有的来自网络内部。攻击者主要是通过以下途径对信息构成威胁：系统存在的安全漏洞；系统安全体系的安全缺陷；使用人员的安全意识薄弱；管理制度的不健全。网络信息受到的威胁日益严重，面临的威胁手段五花八门，常见的有：内部攻击、截收和辐射侦测、非授权访问、破坏信息的完整性、冒充、伪造、重放、抵赖、传播病毒、特洛伊木马、缓冲区溢出攻击、口令攻击、破坏系统的可用性等。概括地讲，威胁信息系统安全因素的来源有两种途径：网络内部因素和网络外部因素。

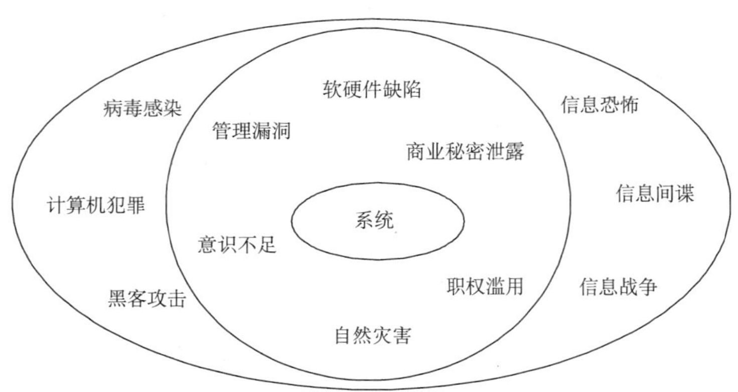

图 6-24　物流管理信息系统安全威胁

网络内部因素主要是指网络内部管理制度不健全或制度执行不力，造成管理混乱，缺乏有效的监测机制，给非授权者以可乘之机进行非法攻击，还包括网络管理人员进行网络管理或网络配置时操作不当。

网络外部因素主要有三类群体从外部对信息网络进行威胁和攻击：黑客、信息间谍、计算机罪犯。

6.6.2　安全设计的主要内容

系统安全设计的主要内容包括：①系统的数据安全，即数据安全、数据库系统的安全，它们是管理信息系统中最重要的安全内容；②网络和系统系统的运行安全；③软件安全（如保护系统软件与应用软件不被非法复制、不受病毒的侵害）；④系统实体的安全（包括计算机机房的物理条件及设施的安全标准、计算机硬件的安装及配置等）。

以下从另外角度重点分析数据安全、网络安全、容灾与容错。

1. 数据安全

硬件故障、软件错误、人的误操作都是数据丢失的主要原因。数据安全涉及数据的保密性、完整性、可用性、可控性。保密性要求对抗对手的被动攻击，保证数据不泄漏给未经授权的人；完整性要求对抗对手的主动攻击，防止数据被未经授权的篡改；可用性要求保证数据及系统确实为授权使用者所用；可控性要求对数据及系统实施安全监控。

要使系统有足够的数据安全保障能力，就应该有一套好的数据安全策略。好的数据安全策略应该从终端用户和系统管理员两方面来考虑。

（1）终端用户。帮助终端用户了解他们能够使用的数据以及如何使用，知道哪些数据可以和他人共享；加强员工对各种系统设备的正确操作能力。

（2）系统管理员。系统管理员给 DBMS 提供安全功能，如触发器功能、定时设备功能、数据库加锁功能和表列加锁功能；给重要的数据项加密；提供账户管理、补丁管理功能；制定事件报告制度、制定完备的备份策略。

2. 网络安全

网络安全是指网络系统的硬件、软件及其系统中的数据受到保护，不因偶然的或者恶意的原因而遭到破坏、更改、泄露，系统可以连续、可靠、正常地运行，网络服务不被中断。主要从以下几个方面进行分析：网络的物理安全、网络拓扑结构安全、网络系统安全、应用系统安全和网络管理的安全等。

1）物理安全分析

网络的物理安全是整个网络系统安全的前提。物理安全的风险主要有地震、水灾、火灾等环境事故；电源故障；人为操作失误或错误；设备被盗、被毁；电磁干扰；线路截获；高可用性的硬件；双机多冗余的设计；机房环境及报警系统、安全意识等，因此，要尽量避免网络的物理安全风险。

2）网络拓扑结构的安全分析

网络拓扑结构设计也直接影响到网络系统的安全性。在外部和内部网络进行通信时，除了内部网络受到威胁外，在同一网络上的许多其他系统也会受到影响。透过网络传播，还可能涉及法律、金融等安全敏感领域。

因此，在设计时有必要将公开服务器（Web、DNS、E-mail 等）和外网及内部其他业务网络进行必要的隔离，避免网络结构信息外泄；同时还要对外网的服务请求加以过滤，只允许正常通信的数据包到达相应主机，其他的请求服务在到达主机之前就应该遭到拒绝。

3）网络系统的安全分析

所谓网络系统的安全是指整个网络操作系统和网络硬件平台是否可靠且值得信任。目前绝对安全的操作系统是没有的，不同的用户应从不同的方面对其网络作详尽的分析，选择安全性尽可能高的操作系统。因此，不但要选用尽可能可靠的操作系统和硬件平台，并对操作系统进行安全配置，而且必须加强登录过程的认证（特别是在到达服务器主机之前的认证），确保用户的合法性；另外，还应该严格限制登录者的操作权限，将其完成的操作限制在最小的范围内。

4）应用系统的安全分析

应用系统的安全和具体的应用有关，它涉及面广，而且是动态的、不断变化的，也涉及数据、信息的安全性，它包括很多方面。

应用系统是不断发展且应用类型是不断增加的。在应用系统的安全性上，主要考虑尽可能建立安全的系统平台，而且通过专业的安全工具不断发现漏洞，修补漏洞，提高系统的安全性。

信息的安全性涉及机密信息泄露、未经授权的访问、破坏信息完整性、假冒、破坏系统的可用性等。在某些网络系统中，涉及很多机密信息，如果一些重要信息遭到窃取或破坏，它的经济、社会影响和政治影响将是很严重的。一般采取的措施有：对用户使用计算机必须进行身份认证，对于重要信息的通信必须授权，传输必须加密，采用多层次的访问控制与权限控制手段，实现对数据的安全保护，采用加密技术，保证网上传输的信息（包括管理员口令与账户、上传信息等）的机密性与完整性。

5）网络管理的安全风险分析

建立全新网络安全机制，最可行的做法是制定健全的管理制度和严格管理相结合，保障网络的安全运行，使其成为一个具有良好的安全性、可扩充性和易管理性的信息网络。

6）网络安全措施

网络的安全措施主要有如下几种：

（1）物理措施。例如保护网络关键设备，制定严格的网络安全规章制度，采取防辐射、防火以及安装不间断电源等措施。

（2）访问控制。对用户访问网络资源的权限进行严格的认证和控制。例如，进行用户身份认证，对口令加密、更新和鉴别，设置用户访问目录和文件的权限，控制网络设备配置的权限等。

（3）数据加密。加密是保护数据安全的重要手段，加密的作用是保障信息被人截获后不能读懂其含义。

（4）安装网络防病毒系统，防止计算机网络病毒。其他措施包括信息过滤、容错、数据镜像、数据备份和审计等。

近年来，围绕网络安全问题还提出了许多解决办法，如数据加密技术和防火墙技术等。数据加密是对网络中传输的数据进行加密，到达目的地后再解密还原为原始数据，目的是防止非法用户截获后盗用信息。防火墙技术是通过对网络的隔离和限制访问等方法来控制网络的访问权限，从而保护网络资源。其他安全技术包括密钥管理、数字签名、认证技术、智能卡技术和访问控制等。

3. 容错与容灾

1）容错

容错技术就是主要针对系统可能出现的永久性、瞬间性和间歇性故障进行容错设计、故障检测与诊断以及故障决策。物流系统的容错设计包括系统的容错设计和系统的故障诊断与检测等内容。

系统的容错能力是系统在规定的使用寿命中，能够检测、诊断、决策及避免永久性、瞬间性和间歇性故障的能力。用概率来度量这一能力时就是系统的容错度。容错设计的主要方法是系统冗余，但不同的故障形式必须采用不同的冗余方法。需要指出的是，并不是所有的系统故障都能用容错技术加以解决。以下是几种容错设计方法。

（1）交通运输系统容错设计是指在物流调运规划、分配规划、货物配装、运输线路选择、随机服务及设备配置中的故障修复和物理重构，目前主要的设计方法有网络系统模型分析法和 Konig 矩阵分析法。

（2）对于软件系统容错设计，公认的方法有软件冗余和时间冗余。目前，国内外许多学者又提了几种软件容错模型，如数据流分析模型和仿生免疫分析模型。软件冗余具有很好的容错效果，目前有恢复块技术、N 版本编程技术及 N 版本自检编程技术等容错方法。时间冗余包括指令重复和程序卷回等方法。由于时间冗余的投入小，易于软件开发与维护，目前已得到较广泛的应用，但其缺点是对永久性故障只有检错能力而无容错作用。

（3）信息和控制系统采用的容错方法有 Watchdog 技术、双机冗余系统设计、降额使用和自诊断自修复程序设计等。

（4）应用测试技术进行故障检测与诊断也属于容错技术。其目的在于当系统内发生故障时能自动发现故障，并确定出故障的部位和类型，同时自动采取保护措施。故障检测与诊断的成功与否将直接影响系统的容错能力。目前，故障检测和诊断中常用的方法有 GPS 货物跟踪法、参数法、表决法、震动法以及职能化的专家系统。

2）容灾

灾难可分为自然灾难、外在事件（电力或通讯中断）、技术失灵及设备受损等。容灾技术可以帮助人们将损失降低至最小。目前有很多种容灾技术，分类也比较复杂。大致可以区分为离线式容灾（冷容灾）和在线容灾（热容灾）两种类型。

离线式容灾主要依靠备份技术来实现。这种方式主要由备份软件来实现备份和磁带的管理，除了磁带的运送和存放外，其他步骤可实现自动化管理。整个方案的部署和管理比较简单，相应的投资也较少。其缺点是：由于采用磁带存放数据，所以数据恢复较慢，而且备份窗口内的数据都会丢失，实时性比较差。

在线式容灾要求数据生产中心和灾备中心同时工作，生产中心和灾备中心之间有传输链路连接。数据在生产中心被实时复制并被传送到灾备中心。在此基础上，可以在应用层进行集群管理，当生产中心遭受灾难、出现故障时，可由灾备中心自动接管并继续提供服务。实现在线容灾的关键是数据的复制。数据重要性很高的用户都应选择这种方式，但这种方式的容灾要求更高的投入。

6.6.3 系统安全设计的评价

系统安全设计方案涉及很多因素，从防范措施来看可以有这四大类：法律保护、硬件物理保护、软件保护和管理制度保护。

为了确保安全设计的正确性和完备性，还需要对安全设计进行评价。系统的安全评价包括危险辨识、风险评价和风险控制三个过程。

危险辨识是风险评价与风险控制的基础，它是指对所面临的和潜在的事故危险加以判断、归类和分析危险性质的过程，其目的是要了解什么情况能发生，怎样发生和为什么能发生，辨识出要进行管理或评价的危险。

风险评价是指在危险辨识的基础上，通过对所收集的大量的详细资料加以分析，估计和预测事故发生的可能性或及事故造成损失的严重程度，确定其危险性，并根据国家所规定的安全指标或公认的安全指标，衡量风险的水平，以便确定风险是否需要处理和处理的程度。

风险控制是指根据风险评价的结果，选择、制定和实施适当的风险控制计划来处理风险，它包括风险控制方案范围的确定，风险控制方案的评定、风险控制计划的安排和实施。

从企业安全管理的角度，安全评价可分为：

（1）新建、扩建、改建系统的预先评价。在新项目实施之前，预先辨识、分析系统可能存在的危险性，并针对主要危险提出预防或减少危险的措施，制定改进方案，使系统危险性在项目设计阶段就得以消除或控制。

（2）在役设备或运行系统的安全评价。根据系统运行记录和同类系统发生事故的情况以及系统管理、操作和维护状况，对照现行法规和技术标准，确定系统危险性大小，以便通过管理措施和技术措施提高系统的安全性。

（3）退役系统或有害废弃物的安全评价。退役系统的安全评价主要是分析系统报废后带来的危险性和遗留问题对环境、生态、居民等的影响，提出妥善的安全对策。化学物质的危险性，如火灾爆炸危险性、有害于人体健康和生态环境的危险性以及腐蚀危险性进行评价。

（4）系统安全管理绩效评价。主要是依照国家安全生产法律法规和标准，从系统或企业的安全组织管理，安全规章制度，设备、设施安全管理，作业环境管理等方面来评价系统或企业的安全管理绩效。

6.7　物流管理信息系统的其他设计

系统设计完成之后，设计阶段的工作就基本上完成了，系统设计的其他内容是要把这个阶段的工作成果汇总成文档，提供给实施阶段作为依据。

6.7.1　系统设计的主要文档

系统设计阶段的最终结果是系统设计报告。系统设计报告是下一步系统实施的基础，它应包括的主要文档有：

（1）系统总体结构图（包括总体结构图、子系统结构图、计算机流程图等）。

（2）系统设备配置图（网络、数据库、软件、硬件等）。

（3）系统分类编码方案（分类方案、编码和校对方式）。

（4）数据库结构图（DB 的结构、表内部结构、数据字典等）。

（5）I/O 设计方案。

（6）层次化模块结构图等。

（7）系统详细设计方案说明书。

（8）系统的安全设计方案。

从系统调查、系统分析到系统设计是信息系统开发的主要工作，这三个阶段的工作量几乎占到了总开发工作量的 70%，而且这三个阶段所用的工作图表较多，涉及面广，较为繁杂，要求编写人员仔细认真。

6.7.2　系统设计报告

系统设计报告包括系统运行平台分报告和系统物理模型设计分报告。由于系统运行平台影响系统物理模型的设计，因此应该先提交系统运行平台的设计报告。一旦所设计的运行平台通过企业的审批，就进入系统物理模型的设计。

由于在系统设计阶段会产生大量的图表，因此报告也应该向系统分析报告一样，分为正文和附录，每一部分书写的目的和要求相同。系统分析报告的主要内容如表 6-25 所示。

表 6-25　系统设计报告列表

分报告	主要内容
系统运行平台设计分报告	新系统逻辑模型对平台的需求 阐述企业现有平台以及新系统的可用性 系统运行平台设计的目标和原则 系统平台设计的技术需求 系统选型以及投资计划与说明 备注特殊说明

续表

分报告	主要内容
系统物理模型设计分报告	系统物理模型设计目标和原则 应用软件体系结构的设计说明 数据存储的设计说明和列表 用户界面设计说明 系统安全设计说明

思考练习题六

(1) 什么是系统设计？物流管理信息系统设计的主要包括哪些内容？

(2) 什么是计算机网络，物流管理信息系统设计中如何设计计算机网络？

(3) 什么是数据库管理系统？物流管理信息系统设计中如何选择数据库管理系统？

(4) 物流管理信息系统的硬件平台和系统软件平台一般包括哪些内容？

(5) 物流管理信息系统的开发工具一般包括哪些？各有何特点？

(6) 什么是模块，如何设计物流管理信息系统的模块？请设计一个模块，并完成模块说明书。

(7) 什么是功能图？请你画出某物流企业的物流管理信息系统功能图。

(8) 输入设计一般有哪些原则？请你设计一个物流管理信息系统的输入界面。

(9) 界面设计一般有哪些原则？如何进行容错设计？

(10) 什么是 E-R 图？请你画出一个具有三个以上实体的物流管理信息系统的 E-R 图。

(11) 什么是 3NF？结合一个第三方物流企业的实例，进行数据库设计。

(12) 数据库规范化设计中，范式越高越好吗？结合一个物流企业的实例，设计你的数据库表。

(13) 数据库建模工具有哪些？各有何特点？请你结合一个物流企业的实例，并用数据库建模工具在计算机上设计你的数据库建模。

(14) 什么是代码设计？代码设计的原则是什么？物流管理信息系统代码设计的作用是什么？

(15) 常见的输入设备、输出设备和存储设备有哪些？

(16) 为什么要进行系统安全设计？系统安全设计主要包括哪些内容？请你结合一个物流企业的实例，完成该企业的物流管理信息系统的安全设计。

(17) 请你结合一个物流企业的实例，完成物流管理信息系统的设计报告。

第 7 章　物流管理信息系统实现与运行管理

系统的实施就是将系统设计的方案变为实在的系统，通过程序设计、测试、系统的调试、系统转换等工作，同时对人员进行培训，使业务在新的系统正常运转。这个阶段是一个非常细致的阶段。使用新系统，还要对其进行运行管理和维护，使之能正常运行，以延长系统的生命周期，同时总结经验，为以后的开发与系统的管理打下良好基础。

7.1　物流管理信息系统的实施

系统分析和设计完成之后，开发人员将投入大量的人力、物力及时间进行物理系统的实施工作，包括程序设计、程序和系统调试、人员培训、系统转换、系统管理等，这个过程称为系统实施。系统实施阶段的目标是把系统的物理模型转换成实际运行的新系统，其主要任务是程序设计、系统测试、实施文档编写等。

7.1.1　系统的程序设计

程序设计的主要目的是为了实现开发者在系统分析和系统设计中所提出的管理方法和处理构想。它主要依据系统设计阶段的模块结构图以及数据库结构和代码设计。程序设计的任务是把详细设计的结果转换成某种计算机编程语言写成的程序。

1. 程序设计的基本规范

要写出高质量的程序，首先设计程序时应该遵循以下几个基本原则：正确性、可靠性、简明性、有效性和可维护性。一个物流管理信息系统中包含着多种不同信息的处理，而一个中等规模的物流管理信息系统要设计几十到几百个甚至更多的子程序或脚本，如何合理分配和安排这些程序的编写工作是很重要的。在组织程序设计工作时，在遵循设计基本原则的情况下，还要制定统一的编程规范。编程规范主要有以下几方面：

1）原程序中的内部文档

（1）选择含义明确的名字，使它能正确提示标识符所代表的实体，名字不易太长，不易同其他名字混淆，避免多义性。

（2）序言性注释位于每个模块的起始部分，功能性注释嵌在源程序体内，主要描述程序段的功能，使用空行或缩进，使注释和代码容易区分。

（3）通过在程序中添加一些空格、空行和缩进等技巧，帮助人们从视觉上看清程序的结构。

2）语句构造

（1）不用在同一行书写多个语句。

（2）使用括号清晰地表达出逻辑表达式和算术表达式的运算次序。

（3）尽量不用或少用标准文本以外的语句，以利于提高移植性。

（4）避免使用复杂的测试条件。

3）数据说明

（1）数据说明的次序应该规范化。例如，先说明常量，再说明简单类型，然后是构造类型说明。

（2）当多个变量出现在同一个说明语句中，变量名应该按字母顺序排序，以便于查找。

（3）在定义一个复杂的数据结构时，应该通过注释来说明该数据结构的特点。

4）输入和输出

（1）对所有的输入和输出都要进行校验，以确保输入数据的有效性。

（2）保持输入格式的简单和操作的简单。

（3）使用数据结束标记（如数据文件结束标记），而不应要求用户输入数据的个数。

（4）程序设计语言对输入格式有严格要求，应保持输入格式与输入语句要求的一致。

2. 程序设计的注意问题

程序设计中要注意的问题有以下方面：

1）便于维护和修改

为了减少系统程序维护的工作量，在程序设计时应充分考虑程序的可维护性。为了便于维护，在编程时，编程风格要清晰明了，具有可读性，同时在必要的地方要使用注释，尽量使问题简单化。

2）测试和调试容易

程序设计时就应该考虑程序的测试和调试方便可行。

3）建立完整的文档资料

在程序设计的每一个模块完成后都要编写完整的文档资料，其中包括程序流程图、源程序清单、算法模型、程序运行方法、数据结构及相关说明、作者、文件名称等。

4）有较高的运行效率

程序的运行效率主要取决于程序设计时编码质量的好坏，在程序设计的过程中，在保证程序的正常功能处理的前提下，尽量少占用计算机处理器运行时间，少占用计算机的主存空间。

5）程序设计语言的正确选择

每一种程序设计语言都有自己的特点，为了特定的开发项目选择编程语言时，通常在程序设计语言选择时主要从以下几方面考虑：

（1）程序设计语言本身所提供的功能。程序设计语言本身的功能是指该语言的强度及其主要应用领域等。

（2）程序设计语言所提供的开发工具。设计语言所提供的软件开发工具是否先进和强大。程序设计语言的软件开发工具主要有程序生成工具、系统开发工具、客户/服务器工具、面向对象编程工具。

（3）程序设计语言的通用性和移植性。可移植性是指当应用系统的底层支持（包括计算机硬件和操作系统）发生变化时，应用系统能正常工作或做少量修改即可正常工作。

（4）程序设计语言的维护性要求。物流管理信息系统在交付使用后，能对系统进行有效的维护是物流管理信息系统正常使用的重要保证。软件维护涉及程序等许多方面的知识。从程序设计语言选择的角度看，选用的程序设计语言应遵循最少维护的原则，软件的维护过程，也是对软件性能不断完善的过程。易于维护则可提高软件的维护效率，降低维护费用。

3. 软件复用与程序设计基本技巧

软件复用是将已有的软件及其有效成分用于构造新的软件或系统。它不仅是对软件程序的复用，还包括对软件生产过程中其他劳动成果的复用，如项目计划书、可行性报告、需求分析、概要设计、详细设计、编码（源程序）、测试用例、文档与使用手册等。

软件复用不同于软件移植。软件移植是指对软件进行修改和扩充，使之在保留原有功能、适应原有平台的基础上，可以运行于新的软硬件平台。而复用则指在多个系统中，尤其是在新系统中使用已有的软件成分。

从对复用产品的了解程度和复用方式看，可分为白盒复用与黑盒复用。黑盒复用指对已有产品或构件不需作任何修改，直接进行复用，这是理想的复用方式，它主要基于二进制代码的复用。白盒复用指根据用户需求对已有产品进行适应性修改后才可使用。白盒复用一般为源代码一级的复用，以及相应的测试用例、文档等的复用。

通过软件复用，在应用系统开发中可以充分地利用已有的开发成果，减少包括分析、设计、编码、测试等在内的许多重复劳动，从而提高了软件开发的效率，同时，通过复用高质量的已有开发成果，避免了重新开发可能引入的错误，从而提高了软件的质量。

软件复用有三个基本原则：①必须有可以复用的对象；②所复用的对象必须是有用的；③复用者需要知道如何去使用被复用的对象。软件复用包括两个相关过程：可复用软件（构件）的开发（development for reuse）和基于可复用软件（构件）的应用系统构造（集成和组装）（development with reuse）。解决好这几个方面的问题才能实现真正成功的软件复用。

在复用软件设计中，根据面向对象的设计原理，设计和构造可复用的软件，应着眼于以下方面。

1）封装性

在软件构件的定义中，用户只关心事件的输入输出，对事件内部不必关心，方法和事件是独立于应用的，用户可以在软构件中定义自己的事件，对于内部的复杂性调用并不知晓，从而提高了隐蔽性。

2）重载

重载就是在同一软件构件中用同一名字来表示不同的方法名。一般有两种实现方法：一是方法参数的个数重载，二是方法参数的类型重载。

3）继承

继承就是高层的类在不同范围的复用。

4）聚合

聚合就是把一个难以复用的大软件分成若干部分构件，使其中的某些构件成为可以复用的构件。

5）多态性

多态性指某种方法不仅可以处理有相同结构的对象，也可以处理不同结构的对象。

中间件及相关软件是商业化的软件复用。仅看程序方面，软件复用后的制品也不只包括中间件软件，还包括软件框架、应用框架、通用业务构件等多种可复用形式。

不同的程序设计语言，程序设计方法不同，现今流行的程序设计方法有结构化的程序设计方法和面向对象的程序设计方法等，各自特点不同，所以各自的程序设计基本技巧也不同。然而我们开发物流管理信息系统采用的结构化的系统开发方法，使用的是结构化的程序设计方法，其基本技巧如下：

（1）对于一个较大的程序，可将整个程序按功能分成若干个模块，不同的模块完成不同的功能。对于不同的功能模块，分别指定相应的入口参数和出口参数。

（2）经常使用的一些程序最好编成函数或组件，这样既不会引起整个程序管理的混乱，还可增强可读性，移植性也好。

（3）对于一些常用的常数，或程序中一些重要的依据外界条件可变的常量，可集中起来放在一个文件中进行定义，再通过调用将其加入到程序中去。这样当需要修改某个参量时，只需修改相应的文件内容，而不必对使用它们的每个程序文件都作修改，从而有利于文件的维护和更新。

（4）在调试程序的过程中，当一段程序出现错误时，为了找出错误原因，可以采用逆向调试法，将这段程序一层层地拨开或分成几块进行调试，直到发现错误，也可以采用正向调试，选择代码由少到多，循环递增调试直至发现错误为止。

7.1.2　系统的测试

1. 常见测试方法

软件测试的方法和技术是多种多样的。对于软件测试技术，可以从不同的角度加以分类，如表 7-1 所示。

表 7-1　软件测试的方法分类

分类标准	类别
按是否需要执行被测软件的角度分类	静态测试和动态测试
按是否针对系统的内部结构和具体实现算法来分类	黑盒测试、白盒测试和 ALAC 测试
按系统测试阶段的角度分类	单元测试和综合测试
按进行一系列“验收测试”的用户特征分类	α 测试方法和 β 测试方法
按系统测试的不同集成目的分类	恢复测试、安全测试、强度测试和系统性能测试

1）静态测试和动态测试

静态测试不需要运行程序，动态测试需要运行程序。

（1）静态测试。静态测试有两种方式：代码审核、静态分析。

代码审核主要依靠有经验的程序设计人员，根据软件设计文档，通过阅读程序，发现软件错误和缺陷。其内容包括：检查代码和设计的一致性；检查代码的标准性、可读性；检查代码逻辑表达的正确性和完整性；检查代码结构的合理性等。

代码审核虽然在发现程序错误上有一定的局限性，但它不需要专门的测试工具和设备，且具有一旦发现错误就能定位错误和一次发现一批错误等优点。

（2）动态测试。动态测试的方法有黑盒测试、白盒测试两种。动态测试是把设计好的测试例子作用于被测程序，比较测试结果和预期结果是否一致。如果不一致，就说明可能存在错误的症状，无法对问题进行定位。

2）黑盒测试、白盒测试和 ALAC（act-like-a-customer）测试

（1）黑盒测试。黑盒测试也称功能测试或数据驱动测试，它是在已知产品所应具有的功能，通过测试来检测每个功能是否都能正常使用，在测试时，把程序看做一个不能打开的黑盆子，在完全不考虑程序内部结构和内部特性的情况下，测试者在程序接口进行测试，它只检查程序功能是否按照需求规格说明书的规定正常使用，程序是否能适当地接收输入数据而产生正确的输出信息，并且保持外部信息（如数据库或文件）的完整性。黑盒测试方法主要有等价类划分、边值分析、因果图、错误推测等，主要用于软件确认测试。“黑盒”法着眼于程序外部结构，不考虑内部逻辑结构，针对软件界面和软件功能进行测试，是穷举输入测试。

（2）白盒测试。白盒测试也称结构测试或逻辑驱动测试，它是知道产品内部工作过程，可通过测试来检测产品内部动作是否按照规格说明书的规定正常进行，按照程序内部的结构测试程序，检验程序中的每条通路是否都有能按预定要求正确工作，而不顾它的功能，白盒测试的主要方法有逻辑驱动、基路测试等，主要用于软件验证。

（3）ALAC 测试。ALAC 测试是一种基于客户使用产品的知识开发出来的测试方法。ALAC 测试最大的受益者是用户，缺陷查找和改正将针对那些客户最容易遇到的错误。如图 7-1 所示，ALAC 测试强调测试的有效性，主要改进客户经常遇到的错误。

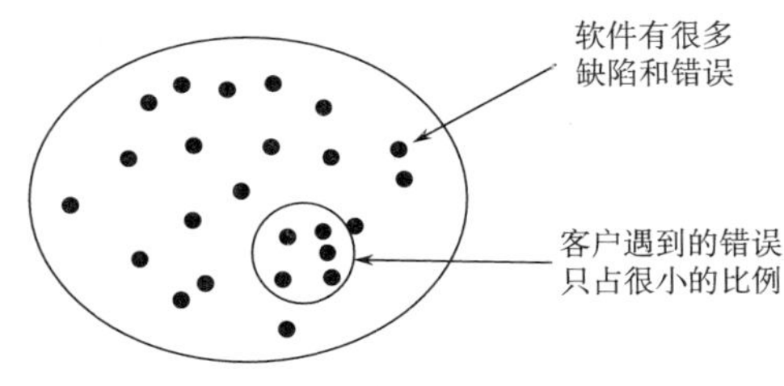

图 7-1　ALAC 测试错误比例

3）单元测试和综合测试

（1）单元测试的基本方法。单元测试的对象是软件设计的最小单位模块。单元测试多采用白盒测试技术，系统内多个模块可以并行地进行测试。单元测试任务包括：①模块接口测试；②模块局部数据结构测试；③模块边界条件测试；④模块中所有独立执行通路测试；⑤模块的各条错误处理通路测试。

模块接口测试是单元测试的基础。只有在数据能正确流入、流出模块的前提下，其他测试才有意义。检查局部数据结构是为了保证临时存储在模块内的数据在程序执行过

程中完整、正确。除了局部数据结构外，如果可能，单元测试时还应该查清全局数据（例如 FORTRAN 的公用区）对模块的影响。

在模块中应对每一条独立执行路径进行测试，单元测试的基本任务是保证模块中每条语句至少执行一次。此时设计测试用例是为了发现因错误计算、不正确的比较或不适当的控制流造成的错误。此时基本路径测试和循环测试是最常用且最有效的测试技术。一个好的设计应能预见各种出错条件，并预设各种出错处理通路，出错处理通路同样需要认真测试。边界条件测试在单元测试最后，软件经常在边界上失效，采用边界值分析技术，针对边界值及其左、右设计测试用例，很有可能发现新的错误。

（2）综合测试的基本方法。综合测试是组装软件的系统测试技术，按设计要求把通过单元测试的各个模块组装在一起之后，进行综合测试以便发现与接口有关的各种错误。

把所有模块按设计要求一次全部组装起来，然后进行整体测试，这称为非增量式集成。这种方法容易出现混乱，因为测试时可能发现一大堆错误，为每个错误定位和纠正非常困难，并且在改正一个错误的同时又可能引入新的错误，新旧错误混杂，更难断定出错的原因和位置。与之相反的是增量式集成方法，程序一段一段地扩展，测试的范围一步一步地增大，错误易于定位和纠正，界面的测试亦可做到完全彻底。

增量式集成测试方法有自顶向下集成和自底向上集成。自顶向下集成是构造程序结构的一种增量式方式，它从主控模块开始，按照软件的控制层次结构，以深度优先或广度优先的策略，逐步把各个模块集成在一起。深度优先策略首先是把主控制路径上的模块集成在一起，至于选择哪一条路径作为主控制路径，这多少带有随意性，一般根据问题的特性确定。自底向上测试是从“原子”模块（即软件结构最底层的模块）开始组装测试，因测试到较高层模块时，所需的下层模块功能均已具备，所以不再需要桩模块。自底向上集成方法不用桩模块，测试用例的设计亦相对简单，但缺点是程序最后一个模块加入时才具有整体形象。它与自顶向下综合测试方法优缺点正好相反。

因此，在测试软件系统时，应根据软件的特点和工程的进度，选用适当的测试策略，有时混合使用两种策略更为有效，上层模块用自顶向下的方法，下层模块用自底向上的方法。

4）α 测试方法和 β 测试方法。确认测试的结果有两种可能：一种是功能和性能指标满足软件需求说明的要求，用户可以接受；另一种是软件不满足软件需求说明的要求，用户无法接受。软件是否真正满足最终用户的要求，应由用户进行一系列“验收测试”。多采用称为 α、β 测试方法，以期发现那些似乎只有最终用户才能发现的问题。

α 测试是指软件开发公司组织内部人员模拟各类用户行对即将面市软件产品（称为 α 版本）进行测试，试图发现错误并修正。α 测试的关键在于尽可能逼真地模拟实际运行环境和用户对软件产品的操作并尽最大努力涵盖所有可能的用户操作方式。经过 α 测试调整的软件产品称为 β 版本。紧随其后的 β 测试是指软件开发公司组织各方面的典型用户在日常工作中实际使用 β 版本，并要求用户报告异常情况、提出批评意见，然后软件开发公司再对 β 版本进行改错和完善。

5）恢复测试、安全测试、强度测试和系统性能测试

软件开发完毕后应与系统中其他成分集成在一起，此时需要进行一系列系统集成和确认测试，这些测试也不可能仅由软件开发人员完成。下面是几类系统测试方法：

（1）恢复测试。恢复测试主要检查系统的容错能力。当系统出错时，能否在指定时间间隔内修正错误并重新启动系统。恢复测试首先要采用各种办法强迫系统失败，然后验证系统是否能尽快恢复。对于自动恢复需验证重新初始化、检查点、数据恢复和重新启动等机制的正确性；对于人工干预的恢复系统，还需估测平均修复时间，确定其是否在可接受的范围内。

（2）安全测试。安全测试检查系统对非法侵入的防范能力。安全测试期间，测试人员假扮非法入侵者，采用各种办法试图突破防线。例如，想方设法截取或破译口令，专门定做软件破坏系统的保护机制，故意导致系统失败，企图趁恢复之机非法进入等。理论上讲，只要有足够的时间和资源，没有不可进入的系统。因此系统安全设计的准则是使非法侵入的代价超过被保护信息的价值。

（3）强度测试。强度测试检查程序对异常情况的抵抗能力。强度测试总是迫使系统在异常的资源配置下运行。例如，当中断的正常频率为每秒一至两个时，运行每秒产生十个中断的测试用例；定量地增长数据输入率，检查输入子功能的反应能力；运行需要最大存储空间（或其他资源）的测试用例；运行可能导致虚存操作系统崩溃或磁盘数据剧烈抖动的测试用例等。

（4）系统性能测试。系统性能测试是在系统真正集成之后，在真实环境中进行全面、可靠地测试运行性能，特别对于那些实时和嵌入式系统，软件部分即使满足功能要求，而且从单元测试起，每一测试步骤都包含性能测试，也未必能够满足性能要求。性能测试有时与强度测试相结合，经常需要其他软硬件的配套支持。

2. 测试计划与测试过程

1）测试计划

专业的测试必须以一个好的测试计划作为基础。尽管测试的每一个步骤都是独立的，但是必定要有一个起到框架结构作用的测试计划。测试计划应该作为测试的起始步骤和重要环节。一个测试计划应包括产品基本情况调研、测试需求说明、测试策略和记录、测试资源配置、计划表、问题跟踪报告、测试计划的评审、结果等。

（1）产品基本情况调研。这部分应包括产品的一些基本情况介绍。例如，产品的运行平台和应用的领域，产品的特点和主要功能模块、产品的特点等。对于大的测试项目，还要包括测试的目的和侧重点，具体要点如表7-2所示。

（2）测试需求说明。这一部分要列出所有要测试的功能项。凡是没有出现在这个清单里的功能项都排除在测试的范围之外。有可能在一个没有测试的部分里发现了一个问题，有这个记录在案的文档，可以证明你测了什么没测什么。

（3）测试策略和记录。这是整个测试计划的重点所在，要描述如何公正客观地开展测试，要考虑模块、功能、整体、系统、版本、压力、性能、配置和安装等各个因素的影响，要尽可能地考虑到细节，越详细越好，并制作测试记录文档的模板，为即将开始的测试做准备。

表 7-2　调研项目要点说明

调研项目	说　明
目的	客观地描述测试，定义测试的策略、测试的配置、估计测试的周期和最终测试报告递交时间
变更	说明可能导致测试计划变更的事件，包括测试工具的改进、测试环境的改变和添加新的功能
技术结构	可以借助画图将测试的软件划分成几个部分，规划成一个适用于测试的完整系统，包括数据是如何存储、如何传递的（数据流图）；每一个部分的测试是要达到什么样的目的；每一个部分是怎么实现数据更新的，还有就是常规性的技术要求，如运行平台和数据库等
产品规格	制造商和产品版本号的说明
测试范围	简单地描述如何搭建测试平台以及测试潜在的风险
项目信息	说明要测试项目的相关资料，如用户文档、产品描述、主要功能的举例说明

(4) 测试资源配置。制定一个项目资源计划，包含每一个阶段的任务、所需要的资源，当到了使用期限或者出现资源共享的时候，要更新这个计划。

(5) 计划表。测试的计划表可以做成一个多项目通用的形式，根据大致的时间估计来制作，操作流程要以软件测试的常规周期作为参考，也可以是根据什么时候应该测试哪一个模块来制定。

(6) 问题跟踪报告。在测试的计划阶段，我们应该明确如何准备去做一个问题报告以及如何去界定一个问题的性质。问题报告要包括问题的发现者和修改者、问题发生的频率、用了什么样的测试案例测出该问题，以及明确问题产生时的测试环境。

(7) 测试计划的评审。又叫测试规范的评审，在测试真正实施开展之前必须要认真负责地检查一遍，获得整个测试部门人员的认同，包括部门的负责人的同意和签字。

(8) 结果。计划并不是到这里就结束了，在最后测试结果的评审中，必须要严格验证计划和实际的执行是不是有偏差，体现在最终报告的内容是否和测试的计划保持一致，然后，就可以开始着手制定下一个测试计划了。

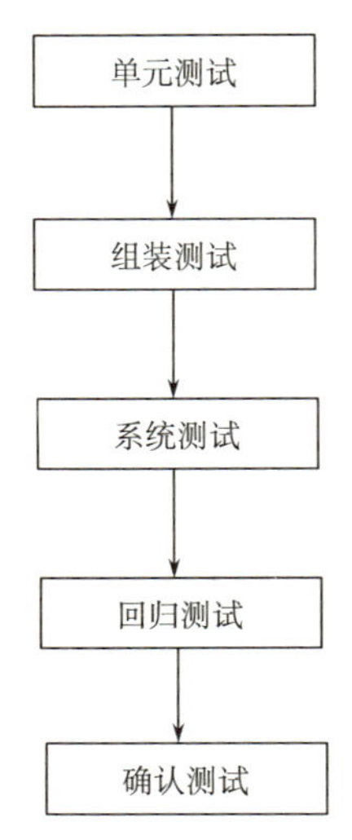

图 7-2　测试流程

2) 测试过程

一般地，基于开发周期中不同阶段对不同对象所进行的测试，在测试计划的指导下，标准的测试流程如图 7-2 所示。

(1) 单元测试。由程序开发人员自行计划与完成的，针对单个或相关联的一组程序单元的测试。测试用例的设计应与复审工作相结合，根据设计信息选取测试数据，将增大发现上述各类错误的可能性。在确定测试用例的同时，应给出期望结果。单元测试多采用白盒测试技术，系统内多个模块可以并行地进行测试。

应为测试模块开发一个驱动模块（driver）和（或）若干个桩模块（stub）。驱动模块在大多数场合称为“主程序”，它接收测试数据并将这些数据传递到被测试模块，被测试模块被调用后，“主程序”打印“进入-退出”消息。驱动模块和桩模块是测试使用的软件，而不是软件产品的组成部分，但它需要一定的开发费用。

提高模块的内聚度可简化单元测试，如果每个模块只能完成一个，所需测试用例数目将显著减少，模块中的错误也更容易发现。

（2）组装测试。组装测试也称为集成测试，就是把模块按系统设计说明书的要求组合起来进行测试。即使所有的模块都通过了测试，也时常有这样的情况发生——每个模块都能单独工作，但这些模块集成在一起之后却不能正常工作。造成这种现象的主要原因是：模块相互调用时接口会引入许多新问题。组装测试计划于设计阶段，是由开发人员与测试人员合作完成的，对结合起来的不同单元以及它们的接口进行测试。

组装测试还包括被一些人叫做白痴测试的过程，如用鼠标点任何地方等，使应用程序崩溃，以保证系统的强壮性。

（3）系统测试。系统测试是测试整个系统，以证实它满足要求所规定的功能、质量和性能等方面的特性，包括“可用性与图形用户界面测试”。系统测试将已经确认的软件、计算机硬件、外设和网络等其他因素结合在一起，进行信息系统的各种组装测试和确认测试，其目的是通过与系统需求相比较，发现所开发的系统与用户需求不符或矛盾的地方。系统测试是根据系统方案说明书来设计测试例子的，常见的系统测试主要有恢复测试、安全测试、强度测试、性能测试、可靠性测试和安装测试。

（4）回归测试。回归测试用于验证改变了的系统或其组件是否仍然保持应有的特性。在必要环节重复利用各个阶段的测试用例，发现是否有错误。例如，旧代码修改后，重新进行测试以确认修改没有引入新的错误或导致其他代码产生错误，包括测试系统的容量、数据处理的效率等。自动回归测试将大幅降低系统测试和维护升级等阶段的成本。

回归测试包括函数本身的测试和其他代码的测试。对被修改的函数重新测试，如果函数的设计功能没有变化，直接运行函数测试就可以了。如果修改了设计功能，则要根据增减的功能点，增加或删除测试用例。另外，还要完成白盒覆盖。函数代码的修改可能导致调用该函数的代码产生错误，所以需要测试其他代码。如果函数是私有函数并且未涉及全局变量，应运行类测试，否则应运行工程测试。在函数列表中选择类测试或工程测试，编译运行测试工程，即可执行对其他代码的回归测试。

（5）确认测试。确认测试是测试整个系统，以保证其达到可以交付用户使用的状态。确认测试应检查软件能否按合同要求进行工作，即是否满足软件需求说明书中的确认标准。项目进行到这个阶段才发现严重错误和偏差一般很难在预定的工期内改正，因此必须与用户协商，寻求一个妥善解决问题的方法。

确认测试的另一个重要环节是配置复审。复审的目的在于保证软件配置齐全、分类有序，并且包括软件维护所必需的细节。

软件是否真正满足最终用户的要求，应由用户进行一系列“验收测试”。验收测试既可以是非正式的测试，也可以有计划、有系统的测试。有时，验收测试长达数周甚至数月，不断暴露错误，导致开发延期。一个软件产品，可能拥有众多用户，不可能由每个用户验收，此时多采用 α、β 测试，以期发现那些似乎只有最终用户才能发现的问题。

3. 测试报告与测试结果分析

测试报告是测试阶段最后的文档产出物，优秀的测试人员应该具备良好的文档编写能力，一份详细的测试报告包含足够的信息，包括产品质量和测试过程的评价，测试报告基于测试中的数据采集以及对最终的测试结果分析。测试报告的具体内容如下：

1）撰写测试报告的具体编写目的

编写目的指出预期的读者范围，并对项目目标、背景和目的进行简要说明。为了便于更多地读者阅读，有必要列出设计系统的专用术语和缩写语约定以及参考资料，对于技术相关的名词和与多义词一定要注明清楚，以便阅读时不会产生歧义。预期参考人员包括用户、测试人员、开发人员、项目管理者、其他质量管理人员和需要阅读本报告的高层经理。通常，用户对测试结论部分感兴趣，开发人员希望从缺陷结果以及分析得到产品开发质量的信息，项目管理者对测试执行中成本、资源和时间予以重视，而高层经理希望能够阅读到简单的图表并且能够与其他项目进行同向比较。

2）测试的概要介绍

测试的概要介绍，包括测试的一些声明、测试范围、测试目的等，主要是测试情况简介。

3）具体测试内容介绍

包括测试用例设计方法、测试环境与配置、测试方法（工具）等。①简要介绍测试用例设计方法，如果能够具体对设计进行说明，在其他开发人员、测试经理阅读的时候就容易对你的用例设计有个整体的概念；②简要介绍测试环境及其配置，包括数据库服务器配置、CPU、内存、硬盘的可用空间大小、操作系统、应用软件、机器网络名、局域网地址、应用服务器配置、客户端配置等；③简要介绍测试中采用的方法（工具），主要是黑盒测试，测试方法可以写上测试的重点和采用的测试模式，这样可以一目了然地知道是否遗漏了重要的测试点和关键块。工具为可选项，当使用到测试工具和相关工具时要说明。

4）测试结果分析

这部分主要汇总各种数据并进行度量，度量包括对测试过程的度量和能力评估、对软件产品的质量度量和产品评估。对于不需要过程度量或者相对较小的项目，如用于验收时提交用户的测试报告、小型项目的测试报告，可省略过程方面的度量部分；而采用了CMM/ISO或者其他工程标准过程的，需要提供过程改进建议和参考的测试报告，主要用于公司内部测试改进和缺陷预防机制。

测试结果分析需要记录如下内容：记录测试执行情况和测试资源消耗情况；需列出简单的测试组架构图，包括测试组架构（如存在分组、用户参与等情况）、测试经理（领导人员）、主要测试人员、参与测试人员；列出测试的跨度和工作量，最好区分测试文档和活动的时间；给出测试的版本，如果是最终报告，可能要报告测试次数；列出表格清单便于知道每个子系统/子模块的测试频度。

5）测试结论

总结测试执行是否充分，可以增加对安全性、可靠性、可维护性和功能性的描述，对测试风险的控制措施和成效，测试目标是否完成，测试是否通过，是否可以进入下一阶段项目目标等。

6）测试建议

测试建议主要说明系统存在问题，可能存在的潜在缺陷和后续工作，对缺陷修改和产品设计的建议，以及对过程改进方面的建议。

4. 测试规划标准

组织者在指定范围内选择软件测试遵循的标准，并结合系统的具体要求，使之贯彻到整个软件测试的计划、实现和管理过程之中。根据标准，需要被明确的内容包括测试阶段和测试文档类型。

可以从三个角度来划分测试阶段：面向测试操作类型的阶段划分、面向测试操作对象的阶段划分、面向测试实施者的阶段划分。测试操作类型包括调试、集成、确认、验证、组装、验收、操作等。测试操作对象可以是单元、部件、配置项、子系统、系统等。测试实施者可以是开发者、测试者、使用者、验收者等。各类标准从不同角度定义测试评审阶段，而测试组织者可以在符合所选标准的同时，结合多个划分因素规定本系统的测试阶段。

各标准规定的测试文档类型也不尽相同。如国标《软件产品开发文件编制指南》规定了两类测试文档：测试计划、测试分析报告；国标《计算机软件测试文件编制规范》定义了八类测试文档：测试计划、测试设计说明、测试用例说明、测试规程说明、测试项传递报告、测试日志、测试事件报告和测试总结报告。

5. 测试的自动化

软件测试的工作量很大（据统计，软件测试工作会用到40%的开发时间；一些可靠性要求非常高的软件，测试时间甚至占到总开发时间的60%），但测试却是在整个软件开发过程中极有可能应用计算机进行自动化的工作，原因是测试的许多操作是重复性的、非智力创造性的、细致的工作。计算机就最适合于代替人类去完成这些任务。企业在这方面的投资，会对整个开发工作的质量、成本和周期带来非常明显的效果。

一些适于考虑进行自动化的测试操作为：

（1）测试个案的生成（包括测试输入，标准输出，测试操作指令等）。

（2）测试的执行与控制（包括单机与网络多机分布运行，夜间及假日运行，测试个案调用控制，测试对象、范围和版本控制等）。

（3）测试结果与标准输出的对比。

（4）不吻合的测试结果的分析、记录、分类和通报。

（5）总测试状况的统计，报表的产生。

测试自动化与软件配置管理是密不可分的。与测试有关的资源都应在配置管理中进行统一的计划考虑。另外，测试工具的采用也是提高测试质量的关键，有些专用的测试工具能帮助发现一些用任何测试个案都难以触及的错误。

7.1.3　系统的实施文档

1. 程序说明书

程序说明书将选定计算机语言或开发工具，来描述系统的计算机模型，其主要使用者是系统维护人员。程序说明书应该提供如下信息：①系统采用的专业术语；②系统功能描述；③系统覆盖的流程；④系统开发最小的平台说明；⑤程序代码清单；⑥每个功能的描述，包括功能标识符、功能的描述、输入输出数据表、主要的变量、算法描述；⑦系统共享数据，包括程序设计中技术要求的共享数据；⑧系统接口的实现。

2. 用户手册

用户手册的编制是要使用非专门术语的语言，充分地描述该软件系统所具有的功能及基本的使用方法，使用户（或潜在用户）通过本手册能够了解该软件的用途，并且能够确定在什么情况下，如何使用它。用户手册的编写如表 7-3 所示。

表 7-3 用户手册的编写

大纲	细目	内容
引言	编写目的	指出预期的结果
	背景	所描述的软件系统的名称；任务提出者、开发者、用户及安装资料
	定义	列出用到的专门术语的定义和外文首字母组词的原词组
	参考资料	项目经核准的计划任务书或合同、上级机关的批文；属于本项目的其他已发表文件；文件中引用的文件、资料，包括所要用到的软件开发标准。列出这些资料的标题、文件编号、发表日期和出版单位和文件资料的来源
用途	功能	结合软件的开发目的逐项说明本软件所具有的各项功能以及它们的极限范围
	性能	精度：说明对各项输入数据的精度要求和输出数据精度，包括传输精度要求 时间特性：定量地说明本软件的时间特性，如响应时间，更新处理时间，数据传输、转换时间，计算时间等 灵活性：说明当用户需求（如对操作方式、运行环境、时间特性等的要求）有某些变化时，本软件的适应能力
	安全保密	说明本软件在安全、保密方面的设计考虑和实际达到的能力
运行环境	硬设备	列出为运行本软件所要求的硬件设备的最小配置，包括：处理机的型号、内存容量；所要求的外存储器、媒体、记录格式、设备的型号和台数、联机/脱机；I/O 设备（联机/脱机）；数据传输设备和转换设备的型号、台数
	支持软件	说明为运行本软件所需要的支持软件，包括：操作系统的名称、版本号；程序语言的编译/汇编系统的名称和版本号；数据库管理系统的名称和版本号；其他支持软件
	数据结构	列出为支持本软件的运行所需要的数据库或数据要求
使用过程	安装与初始化	说明为使用本软件而需进行的安装与初始化过程，包括程序的存储形式、安装与初始化过程中的全部操作命令、系统对这些命令的反应与答复，还应说明安装过程中所需用到的专用软件
	输入	输入格式：说明对初始输入数据和参量的格式要求，包括语法规则和有关约定 输入举例：为每个完整的输入形式提供样本
	输出	输出格式：给出对每一类输出信息的解释 输出举例：为每种输出类型提供例子，对例子中每一项说明定义、来源、去向

续表

大纲	细目	内容
使用过程	查询	内容包括：和数据库查询有关的初始化、准备及处理所需要的详细规定，说明查询的能力、方式以及命令控制规定
	出错处理与恢复	由软件产生的出错编码或条件以及应由用户承担的修改纠正工作。指出为了确保再启动和恢复的能力用户必须遵循的处理过程
	终端操作	说明终端的配置安排、连接步骤、数据和参数输入步骤以及控制规定及通过终端进行查询、检索、修改数据的能力、语言、过程和辅助性程序等

3. 操作手册

操作手册为操作人员提供该软件各种运行情况的有关知识，特别是操作方法的具体细节。操作手册的编写如表 7-4 所示。

表 7-4　操作手册的编写

大纲	细目	内容
引言	编写目的	说明编写这份操作手册的目的，指出预期读者
	前景	描述软件系统的名称、任务提出者、开发者、用户等
	定义	列出本文件中用到的专门术语的定义和外文首字母组词的原词组
	参考资料	列出有用的参考资料，包括：经核准的计划任务书或合同、上级机关的批文；属于本项目的其他已发表的文件；引用的文件、资料，包括资料的标题、文件编号、发表日期和出版单位，说明能够得到这些文件资料的来源
软件综述	软件结构	包括输入、处理和输出，提供该软件的总体结构图表
	程序表	列出本系统内每个程序的标识符、编号和助记名
	文档	列出将由本系统引用、建立或更新的每个永久性文档，说明它们各自的标识符、编号、助记名、存储媒体和存储要求
安装与初始化	安装	描述安装与初始化过程，包括程序的形式，安装与初始化过程中的全部操作命令，系统对这些命令的反应与答复，安装工作完成的测试实例，安装过程中所需的专用软件等
	运行表	列出每种可能的运行，说明每个运行的目的，指出每个运行各自所执行的程序
	运行步骤	说明从一个运行转向另一个运行的步骤

续表

大纲	细目	内容
运行说明	运行说明	用最方便最有用的形式加以说明： (1) 列出为本运行所需要的运行流向控制的说明。给出操作人员和管理人员所需要的信息。如运行目的、操作要求、启动方法、预计的运行时间和解题时间、操作命令及其他事项 (2) 提供运行建立、更新或访问数据的有关信息，如文卷的标识符或标号、记录媒体、存留的目录表、文卷的支配 (3) 提供输出的每个用于提示、说明或应答的（包括“菜单”）有关信息，如标识符、输出媒体、文字容量、分发对象、保密要求 (4) 输出的复制由计算机产生，而后需用其他方法复制的那些提供有关信息，如标识符、复制的技术手段、纸张或其他媒体的规格、装订要求、分发对象、复制份数 (5) 说明本运行故障后的恢复过程
非常规过程	非常规过程	提供有关应急操作或非常规操作的必要信息，如出错处理操作、向后备系统的切换操作以及其他必须向程序维护人员交代的事项和步骤
远程操作	远程操作	说明通过远程终端运行本软件的操作过程

4. 联机帮助

联机帮助以一种更便于阅读的格式提供系统的最新信息。其主要采用超文本技术，通过定义与系统功能操作相关的主题，实现超文本链接。

联机帮助实际上是一个应用程序。因此，必须考虑如何访问和组织信息。在书面文档中，在书籍的最后通常会有一个按主题分类的字母序索引。虽然联机帮助也要求这一点，但是字母序索引只是几种可能的访问方法之一。其他的方法包括关注内容的帮助、相关链接以及搜索功能等。很多有效的帮助系统都提供了所有这些功能。编者不应该用编写其他文档的方式来编写联机帮助。

联机帮助应尽可能快地提供用户请求的信息，同时还应尽量减少用户为解决问题所需的阅读量。为此，编者应以一致的方式组织主题材料，按照从重要到次要的顺序组织材料，另外将那些最常见问题的答案放在最前面。如果想要更详细的信息，可以编写参考联机手册。帮助内容具体针对那些与主题材料链接的内容相关的主题，并考虑软件的使用方式，采用同样的逻辑回答用户的问题。在帮助中，整个文档的表现一致，应使用标准的图标、链接、标题、索引以及主题内容。

7.2 系统的转换

7.2.1 系统转换的方式

系统转换是由现行系统的工作方式向所开发的管理信息系统工作方式的转换过程，也是系统的设备、数据、人员等的转换过程。

系统转换的基本条件有：

(1) 系统设备：系统实施前购置、安装、调试完毕。

（2）系统人员：系统转换前配齐并参与各管理岗位工作。

（3）系统数据：系统转换所需各种数据按照要求各式输入到系统之中。

（4）系统文件资料：用户手册、系统操作规程、系统结构与性能介绍手册。

系统转换方式一般有以下几种方式：

1. 直接转换

在确定新的物流管理信息系统运行准确无误时，在某一时刻终止现行系统，启用新系统，这种方式称为直接转换。这种转换方式费用低，方法简单，但风险大，适合于处理过程不太复杂的小型简单系统。

2. 并行转换

并行转换是指新的物流管理信息系统和现行系统并行工作一段时间，在新系统运行准确无误时，替代现行系统。这种转换方式有利于减轻管理人员心理压力，安全性较好，但费用高，两个系统的数据一般不具备可比性，适合于处理过程复杂、数据重要的系统。

3. 试运行转换

试运行转换是直接转换和并行转换的结合，由于新系统只有一部分采取并行方法，因此用户工作量较并行方法少，而又有一部分是采取串行方法，因此较直接方法保险系数大。但最大的问题是用系统的哪一部分与原系统并行，一般以“对数据存储有破坏性操作”为标准，选择新系统的并行部分。

4. 分段转换

分段转换是直接转换和并行转换的另一种结合，分阶段将新的管理信息系统的各个子系统替代现行系统。这种转换方式安全性较好，但费用高，适合于处理过程复杂、数据重要的大型复杂系统。

在实际应用中，充分利用各种转换方式的优点，混合使用多种方式。在转换过程中，一些部分可以采用直接方式，另一些部分采用平行方式或其他方式，这样有利于系统平衡过渡。

7.2.2　系统转换注意的问题

1. 数据库转换

将旧系统的数据成功地移植到新系统中是数据库转换的关键。在数据库转换的过程中，有时要想实现严格的等价转换是比较困难的。首先要确定两种模型中所存在的各种语法和语义上的冲突，这些冲突可能包括：

（1）命名冲突：原模型中的标识符可能是目的模型中的保留字，这时就需要重新命名。

（2）格式冲突：同一种数据类型可能有不同的表示方法和语义差异，这时需要定义两种模型之间的变换函数。

（3）结构冲突：如果两种数据库系统之间的数据定义模型不同，如分别为关系模型和层次模型，那么需要重新定义实体属性和联系，以防止属性或联系信息的丢失。

总之，在进行数据转换后，一方面源数据库模式中所有需要共享的信息都转换到目的数据库中，另一方面这种转换又不能包含冗余的关联信息。

2. 网络环境转换

在系统转换过程中，为了使新系统正常运行，系统所处的网络环境必然要转换。网络环境是指将分布在不同地点的多个多媒体计算机物理上互联，依据某种协议互相通信，实现软、硬件及其网络共享的系统。

3. 业务规范的转换与变更

在系统转换过程中，必然存在新系统与企业的业务规范不相适应的地方，要新系统适应现有的业务规范，还是要新系统适应改变后的业务规范，要根据具体的情况而定。

1）系统围绕业务规范调整

在系统转换时，尽量不对业务规范全面转换，不做部门调整，而是通过调整系统或培训的方式使二者彼此适应。其优点是在发挥系统功效的同时潜移默化地变革业务规范，员工培训比较容易，而且业务规范调整简单。缺点是容易偏移系统的核心理念，系统更改过于机械化。

2）业务规范围绕系统调整

在系统转换时，尽量不改变系统，而是通过调整企业的业务规范，使企业的业务流程适用系统的管理思想和模式。其优点是能够应用系统的科学管理理论和模式，能够提升企业的管理质量。缺点是业务规范调整规划不好，容易搞得伤筋动骨，如果处理不好可能还会给企业带来负面影响，要花很大投资在员工的培训上。

在系统转换中，系统一定要和业务规范、组织结构调整结合起来，只调整一方面都是不合适的。如果要把业务规范与系统调整结合起来，必须找到一个适当的结合点，在双向位移中，坚持系统的核心理念，同时提出实施与培训同步工程，要求员工从工作习惯上完全按照系统的要求行事，把系统要求当做纪律来执行，只有这样企业获得更好的业务处理规范。

7.3 物流管理信息系统维护

7.3.1 系统维护的概念

系统维护是指在系统已经交付使用以后，为了改正错误、完善系统或满足新的应用要求而修改系统的过程。系统维护的目的是保证管理信息系统正常而可靠地运行，并能使系统不断得到改善和提高，以充分发挥其作用。因此，系统维护就是为了保证系统中的各个要素随着环境的变化，始终处于最新的、正确的工作状态。

7.3.2 系统评价的指标体系

要对不同的方案进行评价和选优，必须建立能对照和衡量各个替代方案的统一尺度，即评价指标体系。评价指标体系是指衡量系统状态的技术、经济指标，它是系统规划和控制的信息基础。建立一套完整的评价指标体系，有助于对物流系统进行合理的规划和有效的控制，有助于准确反映物流管理信息系统的合理化状况以及评价改善的潜力和效果。

从物流管理信息系统的组成部分出发，它是一个由人机共同组成的系统，所以可以按照运行效果和用户需求（人）、系统质量和技术条件（机）这两条线索构造指标。

从物流管理信息系统的评价对象出发，对于开发方来说，他们所关心的是系统质量和技术水平；对于用户方而言，关心的是用户需求和运行质量；系统外部环境则主要通过社会效益指标来反映。

从经济学角度出发，分别按系统成本、系统效益和财务指标三条线索建立指标。

各项指标如表 7-5 所示。

表 7-5　系统指标体系

指标名称	内　容
系统质量	执行准确性、响应速度、信息存储量、界面质量；安全性、可靠性、文档齐全；数据共享性、易维护性和容错性
技术水平	技术先进性：软硬件先进性、开发技术先进性、软件可重用性；技术首创性和开发效率
运行质量	直接应用人员的结构、素质；系统运行率和系统维护率
用户需求	领导重视程度、功能需求满足程度、人-机交互的友善程度和系统价格可接受程度（性能/价格比）
系统成本	开发成本：硬件成本（购置、基建、安装、调试等）、软件成本（开发、培训、系统切换等）、运行成本、管理成本和维护成本
系统效益	经济效益：按系统功能（如生产管理，财务管理等）、按服务对象（如企业，政府等）、按效益类型（如直接/间接，有形/无形等）、按技术特征（如 EDPS，MIS，DSS） 社会效益：对社会的影响程度、对本企业的影响程度、福利、就业、伦理道德
财务评价	投资指标（如企业管理费，非生产人员工资等）、收益指标（如销售额，利润等）、综合指标（如净现值，净现值率，内部收益率等）

根据系统的观点，系统的评价指标体系是由若干个单项评价指标组成的有机整体。它应反映出评价目的的要求，并尽量做到全面、合理、科学、实用。根据不同的衡量目的和物流系统的特殊性，物流系统指标的衡量对象可以是整个物流管理信息系统，也可以是供应物流、生产物流、销售物流以及回收、废弃物流子系统，还可以是运输、仓储、库存管理、生产计划及控制等物流职能，乃至各职能中具体的物流活动，由此形成不同的指标体系。

7.3.3　维护的类型

系统维护的重点是系统应用软件的维护工作，按照软件维护的不同性质划分为下面四种类型。

1. 纠错性维护

纠错性维护指由于发现系统中的错误而引起的维护，其工作内容包括诊断问题与改正错误。

2. 适应性维护

适应性维护指为适应外界环境的变化而增加或修改系统部分功能的维护工作。例如，操作系统版本更新、新的硬件系统的出现和应用范围扩大等，为适应这些变化，系统需要进行维护。

3. 完善性维护

完善性维护是为了改善系统功能或应用户的需要而增加新功能的维护工作。系统经过一个时期的运行之后，某些地方效率需要提高，或者使用的方便性还可以提高，或者需要增加某些安全措施等，这类维护工作占全部维护工作的绝大部分。

4. 预防性维护

预防性维护是主动性的预防措施。对一些使用寿命较长、目前尚能正常运行但可能要发生变化的部分进行维护，以适应将来的修改或调整。

7.3.4 维护的内容

系统维护主要包括硬件设备的维护、应用软件的维护、代码的维护和数据的维护。

1. 系统应用程序维护

一旦硬件环境发生变化或业务处理出现问题发生变化，就要修改应用程序及有关文档。修改后要填写程序修改登记表，并在程序变更通知书上写明新老程序的不同之处。应用程序维护是系统维护最主要的内容。

2. 数据维护

数据维护工作主要由数据库管理员来负责，主要对数据库的安全性、完整性进行并发性控制，并根据业务处理的变化，对数据不断更新，按要求增、删数据，调整数据结构，进行数据的转储和恢复等。

3. 代码维护

代码维护由代码管理小组负责。变更代码应经过详细讨论，确定之后要用书面形式贯彻。代码维护的困难往往在于新代码的贯彻，要对系统中各种代码进行增加、删除、修改以及设置新的代码。除了成立代码管理小组外，各业务部门要指定专人进行代码管理，通过他们贯彻新代码。

4. 硬件设备维护

硬件设备维护指对主机及外部设备的日常维护和管理、故障检修、易损件更换，以及某些设备功能扩展等。主要有两种类型的维护活动：一种是定期的设备保养性维护，保养周期可以是一周或一个月不等，主要是例行设备检查和保养，易耗品的更换与安装等；另一种是突发性的故障维护，由专职的维修人员或请厂方的技术人员来排除故障，这种维修活动不宜过长，以免影响系统的正常运行。

7.3.5 维护的实施

软件维护任务与新软件开发的过程基本上一致并且是并行的。只是由于时间上的限制，有可能省略或简化某些步骤。软件修改完成后，先由维修主管进行验收。

验收标准如下：

(1) 全部软件文档已经准备齐全，并已更改好。

(2) 所有测试用例和测试结果已经正确记录下来。

(3) 记录和所有寻找软件配置的工序已建立。

(4) 维护工序和责任已经确定。

经验收合格的软件维护，可以和软件的修正及有关文档一起交回给用户使用。

7.4　系统的评价

系统转换投入运行后，需要进行全面的检验和分析，这称为系统评价。评价主要由性能评价、经济效果评价、系统的服务质量和运用评价等方面组成。

7.4.1　性能评价

性能评价着重评价系统的技术性能，包括系统的稳定性、可靠性、安全性、响应时间、容错性、使用效率等。评价指标：如提供用户信息的及时性、准确性、系统的可靠性、安全性，系统运行效率，信息中心工作质量等。对系统性能评价的目的是为系统的进一步改进提供依据和方向。

7.4.2　经济效益评价

评价系统应用的经济效益，应从直接经济效益和间接经济效益两方面来分析。

1. 直接经济效益

直接经济效益是应用管理信息系统而直接产生的成本降低和收入提高。系统的直接经济效益体现在：由于信息的准确性和及时性，销售收入增加；更合理地利用现有的生产能力和原材料，提高产品的产量；更有效地进行调度、组织生产，减少停工产生的损失，提高生产的效率；改善企业的供应链，减少物资储备，缩短生产周期；掌握客户信息，及时收回应收账款，降低费用性支出等。对于直接经济效益可以采用一般的经济效益评价方法进行评价，如计算由系统应用带来的利润增长、计算投资回收期可运用投资效果系数法、德尔菲专家评审法等，从而可以得出直接的经济效益。

2. 间接经济效益

间接经济效益是指应用管理信息系统带来企业管理的一系列变革，促进企业管理决策水平的提高，从而为企业带来的经济效益。管理信息系统的直接经济效益一般都比间接经济效益小。物流管理信息系统的经济效益通常主要体现在其运行过程中所产生的间接经济效益。对物流管理信息系统间接经济效益的评价虽然也有一些估算模型，但是应用信息系统所带来的企业管理水平的提高，以及所带来的综合性的经济效益，是很难准确计算的。这种综合性的经济效益往往要经过一段时间之后才会体现出来，而且会随着应用向高级阶段的发展而越来越显著。系统的间接经济效益主要表现在以下几个方面：

(1) 系统的应用对企业基础数据管理的科学化和规范化起到推动的作用，使信息的数量和质量得到提高。

(2) 管理信息系统的应用往往意味着先进管理思想和管理方法的规范化应用，为企业的发展带来了一系列变革，为企业带来不可预计的经济效益。

(3) 系统的应用使工作人员从繁重的重复性工作中解脱出来，投身到更有意义的工作中，这个仅提高了工作效率，更改变了工作的性质。

(4) 系统的应用会提高企业对供应、生产、销售、经营和管理数据的分析能力，并结合市场分析、竞争对手分析、行业分析等为企业制定经营战略、进行经营决策提供更强有力的支持。

总之，由于管理信息系统的应用、数据质量的提高、数据库系统的完善、工作效率的提高和经营战略的正确制定等为企业所带来的经济效益都是不易计算的，这种潜在的经济效益更体现了物流管理信息系统应用的重要意义。

7.4.3 系统的服务质量和运用评价

系统的服务质量是用户对系统服务的期望（即期望服务质量）与其实际感知的系统服务（即体验的服务质量）的对比。当感知超出期望时，服务被认为具有特别质量，否则服务就被认为是不符合用户的质量要求。服务的无形性、差异性和不可分离等特性，使服务质量的概念与有形系统软件的质量在内涵上有很大的不同。系统服务质量的好坏只有在用户运用系统的过程中去感知和评价，而系统服务质量的好坏直接影响用户对系统的满意度。

作为系统开发商，应该时刻保持或提高用户的满意度，这样用户才会更加舒适轻松地运用系统。作为一个让用户满意的系统，应从以下两个方面来分析：

(1) 从功能性的角度说，它要拥有用户最需要的功能，能够解决用户最迫切解决的问题。只有这样，用户才能从内心愿意去用这个系统。

(2) 从非功能性的角度来说，用户最看重的还是系统的易用性、效率、界面友好性及界面美观性。

7.5 物流管理信息系统的运行管理

7.5.1 操作设计与运行管理

物流管理信息系统的操作设计与运行管理是为了保证系统能长期有效地正常运转而进行的活动，具体有系统运行情况的记录、系统运行的日常维护及系统的适应性维护等工作。

1. 系统运行情况的记录

从每天工作站点计算机的打开、应用系统的进入、功能项的选择与执行，到下班前的数据备份、存档、关机等，按严格要求来说都要对系统软硬件及数据等的运作情况作记录。一般系统中设置自动记录功能，记录运行情况。但对于一些重要的运行情况及所遇到的问题，如多人共用或涉及敏感信息的计算机及功能项的使用等仍应作书面记录。

系统运行情况的记录工作主要由使用人员完成，系统运行情况都应作为基本的系统文档作长期保管，为系统维护时参考。

2. 系统运行的日常维护

日常维护是定时定内容地重复进行的有关数据与硬件的维护，以及突发事件的处理等。

在数据或信息方面，须日常加以维护的有备份、存档、整理及初始化等。大部分的日常维护应该由专门的软件来处理，但处理功能的选择与控制一般还是由使用人员或专业人员来完成。为安全考虑，每天操作完毕后，都要对变动过的或新增加的数据作备份。一般来讲，工作站点上的或独享的数据由使用人员备份，服务器上的或多项功能共享的数据由专业人员备份。除正本数据外，至少要求有两个以上的备份，并以单双方式轮流制作，以防刚被损坏的正本数据冲掉上次的备份。数据正本与备份应分别存于不同的磁盘或其他存储介质上。数据存档或归档是当工作数据积累到一定数量或经过一定时间间隔后转入档案数据库的处理，作为档案存储的数据成为历史数据。为防万一，档案数据也应有两份以上。数据的整理是关于数据文件或数据表的索引、记录顺序的调整等，数据整理可使数据的查询与引用更为快捷与方便，对数据的完整性与正确性也很有好处。在系统正常运行后，数据的初始化主要是指以月度或年度为时间单位的数据文件或数据表的切换与结转数等的预置。

在硬件方面，日常维护主要有各种设备的保养与安全管理、简易故障的诊断与排除、易耗品的更换与安装等。硬件的维护应由专人负责。

3. 系统的适应性维护

企业的环境处于不断变化之中，为求生存与发展，必然要作相应的变革，企业运行的物流管理信息系统自然地也要作不断的改进与提高。一个信息系统不可避免地会存在一些缺陷与错误，在运行过程中为使系统能始终正常运行，所暴露出的问题必须及时地予以解决。为适应环境的变化及克服本身存在的不足对系统作调整、修改与扩充，即为系统的适应性维护。

实践已证明系统维护与系统运行始终并存，系统维护所付出的代价往往要超过系统开发的代价，系统维护的好坏将显著地影响系统的运行质量、系统的适应性及系统的生命期。系统的适应性维护是一项长期的、有计划的工作，并以系统运行情况记录与日常维护记录为基础，其内容有：

（1）系统发展规划的研究、制定与调整。

（2）系统缺陷的记录、分析与解决方案的设计。

（3）系统结构的调整、更新与扩充。

（4）系统功能的增设、修改。

（5）系统数据结构的调整与扩充。

（6）各工作站点应用系统的功能重组。

（7）系统硬件的维修、更新与添置。

（8）系统维护的记录及维护手册的修订等。

7.5.2　系统软硬件配置管理

1. 物流管理信息系统网络资源的配置

用户配置的网络系统和设备越复杂，对其进行有效管理的难度就越大。如何有效地对这些系统和设备配置变动以及变动权限进行适当的管理，在最大限度上发挥系统和设备的效用，保障用户的安全，将是用户面临的一个严峻问题。网络资源的配置管理主要涉及网络设备（网桥、路由器、工作站、服务器、交换机及其他）的设置、转换、收集和修复等信息。

任何网络管理人员都可以随时更换交换机和路由器的配置，而配置更换会对网络可靠性及服务造成破坏性影响。网络资源配置管理的目标是节约用户时间和降低网络设备错误配置引起的网络故障。网络资源配置管理可以控制用户进行网络变换，简化网络管理工作并迅速修复配置差错。

2. 物流管理信息系统软件的配置

软件有三个要素：时间、预算和质量。一个成功的软件就是要在限定的时间内，不超过预算，交付符合质量要求的产品。真正实施配置管理后，我们会对产品的开发过程进行有效的控制，可以加快进度，降低开发成本，保证产品的质量。

软件配置管理（software configuration management，SCM），简言之就是管理软件的变化，它应用于整个软件工程过程，通常由相应的工具、过程和方法学组成。IEEE“软件配置管理计划标准”（IEEE 828-1998）关于 SCM 的论述如下：“软件配置管理由适用于所有软件开发项目的最佳工程实践组成，无论是采用分阶段开发，还是采用快速原型进行开发，甚至包括对现有软件产品进行维护。SCM 通过以下手段来提高软件的可靠性和质量：在整个软件的生命周期中提供标识和控制文档、源代码、接口定义和数据库等工件的机制；提供满足需求、符合标准、适合项目管理及其他组织策略的软件开发和维护的方法学；为管理和产品发布提供支持信息，如基线的状态，变更控制、测试、发布、审计等。”

软件配置管理是采用技术手段和行政手段进行管理和监督的一套规范化方法，对配置项的功能特性和物理特性加以标识，并将其文件化，控制这些特性的变更；报告变更进行的情况和变更实施的状态以及验证与规定需求一致性。

为达到上述软件配置管理的要求，通常认为实施软件配置管理应完成以下几方面的任务：

（1）制订软件配置管理计划。

（2）确定配置标识规则。

（3）实施变更控制。

（4）报告配置状态。

（5）进行配置审核。

（6）进行版本管理和发行管理。

实施有效的软件配置管理可以解决以下软件开发中的常见问题：

（1）开发人员未经授权修改代码或文档。

（2）人员流动造成企业的软件核心技术泄密。

（3）找不到某个文件的历史版本。

（4）无法重现历史版本。

（5）无法重新编译某个历史版本，使维护工作十分困难。

（6）“同版本”时，开发冻结，造成进度延误。

（7）软件系统复杂，编译速度慢，造成进度延误。

（8）因一些特性无法按期完成而影响整个项目的进度或导致整个项目失败。

（9）已修复的Bug在新版本中出现。

（10）配置管理制度难以实施。

（11）分处异地的开发团队难以协同，可能会造成重复工作，并导致系统集成困难。

3. 物流管理信息系统的硬件配置

在系统硬件配置管理过程中，为健全公司计算机硬件设备请购、采购及维护作业管理，须由专门部门负责评估、采购及维护计算机硬件设备，以达到硬件资源运用最佳效益。硬件的配置管理主要包括硬件设备购置管理和维护管理。

在计算机硬件购置管理中须在请购、评审、采购、验收过程中完成规定的程序，之后在对计算机设备进行列册管理，更新请购单位设备清单。

对计算机硬件维护管理，公司应对每项计算机设备均需设定保管人，负责日常保养维护。维护管理程序一般如下：

（1）当计算机设备发生故障时，申修单位可先以电话通知维护部门，随后填写“电脑设备维护单”，经权责主管核准后，送交维护部门。

（2）维护部门在接获通知后，应派人员实地了解，并施以必要处置，如无法立即处理，需在“电脑设备维护单”填入解决措施、预估完成日期，回复给叫修部门，并列案追踪处理情况。

（3）当故障排除后，维护部门应会同叫修部门完成验收确认后，便可结案归档。

硬件管理应该注意以下问题：

（1）维护部门人员不得擅自打开计算机的机箱和任意拆卸电缆、硬盘和数据线。

（2）遵守开关机步骤。

（3）当相关员工离职或调职时，维护部门协助管理部核实设备、设施。

（4）若因使用人员擅自打开计算机设备或操作不当造成电脑硬件损坏者，维护部门将视其情节轻重提报人事处理。

在物流管理信息系统的硬件配置上，除了对计算机硬件进行配置外，应该针对企业目前的薄弱环节，在有条件的情况下极力推广采用自动化立体仓库、自动分拣装置、托盘、集装箱等现代物流技术，提高仓储效益，通过利用物流硬件设备实现装卸搬运等过程的机械化，增加装卸效率，加快流通速度，缩短物流时间，降低物流成本，以此提高物流设备的硬件配置。

7.5.3　系统使用率的跟踪

随着大多数组织机构所部署的产品与服务范围年复一年地扩大，IT管理人员针对此类应用的整个生命周期实施管理的重要性也不断提高。为此，提出了通过跟踪系统使用率的方法来管理软件资产。

一般采取如下做法：

（1）根据当前许可授权等级对软件实际使用情况进行跟踪的做法，可确保年度许可授权成本与软件使用状况保持同步，从而，成为最简单却最直接的财务节约手段。管理人员将不仅对安装在每台计算机上的应用实施监控，而且，还要对已安装应用的使用频率进行跟踪，以便为组织机构描绘出更加精确的许可授权需求图像。此外，只有了解使用范围最广的应用软件，测试情境和升级项目才能更加准确地反映出真实的部署环境，从而降低在整个企业范围内进行调整的成本代价。

(2) 使用软件计量方法能够显著扩展大型组织机构规模，能够对如下问题做出解答：哪些应用正被使用，这些应用的使用频率有多高，多少用户正在并行使用相同的应用。这样管理人员便可对企业实际所需应用许可证进行更加准确的测算，识别冗余应用安装，并消除来自客户端计算机的磁盘空间占用。这样就允许管理人员对应用软件安装情况实施跟踪，并将其与实际应用状况相关联，进而提供适当的解决方案。

(3) 尽可能地延长正常运转时间并提高已部署应用的可用性水平，能显著提高间接节约效益。目前，已出现一些软件可以实现系统使用率的跟踪，如 Microsoft System Management Server，它可对网络系统中的已部署应用和服务进行持续跟踪，并提供了将这些应用和服务与一系列可用修补程序、服务包和更新软件加以对比的工具，从而允许管理人员事先替换存在已知问题的代码，消除故障隐患。这种措施为用户与客户缩短了故障时间，从而提高了整体工作效率；同时，确保所有已知薄弱环节在修补程序提供的第一时间得以根除，从而为整个业务环境提供了安全保障。

7.5.4 物流管理信息系统的信息安全管理

1. 系统的日常安全管理

系统的安全管理是指为了防止系统外部对系统资源不合法的使用和访问，保证系统的硬件、软件和数据不因偶然或人为的因素而遭受破坏、泄露、修改或复制，维护正当的信息活动，保证信息系统安全运行所采取的措施。

系统的安全性体现在以下五个方面：

(1) 可用性（availability），指信息可被授权者访问并按需求使用的特性，即保证合法用户对信息和资源的使用不会被不合理地拒绝。

(2) 完整性（integrity），指在存储或传输的过程中保持未经授权不能改变的特性。

(3) 保密性（confidentiality），指信息不被泄露给未经授权者的特性。

(4) 可控制性（controllability），指对信息的传播及内容具有控制能力的特性。

(5) 可靠性（reliability），指保证网络和信息系统随时可用，运行过程中不出现故障，若遇到意外能够尽量减少损失并尽快恢复正常。

2. 日常的故障对策与恢复

不同组织机构开发的信息系统在结构、功能、目标等方面存在着巨大的差别。因而对于不同的信息系统必须采取不同的故障对策和恢复策略，同时还要考虑到保护信息的成本、被保护信息的价值和使用的方便性之间的平衡。为了保障系统的正常运行，必须制定和遵守一系列准则和规定，采取免遭入侵和破坏的措施。

实现信息安全，解除故障，不但要靠先进的技术，而且要靠严格的安全管理，法律约束和安全教育。一般地，系统故障对策与恢复的制定要考虑以下几个方面：

1) 选择先进的网络安全技术

先进的网络安全技术是网络安全的根本保证。用户应首先对安全风险进行评估，选择合适的安全服务种类及安全机制，然后融合先进的安全技术，形成全方位的安全体系。

2）进行严格的安全管理

根据安全目标建立相应的网络安全管理办法，加强内部管理，建立合适的网络安全管理系统，加强用户管理和授权管理，建立安全审计和跟踪体系，提高整体网络安全意识。

3）遵守完整一致性

一套安全策略系统代表了系统安全的总体目标，贯穿于整个安全管理的始终，包括组织安全、人员安全、资产安全、物理与环境安全等内容。

4）坚持动态性

由于入侵者对网络的攻击在时间和地域上具有不确定性，因此信息安全是动态的，具有时间性和空间性。所以信息安全策略也应该是动态的，并且要随着技术的发展和组织内外环节的变化而变化。

5）实行最小化授权

任何实体只有该主体需要完成其被指定任务所必需的特权，再没有更多的特权，对每种信息资源进行使用权限分割，确定每个授权用户的职责范围，阻止越权利用资源行为。这样可以尽量避免信息系统资源被非法入侵，减少损失，阻止越权操作行为。

6）实施全面防御

建立起完备的防御体系，通过多层次机制相互提供必要的冗余和备份，通过使用不同类型的系统、不同等级的系统获得多样化的防御。同时要求员工普遍参与网络安全工作，提高安全意识，集思广益，把网络系统设计得更加完善。

7）建立控制点

在网络对外连接通道上建立控制点，对网络进行监控。实际应用当中在网络系统上建立防火墙。阻止从公共网络对本站点侵袭，防火墙就是控制点。如果攻击者能绕过防火墙（控制点）对网络进行攻击，那么将会给网络带来极大的威胁，因此，网络系统一定不能有失控的对外连接通道。

8）监测薄弱环节

对系统安全来说，任何网络系统中总存在薄弱环节，这常成为入侵者首要攻击的目标。系统管理人员全面评价系统的薄弱环节，确认系统各单元的安全隐患，并改善薄弱环节。尽可能地消除隐患，同时也要监视那些无法消除缺陷的安全态势，必须报告系统受到的攻击，及时发现系统漏洞并采取改进措施。增强对攻击事件的应变能力，及时发现攻击行为，跟踪并追究攻击者。

9）失效保护

一旦系统运行错误，发生故障时，必须拒绝入侵者的访问，更不能允许入侵者跨入内部网络。

信息系统运行中的突发事件一般是由于操作不当、计算机病毒、突然停电等引起的。当发生突发事件时，轻则影响系统功能的运行，重则破坏数据，甚至导致整个系统的瘫痪。突发事件应由企业信息管理机构的专业人员处理，有时要原系统开发人员或软硬件供应商来解决。对发生的现象、造成的损失、引起的原因及解决的方法等必须作详细的记录。

3. 物流管理信息系统的数据备份

数据和信息的安全保密是信息系统安全保密工作的重点。数据失效（隐患）分为两种：物理损坏和逻辑损坏。常见的导致数据失效的原因有：电力波动造成损坏的占32.8%，自然灾害损坏的占39.1%，软硬件设备故障损坏的占16.6%，误操作损坏的占2.0%，爆炸、意外事故损坏的占8.7%，人力破坏损坏的占0.8%。企业的信息化程度越高，其数据存储备份和灾难性恢复的安全措施就越重要。

数据备份，就是将数据以某种方式加以保留，以便在系统遭受破坏或其他特定情况下，重新加以利用的一个过程。数据备份的根本目的是重新利用，这也就是说，备份工作的核心是恢复，一个无法恢复的备份，对任何系统来说都是毫无意义的。

数据备份作为存储领域的一个重要组成部分，其在存储系统中的地位和作用都是不容忽视的。对物流管理信息系统而言，备份工作是其中必不可少的组成部分，其意义不仅在于防范意外事件的破坏，而且还是历史数据保存归档的最佳方式。存储备份的分类如表 7-6 所示。

表 7-6　存储备份分类

备份方式分类	备份方式
按存储备份的内容分类	文件备份、数据库备份、系统备份
按存储备份的方式分类	单机备份、局域网备份、广域网备份、电话拨号备份
按存储备份的规模分类	个人数据备份、部门级数据备份、企业级数据备份

数据备份要考虑的主要因素有：

（1）异地：备份的数据不应与源数据保存在同一地点。根据具体情况，地点可能为硬盘、服务器、网络、机房、建筑、城市等。异地的程度决定了抗风险的能力，但也相应带来操作复杂度。因此，应选择合适的备份数据目的地。一般情况下，最少应将数据备份至另外的设备（服务器或磁带机）上。

（2）脱机：在大多数情况下，都应该以脱机的方式保存备份数据。

（3）滚动：备份不仅是针对最新的数据，而且要提供对历史数据的滚动备份。这一方面是增加备份的可靠性，另一方面也有利于历史数据的恢复与查找。

（4）数据量：数据量将影响介质是否能装下、多长时间能完成备份、对网络的影响等问题，将决定备份的设备与体系架构。

（5）操作系统、应用系统：应根据操作系统、应用系统选择合适的备份手段与产品。要特别注意对于正在打开的文件（open files）、数据库、群件等的备份方法。

（6）备份时间与流量：要充分考虑备份时间及对相应网络流量和服务器性能的影响。

（7）增量：除非数据量很小，否则都需要考虑增量备份的方式。其中要注意对于文件和数据库增量的方式是有差异的。

（8）一致性：备份时间有先后，就会出现一致性的问题，应从备份方案与应用系统两方面加以研究。

(9) 保密：备份使得数据被集中到了一起，其他用户或系统管理员就有机会接触到数据，因此需考虑好保密机制。

(10) 自动化程度：不同的备份方案将提供不同的自动化程度，应根据需要确定达到什么样的自动化程度。

思考练习题七

(1) 什么是系统实施？物流管理系统实施主要包括哪些内容？

(2) 程序设计一般包括哪些规范？注意什么问题？

(3) 按不同的维度分类，系统测试有哪些方法？

(4) 系统实施有哪些文档资料？提高编写文档资料的质量有哪些方法？

(5) 系统转换有哪 4 种类型？比较不同类型的特点。在物流管理信息系统中应如何选择系统转换类型？

(6) 软件复用、构件、中间件与软件移植有什么区别？软件复用、构件、中间件在物流管理信息系统中有何作用？

(7) 什么是系统维护？系统维护有哪些类型？主要包括哪些内容？

(8) 物流管理信息系统的运行包括哪些内容？

(9) 什么是物流管理信息系统的软件配置管理？软件配置管理需要完成哪些任务？

第8章　物流管理信息战略与支持系统

信息技术与信息系统在物流管理中的作用日益凸显，制定企业物流战略应将信息战略纳入其主要战略。运用支持系统来支持物流管理战略是进行现代物流信息管理和物流精细管理重要的工具与方法。本章首先介绍物流管理信息系统的战略与决策以及决策支持的相关概念，分析物流决策的种类，介绍基本物流决策的一般方法；其次介绍物流信息分析技术，以及不同角度的物流管理支持系统的有关理论与方法；最后介绍物流信息战略与物流管理支持系统的融合关系。目的是使读者掌握物流管理支持系统在物流管理信息战略中的模型与分析方法。

8.1　物流管理信息系统的战略

企业战略是企业面对激烈变化、严峻挑战的经营环境，为求得长期生存和不断发展而采取的竞争行动与管理业务的方法。它是企业战略思想的集中体现，是企业经营范围的科学规定。更具体地讲，战略是在符合和保证实现企业使命的条件下，在充分利用环境中存在的各种机会和创造新机会的基础上，确定企业同环境的关系，规定企业从事的经营范围、成长方向和竞争对策，合理地调动企业结构和分配企业的全部资源，从而使企业获得某种竞争优势。

8.1.1　基本概念与基本原理

1. 物流管理信息系统战略概念

本书定义物流管理信息系统的战略就是要在全球经济的视野中，利用物流信息技术和物流支持系统，对物流业务流程的优化设计，在供应网中实现充分的信息共享，获取在一个或多个方面的竞争优势，形成基于物流管理支持系统的资源优化配置，使信息技术融合投入产出达到最优的一种战略。

2. 物流信息系统战略原理与作用

战略管理是制定、实施和评估跨部门互动决策的过程，这些决策能够让机构去确定和实现它的使命，并最终创造出价值。

战略管理过程由下面五个相互联系的步骤组成：

（1）制定机构的志向和使命：明确机构为什么要这样做，以及本机构立志要成为什么样的机构。

（2）进行形势分析：明确本机构的优势和弱势，并对其外部环境进行分析。

（3）确立目标和精心制定战略：确定机构的未来发展方向，以及如何实现使命和志向。

（4）实施该战略：以一种高效率和高效果的方式执行选定的战略。

（5）评估该战略是否成功：检查该战略是否已经为主要的利益相关者创造了价值，必要时，为改进措施提供反馈意见。

图 8-1 是战略管理架构图，它指出了战略管理过程的主要步骤，以及这些步骤之间的相互关系。

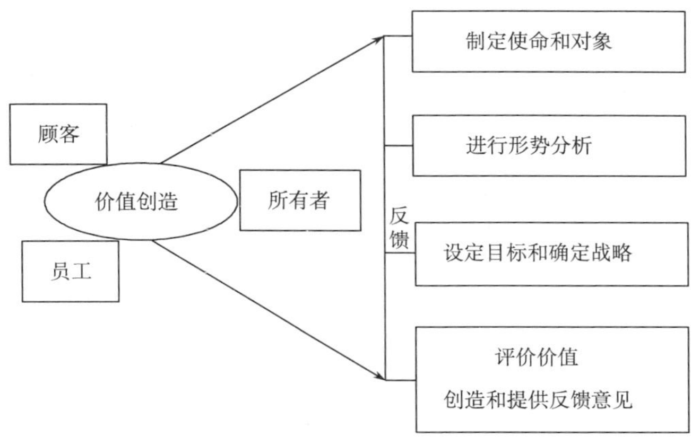

图 8-1　战略管理框架

物流信息系统战略的制定取决于物流系统中问题决策的复杂多变性和不可预知性，而将物流信息系统及其支持系统运用于物流领域有助于降低决策制定的风险并为决策的制定提供科学依据。这主要表现在：

（1）提高了物流系统的管理水平，促进了传统物流的现代化。

（2）为决策者提供了强大的协同运作的能力，协同作用明显。

（3）为决策者提供了强大的知识信息处理能力，协助解决了大量耗时、复杂的问题，提高了物流决策的有效性与科学性。

（4）推动了 3G（地理信息系统、全球定位系统和无线通信系统）在物流系统中的运用。

（5）运用现代网络、人工智能建模和虚拟技术等来解决复杂的物流决策问题，推动了物流的技术现代化。

（6）经营范围可以不断地扩大。

（7）资源配置可以不断地优化。

（8）基于物流管理信息系统战略的竞争优势尤为凸显。

8.1.2　物流管理信息系统的战略内容

物流战略规划的目的是通过对物流系统所处的宏观环境与微观环境、企业自身与竞争者的分析，找出自身的优势与劣势、环境的机会与威胁，进而制定系统的宗旨和目标，选择和实施适当的战略行动，并且不断通过战略绩效的评价和控制保证正确的战略方向，最终实现物流系统目标的动态性和战略性物流管理活动。

物流战略规划的步骤主要有物流战略分析和物流战略类型的选择，其步骤如图 8-2 所示。

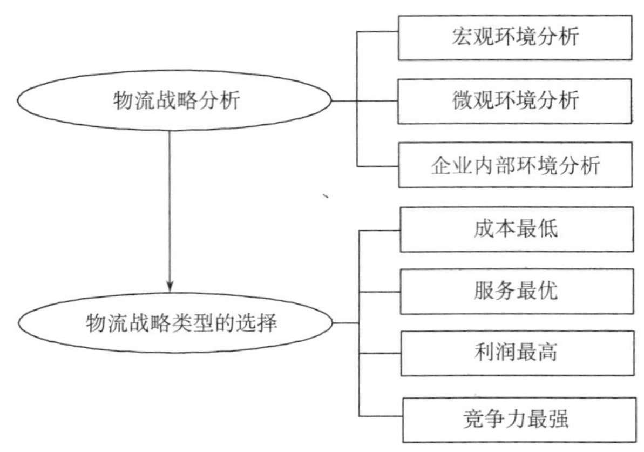

图 8-2　物流战略规划步骤图

1. 战略分析

1）宏观环境分析

企业的宏观外部环境间接地或潜在地对企业发生作用和影响。这些因素主要有政治因素、法律因素、技术因素、人文因素和经济因素。

政治因素包括政局是否安定、政策是否稳定和对外关系等；法律因素包括土地取得的限制、经营项目的限制、土地分区使用的限制、设立物流中心或仓库申请的限制、相关税法的规定、安全法规与标准和国际物流相关法律法规等；技术因素包括物流技术能力、资讯管理技术的能力、通信技术能力等；人文因素包括人口特征、文化环境、价值观念、消费习惯等。

经济因素包括如下：

（1）宏观经济情况：国民生产总值增长率；政府赤字水平；中央银行货币供应量；利率水平；消费者收入水平；失业率；通货膨胀率；经济预测；政府经济发展计划。

（2）经济及产业政策：地区发展政策；物流发展状况。

（3）国际经济状况：关税种类及水平；国际贸易支付方式；东道国政府对利润的控制；东道国税收制度。

在宏观环境分析中，产业的国家竞争优势是一个重要指标。波特提出了“钻石模型”理论，如图 8-3 所示。产业的国家竞争优势取决于一个国家的产业的四大特质，这些特质各自独立，又能系统性地组合成国家优势的钻石体系。“钻石模型”的构架主要包括：需求条件、相关及支撑产业、企业的战略、结构与竞争四个基本的因素和机遇与政府两个附加要素。在竞争优势理论中，波特强调各个要素发挥作用时，是一个动态系统性机制的变化。国内竞争压力和地理集中使得整个“钻石”构架成为一个系统。国内市场竞争的压力可以提高国内其他竞争者的创新能力；而地理集中将使四个基本因素整合为一个整体，从而更容易相互作用和协调提高。

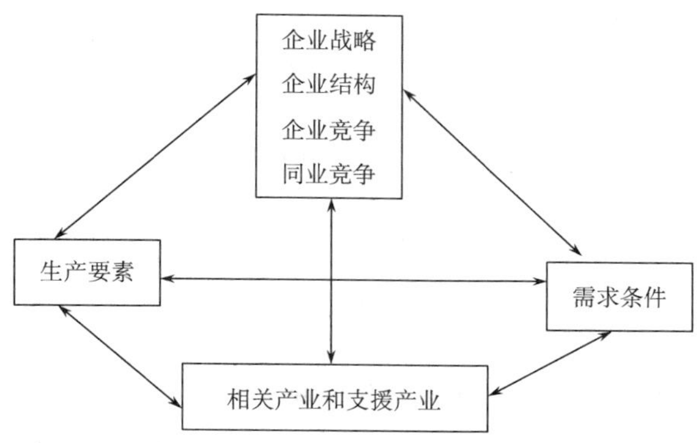

图 8-3　波特的国家竞争优势钻石模型

2）微观环境分析

微观环境分析又称产业竞争性分析，主要是分析本行业中的企业竞争格局以及本行业和其他行业的关系。根据波特的观点，行业竞争存在着五种基本的竞争力量，这五种力量的状况及综合强度，决定着行业的竞争激烈程度，从而决定着行业中获利的最终潜力，如图 8-4 所示。

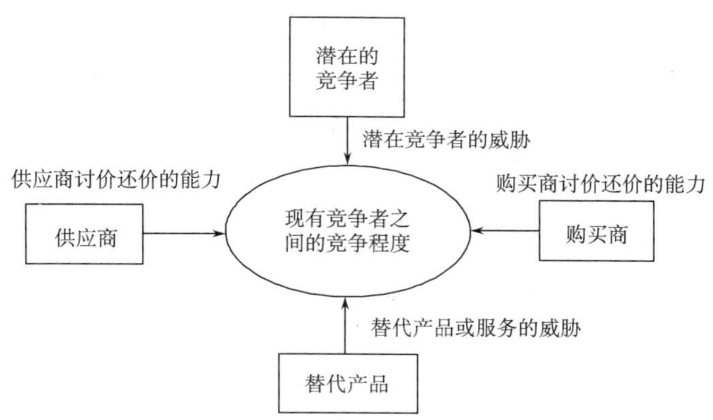

图 8-4　波特的五种竞争力模

3）企业内部环境分析

内部环境是指企业能够加以控制的内部因素，对内部环境进行分析的目的在于掌握企业目前的状况，明确企业具有的优势和劣势，以便有效利用资源，制定能够发挥企业优势的物流战略，实现确定的战略目标。内部环境分析是物流经营的基础，是制定物流战略的出发点和依据。

一般说来，企业内部环境分析包括以下几方面：企业管理状况、财务状况、产品线及竞争地位、生产设备状况、市场营销能力、组织结构。

2. 物流战略类型选择

物流战略主要分为以下几种：

1）成本最低战略

成本最低战略是追求物流系统的固定成本与可变成本最低的战略。实施成本最低战略必须将目标确定为满足较为集中的客户需求，向客户集中的地区提供快速服务，通过储运资源和库存政策的合理搭配使物流成本达到最小化。一般来说，物流系统的基本服务能力受到系统中仓库的数目、工作周期、运营速度或协调性、安全库存政策等诸多因素的影响，为满足客户的基本需求，要按照有效库存和系统目标对物流系统进行整合，以求在成本最低的条件下达到最佳的服务水平。

2）服务最优战略

服务最优战略是物流系统的有效性和运输绩效最高，实施服务最优战略必须充分利用服务设施，认真规划线路布局，尽量缩短运输的时间，为客户提供最优的服务。当然提供最优服务的同时也必须能够得到与之相适应的收益，否则，这种战略就得不偿失。同时，什么是最优的服务对不同的客户来说也是不同的，这就要求企业必须认真分析客户的需求，针对客户的不同需求进行差别化的优质服务，从而构筑企业的差别竞争优势。

3）利润最高战略

利润最高战略是物流系统利润达到最大化的战略。这种战略是大多数物流企业希望通过战略规划达到的最终目标。实施利润最高战略需要对每一种物流设施所带来的利润进行认真的分析，构建起能够以最低成本得到最高利润的物流系统。

4）竞争力最强战略

竞争力最强战略是力争达到整体的竞争力最强，寻求最大的竞争优势的战略。这种优势可以采用针对性的服务改进和合理的市场定位两种方法来获得。要使竞争力增强，必须保证最能为企业带来利润的客户能得到最好的服务，如果发现有重要的客户没有得到优质的服务，就必须改进服务水平或增强服务能力来适应这些客户。另一种获得竞争优势的方法是确立更加合理的市场定位，在物流服务能力上进行重要投资去占领本地市场，提供个性化的服务。

5）资产占用最少战略

资产占用最少战略是整个物流系统占用的资产达到最少的战略。这种战略的好处是降低物流系统的风险，增加总体的灵活性，更有利于企业集中优质资产开展主业经营。

8.2　物流管理信息系统的数据分析模型

常用的数据分析方法有数据仓库、联机分析处理和数据挖掘。

8.2.1　数据仓库

1. 定义

对于数据仓库（data warehouse，DW）的定义有不同的看法：

定义 8.1　W. H. Inmon 在 *Building the Warehouse* 一书中定义数据仓库为：“数据

仓库是面向主题的、集成的、随时间变化的、历史的、支持决策制定过程的数据集合。”即数据仓库是管理人员决策中的面向主题的、集成的、非易失的并且随时间变化而变化的数据集合。

定义 8.2　数据仓库是作为 DSS 基础的分析型 DB，用来存放大容量的只读数据，为制定决策提供所需的信息。

定义 8.3　数据仓库是操作型系统相分离的、基于标准企业模型集成的、带有时间属性的面向主题且不可更新的数据集合。

定义 8.4　数据仓库是一种来源于各种渠道的单一的、完整的、稳定的数据存储。这种数据存储是一种能够提供允许最终用户在其业务范畴中理解并使用的方式。

定义 8.5　数据仓库是大量有关公司数据的数据存储。

定义 8.6　数据仓库提供公司数据以及组织数据的访问功能，其中的数据是一致的，并且可以按每种可能的商业度量方式分解和组合；数据仓库也是一套查询、分析信息的工具；数据仓库是我们发布所用数据的场所，其中数据的质量是业务再工程的驱动器（driver of business reengineering）。

综合对数据仓库的各种理解以及其特征，我们可以定义：

定义 8.7　数据仓库是一种为信息分析提供了良好的基础并支持管理决策活动的分析环境，是面向主题的、集成的、稳定的、不可更新的、随时间变化的、分层次的多维的集成数据集合。它为不同层次的管理者提供敏捷性和实用性的决策支持。数据仓库是一个环境，而不是一件产品，提供用于决策支持的当前的和历史的数据，而这些数据在传统的操作型数据库中很难或不能得到。数据仓库技术是为了操作型数据集成到统一的环境中，以提供决策型数据访问的各种技术和模块的总称。所做的一切都是为了让用户更快、更方便地查询到所要的信息，提供决策支持。

2. 数据仓库的作用

数据仓库有两个主要作用：一是从各信息源提取决策需要的数据，加工处理后，存储到数据仓库中；二是用户的查询和决策分析的基础。

3. 数据仓库的分析

1） 主题与面向主题

数据库是面向应用进行数据组织，数据仓库是面向主题进行数据组织。

例如，在物流公司中：

主题：顾客、承运单、运费、运载工具……

应用：物资管理、物流配送、供应部……

业务层的人员关心的是顾客，而中、高层人员在制定新的运费标准和运载工具时，更关心的是主题。

概括各种分析领域的分析对象，我们可以综合得到其他的主题。以超市为例，它所应用的主题包括供应商、商品、顾客、位置等。每个主题有着自独立的逻辑内涵，对应一个分析对象。这三个主题所应包含的内容列于表 8-1 中。

表 8-1　超市中各主题包含的内容

分类	内容
商品	商品条形码、品牌、名称、采购信息、商品销售信息、商品库存信息
供应商	供应商条形码、名称、联系信息、供应商品信息
顾客	顾客代码（顺序码）、固有信息、购买信息等
位置	位置代码、名称、交易信息

总之，面向主题的数据组织方式是根据分析要求将数据组织成一个完备的分析领域，即主题域。主题域应该具有：

第一，独立性，如分析所要求的是“商品”主题域，这一主题域可以和其他的主题域有交叉，但它必须具有独立内涵，有明确的界限，规定某项数据是否该属于“商品”主题。

第二，完备性，如在“商品”这一主题内找到该分析处理所要求的一切内容，如果涉及现存“商品”主题之外的数据，就应增加新数据到“商品”主题中来，从而逐步完善“商品”主题。主题只是一个逻辑上的概念，实现时，如果主题的数据项多了，可以采取化大为小。主题是一个在较高层次上对数据的抽象，这使得面向主题的数据组织可以独立于数据的处理逻辑，因而可以在这种数据环境上方便地开发新的分析型应用。同时，这种独立性也是建设企业全局数据库所要求的，所以面向主题不仅是适用于分析型数据环境的数据组织方式，且是适用于建设企业全局数据库的数据组织方式。

2）DW 数据的集成性

DW 的数据是从原有的、分散的数据库数据中抽取来的。两者之间的差别在于：①DW的每一个主题所对应的源数据在原有的各分散数据库中有许多重复和不一致的地方，且来源于不同联机系统的数据都和相同的应用逻辑捆绑在一起；②DW 中的综合数据不能从原有的数据库系统直接得到。因此，在数据进入 DW 之前，必然要经过统一与综合，这一步是 DW 建设中最关键、最复杂的一步，所要完成的工作有：

（1）要统一源数据中所有矛盾之处，如字段的同名异义、异名同义、单位不统一、字长不一致等。

（2）进行数据综合和计算。DW 中的数据综合工作可以在从原有数据库抽取数据时生成，但许多是在 DW 内部生成的，即进入 DW 以后进行综合生成的。

3）DW 数据的不可更新性

DW 的数据主要供企业决策分析之用，所涉及的数据操作主要是数据查询，一般情况下并不进行修改操作。DW 的数据反映的是一段相当长的时间内历史数据的内容，是不同时间点的数据库快照的集合，以及基于这些快照进行统计、综合和重组的导出数据，而不是联机处理的数据。数据库中进行联机处理的数据经过集成输入到 DW 中，一旦 DW 存放的数据已经超过 DW 的数据存储期限，这些数据将从当前的 DW 中删去。因为 DW 只进行数据查询操作，所以 DW 管理系统相比 DBMS 而言要简单得多。但是，由于 DW 的查询数据量往往很大，所以就对数据查询提出了更高的要求，它要求采用各种复杂的索引技术。

4）DW 数据的时态性

DW 中的数据不可更新是针对应用来说的，即 DW 的用户进行分析处理时是不进行数据更新操作的。但并不是说，在从数据集成输入 DW 开始到最终被删除的整个数据生存周期中，所有的 DW 数据都是永远不变的，DW 的数据是随时间的变化不断变化的。

8.2.2　联机分析处理

1. 联机分析处理的定义与特点

1）定义

1993 年，E. F. Codd 对联机分析处理的定义为：OLAP 是共享多维信息的、针对特定问题的联机数据访问和分析的快速软件技术，OLAP 具有灵活的分析功能、直观的数据操作和分析结果可视化表示等突出优点，从而使用户对基于大量复杂数据的分析变得轻松而高效，以便于迅速做出正确判断。

2）特点

W. H. Inmon 在 *Building the Data Warehouse* 一书中，列出了操作型数据与分析型数据之间的区别（表 8-2）。一般数据库由于主要用于企业的日常事务处理工作，存放在数据库中的数据也就大体符合操作型数据的特点。而为适应数据分析处理要求而产生的 DW 中所存放的数据就应该是分析型的数据。

表 8-2　操作型数据和分析型数据的区别

操作型数据	分析型数据
细节的	综合的或提炼的
在存取期间是准确的	代表过去的数据
可更新	不可更新
操作需求事先可知道	操作需求事先不知道
生命周期符合 SDLC	完全不同的生命周期
对性能要求高	对性能要求宽松
一个时刻操作一单元	一个时刻操作一个集合
事务驱动	分析驱动
面向应用	面向分析
一次操作数据最小	一次操作数据量大
支持日常操作	支持管理需求

2. OLAP 的基本术语

1）维

维是人们观察数据的特定角度。

2）维的层次

一个维往往具有多个层次，如描述维时间，可以从日期、月份、季度、年等不同层次来描述，那么日期、月份、季度、年等就是时间维的层次；同样，城市、地区、国家等构成了一个地理维的多个层次。

（1）维成员。维的一个取值称为该维的一个维成员。如果一个维是多层次的，那么，该维的维成员是在不同维层次的取值的组合。

（2）多维数组。一个多维数组可以表示为：（维 1，维 2，…，维 n，变量）。例如，日用品销售数据是按时间、地区和销售渠道组织起来的三维立方体，加上变量“销售额”，就组成了一个多维数组（地区，时间，销售渠道，销售额）。

（3）数据单元。多维数组的取值称为数据单元。

3. OLAP 的基本分析方法

多维分析是指对以多维形式组织起来的数据采取切片、切换、旋转等各种分析方法，以求剖析数据，使最终用户能从多个角度、多侧面地观察数据库中的数据，从而深入地了解包含在数据中的信息、内涵。多维分析的基本方法有：

1）切片（slice）

定义 8.8 在多维数组的某一维上，选定一维成员的方法称为切片，即在多维数组（维 1，维 2，…，维 n，变量）中选一维，即维 i，…，维 n，变量称为在维上的一个切片。一个按产品维、地区维和时间维组织起来的产品销售数据，用多维数组表示为：（地区，时间，产品，销售额）。如果在时间维上，选定一个维成员（设为“2005 年 1 月”），就得到了在时间维上的一个切片。显然，这样切片的数目取决于时间维上维成员个数。按照定义 8.8，一次切片一定使原来维数减 1，所以所得的切片并不一定是二维的“平面”，其维数取决于原来的多维数据的维数，如图 8-5 所示。

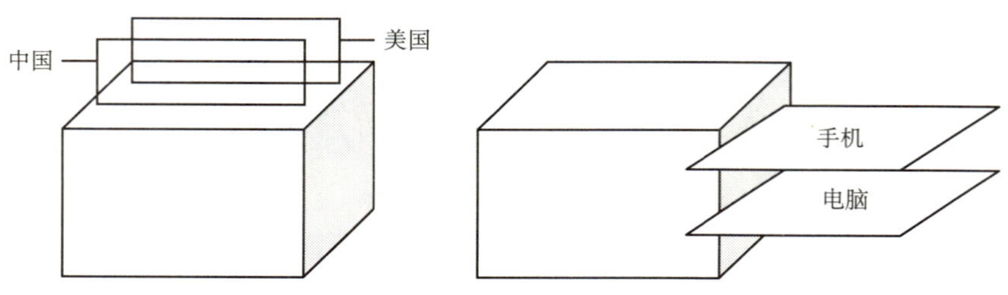

图 8-5 三维立方体切片（slice）

定义 8.9 选定多维数组的一个二维子集的方法叫做切片，即选定多维数组（维 1，维 2，…，维 n，变量）中的两个维——维 i 和维 j，在这两个维上取某一区间或任意维成员，而将其余的维都取定一个维成员，则得到的就是多维数组在维 i 和维 j 上的一个二维子集，称这个二维子集为多维数在维 i 和维 j 上的一个切片，表示为（维 i，维 j，变量）。

2）切块（dice）

定义 8.10 在多维数组的某一维上，选定某一区间的维成员的方法称为切块，即限制多维数组的某一维的取值区间。

定义 8.11 选定多维数的一个三维子集的方法称切块。即选定多维数组（维 1，维 2，…，维 n，变量）中的三个维——维 i、维 j 和维 r，在这三个维上取某一区间或任意的维成员，而将其余的维都取定一个维成员，则得到的就是多维数组在维 i、维 j 和维

r 上的一个三维子集，我们称这个三维子集为多维数组在维 i、维 j 和维 r 上的一个切块，表示为（维 i，维 j，维 r，变量）。切块与切片的作用与目的是相似的。

3）旋转（rotate）

旋转即是改变一个报告或负面显示的维方向。例如，旋转可能包含了交换行和列，或是把某一个行维移到列维中去，或是把页面显示中的一个维和页面的维进行交换（令其成为新一行或列中的一个）把一个横向为时间、纵向为产品的报表旋转成横向为产品、纵向为时间的报表，也可以把一个纵向为时间和产品、横向为地区的报表变成一个纵向为产品和横向为地区和时间的报表，还可以是把一个横向为时间、纵向为产品的报表，变成一个横向仍为时间、纵向为地区的报表。

OLAP 的数据来源于物流信息系统的数据库，如表 8-3、表 8-4 所示。

表 8-3　旋转前的有关数据描述（单位：万美元）

时间 / 部门	2005 年				2006 年			
	1 季度	2 季度	3 季度	4 季度	1 季度	2 季度	3 季度	4 季度
部门一	20	12	18	27	22	16	19	29
部门二	23	11	24	17	22	31	12	34
部门三	26	21	34	33	21	23	26	32

表 8-4　旋转后的有关数据描述（单位：万美元）

时间 / 部门	1 季度		2 季度		3 季度		4 季度	
	2005 年	2006 年	2005 年	2006 年	2005 年	2006 年	2005 年	2006 年
部门一	20	22	12	16	18	19	27	29
部门二	23	22	11	31	24	12	17	34
部门三	26	21	21	23	34	26	33	32

4）钻取（drill）

钻取是改变维的层次，层系关系有时指的是父-子关系。例如，区域是市场的父，而市场既是区域的子，又是商店的父，商店是市场的子。变换分析的粒度包括向上钻取（roll up）和向下钻取（drill down）。向上钻取如表 8-5 所示，它是在某一维上将低层次的细节数据概括到高层次的汇总数据，或者减少维数，是自动生成汇总行的分析方法。用户可以定义分析因素的汇总行，如对于各地区各年度的销售情况，可以生成地区与年度的合计行，也可以生成地区或者年度的合计行。

而向下钻取则相反，如表 8-6 所示，它从汇总数据深入到细节数据进行观察或增加新维。例如，用户分析“各地区、城市的销售情况”时，可以对某一个城市的销售额细分为各个年度的销售额，对某一年度的销售额，可以继续细分为各个季度的销售额。通过钻取的功能，使用户对数据能更深入了解，更容易发现问题，做出正确的决策。

表 8-5 按时间维(2005～2006 年)向上钻取(单位:万美元)

部 门	销售额
部门一	163
部门二	174
部门三	216

表 8-6 按时间维向下钻取（单位：万美元）

时间 / 部门	2005 年			
	1 季度	2 季度	3 季度	4 季度
部门一	20	12	18	27
部门二	23	11	24	17
部门三	26	21	34	33

8.2.3 数据挖掘

1. 定义

对数据挖掘有如下定义：

定义 8.12 G. Piatetsky Shapior 等定义数据挖掘为从数据库的大量数据中揭示出隐含的、先前未知的、潜在有用的信息的过程。

定义 8.13 数据挖掘就是数据库中知识的发现。

定义 8.14 数据挖掘是发现数据中隐藏的模式和关系的过程。

定义 8.15 数据挖掘就是从大量数据中提取或挖掘知识。

定义 8.16 Fayyad 等认为知识发现是从数据库中发现知识的全部过程，而数据挖掘则是此全部过程中一个特定的关键一步。这种观点将数据挖掘的对象局限于数据库。

定义 8.17 数据挖掘广义的定义为在一些事实或观察数据的集合中寻找模式决策支持的过程。

综上所述，我们定义：

定义 8.18 数据挖掘为在不同的数据源中的数据，包括结构化的数据、半结构化的数据和非结构化的数据，既可以是数据库，也可以是文件系统或其他任何组织在一起的数据集合，通过一定的工具与方法寻找出有价值的知识的一类深层次的数据分析方法。

DM 技术的研究开发将涉及数据库系统、决策支持系统、人工智能与计算机智能、知识工程、分布式处理、多媒体网络技术、计算可视化等多种理论与技术。

2. 作用

数据挖掘的应用极为广泛，只要有数据的地方，基本上都有数据挖掘的用武之地。数据挖掘在各个领域的作用有一个演变过程，从商业数据到商业信息的进化过程中，每一步的前进都是建立在上一步基础之上的。

自动智能地分析数据库中的大量数据以获取信息是推动数据挖掘型工具产生并发展的强大动力。经理人员希望能从过去几年的销售记录中分析出顾客的消费习惯和行为，以便及时变换营销策略。

DM 在信息服务的运用上大致可分为两个层次：验证驱动层次与发现驱动层次。验证驱动层次是利用现有数据库系统的查询、检索、报表与 OLAP 相结合，进行在线分析处理，从而得出可供决策参考的统计分析数据。发现驱动层次则是利用挖掘技术从大量的数据记录中发现隐含的、前所未知的知识。这两个层次在信息服务中都起着非常重要的作用。

信息服务的发展不再是停留在查询一般问题上，而是一种从信息中采掘知识，再将知识变成社会财富，最后进行知识创造的过程。

3. 数据挖掘的特点

DM 的目标是要从数据库发现隐藏在大量数据中的未知知识，这种知识发现实际又是人工智能所面临的难题之一。它作为一项新兴的高新技术，面临着许多理论上或技术上的难点和挑战，是国际前沿研究开发的新领域。数据挖掘具有如下特点：处理的数据规模十分庞大；由于用户不能形成精确的查询要求，因此需要靠 DM 技术来寻找其可能感兴趣的东西；DM 对数据的迅速变化应做出快速响应，以提供决策支持信息；DM 既要发现潜在规则，还要管理和维护规则，随着新数据的不断加入，规则需要随之更新；DM 中规则的发现基于统计规律，发现的规则不必适合于所有数据，而且当达到某一阈值时，便认为有此规则。

4. DM 的技术

DM 涉及面相当广泛，从机器学习、模式识别、统计学、智能数据库、知识获取直到数据可视化、高性能计算、专家系统等各个领域。DM 主要任务通常有分类、聚类、预测和关联等，以便从浩瀚的数据海洋中采掘出有价值的求知信息来支持决策，提高决策支持系统的正确性和可行性。DM 技术应用有神经网络、模糊逻辑、遗传算法等统计分析工具。

5. DM 的分析方法

DM 系统利用的技术越多，得出的结果精确性就越高。这主要取决于问题的类型以及数据的类型和规模。无论采用哪几种技术来完成任务，从功能上可以将 DM 的分析方法划分为以下四种（根据 IBM 的划分方法）：关联分析、序列模式分析、分类分析和聚类分析。

6. DM 系统的实施

DM 的核心技术是人工智能、机器学习、统计等，但一个 DM 系统不是多项技术的简单组合，而是一个完整的整体，它还需要其他辅助技术的支持，才能完成数据采集、预处理、数据分析、结果表述这一系列任务，最后将分析结果呈现在用户面前。DM 的数据分析过程可以分成四个步骤，如图 8-6 所示。

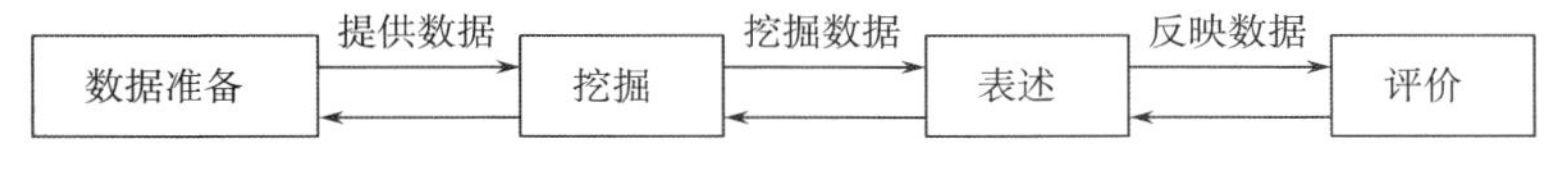

图 8-6　DM 的数据分析过程

7. DM 与 OLAP 的区别和联系

DM 与 OLAP 都属于分析型工具，但两者之间有着明显的区别。

数据库工具（包括查询工具、报表生成器等）都属于操作型工具，它们建立在操作型数据之上，主要是为了满足日常信息提取需要。

DM 是一种挖掘型工具，它能有效地从大量数据中自动地发现隐藏在数据中的模式。DM 与其他分析型工具最大的不同在于：它的分析过程是自动的。一个成熟的 DM

系统除了具有良好的核心的技术外，还应该具有开放性的结构，友好的用户接口。DM的用户不必提出确切的问题，而只需挖掘隐藏的模式并预测未来的趋势，这样更有利于发现未知的事实。

OLAP是一种自上而下、不断深入的分析工具。用户提出问题或假设，OLAP负责从上至下深入地提取出关于该问题的详细信息，并以可视化的方式呈现给用户。与DM相比，OLAP更多地依靠用户输入问题和假设，但用户先入为主的局限性可能会限制问题和假设的范围，从而影响最终的结论。因此，作为验证型分析OLAP更需要对用户需求有全面而深入的了解。显然，从对数据分析程度的角度来看，OLAP位于较浅的层次，而DM所处的位置则较深。如果按前面所介绍的E. F. Codd的数据分析模型来区分这两者，那么应该说OLAP实现了解释模型和思考模型，而DM则实现了更深的层次——公式模型。所处分析模型层次的不同决定了这两者的分析能力和所能回答的问题种类也不相同。

DM可以发现OLAP所不能发现的更为复杂而细致的信息。实际上，如果减弱DM的定义，OLAP也能达到DM的能力。两者关键的区别在于信息挖掘过程是否是自动的。尽管DM与OLAP存在着上面的差异，但作为DW系统的工具层的组成部分，两者是相辅相成的。OLAP与DM以及其他工具由于内在技术以及适用范围的不同，必须协调使用才能发挥最佳作用。

8.3 物流管理支持系统

8.3.1 物流管理支持系统概述

1. 物流管理支持系统概念

物流管理支持系统是一个复杂的动态人机系统，它能够综合利用各种定量模型、人工智能方法、行为分析方法、系统模拟和其他新的模型和算法，使得能够在物流信息技术的融合下，支持物流系统管理和一定的决策支持，其目的是提供支持系统达到最佳配置和最佳效果。

2. 物流管理支持系统分类

物流管理支持系统可以从不同的角度分类，表8-7为常见分类方法。

表8-7 物流管理支持系统分类

维度	类别
按主要强调的功能分	物流管理信息系统和物流支持系统
按主要强调的建库分	物流管理信息系统、决策支持系统、专家系统
按主要强调的管理层次分	办公自动化系统、业务处理信息系统和高层管理系统
按主要强调的算法和模型分	基于预测的、基于知识管理的、基于系统动力学的、基于行为分析的、基于模拟的和基于信息分析的支持系统
按主要强调的业务功能分	运输调度系统、库存系统和其他业务系统
按支持决策的不同程度分	结构化的物流管理信息系统、半结构化的物流支持系统和非结构化的物流支持系统

3. 物流管理支持系统中决策支持的特点

（1）产品差异性。这是由于不同产品的不同性质需要不同的物流决策支持。即运输、库存、加工、配送决策需要根据不同物质流通的轻重缓急、难易繁简适当协调，充分利用各个子系统的分工合作能力。

（2）客户差异性。这是由于客户对物流的服务水平要求不同造成的。考虑到这方面物流决策支持需要针对不同要求的客户，提供不同的优先级服务水平，在不影响客户物流的情况下为优先级高的客户物流提供高水平物流服务，既提高了物流设备的利用率，又满足了客户的不同服务需求。

（3）地理差异性。由于地理条件差异很大，在不同地理环境下需要考虑不同的运输、库存、加工、配送问题，这就需要 GIS、GPS 等高新技术的介入辅助完成物流决策。

（4）模型支持的复杂性。会用到各种信息分析的方法和优化模型。

（5）信息技术支持的集成性。既用到自动信息采集技术，又用到大量的空间信息处理和定位技术；既用到专用的开发 MIS 工具，又用到最新的数据存储技术。

4. 物流管理支持系统的结构

Sprague 和 Carlson 于 1980 年提出的决策支持系统的结构包括“两库”：数据库和模型库。主要包括人机合作系统、问题定义、问题求解、辅助决策、模型选择和结果调整。

从结构上来看，管理支持系统后来研究发展到“多库”结构，“多库”主要包括数据库、模型库、知识库、工具库、案例库等，所有的库都有相应的管理系统对库进行管理及维护操作。综合集成帮助决策者利用数据、模型、方法、知识推理等多种方法集成解决支持问题。

8.3.2　基于预测的支持系统

决策离不开预测，预测能够在一定程度上反映客观事物发展的趋势，因此能为正确的决策提供一定信息。预测又是两难的问题：越是需要准确预测的问题，越是难以预测准确。

物流预测能为科学地编制物流经营计划和物流业务计划以及调度提供参考。只有通过预测，才能了解宏观物流活动发展动态，分析对象发展趋势，从而避免盲目地编制物流企业的作业计划和宏观计划，有利于提高现代物流经营管理水平，为正确经营决策打下基础，有利于分析各种变化对物流企业的影响，有利于为物流企业的管理现代化创造良好的条件。

1. 物流预测的基本概念

预测是一门掌握对象变化动态的科学，它是对对象变动趋势的预见、分析和判断，也是一种动态分析方法。

1）什么是物流预测

物流预测是预测理论和方法在物流中的具体运用，它利用各种物流统计资料和其他情报信息（过去和现在）、预测未来。根据经验、教训资料等，揭示物流业务变化的规律，从而减少物流经营的盲目性以指导物流企业的生产经营。

2）预测的基本步骤

（1）确定预测目标，包括预测对象、目的和对象范围。

（2）收集分析内部和外部资料。

（3）数据的处理及模型的选择。

（4）预测模型的分析和修正。

（5）确定预测值。

2. 预测的方法

预测的准确程度不仅取决于对错综复杂的对象发展变化情况掌握的程度，而且还在于采取怎样的预测方法，特别在占有资料的同时要选定适合的预测方法。预测方法一般有定性分析预测法和定量预测法，其中定性预测包括用户意见法（对象调查法）、员工意见法、专家评估法、类推法、判断预测和目标分解法等；定量预测方法包括情景分析法、时间序列分析法（移动平均、指数平滑、季节系数、DOX-TENKENS法）、因果分析法（线性、回归、非线性模型：含生命周期法、经济计量模型、灰色系统模型、状态转移分析法、模拟法、系统模型）等。

1）定性预测

它是在对象调查的基础上，是根据预测者个人经验、阅历、学识和智慧，采用类比分析和综合的方法对对象进行直观判断的方法。根据对象，定性预测可分为：

（1）集合意见法（三种估计加权预测法），它是一种加权综合判断法。

（2）用户意见调查法（设计调查表）。

（3）员工意见法。

（4）专家意见法。

（5）类推法

2）定量预测模型（分析预测）

定量模型多数是基于概率统计的，它们都有一定的假设条件。因此，利用定量模型的预测结果，有时由于其假设条件而造成输入信息的丢失，或者由于数据本身的不准确性都将导致预测结果偏离实际。预测结果的调整是针对应用领域的具体特征，结合专家的经验与知识来调整预测结果。常见的定量模型如下：

（1）时间序列分析法。

这种预测对时间序列的原始数据要求是：在时间上具有连续性（如果1～5月中除4月都有数据，可采用合适的办法补足后数的平均值）；数据之间的可比性（如每个月数是不同的，可化为相同的天数先求出某月每天的平均销售量）；应可采用交叉预测如预测九月，可用1～9月也可用不同年份10月数据。

时间序列可划为四种变化特征，即趋势性（T）、季节性（S）、周期性（C）、不规则性（I），可以利用散点图识别来变化特征。

时间序列分析法一般有简单平均、移动平均、加权移动平均、指数平滑、一元线性回归、相关比例推算。

（2）回归预测。

一元线性回归（趋势外推）

$$Y = a_0 + a_1 X$$

多元回归（因果关系）

$$Y = a_0 + a_1 X_1 + a_2 X_2 + \cdots + a_n X_n$$

采用最小二乘法确定系数

$$a_0, a_1, \cdots, a_n$$

（3）非线性模型

$$Y=A+B\times \log(X)$$
$$Y=1/(A+B\times \exp(-X))$$
$$Y=1/(A+B\times X)$$
$$Y=X/(A+B\times X)$$
$$Y=A\times X\hat{}B \quad (A>0)$$
$$Y=A\times \exp(B\times X) \quad (A>0)$$
$$Y=A\times \exp(B/X) \quad (A>0)$$
$$Y=A\times \exp(B\times X\hat{}2) \quad (A>0)$$

将以上模型进行线性处理再转化为一元回归模型，来确定系数 A 和 B。

（4）组合预测。

组合预测是利用多种预测方法的结果，根据模型及预测问题的特征加权组合而得到新的预测结果，如采用不同合理的模型预测后，再进行回归得出组合预测模型；利用基于案例推理（case-based reasoning，CBR ）的方法预测结果的调整；利用神经网络进行非线性组合预测；利用专家系统来进行预测结果的组合，根据数据、各种模型即预测问题的特征来帮助确定加权系数。

3. 预测模型选取的原则

有关研究资料表明，以预测方法应用多少为标准进行从大到小排序是：回归分析、指数平滑、数量经济模型、专家会议、主观概率法、多变量时间序列模型、趋势外推、抽样调查、移动平均、投入产出、相关树、类推法等。在高层次经济预测方面以国家统计为例，主要应用数量经济模型、其他有投入产出模型、回归分析、移动平均等；在低层次方面为专家会议、类推法、移动平均、主观概率法、指数平滑、回归分析等。

定量预测、定性预测和计算机相结合是当今预测的主导方向。神经网络预测理论、基于规则的预测系统、专家预测系统、判断预测、组合预测是当今世界预测科学发展的最新动向。

模型选择的原则是：要在数据识别上建模、建立何种模型并不取决于预测者意图；应考虑适用、数据易采集和时效；定量与定性相结合的原则等。

对数据选取选用的原则是：数据应该具有代表性，有一定客观规律；对于异常的数据，可采用比例法、移动平均、指数平滑等方法进行适当的修正。

4. 预测支持系统

图 8-7 所示是典型的预测支持系统。

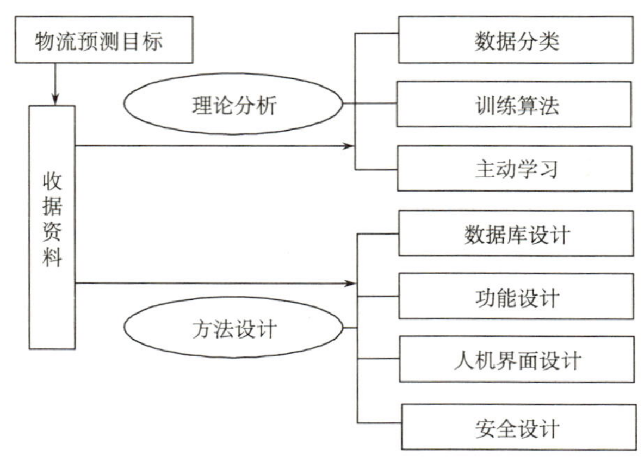

图 8-7 物流预测支持系统

预测支持系统（forecasting support system，FSS）的产生过程是计算机在预测中的应用逐步深入的过程。预测支持系统从 1992 年引入我国，目前我国学者已经在某些领域开发了一些预测支持系统。例如，胡代平提出基于 Agent 设计预测支持系统；袁冬莉等提出利用基于径向基函数的神经网络方法，通过在线分析处理（OLAP）和数据开采，从数据仓库中提取综合数据和信息，作为输入样本来进行预测，并应用某酒店物资部数据进行模拟；蔡启明提出了基于 Internet/Intranet 的预测支持系统的设计，采用分布式人工智能构建多 Agent 协作机制；李少恒等提出基于 MIS 管理的结果数据来建立预测模型。更多的学者则主要从预测支持系统的结构设计、模型表示与管理、人工智能在系统中的应用等方面对预测支持系统进行了大量的研究。

目前 FSS 依然存在智能化程度不高、智能化方法单一、较少涉及计算机网络、与决策支持的结合不够等缺点。

FSS 未来的发展趋势主要有：模型管理的自动化选择、提高学习技术和构建智能化预测支持系统。例如，多 Agent 系统设计的预测支持系统，采用智能代理技术构建系统，利用 Agent 具有知识获取与应用能力、与环境进行通信的能力以及推理决策能力的特点，强化 Agent 的自学习能力，实现用户模型的自动调整、知识库的不断完善等目标。

为了充分利用人工智能技术使预测支持系统智能化，Sprague 和 Carlson 于 1980 年提出了在“两库”（数据库、模型库）基础上增加了知识库而成为“三库”结构。智能预测系统的核心部分是知识库。知识库中以规则和事实两种方式存储知识，以系统用求解模块（即推理机），运用知识库中模型管理的知识，控制模型库管理模块，对模型库进行分析、估计它们所拟合的分布函数类型及相应的参数值，最后对预测结果进行分析、解释、保存等，并加入了系统的自学习功能。

模型管理的自动化选择：到目前已有几百种预测模型，而每种模型有自己的特点和应用范围，选择适合实际事件预测的模型对于非专业人员来说是比较困难的。因此，利用人工智能技术的模型自动选择是使他们能作出预测的关键。

预测结果的调整：研究人员开发预测专家系统大都是将结果调整的规则存于规则库中，建立推理机制并根据当时具体的前提条件和调整规则进行结果的自动调整。

面向支持向量机的数据体系设计：构建数据预处理子系统，自动对所收集数据按照支持向量机模型处理格式进行转化，并根据实际应用要求依照设定规则对数据分类。

融合专家系统技术：由于定量模型大多基于概率统计的假设条件，可能导致预测结果出现偏差，借鉴专家系统的机制，在知识库中融入先验知识规则，建立推理机制根据具体的条件进行调整（如针对样本类型来决定采用哪种核函数或是构建新的核函数），将定性推理和定量计算相结合以完善预测方法。

具有自学习能力的预测模型库：预测模型库中主要存放各种模型的方法、参数等静态信息以及模型使用效果记录等动态信息。在预测过程中，根据模型效果的统计分析结果，自动调整模型参数等，实现模型的自主学习。对不同的预测方法实现封装，方便人机交互，利用人的知识和经验促进模型的学习过程，并可根据需要采用基于不同核函数的多个智能向量进行组合预测。

8.3.3　基于知识管理的支持系统

1. 知识管理

知识按其性质可分为知道是什么的知识（know-what，关于事实方面的）、知道为什么的知识（know-why，事物的客观原理和规律性方面的，属于科学方面的）、知道怎样做的知识（know-how，技巧、技艺、能力，属于技术方面的）和知道是谁的知识（know-who，特定的社会关系、社会分工和知道者的特长与水平，属于经验与判断方面的）四种类型。前两种类型的知识和第三种类型知识的一部分就属于可编码化的知识，一般较易获得；第三种知识的另一部分和第四种类型知识一般属于隐含性知识与判断类知识即“意会知识”，一般难以获得和掌握。知识一般是建立在某种论域上的，从广义讲，知识是一种用符号表示的信息，其中信息是知识的内涵与实体，而符号是信息的外延与形式。在计算机中能表示的知识必须满足统一的结构模式，有限一致的符号和构成一个合理的体系。它是用“概念—事实—规则”所表示的三级知识体系，一般可分为三个层次：概念知识、事实知识和规则知识。知识的属性表现为真理性、相对性、不完全性、模糊性和不精确性、可表示性、可存储性、可处理性、可相容性等。

知识管理（knowledge management，KM）的定义简而言之就是在适当的时候向合适的人取得正确的信息，以便更有效、更顺利地进行管理的能力。知识管理是多种技术的综合。

KM 是集体智慧的结晶，通过获取、评价、修整后共享企业的信息资源，这些资源包括数据库、文档、政策、程序，以及当前未成文的专家意见和个别员工的经验，这些均能提高应变能力，能增加团队精神，能提升整体的协调统一。KM 包括充分利用各种智力资本在激烈的社会竞争中取得成功的各种管理策略、途径和技能。KM的首要目标就是要可行。

2. 商务智能

商务智能（business intelligence，BI）是20世纪90年代末出现的一个术语，至今无统一定义，但可以从知识论、数据分析、信息系统和方法论等四种不同观点来解释商务智能。知识论观点认为BI是将数据变成信息，再从信息中获取知识；数据分析观点认为BI是按照主题获取高质量的信息来帮助人们分析信息、得出结论和形成假设的过程；信息系统观点认为BI是为用户建立具有联机分析等功能的信息系统；方法论观点认为BI是从提高决策能力的所有概念、方法和过程的集合。

我们认为BI是知识管理在商务如何成功应用的一系列的方法、功能、技术和支持各类人员决策进化的一个系统。

商务智能系统（business intelligence system，BIS）是运用知识管理中的知识获取与共享技术来处理和分析商业数据，并根据行业特点与特定应用领域提供支持商务活动中所遇到的在复杂环境中复杂问题的解决方案，该方案能够快速反应、支持合理决策的商业决策服务系统，如智能导购系统、协同商务系统。

商务智能系统的开发过程一般经过特定行业的企业问题分析、方案设计、原型系统开发和系统应用等过程。在开发方法上，IBM公司提供的BI开发方法具有一定的代表性，该方法从商务智能的框架计划、信息管理的部署、商务需求原型、数据发现和模式等方面来寻找商务系统方案的解决方案。

3. 基于知识管理的支持系统结构

基于知识管理的支持系统结构如图8-8所示。

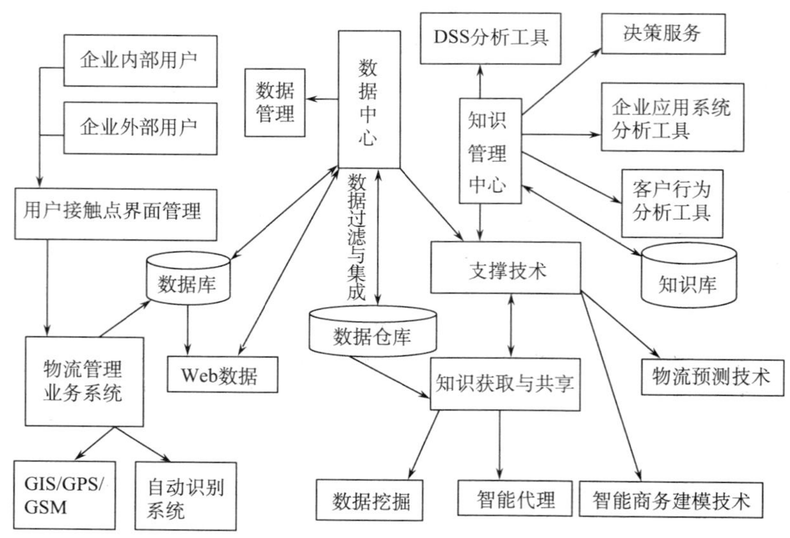

图8-8　基于知识管理的支持系统

8.3.4　基于定量模型的支持系统

在物流配送中存在着客观的或人为的不确定性，这些不确定性的表现形式是多种多样的，如随机性、模糊性、粗糙性、模糊随机性以及其他的多重不确定性。伴随着这些不确定性，毫无疑问地存在着大量的不确定优化问题。然而，对于这些含有不确定性的决策问题，经典的优化理论通常是无能为力的。虽然已有可以解决一部分不确定优化问题，但又远远不能满足解决具有多重不确定性的物流配送优化问题的需求。因此，分析在不确定环境下的物流配送调度的定量方法是有必要的。表 8-8 列出了部分物流决策问题，还有许多其他模型可以用于辅助物流的决策，在表 8-8 中并没有一一列出。

表 8-8　物流决策的主要相关模型

序号	问题	相关模型	使用效果	使用条件	主要相关数据	求解方法
1	运输问题	线性规划问题	运输明显合理或可能，运输成本最小化	固定发点、固定收点和固定道路的问题	运杂费，运费，装卸费，储存费，损耗，调拨的数量，到各地、市的单位运输成本	单纯形法、表上作业和图上作业法
2	指派问题	整数规划	有效安排人力、物力、财务资源，以达到降低成本	将有限的资源等指派给多项任务或工作	工作成本或工作时间等价值系数	整数规划求解和表上作业法求解
3	选址问题	规划问题	物流费用达到极小	选址问题，是一类收点或发点待定的问题； 物流费用与商品通过量呈非线型关系	原材料、燃料、半成品及供应地，销售地点及销售量，运输条件及费用，规模经济量，工厂到配送中心的运输、配送成本	不确定性，需要采用统计和预测的方法进行分析确定，非线性规划问题
4	库存问题	订货问题	最佳订货次数，最佳订货批量	能够获取库存等费用	库存费用包括订货费、保管费和缺货费	库存模型，动态规划、模拟
5	装卸	调配问题	减少汽车的空驶里程，循环运输	汽车、工人和货物特点	m 个装卸点，装卸工人人数，汽车数目	规划论
6	配装	货物组合	配装的优化		物品的重量运费	动态规划，货区分区组合法
7	铁路配车	运输的有向图	零担运输最优	铁路有关营运规则，整担和集装箱运输、零担运输	流向、流量、运距、集结时间和车站的作业能力	最短路径原则，降低流通费用
8	其他问题	信息分析、预测	其他优化	依问题而定	相关数据	模拟、数据分析、系统动力学

随着 IT 的发展和智能计算技术的不断涌现，许多复杂的优化问题已经能够通过计算机求解。尽管目前优化问题的求解规模常常与计算机的运行速度有关，但是随着计算机的更新换代，问题的主要矛盾不在于运行速度而在于建立问题的数学模型和求解算法。事实上，一些过去根本无法求解的复杂问题如今很多都可以通过计算机求解，摆在我们面前的任务是提出更加丰富的建模思想，建立优化问题的模型并设计现代优化算法。

每个模型有各自应用的假设或者前提，因此模型有各自适应的应用范围。而不同的决策问题有不同的特点和结构，不同的决策者有不同要求，有自己的决策偏好和决策风格，因此在采取模型驱动型的决策支持时，应该根据上述因素，选择合适的模型。

8.3.5 基于系统动力学的物流支持系统

1. 系统动力学方法

系统动力学（systems dynamics，SD）是研究信息反馈系统动态行为的计算机模拟方法。它是研究系统功能行为的等效性，模拟系统的行为特征，是功能模拟方法之一，是在系统理论、反馈控制理论、决策理论及计算机模拟技术基础上发展起来的。系统动力学理论形成于 20 世纪 50 年代，由美国麻省理工学院斯隆管理学院福雷斯特（Jay. W. Forrester）教授创立，其标志是 1961 年出版的著作《工业动力学》（*industrial dynamics*），1966 年该书改名为《系统动力学》。目前，SD 已成为以复杂大系统为研究对象，成为解决社会、经济管理和生态系统等问题的重要工具。

2. SD 的建模思路与理论依据

SD 是从系统的微观结构入手，根据系统的结构与功能的相互关系构造系统模型，同时，必须深入到实际系统所包含的那些不完全可测量的因果反馈关系中，把可度量的描述系统动态变化趋势的数据，与不可度量的系统内部的非线性关系联系起来。信息反馈回路是动态系统的基本结构，任何系统都存在着一个或几个主要反馈回路，它们决定系统的主要结构和动态趋势。

3. SD 模型结构

SD 模型结构一般包括绘制因果关系图、系统流图和构造数学模型。

(1) 因果关系图是用来描述系统因果反馈结构的一种关系图形，它的主要任务是：确定系统的边界，定义系统的主要变量；表明变量间的因果关系，应用因果关系链表示各变量的作用方向；标识主要反馈回路。

(2) 系统流图由四个基本要素组成：流位（level，存于系统内部流的积累，如库存量）、流率（rate，表示在流位变量之间单位时间内通过的流量，它可控制流入与流出流的大小，可称为决策函数，还可以设置辅助变量于流位变量与速率变量之间的信息通道中，成为速率表达式的一个组成部分，当速率表达式很复杂时，可以用辅助变量简化速率表达式）、信息流和物流。SD 系统流图的符号如图 8-9 所示。

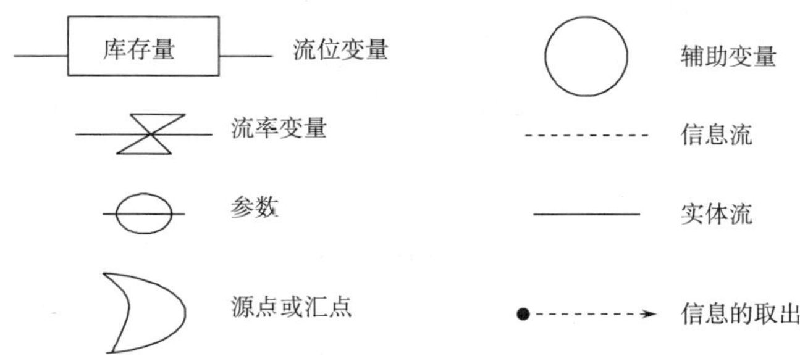

图 8-9　SD 系统流图符号

(3) SD 数学模型：由流位方程（L 方程，实体流在流位变量中的积累过程）、速率方程（R 方程）、辅助方程（A 方程）、初值方程和常量方程（C 方程）等组成。

8.3.6　基于行为分析的物流支持系统

群体智慧是不断进化的，最低等的智慧是靠化学的分泌，如蚂蚁通过分泌信息素来共享实现群体智慧；其次是通过行为表现来实现群体智慧，如蜜蜂采蜜就是通过不同的飞行行为来共享信息；而人类的群体智慧是最高级的，通过语言，特别是知识的共享传递实现群体智慧。然而，人类对许多行为的分析有时需要借助其他工具或对动物行为的研究来得到启示。例如，用调查的方法进行实证分析，采用结构方程分析人类有关行为，如购物行为分析。下面简单介绍蚁群算法和进化计算方法，了解基于行为分析下支持系统的基本思想。

1. *蚁群算法*

蚁群算法（ant colony system）的创始人 Marco Dorigo 等受自然界蚁群的社会性行为的启发，在 20 世纪 90 年代提出了一种新型的分布式模拟算法，其基本思想是模仿蚂蚁依赖信息素进行通信而显示出的社会行为。由于大规模的并行计算，使蚁群避开了局部最优，采用了正反馈机制，收敛速度加快，使用构造性的贪婪算法，能在搜索的早期阶段找到较好的可行解。蚁群算法最核心的部分是对痕迹强度的处理，随着算法的进行，较短路径上痕迹的浓度增加，其相对应的路就更有可能被蚂蚁选中。对每只蚂蚁保存已访问过的路线，设计禁忌表。

例如，物流配送的最短路问题：r_{ij} 为 (i, j) 支路的信息素痕迹，d_{ij} 为 (i, j) 之间的距离能见度

$$y_{ij} = 1/d_{ij}$$

选择节点时按概率分布随机进行：$p_{ij} \sim r_{ij}^{a} \cdot y_{ij}^{b}$，如果 j 未访问过，则为 0。

痕迹更新公式为

$$r_{ij}^{\text{new}} = s \cdot r_{ij}^{\text{o.d}} + (\Delta r_{ij}^{1} + \Delta r_{ij}^{2} + \cdots + \Delta r_{ij}^{m})$$

其中，1～s 为痕迹的发挥程度，m 为蚂蚁数。如蚂蚁 k 访问过支路 (i, j)，则 $r_{ij}^{k} = Q/L_k$。Q 为每只蚂蚁在一周期内留下的总的信息素，L_k 为蚂蚁构造出一个完整的闭合路径的长度。

通过不断的迭代，计算出最短路，当一个蚂蚁找到了满足搜索标准的文件，它将和其他蚂蚁共享，以便不再检查同一文件，对于索引来说，蚂蚁间的合作使得每一索引器能靠不同浏览器中索引装载的分布来保存资源。在寻查期间，用户可以寻查限制于当地的蚂蚁或是让它传播到入口领地。

2. 进化计算方法

模拟生物（包括人类）和各种自然现象解决高度非线性问题，包含遗传算法、进化策略和进化规划。许多组合优化问题，如旅行商（TSP）问题和调度问题（作业调度问题和时间表问题）都能运用进化计算方法得到较好的解决。

8.3.7　基于物流模拟的物流支持系统

1. 模拟的定义与特点

1）模拟的定义

在建立数字逻辑模型的基础上，通过计算机实验，对一个系统按照一定的决策原则或作业规则，由一个状态变换为另一个状态的动态行为进行描述和分析。

物流系统模拟是充分利用现代物流理论、信息技术、对象营销策略，在建立问题逻辑模型的基础上，通过计算机实验，将现实企业中各种复杂的物流系统问题加以简化，取其主要的经营活动，以定量的方法模拟在一个充满竞争的环境下，怎样才能取得在一定的物流水平约束下的较满意的营销业绩。物流系统模拟是系统模拟的一种应用。

2）模拟的特点

系统模拟的特点如下：是一种数值技术；是一种“人工”实验手段；以计算机为工具；是对系统状态在时间序列中的动态写照；大多属于随机性系统模拟。

系统模拟能够节省大量的人力、物力、财力和时间，通过分析模拟结果，预测未来发展，改进方案，对可行性和经济效益做出正确评价，帮助人们选择满意方案。它是一种先进的现代化管理技术，能够通过物流系统模拟，使决策者运用其经验知识，处理各种物流系统问题和与之相关的配送、仓储、服务、调度等问题。同时能对复杂多变的对象环境进行不断跟踪和调整营销策略，保证营销目标的实现，也能处理各配送点的协调能力，对物流系统模拟结果进行总结和评价。总之，物流系统模拟软件的应用无论对物流经营决策者，还是对客户都是一个非常有用的现代化的计算机辅助管理软件。

2. 物流系统中模拟技术应用的方法

1）物流系统三维虚拟模拟术语

物流系统的虚拟是典型的离散事件系统，其核心是时钟推进和事件调度机制。离散事件系统是指系统状态在某些随机时间点上发生离散变化的系统，这种引起状态变化的行为称为“事件”。这类系统是由事件驱动的，“事件”往往发生在随机时间点上，亦称为随机事件。因而离散事件系统一般都具有随机特性，系统的状态变量往往是离散变化的。

（1）虚拟钟。虚拟钟用于表示虚拟时间的变化。在离散事件系统虚拟中，由于系统状态变化是不连续的，在相邻两个事件发生之前，系统状态不发生变化，因而虚拟钟可以跨越这些“不活动”周期，从一个事件发生时刻推进到下一个事件发生时刻。由于虚拟实质上是对系统状态在一定时间序列的动态描述，因此，虚拟钟一般是虚拟的主要自变量。虚拟钟推进方法有三大类：事件调度法、固定增量推进法和主导时钟推进法。

虚拟钟所显示的是系统虚拟所花费的时间，而不是计算机运行虚拟模型的时间。因此，虚拟时间与真实时间成比例关系。

（2）随机数和随机变量的产生。物流系统中工件的到达、运输车辆的到达和运输时间等一般都是随机的。对于有随机因素影响的系统进行虚拟时，首先要建立随机变量模型，即确定系统的随机变量并确定这些随机变量的分布类型和参数。对于分布类型是已知的或者是可以根据经验确定的随机变量，只要确定它们的参数就可以了。

2）物流系统三维虚拟虚拟的计算机实现。三维虚拟（3D virtual simulation）就是利用三维建模技术，构建现实世界的三维场景并通过一定的软件环境驱动整个三维场景，响应用户的输入，根据用户的不同动作出相应的反应，并在三维环境中显示出来。三维虚拟的关键技术主要有动态环境建模技术、实时三维图形生成技术、立体显示和传感器技术、应用系统开发工具、系统集成技术等。

虚拟平台主要有以下三个模块组成：特征造型数据类库、三维场景管理模块和交互接口模块。

（1）特征造型数据类库：有各类设备的抽象类组成。设备类中封装了各类设备的造型特征，以及设备的行为。

（2）三维场景管理模块：负责三维场景的构造、变换及显示。

（3）交互接口模块：处理人机交互输入。

计算机虚拟主要包括虚拟建模、程序实现、虚拟结果的统计分析三大部分。

3）三维图形虚拟工具 OpenGL。OpenGL 已经成为高性能图形和交互式图像处理的工业标准，OpenGL 实际是一个 3D 的 API（application programming interface），它独立于硬件设备和操作系统，以它为基础开发的应用程序可以十分方便地在各种平台间移植。从程序员的角度来看，OpenGL 是一组绘图命令和函数的集合。在微机版本中，OpenGL 提供了三个函数库，分别是基本库、实用库和辅助库。

OpenGL 不仅能够绘制整个三维模型，而且可以进行三维交互、动作模拟等。具体功能主要有模型绘制、模型观察、颜色模式的指定、光照应用、图像效果增强、位图和图像处理、纹理映射、实时动画。

4）国外的三维物流虚拟软件

（1）SIMAnimation。SIMAnimation 是美国 3i 公司设计开发的集成化物流虚拟软件。它使用基于图像的虚拟语言，采用的 OOP 编程交互方法，可以简化虚拟模型的创建。它集成了包括布局编辑器、二维和三维动画、曲线拟合、路线优化软件、试验编辑器和完整的用户报表编辑器。允许使用者修改参数输入，其目的是通过模拟实际生产情况及市场波动对系统造成的冲击，从而避免了在理想化状态下系统设计所无法预料的各种因素，对系统的堵塞直观展现出来。

SIMAnimation 具有多方面独特优势：具有精确性较高的建模功能；软件开发和终端用户灵活性高；多元非线性参数设置，建立精确度较高的三维实体；能生成虚拟报告，以表格、直方图、饼状图等形式表示，显示了各个物流设备的利用率、空闲率、阻塞率等数据，用户可根据虚拟报告提供的数据对物流系统的优缺点进行判断，做出科学决策。

(2) AatoSmulation 的 AutoMod

AutoMod 是比较成熟的三维物流虚拟软件，主要包括了三大模块：AutoMod、AutoStat 和 AutoView。

AutoMod 模块提供给用户一系列的物流系统模块来虚拟现实世界中的物流自动化系统，主要包括输送机模块（辊道、链式）、自动化存取系统（立体仓库、堆垛机）、基于路径的移动设备（AGV 等）、起重机模块等。

AutoStat 模块为虚拟项目提供增强的统计分析工具，由用户定义测量和实验的标准，自动在 AutoMod 的模型上执行统计分析。其主要特点是：基于发展策略运算法则的最优化分析，用户为得到更好的模型来定义输出审核，多 CPU 并行计算等。

AutoView 可以允许用户通过 AutoMod 模型定义场景和摄像机的移动，产生高质量的 AVI 格式的动画。用户可以缩放或者平移视图，或使摄像机跟踪一个物体的移动，如叉车或托盘的运动。AutoView 可以提供动态的场景描述和灵活的显示方式。

(3) ShowFlow。ShowFlow 虚拟软件可为制造业和物流业提供建模、虚拟、动画和统计分析工具。ShowFlow 可以提供生产系统的生产量，确定瓶颈位置，估测提前期和报告资源利用率。ShowFlow 还可以被用来支持投资决定，校验制造系统设计的合理性，通过对不同的制造策略进行虚拟实验来找出最优解。ShowFlow 主要包括如下几大模块：建模、虚拟、统计、分析、动画和文档输出。

8.3.8 基于收益管理的物流支持系统

1. 收益管理的定义与特点

1) 收益管理的定义

收益管理（revenue management，RM），又称产出管理（yield management），它是一种能够使销售或服务产生最大利润的最佳定价方针的管理技术，它谋求收入最大化的“实时定价”。它源于美国民航 20 世纪 70 年代末对客运市场的管制开放，第一个大型的 RM 系统——美国的 DINAMO 系统是根据收益管理原理设计开发的一种计算机辅助决策管理系统，是一个动态舱位分配和维持最优的系统。收益管理要求在合适的时间，以合适的价格，把合适的产品（服务），卖给合适的顾客的科学管理方法。

2) 收益管理的特点

价格细分亦称价格歧视（price discrimination），是收益管理的最大特点，它根据客户不同的需求特征和价格弹性（price elasticity）向客户执行不同的价格标准，使那些价格弹性高（high price elasticity）的客户在某些限制条件下享受低价，另一方面使那些价格弹性低（low price elasticity）的客户愿意接受全价。

进行收益管理的产品（广义的）存货时效性强，过保质期或某一时间限制就没有任何价值的产品或服务，获得收益的机会也会随之永远消失。

进行收益管理的产品需求随时间而变化，需求的波动是时间的函数，也就是随时间需求波动较大。

进行收益管理的产业固定成本高，运营成本低，可以提前预订。期初投资巨大，而可变成本却非常小。

2. 收益管理视角下的物流支持系统

在收益管理的视角下，构建物流管理支持系统大致可以总结出如下的框架：

（1）一个准确而及时的需求预测是收益管理的基础，可以利用前一节预测支持系统的技术来提供准确的预测。

（2）要利用顾客分析系统来分析顾客的行为特点，分析潜在顾客数量、分析市场竞争格局，并在此基础上建立动态价格管理系统，在基于数量和基于时间的两个视角上，构建动态定价模型和拍卖机制，最后建立一个交互式的社会网络系统。

（3）物流的优化调度要在收益管理的视角和优化控制的综合视角来建立物流支持系统。只有在这种综合的视角，才有可能实现多赢的物流管理支持系统。

8.4　物流配送调度支持系统

据中国仓储协会的调查报告显示，我国现有 1 125 万辆货运车和 3 850 万辆客运车，我国车辆运营的空载率约为 45%。造成这一情况的重要原因之一就是物流企业无法准确知道运行车辆的具体位置，而且无法与司机随时随地地保持联系，不能为其组织货源和灵活配货。同时，司机只能凭个人经验确定路线，有时不能找到最佳路径，不仅延误时机而且增加运行成本。另外，实际客户也不能及时了解货物配送过程的情况，不能和物流企业协调配合。随着互联网的发展和通信技术的进步，跨平台、组件化的 GIS（地理信息系统）和 GPS（全球定位系统）技术的逐步成熟，基于 GIS/GPS 平台应用的物流企业也会越来越多。共性空间分析概括为：

1）可提供优质的运输服务

运输企业都在争取用优质的服务争取更好的、更大的客户，而这样的客户对运输服务的要求都相对较高，有一套严格的考核标准，同时都要求运输服务商能够提供对订单的跟踪查询。

2）满足不断发展的运输网络服务

运输企业随着业务的发展，运作点逐步变多，一旦形成一个运输网络，就必须要有一个系统将发生在每一个运作点以及多个运作点之间的收入、支出记清楚，把所有的信息集中地管理起来，否则信息的混乱一定会成为业务发展的瓶颈。

3）支持运输资源的整合及协作

运输企业在从小到大的发展过程中，除了通过不断添置车辆满足业务需求、扩大规模外，对物流配送支持系统的需求也在不断地深化。

4）支持空间分析

这主要是指实体的空间运动的跟踪处理。

8.4.1 物流决策支持系统的空间分析

由于物流的主要目的之一是实现物品的空间转移，因此，空间分析对物流来说是一类非常重要的分析内容。空间分析功能可用于分析和解释地理特征间的相互关系及空间模式。

1. 空间分析层次

空间分析可分为三个不同的层次。第一个层次是空间检索，包括从空间位置检索空间物体及其属性和从属性条件集检索空间物体。“空间索引”是空间检索的关键技术，如何有效地从大型 GIS 数据库中检索出所需信息，将影响 GIS 的分析能力，同时，空间物体的图形表达也是空间检索的重要部分。第二个层次是空间拓扑叠加分析，空间拓扑叠加实现了输入特征属性的合并以及特征属性在空间上的连接。空间拓扑叠加本质是空间意义上的布尔运算。目前，空间拓扑叠加被许多人认为是 GIS 中独特的空间分析功能。有一点需要指出，矢量系统的空间拓扑叠加需要进行大量的几何运算，并在叠加过程中会产生许多小而无用的伪多边形（silver polygon），其属性组合不合理，伪多边形的产生是多边形矢量叠加的主要问题。第三个层次是空间模拟分析，空间模拟分析刚刚起步。

2. GIS 与空间模型分析

目前多数研究工作着重于如何将 GIS 与空间模型分析相结合，其研究可分三类：

第一类是 GIS 外部的空间模型分析，将 GIS 当做一个通用的空间数据库，而空间模型分析功能则借助于其他软件。

第二类是 GIS 内部的空间模型分析，试图利用 GIS 软件来提供空间分析模拟以及发展适用于问题解决模型的宏语言，这种方法一般基于空间分析的复杂性与多样性，易于理解和应用，但由于 GIS 软件所能提供空间分析功能极为有限，这种紧密结合的空间模型分析方法在实际 GIS 的设计中较少使用。

第三类是混合型的空间模型分析，其宗旨在于尽可能地利用 GIS 所提供的功能，同时也充分发挥 GIS 使用者的能动性。

3. GPS 与车辆管理空间分析

GPS 与车辆管理的空间分析不仅包括自己的车辆管理，还将社会资源纳入自身的管理体系。大量的外协车辆管理，尤其是繁杂的往来结算都需要系统的支持才能做到。物流企业 GPS 应用分析的普遍特点是基于 GPS 的技术数据事后分析，所以对数据远程传输的实时性要求不高（特殊运营车辆除外）。用户所关心的问题集中在如何减少运营成本，增加运营安全性，提高运营工具利用率，提升运营综合效率。从用户对空间分析的要求不同特点可按表 8-9 将用户分为 A 类（大型用户）、B（中型用户）和 C 类用户（小型用户），运输车辆管理参数分类表如表 8-10 所示。

表 8-9　GPS 的 A、B 和 C 类用户特征表

用户类型	特征	指标
A 类用户	参与运输车辆总数 N_c 大	$N_c>200$ 辆
	数据分析频率 P 高度频繁	$P>300\times20\%=60$ 辆次/周
	远程查询车辆行驶状态信息 C 频率高度频繁	$C>300\times50\%\times3=450$ 辆次/天
	对车辆位置信息需求实时性 T	T 为 15～20 秒以内
	GPS 的扩展性与综合应用能力 A	A 为 High
	内部职能部门 N_d	N_d 为多
B 类用户	参与运输车辆总数 N_c	$50<N_c<200$ 辆
	数据分析频率比较频繁 P	$100\times20\%=20$ 辆次/天$<P<60$ 辆次/周
	远程查询车辆行驶状态信息 C 频率比较频繁	150 辆次/天$<C<450$ 辆次/天
	对车辆位置信息需求实时性 T	T 为 60 秒以内
	需要支持复杂度	不高
C 类用户	参与运输车辆总数 N_c	$N_c<50$ 辆
	数据分析频率比较低 P	10 辆次/周$<P<20$ 辆次/天
	远程查询车辆行驶状态信息频率 C	$C<50\times50\%\times3=75$ 辆次/天

表 8-10　运输车辆管理参数分类表

类别	参数
对参与运输货物的车辆的监控	车辆位置（经度、纬度、具体地点）；车辆状态（速度、方向）；车辆主要部件的状况（车门、车灯、箱门）；运输车辆的载重等其他数据
对参与运输车辆的调度	管理或指挥人员可以远程向操纵车辆的人员发布调度指令，发布方式可以有多种，如 LCD 显示、语音、短信等
运输车辆与管理调度指挥人员	具有双向交互能力
对运输车辆的特殊控制	如断油、断电、上油、上电等
行驶数据统计	行驶路线（轨迹）、里程数、油耗等
特殊形式路线的规划	包括行驶路线、行驶区域、管理或指挥人员可以即时或事后知晓车辆是否有超出规定路线的记录
运输货物的安全性	如是否有被劫掠、偷卸倒卖等情况
提高运输车辆的利用率	高/中/低
低应用成本，高使用效率	高/中/低
同内部管理、其他应用、企业内部信息化平台融合度	高/中/低

8.4.2　基于智能调度的运输支持系统

物流智能调度支持系统是运用信息网络技术的整合管理系统，它充分利用“一流三网”（“一流”是以订单信息流为中心，“三网”分别是全球供应链资源网络、全球用户资源网络和计算机信息网络），辅以数据库存取、有线和无线通信、卫星定位和智能化监控，完成企业物资的调度和管理。这样不但可以极大地提高物流的经济效益，降低生产和运输成本，节省能源，保护环境，同时为现代化生产和行销的零库存、零距离、零营运资本提供必需的科学和技术的手段，从而促使中国的物流业发展到更高的层次，提高产业竞争水平。

物流智能调度支持系统所解决的问题是货物配送过程中的智能化（配货的智能调度）和车辆在集货、送货过程中的智能调度（车辆运输的智能调度）。

1. 基于空间信息的车辆调度系统功能

车辆智能调度系统就是在满足现代物流的要求下，基于 3G 技术，综合各类学科开发出的一套支持系统。其系统功能如图 8-10 所示。

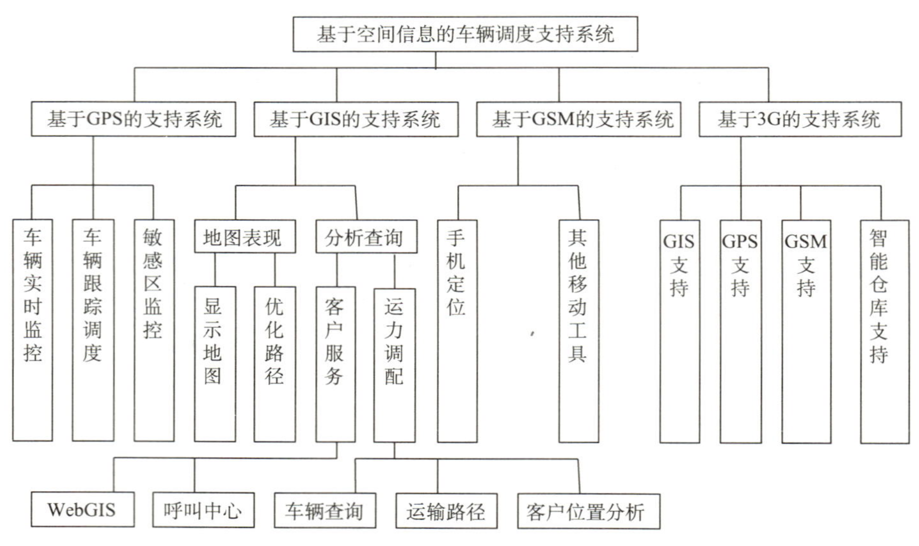

图 8-10　基于空间信息的车辆调度支持系统功能

当电子地图制定完成后，基于 GIS 支持系统的基础工作已经完成，就该进行分析系统的分析查询功能，它包括客户服务功能和运力资源合理调配两部分。

（1）客户服务功能，客户在运输过程中需要随时了解货物的状态，可以通过两种途径得到需要的信息：一是通过 WebGIS 系统查询，二是通过拨打呼叫中心电话查询。通过这两条途径客户可以获得如车辆定位、路线规划、货物状态等信息。

（2）运力资源合理调配，根据货物派送单产生地点，自动查询客户位置和可供调用车辆，向用户推荐与目的地较近的车辆，同时将货单派送到距离客户位置最近的物流基地。保证了客户订单快速、准确地得到处理。同时 GIS 的地理分析功能可以快速地为用户选择合理的物流路线，从而达到合理配置运力资源的目的。

车辆实时监控、车辆行驶轨迹与状态等信息可实时显示在调度中心的电子地图上，保障调度中心对车辆的实时监控。可方便地选择车辆编号、操作指令来实施位置询问及控制。车辆编号即可从列表中选择又可直接输入，操作指令可以列表方式来选择，可以不间断地实时监控车辆当前所处的位置、移动速度、移动方向等情况，直观地显示在电子地图上。

车辆跟踪调度为系统建立起车辆与系统用户之间迅速、准确、有效的信息传递通道。用户可以随时掌握车辆状态，迅速下达调度命令。同时，可以根据需要对车辆进行远程控制，还可以为车辆提供服务信息。

物流涵盖的地理范围如此之广，随时随地地需要知道在各个区域内车辆的运行状况、任务的执行情况、任务的安排情况，让所辖范围的运输状况在眼前一览无余。在运输过程中，有某些区域经常发生货物丢失和运输事故，在运输车辆进入该区域后，可以为车辆提示信息，这就是敏感区域监控。

车辆调度的最终目标是降低成本、提高服务水平，这需要物流企业能够及时、准确、全面地掌握运输车辆的信息，对运输车辆实现实时监控调度，并对集货、送货路线进行优化选择。现代科技、通信技术的发展，GPS/GIS 技术的成熟和 GSM 无线通信技术的广泛应用，为现代车辆调度提供了强大而有效的工具。3G（GPS/GIS/GSM）对物流企业优化资源配置、提高市场竞争力，将会起到积极的促进作用。

2. 车辆优化调度的重要算法

1）启发式算法

车辆调度问题（VRP）是由 Dantzig 和 Rasmser 于 1959 年首次提出的。自此，很快引起运筹学、应用数学、网络分析、图论、计算机应用等学科的专家与运输计划制定者和管理者的极大重视，他们进行了大量的理论研究及实验分析，取得了很大进展。车辆调度问题一般定义为：对一系列发货点和（或）收货点，组织适当的行车路线，使车辆有序地通过它们，在满足一定的约束条件（如货物需求量、发送量、交发货时间、车辆容量限制、行驶里程限制、时间限制等）下，达到一定的目标（如路程最短、费用极小、时间尽量少、使用车辆数尽量少等）。

在电子地图已经绘制完成后，要通过一些算法来实现运输路径的最优化。最短路径分析就是一种最优化运输路径的很好方式，它是 GIS 基本的网络分析功能，而 Dijkstra 算法是目前公认的较好的最短路径算法。在 Dijkstra 算法基础上，对相关算法进行改进，采用邻接结点算法。最短路径搜索实现步骤如图 8-11 所示。

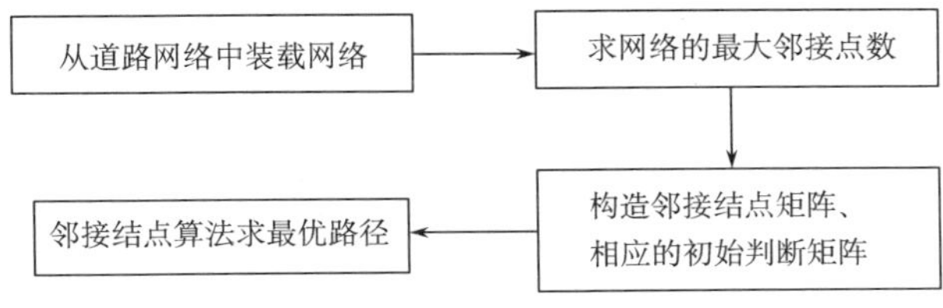

图 8-11　最短路径搜索实现步骤

2）车辆优化调度的遗传算法

遗传算法是通过对样本中个体的不断改进来寻找各类问题的最优解。标准遗传算法（SGA）存在收敛性及个体适应度求解方面的困难。对带时间约束的物流配送中心车辆调度问题，采用混合整数规划方法进行建模，而该模型用精确算法进行求解是很复杂的，对实际问题若完全采用精确算法求解往往达不到实时响应的要求，但是遗传算法与启发式算法相结合的求解方法，将该问题分解为车辆分配和单一车辆路线安排两个相互关联的子问题进行求解是很有效的。

3. 智能仓库

“智能仓库”（intelligence warehouse，IW）是物流智能调度支持系统的重要构件。配货的智能调度主要解决的是货物在仓储如何高效率的流动。这是物流仓储自动化、信息化的一种高层次应用，物流作业过程中大量的运筹和决策，如库存水平的确定、运输（搬运）路径的选择、自动导向车的运行轨迹和作业控制、自动分拣机的运行、物流配送中心经营管理的决策支持等问题都需要借助于大量的知识才能解决。首先应提到系统的核心部分——局域网。局域网将所有的网络货架以及配套的自动分拣机、悬挂式输送机以及其他信息化设备连接起来，通过网络及时获取全面的货物信息。遍布整个智能仓库的局域网将成为信息流顺畅流通的保证。有了最新、最全面的货物信息，配送数据库和相应的物流配送系统就可以使整个仓库中的货物保持最优的流通状态。下面介绍货物智能流动所需的硬件设施——自动立体仓库和自动分拣机、悬挂式输送机。

1）自动立体仓库（AS/RS）

由高层货架、巷道堆垛起重机（有轨堆垛机）、入出库输送机系统、自动化控制系统、计算机仓库管理系统及其周边设备组成，是完成集装单元货物自动化保管和计算机管理的仓库。

2）自动分拣机、悬挂式输送机

由电子标签拣选机、辊道输送机、皮带输送机、升降机、轻型悬挂输送机和通用型悬挂输送机等设备组成，能够根据客户要求完成分类、合流、交叉输送等功能，广泛适用于自动仓库、生产线、车间运输等环节。

8.5 物流管理信息战略与支持系统的融合分析

战略的层面较高，它的实现涉及诸多因素，一个好的战略要有其支持系统来高效地实现其蓝图。这里重要的一个因素就是IT战略与其支持系统的融合关系。

8.5.1 现代物流管理的IT应用特点

1. 多功能化——物流业发展的方向

在电子商务时代，物流发展到集约化阶段，一体化的配送中心不单单提供仓储和运输服务，还必须开展配货、配送和各种提高附加值的流通加工服务项目，也可按客户的需要提供其他服务。现代供应链管理即通过从供应者到消费者供应链的综合运作，使物流达到最优化。企业追求全面的、系统的综合效果，而不是单一的、孤立的片面观点。

作为一种战略概念，供应链也是一种产品，而且是可增值的产品，其目的不仅是降低成本，更重要的是提供用户期望以外的增值服务，以产生和保持竞争优势。从某种意义上讲，供应链是物流系统的充分延伸，是产品与信息从原料到最终消费者之间的增值服务。

供应链在经营形式上，采取合同型物流。这种配送中心与公用配送中心不同，它是通过签订合同，为一家或数家企业（客户）提供长期服务，而不是为所有客户服务。这种配送中心有由公用配送中心来进行管理的，也有自行管理的，但主要是提供服务；也有可能所有权属于生产厂家，交专门的物流公司进行管理。

供应链系统物流完全适应了流通业经营理念的全面更新。以往商品经由制造、批发、仓储、零售各环节间的多层复杂途径，最终到消费者手里，而现代流通业已简化为由制造经配送中心而送到各零售点。它使未来的产业分工更加精细，产销分工日趋专业化，大大提高了社会的整体生产力和经济效益，使流通业成为整个国民经济活动的中心。

另外，在这个阶段有许多新技术，如准时制工作法。又如销售时点信息管理系统（point of sale），商店将销售情况及时反馈给工厂的配送中心，有利于厂商按照市场调整生产，以及同配送中心调整配送计划，使企业的经营效益跨上一个新台阶。

2. 一流的服务——物流企业的追求

在电子商务下，物流业是介于供货方和购货方之间的第三方，是以服务作为第一宗旨。从当前物流的现状来看，物流企业不仅要为本地区服务，而且还要进行长距离的服务。因为客户不但希望得到很好的服务，而且希望服务点不是一处，而是多处。因此，如何提供高质量的服务便成了物流企业管理的中心课题。应该看到，配送中心离客户最近，联系最密切，商品都是通过它送到客户手中。

如何满足客户的需要把货物送到客户手中，就要看配送中心的作业水平了。配送中心不仅与生产厂家保持紧密的伙伴关系，而且直接与客户联系，能及时了解客户的需求信息，并沟通厂商和客户双方，起着桥梁作用。物流企业不仅为货主提供优质的服务，而且要具备运输、仓储、进出口贸易等能力，深入研究货主企业的生产经营发展流程设计和全方位系统服务。优质和系统的服务使物流企业与货主企业结成战略伙伴关系（或称策略联盟），一方面有助于货主企业的产品迅速进入市场，提高竞争力，另一方面则使物流企业有稳定的资源，对物流企业而言，服务质量和服务水平正逐渐成为比价格更为重要的选择因素。

3. 信息化——现代物流业的必由之路

在电子商务时代，要提供最佳的服务，物流系统必须要有良好的信息处理和传输系统。例如，美国洛杉矶西海报关公司与码头、机场、海关信息联网，当货物从世界各地起运时，客户便可以从该公司获得到达的时间、到泊（岸）的准确位置，通知收货人与各仓储、运输公司等做好准备，使商品在几乎不停留的情况下，快速流动、直达目的地。

在大型的配送公司里，往往建立了 ECR 和 JIT 系统。所谓 ECR（efficient customer response），即有效客户信息反馈，它是至关重要的。有了它，就可做到客户要什么就生产什么，而不是生产出东西等顾客来买。仓库商品的周转次数每年达 20 次左右，若利用客户信息反馈这种有效手段，可增加到 24 次。这样，可使仓库的吞吐量大大增加。通过 JIT 系统，可从零售商店很快地得到销售反馈信息。配送不仅实现了内部信息的网络化，而且增加了配送货物的跟踪信息，从而大大提高了物流企业的服务水平，降低了成本，增强了竞争力。

在电子商务环境下，由于全球经济的一体化趋势，当前的物流业正向全球化、信息化、一体化发展。

商品与生产要素在全球范围内以空前的速度自由流动。EDI 与 Internet 的应用，使物流效率的提高更多地取决于信息管理技术，电子计算机的普遍应用提供了更多的需求和库存信息，提高了信息管理科学化水平，使产品流动更加容易和迅速。物流信息化，包括商品代码和数据库的建立，运输网络合理化、销售网络系统化和物流中心管理电子化建设等，目前还有很多工作有待实施。可以说，没有现代化的信息管理，就没有现代化的物流。

4. 全球化——物流企业竞争的趋势

20 世纪 90 年代早期，由于电子商务的出现，加速了全球经济的一体化，使物流企业的发展达到了国际化。企业从许多不同的国家收集所需要资源，再加工后向各国出口。

全球化战略的趋势，使物流企业和生产企业更紧密地联系在一起，形成了社会大分工。生产企业集中精力制造产品、降低成本、创造价值；物流企业则花费大量时间、精力从事物流服务。物流企业的满足需求系统比原来更进一步，如配送中心可以对进口商品进行代理报关、暂时储存、搬运和配送，以及必要的流通加工，实现从商品进口到送交消费者手中的一条龙服务。

5. 基于 IT 的创新程度

物流的商业模式的创新需要 IT 的支持，同时 IT 的发展又促进物流的商业模式改革，这种相互交融的关系，正是基于 IT 的物流管理创新程度的不断提高。

8.5.2 IT 战略与支持系统融合度模型

IT 战略如何与支持系统融合是一个较难解决的问题，要进行度量更加困难，但我们可以从描述上来分析 IT 战略与支持系统的融合度模型，如图 8-12 所示。

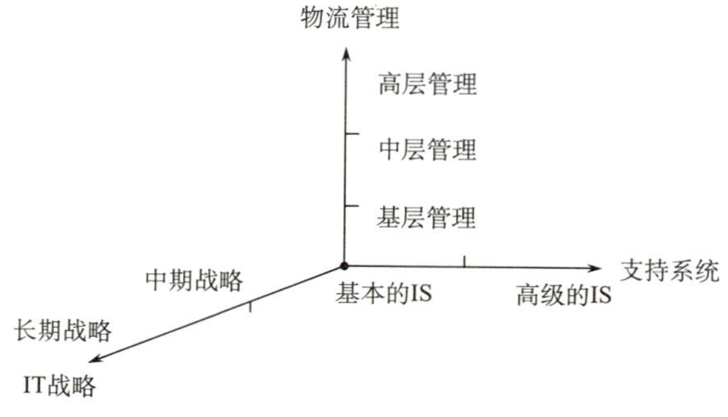

图 8-12 IT 战略与支持系统融合度模型

设IT战略与支持系统的融合度为D，支持系统X为（X_1，X_2），IT战略Z为（Z_1，Z_2），物流管理为Y（Y_1，Y_2，Y_3），则

$$D=f(X, Y, Z)$$

要找出这样的函数有不同的方法，读者可以进行探索。下面是一些典型的融合系统，可以分析其IT战略与支持系统的融合度。

1. 物流信息门户网站

物流信息门户网站是定位在物流信息交易市场，以Internet为媒体建立的新型物流信息系统，它可以将企业或货主主要运输的物流信息及运输公司可调动的车辆信息上网确认后，双方签订运输合同，即货主将要运输货物的种类、数目及目的地等传送上网，运输公司将其现有车辆的位置及可承接运输任务的车辆信息通过Internet提供给货主，依据这些信息，双方签订运输合同。从功能来看，主要功能包括信息查询、发布、竞标，附属功能有行业信息、货物保险、物流跟踪、路状信息、GPS等。目前，这类物流电子商务模式包括金干线、华夏交通在线、56NET、中国物流信息网等物流电子商务网站。

例如，2000年6月21日，交通部公路科学研究所、香港运盛（中国）集团有限公司与沈阳公路主枢纽集团有限公司在京签署合作协议，正式成立恒力运通（北京）信息技术有限公司与北京恒力华通网络信息技术有限公司，开始全面建设中国交通行业第一个垂直类专业化网站——“华夏交通在线”，并于2000年8月12日正式开通。2000年12月，“公路货运交易信息系统”第三次改版升级工作完成，进一步完善了系统功能，丰富了系统用值。2002年10月华夏交通在线正式推出了“公路货运信息服务呼叫中心系统”。

2. 物流企业门户网站

物流企业门户网站是定位于为专业物流企业提供供应链管理的物流电子商务系统，它实际上是物流企业的电子商务网站。它的特点是通过与供应链伙伴共享数据、知识和信息，利用信息技术来完成物流全过程的协调、控制和管理，实现从网络前端到最终客户端的所有中间过程服务。它能够实现系统之间、企业之间以及资金流、物流、信息流之间的无缝链接，而且这种链接同时还具备预见功能，可以在上下游企业间提供一种透明的可见性功能，帮助企业最大限度地控制和管理库存。同时，由于全面应用了客户关系管理、商业智能、计算机电话集成、GIS、GPS、Internet、无线互联技术等先进的信息技术手段，以及配送优化调度、动态监控、智能交通、仓储优化配置等物流管理技术和物流模式，提供了一套先进的、集成化的物流管理系统，从而为企业建立敏捷的供应链系统提供强大的技术支持。例如，FedEx公司于2000年7月开展了为中小企业客户提供网站建设解决方案的业务，这些网上商店由FedEx进行管理，同时这种前端服务同FedEx的后端服务相连接，提供集成的物流服务。

又如，中国的宝供物流集团利用XDI物流信息平台建立了与众多客户间以及宝供各分支机构间的网络沟通，使得宝供物流集团可以直接从客户的信息系统中获得订单，而无须传真和手工录入。一个客户采用XDI物流信息平台后每个订单运行的时间缩短了3天，减少的库存占压每年达1亿元。

3. 电子商务营运商利用专业物流体系

这种情况下，电子商务营运商只把经营重点投入到自己的核心业务中去，物流环节全部分包给专业物流企业，即我们通常说的第三方物流。这种物流模式的好处在于：对电子商务营运商来说，可以把精力集中于电子商务平台的建立和完善，加大专业业务的深度；对专业物流企业来说，既可以拓展服务范围，又可以借以提高自身的信息化程度。而两者之间可以通过合同契约来明确利益的分割和业务范围的界定。同时，两者都在自己熟悉的业务范围内工作，更利于成本的降低和盈利的提高。

思考练习题八

(1) 从企业的角度看，如何制定物流企业物流管理信息系统的战略?

(2) 从产业的角度看，如何制定物流管理信息系统软件的战略?

(3) 什么是物流管理支持系统?

(4) 从支持物流企业管理的角度看，可以从哪些方面来考虑建立物流管理支持系统?

(5) 什么是数据仓库? 数据仓库在物流信息系统中有何作用?

(6) 什么是联机分析处理? 联机分析处理在物流支持物流决策中有何作用?

(7) 什么是数据挖掘? 数据挖掘在物流信息系统中有何作用?

(8) 在物流中常用的预测方法有哪些? 预测支持系统有何作用?

(9) 什么是商务智能和知识管理? 它们对物流管理信息系统有何作用?

(10) 物流管理支持系统中，如何使用定量模型? 举例说明。

(11) 什么是系统动力学? 在物流支持、物流决策中有何作用?

(12) 行为分析对于物流支持系统有哪些作用? 如何使用?

(13) 什么是物流系统模拟? 有何作用?

(14) 智能调度支持系统在物流管理中如何使用?

第 9 章　物流电子商务

9.1　物流电子商务概述

电子商务中的任何一笔交易，都包含以下几种基本的“流”，即信息传输和信息增值的信息流、交易的商流、转账支付的资金流和配送的物流。对于大多数商品和服务来说，物流仍然可以经由传统的经销渠道。但随着电子商务的进一步推广与应用，物流的重要性对电子商务活动的影响日益明显，传统的物流系统和管理方式已不能适应电子商务的要求。市场调查表明，人们最关注的热点问题就是送货时间与安全。因此，能否“将正确的产品（right product），在正确的时间（right time），把正确的数量（right quantity）和正确的质量（right quality），以正确的状态（right status），送到正确的地点（right place），并使总成本最小”（简称 6R 理论），是电子商务对物流行业提出的新要求。加强物流管理现代化的建设，使其适应电子商务的要求，既是物流行业生存和发展的方向，又是推进电子商务战略的重要保障。

9.1.1　问题的提出

物流电子商务（又称“电子物流”）就是物流服务商务活动的电子化、网络化和自动化，物流电子商务所实现的是物流组织方式、交易方式、管理方式和服务方式的电子化。

物流电子商务的提出和产生是在新型信息技术和电子商务发展的情况下，现代物流发展的最新成果，这是因为物流行业在向现代物流发展，是一个涉及环节多、范围广、业务分散的服务领域，物流服务企业所提供的服务对象和范围都有其局限性。而大量的物流需求者却难以找到物流服务方，其根本原因是现行购买物流组织方式造成的（因为物流服务市场所面对的是跨行业、跨地区、众多的供需方，数量庞大，随时发生物流商务活动）。如何才能使物流供需双方方便、快捷地达成物流服务？物流的电子化、网络化、自动化是必然的选择。因为物流电子商务的目的就是通过物流组织、交易、服务、管理方式的电子化，使物流商务活动能够方便、快捷地进行，实现物流的快速、安全、可靠、低费用的目的。

1. 物流电子商务的背景

20 世纪 90 年代后期，网络技术与电子商务的产生对物流观念、物流模式产生了深刻的影响，极大地促进了物流的现代化、信息化进程。同时，这对电子商务的进一步推广与应用也产生显著的作用。

美国在提出电子商务概念之时，通过利用各种机械化、自动化工具和信息技术与管理技术，建立起高效率的现代物流体系。从近几年的实践看，物流和配送是制约电子商务发展的主要“瓶颈”之一。尤其是 B2C（企业对消费者）型电子商务，由于配送时间长、成本高，使电子商务交易时间短、交易成本低的优势丧失殆尽。由此可见，与电子商务相匹配的现代物流系统是电子商务的基本因素，是实现电子商务的根本保证，缺少了现代化的物流过程，电子商务过程就不完整。

2. 物流电子商务的作用

以网络计算为基础的电子商务催化着传统物流配送的革命。回顾配送制的发展历程，可以说经历了三次革命。初期阶段就是送物上门。为了改善经营效率，国内许多商家较广泛地采用了把货送到买主手中，这是商务的第一次革命。第二次物流革命是伴随着电子商务的出现而产生的，这是一次脱胎换骨的变化，不仅影响到物流配送本身，也影响到上下游的各体系，包括供应商、消费者。第三次物流革命就是物流配送的信息化及网络技术的广泛应用所带来的种种影响，这些影响是有益的，将使物流配送更有效率。我们称这些影响为物流配送的第三次革命。

1）电子商务物流技术是提高电子商务物流效率的重要条件

电子商务物流的优势之一就是能大大简化物流的业务流程，提高物流的作业效率。在电子商务物流情况下，一方面，人们可以通过电子商务方面的有关技术，对电子商务物流活动进行模拟、决策和控制，从而使物流作业活动选择最佳方式、方法和作业程序，降低货物的库存，提高物流的作业效率；另一方面，物流作业技术的应用可以提高物流作业的水平、质量和效率。

2）电子商务物流技术是降低电子商务物流费用的重要因素

先进、合理的电子商务物流技术不仅可以有效地提高电子商务物流的效率，而且可以有效地降低电子商务物流的费用，这主要是由于先进、合理的电子商务物流技术的应用不仅可以有效地使物流资源得到合理的运用，而且可以有效地减少物流作业过程中的货物损失。

3）电子商务技术可以提高电子商务物流的运作质量，提高客户满意度

电子商务物流技术不仅提高了电子商务物流效率，降低了物流费用，而且也提高了客户的满意度，使企业与客户的关系更加密切。电子商务物流技术的应用，能使企业及时地根据客户的需要，将货物保质保量、迅速准确地送到客户所指定的地点。最终消费者不必再跑到拥挤的商业街，一家又一家地挑选自己所需的商品，而只要坐在家里，在Internet上搜索、查看、挑选，就可以完成他们的购物过程。但试想，他们所购的商品迟迟不能送到，或者商家所送并非自己所购，那消费者还会选择网上购物吗?

4）物流电子商务能够实现高效低成本，保障生产活动运转

生产是商品流通之本，而生产的顺利进行需要各类物流活动支持。生产的全过程从原材料的采购开始，要求有相应的供应物流活动，使所采购的材料到位，否则，生产就难以进行；在生产的各工艺流程之间，也需要原材料、半成品的物流过程，即所谓的生产物流，以实现生产的流动性；部分余料、可重复利用的物资的回收，就需要所谓的回收物流；废弃物的处理则需要废弃物物流。可见，整个生产过程实际上就是系列化的物流活动。

合理化、现代化的物流，需要通过物流电子商务降低成本、优化库存结构、减少资

金占压、缩短生产周期，保障现代化生产的高效进行。

5）物流电子商务方便商流活动

在商流活动中，商品所有权在购销合同签订的那一刻起，便由供方转移到需方，而商品实体并没有因此而移动。在传统的交易过程中，除了非实物交割的期货交易，一般的商流都必须伴随相应的物流活动，即按照需方（购方）的需求将商品实体由供方（卖方）以适当的方式、途径向需方转移。而在电子商务下，消费者通过上网购物，完成了商品所有权的交割过程，即商流过程。但电子商务的活动并未结束，只有商品和服务真正转移到消费者手中，商务活动才告以终结。

6）物流电子商务是物流模式创新的重要环节

电子商务给传统商务模式带来了巨大冲击，使传统的仓储业、批发业面临挑战。当生产企业可以按照网上收到的订单组织生产，由第三方物流企业提供从生产线末端的包装开始，直至送到消费者家中的售后服务，物流电子商务成为物流模式创新的重要环节。

此外，先进、合理的电子商务技术的应用，还有利于实现物流的系统化和标准化，有利于企业开拓市场，扩大经营规模，增加收益。

3. 物流电子商务的条件

开创现代物流管理的新模式是物流管理的重要问题，通过发展信息产业推动电子商务下物流管理的模式创新，合理高效配置物流资源，推动信息流、物流、商流合理组合，这是现代物流电子商务需要思考的问题。

人才是电子商务下物流新技术发展的关键。拥有高素质的人才，利用已有的网络优势，建立能同国内和国际物流网相连结的物流配置中心，实现电子商务物流配送专业化管理、物流信息处理现代化管理。

相关法规和政策是建立和强化有关电子商务物流管理的重要制度保证。

建立物流电子商务的基础平台包括：提升完善信息交换平台，实现物流信息化包括商品代码、数据库的建立和运输销售网络电子化管理；建立电子商务物流信息控制中心，实现物流管理的低成本、高效益，提高信息化物流管理水平，具备控制、运输流程管理、仓储管理、统计报表管理、户管理、户查询等功能；推广基于新一代网络的 EDI 物流供应链管理模式；在 3G 的同时，建立起企业物流代理管理模式；实现物流系统、运送方式、装卸、仓储、物流配送一体化，降低物流配送成本和风险，提高物流配送的效益，实现企业零库存、无积压、无等待、全天候、快速有效的物流配置体系。

9.1.2　基本概念与模式

1. 基本概念

1）电子商务

电子商务（E-business）是利用网络实现所有商务活动业务流程的电子化，不仅包括电子商业的面向外部的业务流程，如网络营销、电子支付、物流配送等，还包括企业内部的业务流程，如企业资源计划、管理信息系统、客户关系管理、供应链管理、人力资源管理、网上市场调研、战略管理及财务管理等。

电子商务包含两个方面：一是商务活动，二是电子化手段。它们之间的关系是：商务是核心，电子化是手段和工具。

2）物流电子商务

物流电子商务就是物流服务商务活动的电子化、网络化和自动化，物流电子商务所实现的是物流组织方式、交易方式、管理方式和服务方式的电子化。物流企业利用互联网技术、信息自动采集与识别技术、空间数据跟踪定位等信息技术，来实现空间数据和非空间数据的动态信息的交互式管理，以实现企业（行业）网上信息发布、网上物流信息咨询、网上业务交易（下单）、在线货物信息跟踪等功能。

2. 电子商务物流模式

如果从电子商务的交易主体来分，那么交易主体包括 B（business）、C（customer）、G（government 和其他非营利组织）的排列组合就有九种形式：B2B、B2C、B2G、C2B、C2C、C2G、G2B、G2C 和 G2G。也可以从商品特点、流程和交易的数字化程度划分为纯电子商务、部分电子商务和传统的商务。在这里我们从物流的特点分析几种物流模式。

1）自营物流

目前，国内的物流公司几乎都是由原来的储运公司转变过来的，其设备和服务水平还远远不能满足电子商务的物流需求。这样一些开展电子商务活动的企业，在经营过程中既积累了经验，也增强了物流服务的实力，同时也建设了自主的电子商务物流业务，这就是自主物流。

这种模式下的企业，其自身具备一定的仓储和配送能力，只有在物流供应链的下游才向物流企业寻求合作帮助。个别企业甚至在保证自身物流的基础上还可以为其他同行提供物流服务，当然这些企业都是具备相当实力和规模的。通常情况下，企业有时需要仓储服务，以及配送企业要求配送服务。

在我国，有实力的大型制造业企业自己发展物流也是一种必然。我国的海尔集团就是典型代表，海尔选择自营物流的原因是：无论是传统物流，还是供应链条件下的物流，都会涉及企业的商业秘密，通过采购计划就可以了解到企业的生产经营计划、新产品开发等商业秘密等，出于商业考虑，海尔选择了自营物流。由此可知，自营模式有其自身的特点：企业物流成本占总成本比重很大、企业自身物流系统建制健全、企业规模较大、产品单一、对供应和分销渠道需要严密控制。这样的企业通常会采取自营的方式，而不采用外购物流服务。

2）第三方物流

在电子商务环境下，物流一体化的方向和专业的第三方物流的发展，已成为目前世界各国和大型跨国公司所关注、探讨和实践的热点。第三方物流是指由物流劳务的供方、需方之外的第三方去完成物流服务的物流运作方式。第三方就是指提供物流交易双方的部分或全部物流功能的外部服务提供者。在某种意义上，它是物流专业化的一种形式。

第三方物流随着物流业发展而发展。第三方物流是物流专业化的重要形式。物流业发展到一定阶段必然会出现第三方物流的发展，而且第三方物流的占有率与物流产业的水平之间有着非常规律的相关关系。西方国家物流业中独立的第三方物流占 50%，第三方物流的发展程度反映和体现着一个国家物流业发展的整体水平。

3）国际物流

所谓国际物流（international logistics，IL）是不同国家之间的物流。国际物流是国内物流的延伸和进一步扩展，是跨国界的、流通范围扩大了的物的流通，有时也称其为国际大流通或大物流。国际物流是国际贸易的一个必然组成部分，各国之间的相互贸易最终都将通过国际物流来实现。

国际物流的狭义理解是：当生产和消费分别在两个或两个以上的国家（或地区）独立进行的情况下，为了克服生产和消费之间的空间隔离和时间距离而对物资（商品）所进行的物理性移动的一项国际商品贸易或交流活动，完成国际商品交易的最终目的，即实现卖方交付单证、货物和收取货款，而买方接受单证、支付货款和收取货物的贸易对流条件。

在国际物流活动中，为实现物流合理化，必须按照国际商务交易活动的要求来开展国际物流活动。并且，不仅要求降低物流费用，而且要考虑提高顾客服务水平（service level，SL），提高销售竞争能力和扩大销售效益，即提高国际物流系统的整体效益，而不仅仅是提高局部效益。

国际物流过程离不开贸易中间人，即由专门从事商品使用价值转移活动的业务机构或代理人来完成，如国际货物的运输是通过国际货物运输服务公司（代理货物的出口运输），另外如报关行、出口商贸易公司、出口打包公司和进口经纪人等，它们主要是接受企业的委托，代理与货物有关的各项业务。这些是由于在国际物流系统中，很少有企业单独依靠自身力量办理和完成这些复杂的进出口货物的各项业务工作。

4）新型物流——第四方物流

第四方物流指供应链集成商调集和管理组织自己的以及具有互补性的服务提供商的资源、能力和技术，以提供一个综合的供应链解决方案。也有人认为，“第四方物流指集成商们利用分包商来控制与管理客户公司的点到点式供应链运作”；还有一种观点认为，“第四方物流指一个集中管理自身资源、能力和技术并提供互补服务的供应链综合解决办法的供应者”。第四方物流可以通过整个供应链的影响力，提供综合的供应链解决方案，为其顾客带来更大的价值。第四方物流不仅控制和管理特定的物流服务，而且对整个物流过程提出策划方案，并通过电子商务将这个过程集成起来。因此，第四方物流成功的关键在于为顾客提供最佳的增值服务。发展第四方物流需平衡第三方物流的能力、技术以及贸易流畅等，为客户提供功能性一体化服务并扩大营运自主性。

9.2　物流电子商务的基本功能

物流电子商务系统功能可从不同的角度来设计，图 9-1 列举了物流电子商务系统的基本功能，具体的还可以深入分析。

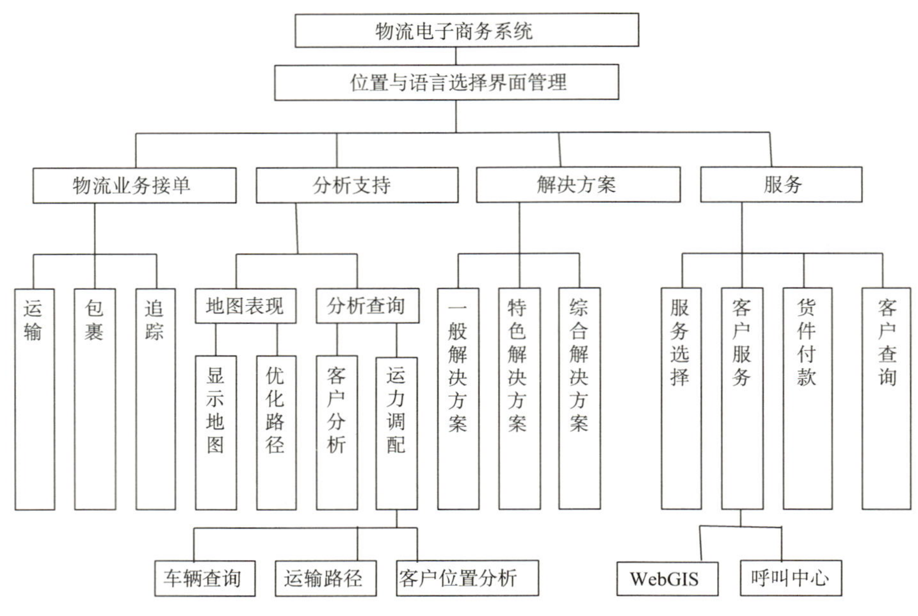

图 9-1　物流电子商务系统功能

1. 物流业务接单的基本功能

物流业务接单能方便客户（包括个人和企业）与物流公司联系业务，从业务的大类看主要是运输业务和包裹业务，其他业务也可以扩展，在业务处理过程中，追踪业务是业务处理的重要环节。

2. 分析支持功能

分析支持功能可以利用前面的支持系统实现或选择部分支持系统，其中地图表现和分析查询是比较重要的两个功能。

3. 解决方案

解决方案主要为客户提供一般解决方案、特色解决方案和综合解决方案。解决方案是物流管理系统为客户定制的功能。

4. 服务的功能

服务的功能是物流电子商务中又一重要的功能，主要是不同服务的选择功能、客户日常服务的功能、基本的付款和客户查询功能。其中，服务选择的功能是一个几乎无限扩展的功能，通过下拉列表框实现，在标准值里任意增加和扩展。

9.3　物流电子商务的关键问题

随着电子商务的发展，物流的“瓶颈”问题日益突出，如何提高我国物流的管理水平，已成为电子商务发展的焦点之一。Internet 技术的成熟为物流电子商务与客户或供应商实现信息共享和直接的数据交换提供了便利，从而强化了企业间的联系，形成共同发展的供应链。国内物流水平低的直接表现就在于我们的物流体系到现在没有形成一个网络化体系。所谓网络化体系表现在两个方面：一是实体化的物流网络。现在的物流企业都是以自己为核心构建网络，最多是以某一个行业或小系统建立这种物流网络，但是跨行业、跨地域、跨区域物流的网络实际上在国内没有真正形成。换句话说，任何一个企业做得再大，实体的物流网络不能遍及全国的每一个角落。二是电子化的物流网络。不管是物流企业还是企业物流，现在许多电子商务公司都开展了物流业务，也有许多物流公司开展了电子商务业务，这些企业的电子网络尚未形成真正意义上的网络化，也没有一个网络或者几个网络联盟足以构成一个遍布全国，能够让大家真正应用的电子化的网络。而真正的物流电子商务应该是电子化的物流网络和实体化的物流网络融为一体，结合在一起。

实现物流电子商务必须解决以下几个关键问题：

1. 标准问题

物流商品和单位或个人的全球唯一标识和信息传递的标准问题是制约物流电子商务发展的一个重要问题。例如，单位有全球唯一标识码，商品有条形码系统，传输数据有基于新一代 Internet 的 EDI 系统。

2. 信用问题

社会的信用系统是制约物流电子商务发展的又一个重要问题。企业与企业之间或企业与个人之间都需要良好的信用，这样就更容易实现物流电子商务。

3. 安全问题

安全问题是制约物流电子商务发展比较重要的问题。这种安全包括物品的安全、信息的安全、支付的安全等。

4. 支付问题

物流电子商务的结算通过网上支付才能实现高效率、低成本。

5. 成本问题

物流电子商务系统只有降低成本才能够与传统物流系统竞争。

6. 追踪问题

物流电子商务系统要实现有效的追踪才有吸引力，但是追踪又不能增加客户的成本，这样物流电子商务系统才会被客户接受。

7. 商务模式创新的问题

一个好的物流电子商务系统能够不断进行商务模式创新，并具有全球化的视野。这样的模式才可能持续稳定地增长。

8. 社会化的分工与合作成为物流产业的主流

只有外包和接包这样互动的模式成为产业的主流，物流电子商务系统发展才能进入高级阶段。企业与企业间的 B2B 电子商务，并不是买卖双方两个企业就可以完成的，既要有纵向的电子商务交易“网站群”，又要有横向的电子商务服务“网站群”。同样，物流作为横向的电子商务服务“网站群”，仅靠一个或几个物流网站也是不行的，需要的是多个物流网站共同构建的物流“联盟”。站在一体化供应链管理的角度，供应链的各个链条的衔接点实际就是一个个利润点，这些利润点怎么把握，关键还是如何迅速，或者说比较扎实地实现国内的物流网络化，真正实现物流联盟。

9.4　评价物流电子商务的优劣指标

经过十多年的发展，物流电子商务迎来了一个崭新的发展阶段，物流电子商务发展水平对国家和企业核心竞争力的提升产生了越来越重要的影响。如何评价一个好的物流电子商务，如何客观制定物流电子商务发展的战略目标和战略规划，一直都没有一个完整、可靠的依据。但可以通过实证分析的方法，包括深入走访政府机构、行业专家、知名学者、企业领袖等，对重点企业和用户机构的大规模问卷调查，通过运用科学的理论模型和指标体系，从各层面进行科学规范、客观务实的评价。我们可以从以下几个方面分析，如表 9-1 所示。

表 9-1　企业物流电子商务评价指标

一级指标	二级指标	三级指标	权重	度量方式
物流企业电子商务组织建设评价指标 X_1	电子商务的组织结构 X_{11}	1. 企业领导的重视程度 X_{111}	α_{11}	专家评分
		2. 企业 CIO 的权力 X_{112}	α_{12}	分级
		3. 信息部门的组织定位 X_{113}	α_{13}	分级
		4. 电子商务建设政策的连续性 X_{114}	α_{14}	专家评分
		5. 电子商务战略规划的前瞻性 X_{115}	α_{15}	专家评分
		6. 电子商务系统的经济性 X_{116}	α_{16}	专家评分
	电子商务规划及开发管理 X_{12}	7. 电子商务队伍的稳定性 X_{121}	α_{21}	专家评分
		8. 电子商务建设的规范性 X_{122}	α_{22}	专家评分
		9. 电子商务的标准化 X_{123}	α_{23}	专家评分
		10. 电子商务人才的培训和管理制度 X_{124}	α_{24}	分级
	电子商务人力资源的评价 X_{13}	11. 电子商务干部队伍的素质 X_{131}	α_{31}	学历及比例
		12. 电子商务技术队伍 X_{132}	α_{32}	学历及比例
		13. 电子商务业务人员队伍 X_{133}	α_{33}	学历及比例
电子商务基础设施评价指标 X_2	基础设施的投资 X_{21}	14. 电子商务投资的比重 X_{211}	β_{11}	占总投资的百分比
		15. 软件硬件投资比率（信息化投资）X_{212}	β_{12}	软件/硬件
	电子商务硬件平台 X_{22}	16. 服务器 X_{223}	β_{21}	档次，台/人，分级
		17. 客户机平台 X_{224}	β_{22}	档次，台/人，分级
		18. 办公自动化设备 X_{225}	β_{23}	种类，台/人，分级
	通信及网络支持平台 X_{23}	19. 通信设施 X_{231}	β_{31}	速度，容量分级
		20. 广域网连接 X_{232}	β_{32}	速度，容量分级
		21. 局域网 X_{233}	β_{33}	速度，容量分级
	系统和软件平台 X_{24}	22. 网络操作系统 X_{241}	β_{41}	档次分级
		23. INTERNET 技术 X_{242}	β_{42}	服务类型分级
		24. 数据库技术 X_{243}	β_{43}	DB 类型分级

续表

一级指标	二级指标	三级指标	权重	度量方式
电子商务基础设施评价指标 X_2	内部网、外部网、互联网的建立 X_{25}	25. 企业内部网 X_{251}	β_{51}	普及率分级
		26. 企业外部网 X_{252}	β_{52}	普及率分级
		27. 国际互联网 X_{253}	β_{53}	普及率分级
	信息系统的安全保障体系 X_{26}	28. 安全规章制度 X_{261}	B_{61}	专家评分
		29. 防火墙 X_{262}	B_{62}	档次分级
		30. 安全审计 X_{263}	β_{63}	专家评分
		31. 入侵监测系统 X_{264}	β_{64}	档次分级
		32. 电子商务的安全 X_{265}	β_{65}	档次分级
		33. 自动恢复系统 X_{266}	β_{66}	恢复能力分级
	企业管理的规范与优化 X_{27}	34. 企业管理的规范化 X_{271}	β_{71}	专家评分
		35. 电子商务模式的改革 X_{272}	β_{72}	专家评分
		36. 信息服务社会化与商品化 X_{273}	β_{73}	专家评分
电子商务交易平台评价指标 X_3	办公自动化 X_{31}	37. 数据处理 X_{311}	γ_{11}	效率，普及率分级
		38. 文档管理 X_{312}	γ_{12}	效率，普及率分级
		39. 信息通信 X_{313}	γ_{13}	效率，普及率分级
		40. 音像处理 X_{314}	γ_{14}	效率，普及率分级
		41. 时程管理 X_{315}	γ_{15}	普及率分级
		42. 辅助决策 X_{316}	γ_{16}	效率分级
	业务处理和支持系统 X_{32}	43. 企业外部资源的利用 X_{321}	γ_{21}	专家评分
		44. 企业内部信息资源的整合 X_{322}	γ_{22}	共享，利用率分级
		45. 企业物流管理信息系统 X_{323}	γ_{23}	专家评分
		46. 企业支持系统 X_{324}	γ_{24}	专家评分
	自动识别技术 X_{33}	47. 条形码和射频技术 X_{331}	γ_{31}	专家评分
		48. GIS 与精细程度 X_{332}	γ_{32}	程度分级
		49. GPS 与无线定位 X_{333}	γ_{33}	专家评分
	EDI、配送及物流追踪能力 X_{34}	50. EDI 的使用 X_{341}	γ_{41}	档次，程度分级
		51. 物流追踪能力 X_{342}	γ_{42}	专家评分
		52. 物流配送体系 X_{343}	γ_{43}	档次，程度分级
	电子商务目标的实现 X_{35}	53. 效率的提高 X_{352}	γ_{51}	提高的百分比
		54. 经济效益 X_{353}	γ_{52}	提高的百分比
		55. 社会效益 X_{354}	γ_{53}	专家评分
		56. 企业竞争力 X_{355}	γ_{54}	提高的百分比

企业物流电子商务水平

$$
\begin{aligned}
L = & \left(\sum_{i=1}^{6}\alpha_{1i}X_{11i} + \sum_{i=1}^{4}\alpha_{2i}X_{12i} + \sum_{i=1}^{3}\alpha_{3i}X_{13i}\right) \\
& + \left(\sum_{j=1}^{4}\sum_{i=1}^{2}\beta_{ji}X_{2ji} + \sum_{i=1}^{5}\beta_{5i}X_{25i} + \sum_{i=1}^{4}\beta_{6i}X_{26i} + \sum_{i=1}^{3}\beta_{7i}X_{27i}\right) \\
& + \left(\sum_{i=1}^{6}\gamma_{1i}X_{31i} + \sum_{i=1}^{4}\gamma_{2i}X_{32i} + \sum_{j=1}^{2}\sum_{i=1}^{3}\gamma_{ji}X_{3ji} + \sum_{i=1}^{4}\gamma_{5i}X_{35i}\right)
\end{aligned}
$$

针对不同的企业，可采取不同的评价指标对其电子商务水平进行评价。物流电子商务评价是一个需要不断研究的问题。只要物流电子商务能在当时技术、经济和社会约束的条件下发挥满意的作用，它就能够不断地向前发展。

9.5　物流电子商务的标准

9.5.1　物流的基本标准

1. 术语标准化

2001 年 4 月 13 日，中国物流与采购联合会正式发布了《物流术语》。物流名词标准的发布，意味着物流术语的标准化，有利于现代物流的国际化。常用的物流术语有：

1）流通

流通（distribution）是指生产者与消费者之间的中介活动。商流承担着产品的销售职能，而物流则承担着产品的运送及相关的功能。

2）商流

商流（commodity distribution）是商品流通的简称，是指将作为商品的产品交付给包括最终消费者等需求者的过程中，各个阶段完成的一系列业务的总称。

3）物流系统

物流系统（physical distribution system）是指使生产者向消费者交付产品或商品期间发生的包装、装卸、保管、运输等职能有机地结合，使物流一体化，以达到高效率的目标。

4）物流五要素

评价物流体系的五个要素（five elements of logistics）是品质、数量、时间、地点和价格。品质是指物流过程中物料的品质保持不变；数量是指符合经济性的数量要求和运输活动中往返运输载重尽可能满载等；时间是指以合理费用及时送达为原则做到的快速；地点是指选择合理的集运地及仓库，避免两次无效运输及多次转运；价格是指在保证质量及满足时间要求的前提下尽可能降低物流费用。

5）第三方物流

第三方物流（third party logistics）是指由供方和需方以外的物流企业提供物流服务的业务模式。

6）商务分流

商务分流（separation of deal and physical distribution）是物流合理化的目标，应考虑使商流的途径与物流的途径相分离。但从商流中分离出的物流难以生存，商流与物流相分离也难以完全实现，如在分店和营业点进行的物流活动就是与商流相分离的。

7）配送多样化

配送多样化（diversification of distribution and delivery）是提高货物配送数量，取得最大经济效益的一种物流合理化措施。现代配送一个明显的特征是在配送的各自领域内，实现优化配送的方式，以扩大配送数量，如日本把 30 千克以下的货物，以“宅急便”（即快件）方式配送，还有小批量快递系统、托盘配送系统和往复配送系统等多样化配送。

8）物流配送共同化

物流配送的共同化（logistics distribution normalization）并非仅局限于配送共同化、物流设施与设备利用共同化以及物流管理共同化。物流资源是指人、财、物、时间和信息；物流的设施及设备包括运输车辆、装卸机械、搬运设备、托盘和集装箱、仓储设备及场地等；物流管理是指商品管理、在库管理、配送管理、作业管理、成本管理、劳务管理等。

9）配送中心配送

配送中心配送（delivery of distribution centers）是指配送活动的组织者是配送中心。配送中心是专门从事货物配送活动的流通企业，经营规模较大，其设施和工艺结构是根据配送活动的特点和要求专门设计和设置的，专业化、现代化程度高，设施和设备比较齐全，货物配送能力强，不仅可以远距离配送，还可以进行多品种货物配送，不仅可以配送工业企业的原材料，还可以承担向批发商进行补充性货物配送。这种配送是工业发达国家货物配送的主要形式，是配送的发展方向。

10）集中配送

集中配送（concentralized distribution）是指由几个物流据点共同协作制定计划，共同组织车辆设备，对某一地区的用户进行配送。在具体执行配送作业计划时，可以共同使用配送车辆，提高车辆实载率，提高配送效率和经济效益，有利于降低配送成本。

2. 物流设备标准化

物流设备标准化主要是指物流基础模数、物流建筑基础模数、集装模数的标准化。物流基础模数尺寸是指为使物流系统标准化而制定的标准规格尺寸。国际标准化组织中央秘书处和欧洲各国确定的物流基础模数尺寸为 600mm×400mm。确定这样的基础模数尺寸，考虑了现有物流系统中影响最大而又最难改变的输送设备，采用“逆推法”，由现有输送设备的尺寸推算，也考虑了已通行的包装模数和已使用的集装设备，并从行为科学角度研究人和社会的影响，使基础模数尺寸适合于人体操作。基础模数尺寸一经确定，物流系统的设施建设、设备制造，物流系统中各环节的配合协调、物流系统与其他系统的配合，都要以基础模数尺寸为依据，选择其倍数为规定的标准尺寸。

集装模数尺寸也称物流模数尺寸，是指在物流基础模数尺寸基础上，推导出的各种集装设备的基础尺寸，以此尺寸作为设计集装设备三项（长、宽、高）尺寸的依据。在物流系统中，集装起贯穿作用，集装尺寸必须与各环节物流设施、设备、机具相配合。整个物流系统设计时往往以集装模数尺寸为依据，决定各设计尺寸。集装模数尺寸是影响和决定物流系统标准化的关键。

国际标准化组织对物流标准化的重要模数尺寸规定如下：

（1）物流基础模数尺寸：600mm×400mm。

（2）物流模数尺寸（集装模数尺寸）：以 1 200mm×1 000mm 为主，也允许 1 200mm×800mm 及 1 100mm×1 100mm。

（3）物流基础模数尺寸与集装模数尺寸的配合关系。

世界各国均以国际标准为依据修改本国物流的有关标准。日本等国家在采用 1 200mm×1 000mm 模数尺寸系列的同时，还发展了 1 100mm×1 100mm 正方形集装模数，形成本国的物流模数系列。我国参加了国际标准化组织，已制定出一些分系统标准。

3. 物流商品和企业的全球唯一码

自动识别技术为物流电子商务打下了基础。国际条形码协会颁布新的复合码标准后，从 1999 年开始 EAN 和 UCC 共同成立了四个复合码应用课题组，研究在商业及物流系统中应用复合码的具体技术及应用试点问题。1999 年 8 月，EAN 和 UCC 联合宣布共同开发供应链管理中复合码的应用标准，并已在 2000 年 1 月公布第一批应用标准。这些标准包括复合码在散装（随机称重）物品、非零售食品、医疗保健用品、电子元器件上编码的应用标准以及物流管理条形码应用标准。复合码标准的公布，是对现有商品条形码标准的有效补充和完善。复合码的应用必将极大地推动商业及供应链环节中信息技术的采纳和推广应用。

9.5.2 物流电子商务的 EDI

1. 物流 EDI 与特点

1）概念

EDI 可译为“电子数据交换”，或称“电子数据贸易”、“无证贸易”、“无纸贸易”等。它是一种在公司之间传输订单、发票等作业文件的电子化手段。EDI 通过计算机通信网络将贸易、运输、保险、银行和海关等行业信息，用一种国际公认的标准格式，实现各有关部门或公司与企业之间的数据交换与处理，并完成以贸易为中心的全部过程。EDI 技术是商业伙伴们根据事先达成的协议，对经济信息按照一定的标准进行格式化处理，并把这些格式化的数据，通过计算机通信网络在它们的计算机系统之间进行交换和自动处理。

所谓物流 EDI 是指货主（如生产厂家、贸易商、批发商、零售商等）、承运业主（如独立的物流承运企业等）、实际运送货物的交通运输企业（铁路企业、水运企业、航空企业、公路运输企业等）采用 EDI 进行数据交换。

现代物流企业在其业务运作过程中，具有环节多、信息量大的特点，其信息的动态性和实时特性较为突出。EDI 通过结合现代因特网通信技术，可以很好地满足物流、信息流的要求。

EDI 是按照一个公认的标准，形成结构化的事务处理或报文数据格式，再从计算机到计算机的数据传输方法。现代物流中所用的电子数据交换主要是应用于单证的传递、货物送达的确认等。现代物流中应用电子数据交换传输的单证种类有采购单、采购变更单、询价单、采购订单、提单、发票、到货通知单、交货确认单等。电子数据交换包含数据交换标准、计算机网络、信息处理软件三个构成要素。

现代物流中电子数据交换能够为顾客提供与银行、认证中心、物流企业、供应商的信息交换有关的物流信息。物流信息 EDI 的工作流程如图 9-2 所示。

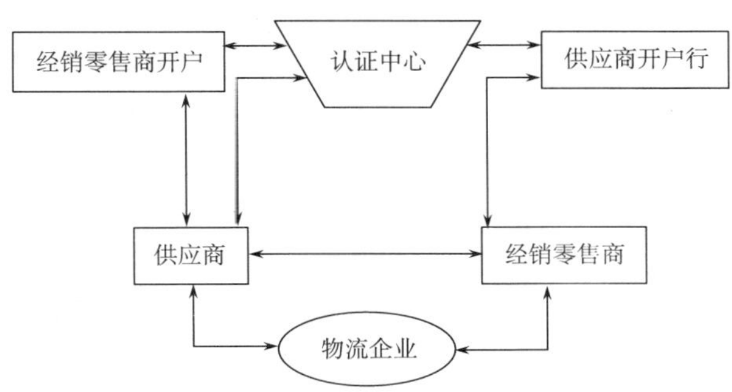

图 9-2　物流信息 EDI 工作示意图

EDI 的工作过程是：A 公司用户格式文件经过 EDI 技术翻译器翻译为 EDI 技术标准格式文件，EDI 技术标准格式文件翻译经过网络运输到 B 用户，B 用户的 EDI 技术翻译器把 EDI 技术标准格式文件翻译为 B 公司用户格式文件。

可以从以下三个方面进一步理解 EDI：

（1）EDI 是针对不同企业、单位之间商业数据和信息的传递。EDI 不同于物资流通企业内部的信息系统，企业内部的信息系统主要处理本系统相同格式的数据文件。物资流通企业开展商贸活动时，势必与其他企业、单位（如供货方、收货方、保险公司、银行、税务等）发生相关的贸易单、证处理业务，而此时必然涉及不同格式的商业数据文件转化问题。企业的 EDI 技术系统可以高效、准确地解决这个问题，使企业顺利与外界开展商贸活动。

（2）EDI 是计算机与计算机的交流。使用 EDI 技术系统，企业仅需输入一次原始单证（如订货单等）数据，之后的商业文件的编制和处理完全由计算机负责，而不需要人干预。这是产生 EDI 技术的动因，也是 EDI 技术有巨大发展潜力的魅力所在。

据统计，国际贸易文件的成本每年达 400 亿美元，其中还有 40%的国际货运单证有差错。而 EDI 技术的这种计算机到计算机的特性，可以有效地减少由于重复输入而产生的错误和浪费的时间、资源，从而提高企业对市场的应变能力，加快贸易循环。据香港专家统计，实施 EDI 技术的直接效益使商业文件传播速度提高 81%，文件成本降低 38%。

（3）EDI 是面对“商业文件”的，如订单、货运单、报关单等。这些“文件”必须根据相应的统一标准格式进行编制。EDI 技术报文之所以能被不同的商业伙伴的计算机编制和处理，其关键在于标准。目前，国际上统一的 EDI 技术报文标准是 UN/EDI 技术 FACT。

2）物流 EDI 系统的功能与特点，及使用和实施的条件

（1）基本功能。物流 EDI 系统的主要功能是提供报文转换。不同类型的企业对报

文的要求是不一样的。

物流公司的 EDI 功能：生成并传给供应商采购进货单；生成并传给供应商退货单；生成并传给供应商询价单；接受并打印供应商传来的报价单。

供应商的 EDI 功能要求：接收并使用客户传来的采购进货单；接收并使用客户传来的退货单；接收并打印客户传来的询价单；生成报价并传送给客户；生成出货单并传送给物流公司。

运输商的 EDI 功能需求：生成托运单并传送给运输商；接收并使用托运人传来的托运单；生成出货单并传给物流公司；接收并使用客户传来的除货单。

（2）EDI 的特点。物流 EDI 最大的特点就是利用计算机与通信网络来完成标准格式的数据传输，不需要人为的数据重复输入。由于报文结构与报文含义有公共的标准，交易双方所往来的数据能够由对方的计算机系统识别与处理，因此大幅度提高了数据传输与处理的效率。

使用 EDI 特点表现如下：取代纸面贸易，降低成本，获得竞争优势；减少重复录入，信息传递快、可靠性强，增加贸易机会；缩短付款时间，有效加快资金周转；提供更快的决策支持系统；有助于改善贸易各方的关系，与贸易伙伴建立更快、更密切的联系；可把人为耽搁因素减少到最低程度，在最短时间内完成贸易过程；提高办公效率，改进服务质量和服务水平；提高文件的处理速度，简化中间环节，使内部运作过程更合理。

（3）实施 EDI 系统需要具备的条件包括：计算机及相关的硬件设备；通信设备；有 EDI 的作业软件、翻译软件和增值网络公司提供 EDI 服务。

（4）使用物流 EDI 的三个前提条件包括：物流企业和供应商、零售商都拥有 EDI 信息系统；物流企业和供应商、零售商都有计算机化的会计记录；物流企业和供应商、零售商之间建立电子数据交换的伙伴关系。

2. 全球 EDI 技术标准

EDI 标准是电子数据交换的共同标准，可以使各组织之间的不同文件格式，通过共同的标准实现彼此之间文件交换的目的。

联合国行政、商业及远程电子数据交换委员会（UN/EDIFACT）指定了世界通用的 EDI 标准。中国 EDIFACT 委员会成立于 1991 年，到 1996 年已完成对 EDIFACT 标准的研究与制定工作，并通过国家标准监督局批准正式执行。

1）EDI 技术标准发展

早期的 EDI 技术使用的大都是各处的行业标准，不能进行跨行业 EDI 技术互联，严重影响了 EDI 技术的效益，阻碍了全球 EDI 技术的发展。例如，美国就存在汽车工业的 AIAG 标准、零售业的 UCS 标准、货栈和冷冻食品储存业的 WINS 标准等；日本有连锁店协会的 JCQ 行业标准、全国银行协会的 Aengin 标准和电子工业协会的 EIAT 标准等。

1968 年，美国运输数据协调委员会（TDCC）首先在铁路系统使用 EDI 技术．并提出用于运输业的报文和通信结构方面的标准。

1970年，英国贸易工业部（DTI）成立了简化国际贸易程序组织（XIT-PRO），负责简化进/出口程序并着手起草文件。

1978年，美国会计研究基金会（ACRF）和TDCC联合成立一个委员会负责开发事务处理和信息的数据互换。

1980年，美国国家标准化协会成立了X.12鉴定标准委员会（ASCX.12），下设十个分委员会，负责开发和制定美国EDI技术通用标准。

1981年，联合国欧洲经济委员会第四工作组推出了贸易数据元目录TDED和贸易数据交换指南GT-DI。

1985年，ANSI提出X.12系列标准，推广应用于北美地区。

1986年，ANSI与欧洲标准协会、英国EDI技术标准组织等单位共同协调全球EDI技术标准。

1986年，WP4正式提出《用于行政管理、商业和运输的电子数据互换》，即EDI技术FACT标准。

1986年，EXO/TCI54分别通过UN/TDED以及UN/EDI技术FACT，即7372—86《贸易数据元目录》。

1987年，ISO正式通过《用于行政管理、商业和运输的EDI技术应用语法规则》，即ISO 9735—87。

2）EDI的两个主要标准FACT和ANSI X.12标准

目前，在EDI技术标准上，国际上最著名的是联合国欧洲经济委员会下属第四工作组（WP4）于1986年制定的《用于行政管管理、商业和运输的电子数据交换》标准——EDI技术FACT（electronic data interchange for administration，commerce and transport）标准。EDI技术FACT已被国际标准化组织接收为国际标准，编号为ISO 9735。同时还有广泛应用于北美地区的，由美国国家标准化协会X.12鉴定委员会（AXCS.12）于1985年制定的ANSI X.12标准。

欧洲使用EDI技术FACT标准的情况是：1991年，欧洲汽车业、化工业、电子业和石油天然气业已全部采用BDI技术FAU。此外，建筑、保险等行业也宣布将放弃其行业标准，转而采用EDI技术FACT。北美则使用ANSE X.12，X.12已遍及北美各行业，已有100多个数据交易集。

亚太地区使用EDI技术标准的情况是：澳大利亚、新西兰、新加坡、中国香港主要采用EDI技术FACT标准；韩国采用EDI技术ANSE X.12标准；而日本和中国台湾主要采用EDI技术N/A标准。

3. EDI系统的组成

数据标准、EDI软件及硬件与通信网络是构成EDI系统的三要素。

1）数据标准

EDI数据标准有三个要素：标准报文、数据元素和数据段。

标准报文可分为三个部分：首部、详细情况和摘要部分。一份公司格式的商业单据必须转换成一份EDI标准报文才能进行信息交换。

数据元素可分为基本数据元素和复合数据元素。基本数据元素是基本信息单元，用于表示某些有特定含义的信息，相当于自然语言中的“字”。复合数据元素是由一组基本数据元素组成，相当于自然语言中的“词”。

数据段是标准报文中的一个信息行，由逻辑相关的数据元素构成，这些数据元素在数据段中有固定形式、定义和顺序。

2）EDI 软件及硬件

实现 EDI 需要配备相应的 EDI 软件，包括转换软件、翻译软件和通信软件。

转换软件执行转换功能，可以帮助用户将原有计算机系统的文件，转换成翻译软件能够理解的平面文件（flat file），或是将从翻译软件接收来的平面文件转换成原计算机系统中的文件。

翻译功能是 EDI 软件的一项功能，翻译软件把平面文件翻译成 EDI 标准报文，或将接收到的 EDI 标准报文翻译成平面文件，再由通信软件进行传递。

EDI 标准报文的实际传递是由通信软件控制的，将 EDI 标准格式的文件外层加上通信信封（envelop），再送到 EDI 系统交换中心的邮箱（mailbox），或在 EDI 系统交换中心内将接收到的文件取回。

EDI 所需的硬件设备大致计算机、调制解调器及通信线路等。

目前所使用的计算机，包括 PC、工作站、小型机、主机等。使用 EDI 来进行电子数据交换，需通过通信网络。目前采用电话网络进行通信是很普遍的方法，因此 Modem 是必备的硬件设备，并且应根据实际需求决定选择 Modem 的功能与传输速度。通信线路一般最常用的是电话线路，如果传输时效及资料传输量上有较高要求，可以考虑租用专线（leased line）。

3）通信网络

通信网络是实现 EDI 的手段。EDI 的通信方式主要有五种：点对点连接，第三方网络，Internet，Intranet，EDI 技术到传真/传真到 EDI 技术。应用 EDI 很重要的一步是选择 EDI 的通信方式。一般情况下，企业为了和它们的贸易伙伴进行商业活动，往往要选择贸易伙伴所采用的 EDI 通信方式。下面从一些影响通信方式的主要因素对以上五种通信方式进行比较，如表 9-2 所示。

表 9-2　EDI 五种通信方式进行比较

特点 \ 方式	点对点	第三方网络	Internet	Intranet	EDI 到传真/传真到 EDI
数据安全性	低	高	低	高	低
服务范围	区域	区域/全球	全球	区域	区域
贸易伙伴数量	有限	无限	无限	有限	无限
应用和维护的难易度	低	高	低	低	低
专业水平	高	低	低	低	低
高级操作表	需要	不需要	不需要	不需要	需要
成本	高		低	较低	较高

（1）点对点连接。这种方式的使用者把商业文件信息转化为预定的格式，并把它们传输到公共电话网上。接收方在约定的时间进入电话网系统取回传递给他们的信息，之后将数据翻译为一般的商业格式。一般来说，当使用这种通信方式和外界进行交换信息时，由于受到私有文件格式的限制，它只能在企业内部或合作伙伴间进行贸易活动。同时，它的信息安全性、贸易伙伴数量等也受到本身技术方面的限制。所以，仅有少数一些公司采用这种和外界交换信息的手段。使用者可以不受服务区域的限制来进行贸易活动，而且传输数据的费用也仅是普通电话费。

（2）第三方网络。新的 EDI 技术贸易伙伴很少采用点对点的直接通信方式，而是使用第三方增值网络（value added net-work，VAN）EDI 技术，VAN 管理所有连接到 VAN 的商业伙伴。发送信息的公司把数据传到 VAN 的邮箱中，要得到信息的公司在它们方便的时候访问 VAN，取回信息。VAN 也提供数据安全保护、不同格式和标准的文件间转换，以及与其他网络连接等功能。VAN 也存在一些缺点，如使用的费用很高；不同 VAN 之间如没有连接，使用 VAN 的企业不能和使用另一个 VAN 企业进行贸易活功等。

（3）Internet。Internet 具有为商业提供无限、高效、经济的接触新贸易伙伴和顾客的潜力，因此，它在 EDI 方面的应用增长很快。在 Internet 上进行 EDI 通信的主要工作模式是由 EDI 技术服务提供商提供的。企业可以通过商业网络浏览器获得这项服务。在网络浏览器界面中，企业可以用超文本链接标记语言格式写好信息，之后发给合作者，在发送开始时，Internet 上的 EDI 技术服务系统会先把信息转化为标准的 EDI 技术格式，然后再继续发送。这种方式的主要缺点是安全性问题和通信带宽受到限制。

（4）Intranet。目前，Intranet 方式的使用主要是促进企业内部大量的通信和信息交换，Intranet 不仅速度比传真快，而且作为一个交换信息的网络，它也比开放的 Internet 更具有数据安全性。Intranet 上也提供和 Internet 相同的 EDI 技术服务，数据在 Intranet 上的传播过程和 Internet 相同。对于小企业来说，采用 Intranet 这种 EDI 技术的通信方式来进行电子贸易对它们更具有吸引力，因为使用网络浏览器软件和基于 TCP/IP 的链接比采用完全的集成 EDI 技术解决方案要廉价许多。

（5）EDI 技术到传真/传真到 EDI 技术。EDI 技术服务提供者也提供将 EDI 技术格式转化为传真的服务，而且这种 EDI 技术到传真和传真到 EDI 技术的转换服务不需要昂贵的软件就能实现 EDI 技术的交流，使用者只需要一台传真机来发送（或接收）和顾客（或供应商）进行的 EDI 技术文件交流信息。当交易双方中一方是一个大公司而另一方是一个很小的公司，且交易量并不很大时，这种方式很值得推荐。但从传真技术的本身属性方面来看，它有一些固有的问题，比如光滑纸打印和传输通知仅在某些传真机上是可以的，因此，发送方可能无法确认接收方是否接收到了商业文件。此外，传真信息需要可能在六个月内自动消失，很难进行正确的审计复核。最重要的一点是，传真信息需要重新输入到计算机中，而重新输入不仅费事、费时，而且不可避免地会出现错误。

4. EDI在物流领域中的应用

1）物流公司的EDI应用

物流公司是供应商与客户之间的桥梁，对调节产品供需、缩短流通渠道、解决不经济的流通规模及降低流通成本有积极的作用。

配送中心引入EDI传输数据，则可以低成本引入出货单的接收。引入EDI改善作业流程，可依次引入各单证，并与企业内部信息系统集成，逐步改善接单、配送、催款的作业流程。除数据传输及改善作业流程外，企业还可以以EDI为工具进行企业再造。

（1）应用EDI出单。对物流公司来说，出货单是客户发出的出货指示。物流公司引入EDI出货单后可与自己的拣货系统集成，生成拣货单，这样就可以加快内部作业速度，缩短配货时间；在出货完成后，可将出货结果用EDI通知客户，使客户及时知道出货情况，也可尽快处理缺货情况。

（2）应用EDI催款对账单。对于每月的出货配送业务，物流公司可引入EDI催款对账单，开发对账系统，并与出货配送系统集成来生成对账单，从而减轻财务部门每月的对账工作量，降低对账的错误率和减少业务部门的催款人力。

2）制造商的EDI应用

制造商与其交易伙伴间的商业行为大致可分为接单、出货、催款及收款业务，其间往来的单据包括采购进货单、出货单、催款对账单及付款凭证等。

企业引入EDI是为数据传输时，可选择以低成本的方式引入采购进货单，接收客户传来的EDI订购单报文，并将其转换成企业内部的订单形式，其优点是：

（1）不需要为配合不同供应商而使用不同的电子订货系统。

（2）不需重新输入订单数据，节省人力和时间，同时减少人为错误。

如果应用EDI的目的是为改善业务流程，可以同客户合作依次引入采购进货单、出货单及催款对账单，并与企业内部的信息系统集成，逐渐改善接单、出货、对账及收款作业。

（1）引入EDI采购进货单。采购进货是整个交易流程的开始，接到EDI订单就不需要重新输入，减少订单输入的同时保证了数据的正确性，从而节省核查订单的人力，降低核查的错误率；与库存系统、拣货系统集成，可以自动生成拣货单，加快拣货与出货速度，提高服务质量。

（2）引入EDI出货单。在出货前实现用EDI发送出货单，通知客户出货的货品及数量，以便客户先打印验货单并安排仓位，从而加快验收速度，节省双方交货、收货的时间；EDI出货单也可供客户与内部订购数据进行比较，缩短客户验收后人工确认计算机数据的时间，降低以后对账的难度；客户可用出货单验货，使出货单成为日后双方催款对账的凭证。

（3）引入EDI催货单。引入催款对账单，开发对账系统，并与出货系统集成，减轻财务部门每月对账的工作量，降低对账错误率，以及业务部门催款的人力和时间。

（4）引入EDI转账系统。实现了与客户的对账系统后，可考虑引入银行的EDI转账系统，由银行直接接收EDI汇款再转入制造商的账户内，这样可加快收款作业，提高资金使用的效率。转账系统与对账系统、会计系统集成后，除实现自动转账外，还可将后续的会计作业自动化，节省人力。

3）批发商的 EDI 应用

批发商根据其交易特性，其业务主要包括向客户提供产品和向生产厂商采购商品。

如果是为了数据传输而引入 EDI，可选择低成本方式，根据交易对象的性质，引入 EDI 采购进货单。

可引入 EDI 采购进货单的传送，将采购进货单转换成 EDI 报文传给供应商，其优点是：不需要为配合不同厂商而使用不同的电子订购系统，使厂商提早收到订单，及时处理，加快送货速度。

可引入 EDI 采购进货单的接收，接收客户传送过来的 EDI 采购进货单报文，将其转换成企业内部用的订单，其优点是：不需要为配合不同客户而使用不同的电子订货系统，不需重新输入订单数据，节省人力和时间，同时减少人为错误。

若为改善作业流程而引入 EDI，可引入各项单证，并与企业内部信息系统集成，逐步改善接单、出货、催款的作业流程，或订购、验收、对账、付款的作业流程。

（1）对旨在改善订购、验收、对账、付款流程的企业来说，可依次引入采购进货单、验收单、催款对账单及付款明细表，并与企业内部的订购、验收、对账及转账系统集成，其做法与前述零售商的做法类似。

（2）对旨在改善接单、出货、催款流程的企业来说，可依次引入采购进货单、出货单及催款对账单，并与企业内部的接单、出货及催款系统集成，其做法与前述制造商的做法类似。

4）运输商的 EDI 应用

运输商以其强大的运输工具和遍布各地的营业网点而在流通业中扮演了重要的角色。

若为数据传输而引入 EDI，可选择低成本方式引入托运单，接收托运人传来的 EDI 托运单报文，将其转换成企业内部的托运单格式，其优点是：

（1）事先得知托运货物的详情，包括箱数、重量等，以便调配车辆。

（2）不需重新输入托运单数据，节省人力和时间，减少人为错误。

若引入 EDI 是为改善作业流程，可逐步引入各项单证，并与企业内部信息系统集成，逐步改善托运、收货、回报、对账、收款等作业流程。

（1）托运收货作业。事先得知托运货物的详情，可调配车辆前往收货。托运人传来的 EDI 托运数据可与发送系统集成，自动生成发送明细单。

（2）送货回报作业。托运数据可与送货的回报作业集成，将送货结果及早回报给托运人，提高客户服务质量。此外，对已完成送货的交易，也可回报运费，供客户提早核对。

（3）对账作业。可用回报作业通知每笔托运交易的运费，同时运用 EDI 催款对账单向客户催款。

（4）收款作业。对托运量大且频繁的托运客户，可与其建立 EDI 转账作业，通过银行进行 EDI 转账。

5．EDI 的发展

Internet 环境下，本体化 EDI 将更加方便数据和不同文档资料及语言的传输，语义 Web 技术和 Web2.0 结合将使本体化 EDI 成为可能。

思考练习题九

(1) 什么是物流电子商务？实施物流电子商务有何作用？
(2) 实施物流电子商务有哪些条件？
(3) 物流电子商务有哪些基本功能？
(4) 常见的物流电子商务有哪些模式？你如何为物流企业选择电子商务模式？
(5) 物流电子商务有哪些关键问题？
(6) 如何评价企业的物流电子商务？
(7) EDI 在物流电子商务中有何作用？常见的 EDI 的标准有哪些？
(8) EDI 由哪几部分组成？

第 10 章　典型的物流管理信息系统

本章主要介绍一些比较典型的物流管理信息系统，这些系统并没有按照一个维度来分类，其目的是提供不同的一些案例让我们对一些典型的物流管理信息系统有所了解和认识。下面主要介绍快递、报关、水路、陆路、配送和 3PLS 物流管理信息系统。

10.1　快递管理信息系统

快递又称速递、快件或快运，是物流的一种形态。快递物流的核心要素是一种门到门的个性化物流服务，更重视速度。为了“快”，它必须综合运用各种运输方式（以航空为主，配合地面公路中转、派送），辅以网络化的区域机构。快递主要面向散单，其特点是物流数量相对较小、品种多、经过的中间环节多。

快递管理信息系统（express management information system）是以快递业务的运单为核心，从收件到派送回单的整个流程、财务结算（成本、代理结算、应收应负、收款、审核等）、客户服务（网上查单、电话语音服务、个性化定制服务等）等的信息化处理。

10.1.1　系统的目标

快递公司为了扩大自己的业务范围，对未来提供预测，为决策提供更进一步的科学依据，需要实现无纸化办公及加强供应链管理和实现数字化管理，以便更好地管理公司内部的人流、物流、资金流和来自各方面的信息流等要素。快递管理信息系统的主要目标如下：

1. 能够实现业务的动态性和地域的分布性

每一份运单的状态是实时变化的，从收件开始经历了多次中转、报关、派件、回单、收款等过程。

地域的分布性包括两个含义：一是用户的分布地域具有不确定性；二是快递企业本身的网络架构服务分布式的客户。

2. 能够实现数据的动态监控

快递的任何状态点都需要及时地反映到总部，这样，客户才能及时查询快递到了什么地方，总部也可以实时动态地监控快件状态。

3. 能够提供多样化的服务

考虑到客户不同的要求，快递需要对客户提供全方位的服务，服务包括电话、传真、E-mail、呼叫中心、短信服务、网上查询等。

4. 能够实现物流、资金流、商流和信息流的高度统一

信息流伴随着整个业务的流转过程，控制流是对业务的动态控制。

10.1.2 系统的功能

快递管理信息系统从功能上能够管理日常办公、文件流转、业务单、客户、合作公司信息、报价、应收（应付）账、各种业务流数据分析及资金流数据分析、通信等。系统可采用友好操作界面，并在分析报表时有多种条件、多种形式报表（包括明细和汇结分析）和图形分析。在通信方面利用 Internet，在数据处理上采用大型数据库，数据的容量及运行速度能满足需求。

快递业务的核心是邮件（即快件/运单），所有业务的处理都围绕运单展开。整个系统可以抽象成一条业务主线、两条辅线和两个业务平台，分别是：以运单为中心的核心业务系统，以客户为中心的客户服务系统，以决策为目的领导决策支持系统；两个平台包括办公自动化平台和电子商务平台。快递系统总体功能图如图 10-1 所示。

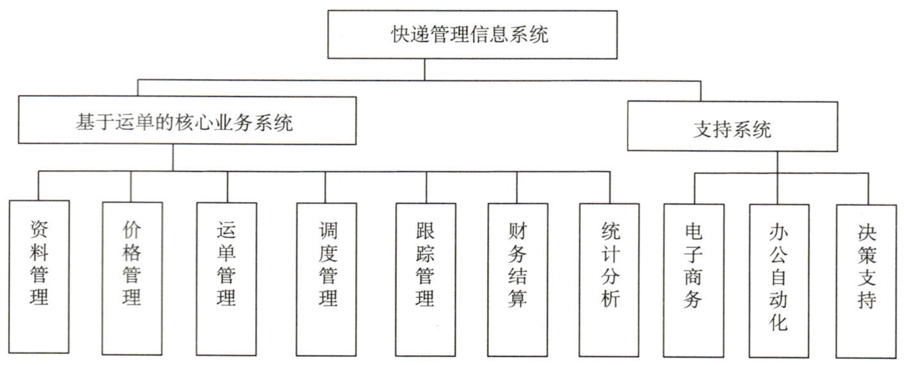

图 10-1 快递管理信息系统

主要功能模块功能说明：

资料管理：主要对客户、代理委托关系、城市、人员信息的管理。

价格管理：对底价及报价的管理。

运单管理：对运单录入及查询管理。

调度管理：安排运单的收/发件、车辆运输、航空飞机的业务管理。

跟踪管理：对运单的状态的跟踪及回单的确认管理。

财务结算：对应收/应付、发票、对账单、收/付款及核销的管理。

统计分析：运费报表、运量统计、运量分析等。

电子商务：基于 Internet 的订单系统和查询系统。

办公自动化：提供收发文、通知会议等办公处理功能。

决策支持：提供多种分析和不同决策过程和不同类型的决策的支持功能。

10.1.3 典型的企业案例

联邦快递公司（http://www.fedex.com）成立于 1971 年，总部设在美国田纳西州（Tennessee）的孟菲斯市（Memphis），拥有全球最庞大的速递空运机队。

联邦快递公司经过近 40 年的发展，已经成为全球快递业的巨头。在 2010 年《财富》全球 500 强企业排行榜中，联邦快递位列第 205 位，营业收入达到 220 亿美元。目前，联邦快递的业务已经遍及全球 215 个国家和地区，拥有超过 666 架货机和大约近 4.45 万辆货车，并且在全球聘用超过 27.5 万名员工和独立承包商，每天平均处理约 500 万件包裹以及超过 600 万磅的货物。

联邦快递是从提供配送服务起家的，现在物流服务已经成为其主要业务之一。联邦快递为各行各业的生产企业提供个性化的物流解决方案，利用其强大的运送网络和卓越的供应链管理，将增值服务渗透到客户业务的诸多环节中，并获得了客户的广泛好评。

联邦快递就是通过电子化物流系统为客户提供优质、快捷的服务。电子化物流就是物流服务实现商务信息流、资金流和物流服务三者的统一，所实现的是物流组织方式、交易方式、管理方式、服务方式的电子化。从物流活动来看，物流服务活动过程本身就是一个商务活动，也包括商务活动的洽谈、签约、支付、履行、结算的各个过程，把这些商务过程进行电子化，就形成了电子化物流系统。

具体来说，联邦快递的电子化物流系统包括以下几个方面：

1. 货运管理系统

联邦快递的拥有一个强大的联邦货运管理系统。用户通过使用这个系统，能够以最有效、最便利的途径享受联邦快递的各种迅速周到的服务。

2. 电子托运工具

为了提高效率，联邦快递还率先推出了迅速便捷的电子托运工具。利用联邦快递独一无二的电子托运工具，客户可以更有效率地准备托运文件，并通过计算机进行货件追踪从而轻松地完成快递工作。不管是在家工作或大型跨国企业服务的客户，联邦快递均可针对不同客户的不同要求，提供最适合客户本人特点的电子托运工具。

通过电子托运工具，客户只要直接通过互联网访问联邦快递网站，即可一步步地完成托运工作。而且，进行在线托运及货件追踪时，客户也不需安装其他软件，使用非常方便。此解决方案也可通过发电子邮件的方式，事先通知三个其他相关人士该货件的托运信息。当货件抵达时，此系统还会自动发出电子邮件通知客户及其他三位人士，以便让他们更快地取得货件，节省时间，提高效率。

3. 电子快递助理

联邦快递的电子快递助理（标准版）是联邦快递为亚太区客户量身定制的托运应用软件，适用于目前广泛使用的 Windows 操作系统，是电子托运工具的亚太版。这套最新的软件能帮助客户以简单步骤快捷地准备托运文件。新用户也可利用软件内的操作示范，在十分钟内学会使用。另外，一些先进功能，包括电子邮件通知、托运记录、预先计划及弹性化的报告书，可使客户更有计划和自动地完成快递工作，从而大大地节省时间。

4. 全球货运时测系统

联邦快递推出的全新网上全球货运时测（GTT）系统，可以协助客户查询货件的运送时间，以选择最合适的货运方式。客户只需登录联邦快递网站即可使用 GTT 系统，此系统能够自动计算出货件来往联邦快递网络内两个或两个以上地点所需的运送时间。

5. 中小企业物流电子化方案

针对中小企业，联邦快递利用自身强大的网站为其提供电子化物流解决方案。联邦快递针对中小企业的电子化物流解决方案包括“全球贸易管理系统”、“电子商务构筑系统”、“小企业中心”、“我的联邦快递”等服务。

“全球贸易管理系统”可自动免费提供国际货运所需文件及应遵守的规章。这项服务可以为中小企业提供必要的指导，使其了解国际运输中所需要的所有单据、文件，并提前做好准备，以免到时候浪费时间，降低效率。

“电子商务构筑系统”可让客户利用联邦快递的网络能力建立虚拟商务空间，为中小企业开展电子商务提供一个良好的平台。

“小企业中心”可为小企业提供多种行业信息及处理工具，从而为中小企业互相交流提供了平台和支持系统。

“我的联邦快递”可让用户定制自己的浏览方式及与联邦快递网站交流的方式，从而增进了客户和联邦快递之间的沟通和联系，使联邦快递能够更加迅速地了解到客户的最新需求。

10.2 进出口报关与国际货运代理信息系统

进出口报关与国际货运代理信息系统实际是由两个子系统组成的，包括进出口企业报关系统和国际货运代理信息系统。

进出口企业报关业务主要包括：申报—查验—征税—放行。申报是出口货物的发货人根据出口合同的规定，向海关办理报关手续或委托专业报关公司办理报关手续。查验是指海关在接受报关单位的申报并以经审核的申报单位为依据，通过对出口货物进行实际的核查，以确定报关单位申报的内容是否与实际进出口的货物相符的一种监管方式。征税是根据《中华人民共和国海关法》（以下简称《海关法》）的有关规定，进出口的货物除国家另有规定外，均应征收关税，关税由海关依照海关进出口税征收。放行是指对于一般出口货物在发货人或其代理人如实向海关申报，并如数缴纳应缴税款和有关费用后，海关在出口装货单上盖“海关放行章”，出口货物的发货人凭此装船起运出境。

进出口报关系统是针对企业进出口业务及海关监管要求而设计的一套完整的、系列化的企业端进出口报关解决方案。系统以企业内部进出口业务管理为核心，实现从合同登记、进出口报关到合同核销的全流程管理，为企业的报关行为、业务管理和决策分析提供科学的依据。

国际货运代理（international freight forwarder，IFF ）是对跨国界的国际贸易货物运输安排或受委托人委托完成运输任务的企业，即贸易双方在成交一宗货物买卖后，按买卖双方约定的运载工具、运载时间和贸易条款、运输条款，由买卖的一方向货运代理托运货物。国际货运代理按托运人的要求，根据货物的数量、重量、包装、体积和性质向承运人订舱，并做好货物和单证的交接工作。

国际货运代理不仅起“中间人”的桥梁作用，还起承担人作用。1995年，对外贸易经济合作部公布的《中华人民共和国国际货物运输代理业务管理规定》第2条中将国际货运代理的概念改为：国际货物运输代理，是指接受进出口货物收货人、发货人的委托，以委托人的名义或自己的名义，为委托人办理国际货物运输及相关业务并收取服务报酬的行业。具有现代意义的国际货运代理已向国际多式联运经营人方向发展，其主要业务范围包括接受托运人托运、订舱配载、租船、报关报验、仓运、堆场等，并具备大型装卸机械和拥有相当的运载工具，承担全程或某区域运输。

国际货运代理管理信息系统（international freight forwarder management information system，IFFMIS），是对托运单、操作（订舱、派车、报关）、提单、财务结算、EDI的信息数据进行分析和处理的管理信息系统。

10.2.1　系统的目标

1. 进出口报关子系统的目标

（1）能够规范报关业务流程：以OA工作流为主线，以报务业务为驱动，以角色和权限控制为保障来规范企业的报关管理，提高员工的工作效率，节约企业报关费用，提高企业通关速度。

（2）能够进行数据集中管理：统一集中的数据管理是整个系统的基础，报关业务系统的业务数据包括料件数据、成品数据、料耗关系数据、手册数据、进出口报关单数据、转厂数据。

（3）能够对海关商品和企业料件维护：海关方便和灵活地对商品和企业料件维护。

（4）能够对手册核销提示和检查：对于可以核销的手册、不能核销的手册等给出提示，支持手工和自动两种数据录入方式。报关子系统中的料件、成品、料耗关系等数据可以通过手工录入，也可以从企业MIS自动提取。

（5）同库存数据的自动比对：报关子系统同库存核对时，系统自动提供开放接口连接，提取库存数据，从而实现自动比对。

（6）能够多种报表统计：提供手册进口料件明细、出口成品明细、进口余量、出口余量、手册核销平衡表、应收、应付、手册余量同库存余量统计报表。

2. 国际货运代理子系统的目标

1）能够实现规范化的操作流程

进行规范化的操作流程，内部信息能够在一定范围内共享；提供详细准确的业务数据分析报告，及时为客户提供高水平的咨询服务。

2）能够自动进行数据采集

系统除了可以采用代码帮助输入方式和资料复制功能外，还能够采用自动数据采集和处理。通过使用代码帮助输入方法，至少可以节约60%输入出口明细单或提单的时间。灵活的出口明细单和提单复制功能，能使输入人员更方便地完成明细单或提单的输入。

（1）输入出口明细单和订舱资料后，自动生成场站收据、提单、预配清单。

（2）输入每票货的装箱时间地点后，自动生成每天的装箱计划表。

（3）输入实际装箱资料后，自动生成出运表。

（4）科学的费用管理：系统可以让用户自己定义客户费用计算方案，系统根据预先定义好的方案能自动计算费用，费用输入后，自动打印发票，生成未达账报表和未付账报表。

（5）传真和 E-mail 的自动完成功能：能够将提单或其他单据送到传真服务器上，自动分发传真，显示传真状态，传真还可以在夜间无人值守的情况下自动发送，节约通信费用；自动发送邮件功能可以实现任意报表（如托单、提单等）的发送，可以节约宝贵的时间。

（6）提示和全程监控的功能：操作可以每日提示、每周提示，提高了服务水平，能对单证的流转实现全程监控。

3）能在安全的权限管理下对往来账进行控制管理

输入费用后，经审核费用，软件自动调出全部往来单位的未达账清单和未付账清单，或某个往来单位的未达账清单和未付账清单。

（1）费用计算：输入船名、航次后，系统能列出这个航次的所有票货，根据列出的业务资料可以采用用户计算费用输入功能并自动计算费用。

（2）费用审核：费用计算后，审核人员输入船名、航次后，系统列出这个航次的所有票货，以及每票货的往来费用。审核人员可以对照业务资料和列出的费用，检查是否正确。审核后的费用不能再修改。

（3）应付款处理：船公司、卡车队或其他单位将账单送来时，财务人员只要输入公司代码和日期或船名、航次，系统自动列出应付该公司的账单，财务人员只需将发票上的金额和系统列出的资料进行比较，并在列出的费用上打钩确认。财务人员准备付款时，输入付款申请，经管理人员审核后能自动付款。

（4）应收款处理：系统可以根据欠款单位打出某个单位的欠款，或根据揽货人打出某个揽货人的所有客户的欠款，或一次打出所有公司的欠款，催账人员还可以根据这些未达账清单向客户催款。收到应收款后，财务人员在往来账上标记。

（5）成本利润表：随时可以看任何时间的成本利润表，输入日期范围后，列出这段时间内每票货的业务资料、收入、成本及利润。

（6）方便的查询功能：可以随时按船名、航次或运输编号或提单号查看任一票货的业务资料、应收应付、实收实付，方便快捷。

4）与其他软件无缝连接

能够与不同财务系统、EDI 无缝连接；能提供与物流系统中的车队管理、仓储管理、分销配送等的衔接；能够与企业自身的电子商务平台实现信息的实时互动，实现货物动态跟踪，提高客户服务的即时性和满意度。

5）能够完全无纸化办公

货代公司实现无纸化办公后，出口明细单输入后，除了给客户的提单和发票需要打印外，其他单据（如计算费用的单据）、报表都不需要打印，管理人员打开计算机就能看到最新的报表和资料。无论是业务资料还是费用情况，系统都能提供查询功能，当客户来查询某票货的处理进度或对费用有所疑问时，系统立即可以查出详细的资料回答客户。

10.2.2　系统的功能

1. 进出口系统的功能

进出口报关系统是针对加工贸易企业进出口业务及海关监管要求而设计的一套完整的、系列化的企业端进出口报关解决方案。企业进出口报关信息系统的功能模块如图 10-2 所示。

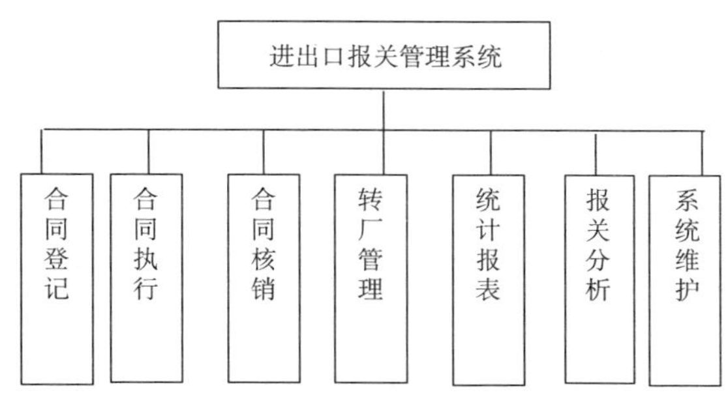

图 10-2　进出口报关系统功能模块图

系统以企业内部进出口业务管理为核心，实现从合同登记、进出口报关到合同核销的全流程管理，为企业的报关行为、业务管理和决策分析提供科学的依据。

系统依据企业内部物流的原始凭证，建立起内部物流账与进出口报关数据的关联，企业可以随时比对合同执行与工厂实际物流的差异，确保账物相符。

系统不仅可接企业内部物流系统，保持与内部物流数据的一致，真正实现生产、进出口业务以及与海关和外经贸联网申报的一体化管理，而且可连海关、外经贸数据平台，保持与数据平台的参数和审核逻辑同步。

主要功能模块功能说明：

1）合同登记

合同登记功能能实现新签合同、修改合同、删除合同、转抄、显示合同、合同备案与合同变更运算及管理。

2）合同执行

合同执行功能按新标准（如海关 5.0 版最新填制标准）执行。

（1）合同进口管理：大单进口管理（料件进口、转厂进口、退厂返工）、特殊大单管理（设备进口、保税区仓储合同管理）。

（2）合同出口管理：大单出口管理（成品出口、转厂出口、退料出口、返工复出、余料结转）。

（3）特殊大单管理：设备退港、报海关废料处理、保税区仓储合同管理。

（4）外汇核销单管理：从领单、用单到外管局交单、日接单、银行结汇等全面跟踪与管理。

3）合同核销

核销计算、合同核销基本情况统计、企业自用核销表、海关核销表、核销确认。

4）转厂管理

客户商品维护管理、收货单、送货单管理、订单管理、送货、收货数与海关转厂数差额统计管理等。

5）统计报表

进口料件、出口成品情况统计表、进口料件、出口成品报关核销表、料件、成品执行进度总表、明细表等。

6）报关分析

可随时查询一本或多本合同，当前或某一时间段料件进口、成品出口运作情况，也可以自定义查询条件，查询工厂管理所需的各种资料。

7）系统维护

海关报关凭证设定、客户公司名称设定、用户基本情况与权限设定、海关其他基本资料设定（系统自带）等。

2. 国际货代系统的总体功能

国际货代系统的总体功能模块如图 10-3 所示。

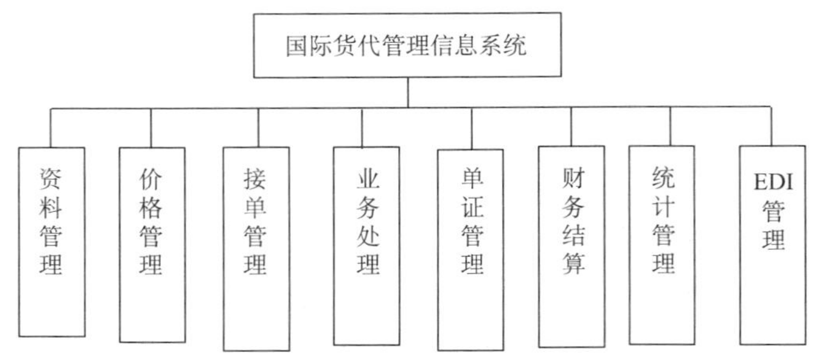

图 10-3 国际货运代理系统功能模块图

主要功能模块功能说明：

（1）资料管理：对多项标准代码项目的维护管理，如客户、国家、港口、运输方式、运输条款等基本资料信息，自动提供标准的代码项目（基本的 40 多项）。

（2）价格管理：对合作公司的底价管理及对客户采用多式联运的对外报价管理。

（3）接单管理：对托运单信息的维护管理，确定业务模式（如出口或进口）及确定服务条款和增值服务内容，系统可根据对外报价自动生成应收/应付费用并确认。

（4）业务处理：船公司订舱管理、委托派车（通知派车、装车、提交柜、签收）、委托报关（通知报关、报关确认）、委托仓储（通知入仓—收货确认—库存报告），并自动生成各种单证（委托派车单、委托报关单、装货通知单等）。

（5）单证管理：主要是提单的维护管理。

（6）财务结算：对应收/应付账、对账单和发票（D/N、C/N）、结算单（收/付款）、财务核销的管理。

（7）统计分析：对业绩、经营的统计分析报告。

（8）EDI：通过 EDI 向船公司、海关等合作公司进行数据交换。

10.2.3　典型的企业案例

下面以深圳市汇驿科技有限公司（以下简称汇驿科技，http：//www.all56.com/list0.php? docid＝9331）的软件产品——货代管理信息系统及解决方案为例进行介绍。其产品解决方案重点为船东、船代、货代、第三方物流企业、运输企业、仓储企业等提供服务，并延伸至货主企业的物流部门（包括制造业、供应商和零售商等），提供面向企业业务全过程的供应链管理的纵向平台和面向企业一体化运作的资源整合的横向平台。

汇驿科技的产品解决方案的系统套件分别为国际货运管理系统、报关管理系统、集装箱运输管理系统。这三个系统是围绕货代业务而设计的，其主要功能就是实现货运代理的管理、进出口货物报关管理以及集装箱设计。下面介绍各系统功能结构及其组成。

1. 该系统的体系结构

该系统采用 C/S 模式结构，后台使用大型数据库，在局域网环境中可以较好地应用。该系统的操作流程及系统结构如图 10-4 所示。

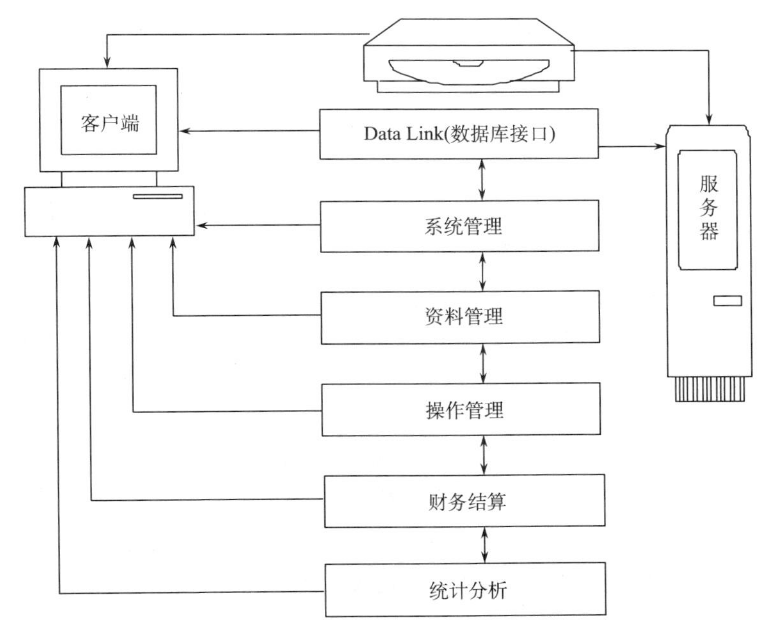

图 10-4　系统操作流程及体系结构

2. 国际货运管理系统的功能

国际货运管理系统按系统逻辑功能模块可以分为用户管理、资料管理、客户服务、海运操作、空运操作、财务结算、统计分析，其结构如图 10-5 所示。国际货运管理系统七个主要模块的功能说明如表 10-1 所示。

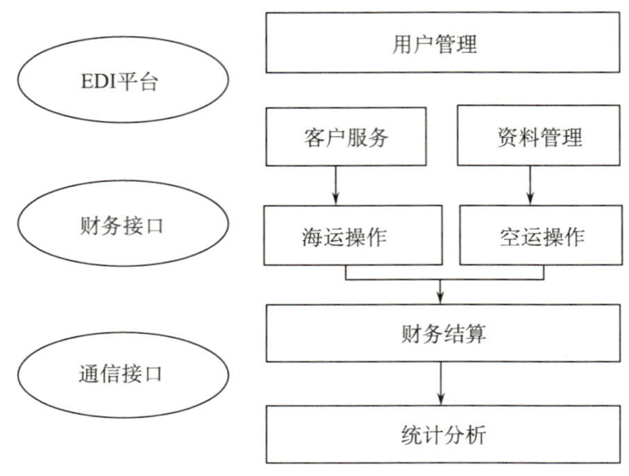

图 10-5 国际货运管理系统结构

表 10-1 国际货运管理系统的功能概述

功能模块	功能特点
资料管理	系统初始化设定、业务规则、可选数据项、客户详细资料、合作单位详细资料等，该模块为系统的正常运转和其他模块操作提供标准化信息
客户服务	可以查看客户资料、跟踪客户当前状态、制作客户报价单、规划市场计划及记录和处理客户的投诉等
海运操作	海运出口、海运进口以及海运进出口中关联到的陆运服务、仓储服务、报关服务及三检业务等业务功能；可输出各类标准单证；实时反映各类委托的操作状况；提供灵活的业务环境设置功能，提供文件跟踪功能
空运操作	针对空运进出口操作提供订舱、总分运单制作、接货送货委托、出入仓通知、报关（委托/预录入报关单）等功能，可在客户自定义流程、状态的情况下进行全程跟踪，并以各种方式输出操作过程中的各类单证
财务结算	费用维护、单票审核、收付账单制作、货代发票制作、费用核销等操作；查看跟踪文件，进行费用统计；输出各类报表清单；支持应收应付核算管理，包括费用审核、对账、核销、实际收付管理等；提供财务结算监视器功能
统计分析	统计公司的业务、财务情况和业务员的工作业绩等。提供自定义统计与分析，支持“所见即所得”报表输出，输出方式包括直接打印输出、图形化统计结果显示，带格式导出至 HTML 或 Office、Lotus Notes 等
用户管理	提供用户、密码设置，支持角色定义和权限分配

3. 报关业务管理系统功能结构

报关业务管理系统可以分为用户管理、基础资料管理、操作与状态管理、财务结算、统计分析五大功能模块，其组成结构如图 10-6 所示。每个功能模块的特点如表 10-2 所示。

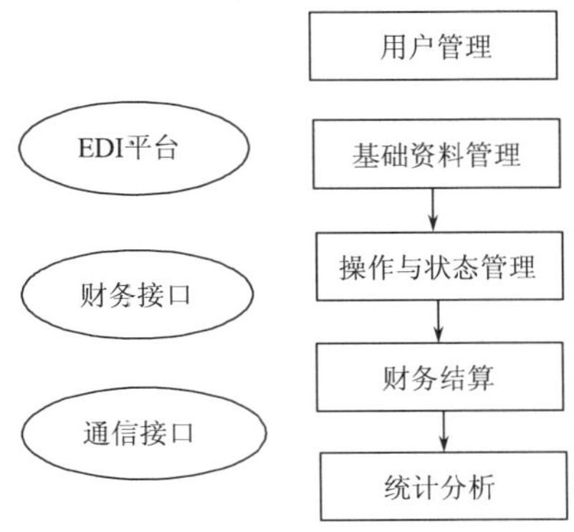

图 10-6　报关业务管理系统功能结构

表 10-2　报关业务管理系统的功能概述

功能模块	功能特点
基础资料管理	系统初始化设定、业务规则、可选数据项客户详细资料、合作单位详细资料等
操作与状态管理	适用于本口岸清关、外口岸转关等各种报关业务，围绕海运进口、海运出口、空运进口、空运出口等业务流程，对公司外部及公司内部流转的各种报关文件的操作与跟踪
财务结算	单票审核、账单管理、发票管理、费用核销、实际收付管理、文件跟踪等子功能，可与专业财务软件实现无缝连接
统计分析	提供自定义统计与分析，支持“所见即所得”的业务、财务报表输出，输出方式包括直接打印输出、图形化统计结果显示，带格式导出至 HTML 或 Office、Lotus Notes 等
用户管理	提供用户、密码设置，支持角色定义和权限分配

4. 集运管理系统功能结构

集运管理系统可以分为用户管理、基础资料管理、车辆管理、操作调度、财务结算、统计分析六大功能模块，其组成结构如图 10-7 所示。在业务上，集运与国际货运、仓储和报关有较强的协作性，通过 BC（business connector），该系统与汇驿科技的其他业务管理应用相结合。集运管理系统六个主要模块的功能特点如表 10-3 所示。

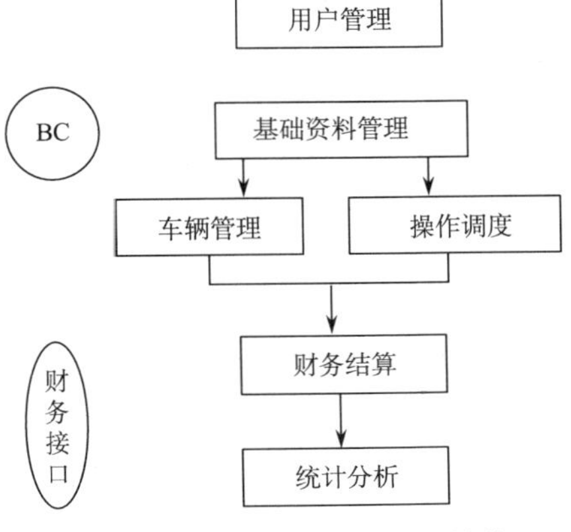

图 10-7　集运管理系统功能结构

表 10-3 集运管理系统功能概述

功能模块	功能特点
基础资料管理	系统初始化设定、业务规则、可选数据项、客户详细资料、合作单位详细资料等
车辆管理	通过对车辆的油耗、配件更换、维修、违章事故等及具相关费用的管理，以及对油费、路桥费及其他相关费用的管理，可以有效监控车辆的运行状态和成本
操作调度	运价成本、报价的管理，业务受理、业务操作调度派车、状态预警、跟踪，应收应付等管理，支持各种操作单证，包括派车单、装箱单、设备交接单等的自定义输出，可接受来自外部的 XML 文件导入
财务结算	可以进行费用维护、单票审核、收付账单制作、货代发票制作、费用核销等操作；同时可以查看跟踪文件，进行费用统计；输出各类报表清单；支持应收应付核算管理，包括费用审核、对账、核销、实际收付管理等，提供财务结算监视器功能
统计分析	统计公司的业务、财务情况和业务员的工作业绩等，帮助公司管理者随时了解公司的各种运作情况，以便做出决策、制定计划；提供自定义统计与分析，支持"所见即所得"报表输出，输出方式包括直接打印输出、图形化统计结果显示、带格式导出至 HTML 或 Office、Lotus Notes 等
用户管理	提供用户密码设置，支持角色定义和权限分配

10.3 水路运输与码头物流管理信息系统

水路运输通常表现为四种形式：沿海运输、近海运输、远洋运输和内河运输。

水路运输主要优点有：运量大，能够运输数量巨大的货物；通用性较强，客货两宜；越洋运输大宗货品，是发展国际贸易的强大支柱；运输成本低，能以最低的单位运输成本提供最大的货运量，尤其在运输大宗货物或散装货物时，采用专用的船舶运输可以取得更好的技术经济效果，并大大提高劳动生产率。

其缺点有：受自然气象条件因素影响大，由于季节、气候、水位等的影响，水运受制的程度大，因而一年中中断运输的时间较长；营运范围受到限制；航行风险大；运送速度慢，准时性差；在途中的货物多，会增加货主的流动资金占有量，经营风险增加；搬运成本与装卸费用高，装卸作业量最大。

水运主要承担以下作业任务：承担大批量货物，特别是集装箱运输；承担原料半成品等散货运输；承担距离远、运量大、运货负担能力相对较低的货运任务。

海运出口运输工作，在以 CIF 或 CFR 条件成交的情况下，由卖方安排运输，其主要业务流程如下：

（1）审核信用证中的装运条款。为使出运工作顺利进行，在收到信用证后，必须审核有关的货运条款，如装运期、结汇期、装运港、目的港，是否能转运或分批装运以及是否指定船公司、船名、船籍和船级等，有的要求提供各种证明，如航线证明书、船籍证等。

（2）备货报验。根据出口成交合同及信用证中有关货物的品种、规格、数量、包装等的规定，按时、按质、按量地准备好应交的出口货物，并做好申请报验和领证工作。在我国，凡列入商检机构规定的“种类表”中的商品以及根据信用证、贸易合同规定由商检机构出具证书的商品，均需在出口报关前，填写“出口检验申请书”申请商检。

（3）托运订舱。编制出口托运单，即向货运代理办理委托订舱手续。货运代理根据货主的具体要求按航线分类整理后，及时向船公司或其代理订舱。货主也可直接向船公司或其代理订舱。当船公司或其代理签出装货单，定舱工作即告完成，就意味着托运人和承运人之间的运输合同已经缔结。

（4）保险。货物订妥舱位后，属卖方保险的，即可办理货物运输险的投保手续。保险金额通常是以发票的 CIF 价加成投保（加成数根据买卖双方约定，如未约定，则一般加 10%投保）。

（5）货物集中港区。当船舶到港装货计划确定后，按照港区进货通知并在规定的期限内，由托运人办妥集运手续，将出口货物及时运至港区集中，等待装船，做到批次清、件数清、标志清。

（6）报关工作。货物集中港区后，把编制好的出口货物报关单连同装货单、发票、商检证、外销合同、外汇核销单等有关单证向海关申报出口，经海关官员查验合格放行，后方可装船。

（7）装船工作。在装船前，理货员代表船方，收集经海关放行的货物装货单和收货单，经过整理后，按照积载图和舱单，分批接货装船。装船过程中，托运人委托的货运代理应有人在现场监装，随时掌握装船进度并处理临时发生的问题。装货完毕，理货组长要与船方大副共同签署收货单，交与托运人。

（8）装货完毕。托运人除向收货人发出装船通知外，即可凭收货单向船公司或其他代理换取已装船提单。

港口码头是物流供应链中的重要环节，是运输的枢纽。港口一般都拥有良好的基础设施（码头、仓库、堆场、后续用地等），是与外部衔接的集疏运通道，以及从事货物装卸、堆存、保管和多式联运的服务场所。现代化的国际港口既是货物海陆联运的枢纽，又是国际商品储存、集散的分拨中心，同时还是贸易、加工业发展的聚集地；未来的港口不只是一个传统的货物装卸、中转地，它将能够成为增值产业和服务的综合物流中心。以港口为基地，可以借助自动化的管理系统，使货物顺畅地从始发地运到目的地，同时又可以将货物储存在此，待价而沽，选择最佳时机投入市场。因此，港口将成为物流重要的缓冲池，是货物储存的战略中心。

集装箱码头信息管理系统依照国际上码头实际操作规范来完成，实现船舶、堆场计划、泊位预排、岸桥顺序、场桥预约、时段分配、箱位调整、作业情况监视和查询等。

10.3.1　系统的目标

1. 水路运输系统的目标

低成本的安全运输，主要目标就是降低物流成本。

2. 码头物流管理系统的目标

（1）提高码头的生产能力：高效率；堆场的充分利用；可造性。

（2）提高码头的生产力：提高操作能力；有效规划泊位利用效率；通过有效分配作业设备，提高人员及设备作业效率。

（3）提高堆场堆存能力：通过作业流程优化设计，提高堆场利用率；通过堆场计划管理场位，实现落箱场位准确、合理；提高闸口的利用率；通过条形码、IC卡应用缩短车辆通过时间；通过简化工作流程提高场内集卡的作业效率；减少设备的故障发生率；合理安排设备工作区域；跟踪管理设备的使用运转情况。

（4）提高服务台办单速度及闸口处理速度：电子EDI数据传送，服务台数据转换；闸口条形码扫描；简捷的集卡作业流程；有效降低集卡作业时间；减少纸张记录，减少数据输入量；快速打印各种作业票据；打印集卡行车路线图。

10.3.2 系统的功能

1. 水路运输系统的功能

水路运输系统的功能模块如图10-8所示。下面对其主要功能模块功能进行说明。

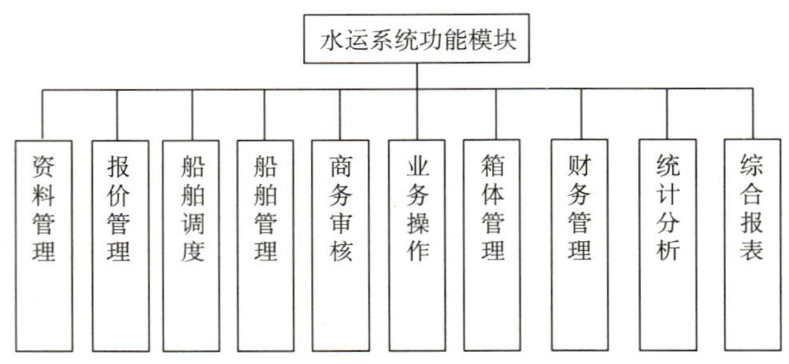

图10-8 水运系统功能模块图

（1）基本资料管理

基本代码管理：区域、船公司区域、国家、省份、港口、码头、计量单位、泊位。

人事资料管理：部门、员工、职务、船员信息。

业务资料管理：报关方式、运输方式、运输条款、提单类型、保险条款。

合作公司类：公司性质、合作公司基本资料、合作公司的资信、协议类型、协议（合同）。

财务类：结算方式、付款方式、货币（汇率）、计费单位、费用项目。

船务类：船舶类型、航线、租船方式、船舶规范、船东资料。

箱体类：箱体类型、箱体尺码、箱体性质。

（2）报价管理：包括底价管理、报价管理。

（3）船舶调度：包括港口柜量测算、历史航线平均箱量、下周船期表制作、配载规则的定义、配载、配载的调整、船期表的调整、配载计划的核销、应收/应付款的录入等。

（4）船舶管理：包括船舶起租、退租记录、船舶动态、船舶供给记录、船舶出租登记、船舶的及时分布图、船舶的证件管理等。

（5）商务审核：包括应收/应付的账目审核、合作公司账单的审核、实收/实付的审核、成本的核算。

（6）业务操作：包括放舱、订舱、派车、报关、提单打印、舱单打印、装卸事实记录。

（7）箱体管理、财务管理：包括箱体管理、财务管理。没有什么特殊要求的，发票形式以驳般运输公司的发票格式为准。

（8）统计分析、综合报表：此部分具体格式项目及各项目的计算方式留待下一步确认，包括已提供的报表、需要新增的报表均在此列，报表的格式及增加新的报表在开发期前的 30 天内均可以修改（新增报表的数据项目必须是数据库有的，或者是可以计算出的项目）。

（9）系统功能：包括编码规则、日志管理、工作计划表、内部信息发送及选择、数据导入导出、EDI 转换。

2. 码头系统的功能

码头系统的功能模块如图 10-9 所示。下面对其主要功能模块功能进行说明。

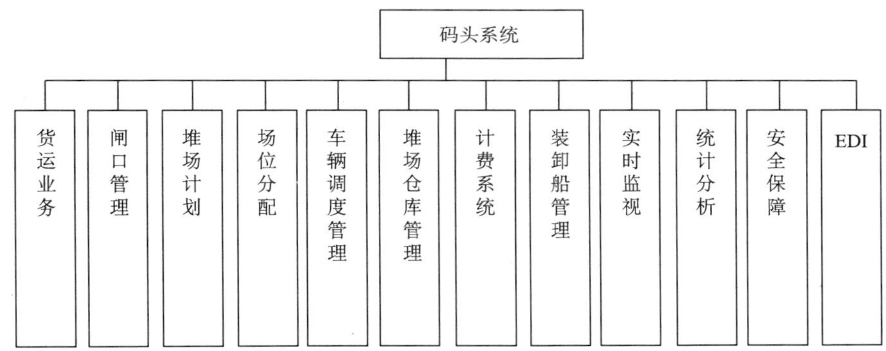

图 10-9 码头系统功能模块图

（1）货运业务：业务单证数据流程化；管理跟踪业务单操作状态；进出口业务分开，业务流程处理，理清业务关系；提高了工作效率。

（2）闸口管理：监控等待时间过长的拖车，控制拖车等待时间；控制码头内部交通流量；计算机系统自动挑选符合客户要求的空箱；自动分配和手工分配堆场位置相结合。

（3）堆场计划和场位分配：图形化堆场计划；灵活多样的堆场计划，有序安排所有箱；自动平衡吊车工作量分配；定义工作区以简化设备跟踪管理；灵活定义工作区的大小及区域数量；外围堆场工作区定义及管理；提供优化的放箱位置，以取得最短的装箱时间。

（4）车队调度和管理：计划管理自有车与外来车；司机、拖卡、拖头的实时监控与调度；及时统计拖头收入及司机拖运费用结算；自动分配与平衡司机拖车情况。

（5）堆场仓库管理：图形化仓库计划；定义堆放区方便货物堆存状况；实时查看仓库货物堆存状况；自动分配货物堆放位置和手工分配相结合。

（6）EDI：提交箱预约的 EDI 交换；集装箱动态信息 EDI 交换；船图 EDI 交换；

自动处理；舱单 EDI 交换；预留多种 EDI 版本。

（7）装卸船管理：图形化的装卸船计划用户界面；实时查看船舶和积载情况；图形化的船吊作业线安排。

（8）实时监视、统计分析：监视整个码头运作情况；通过定义各种不同的筛选条件察看堆场、船舶信息；图形化查询功能；实时、形象显示集装箱分布及堆放情况；实时监视设备操作状态；监视可能影响工作效率的操作；实时监视船舶工作情况；图形化泊位分配。

（9）安全保障：用部门和级别来管理用户；记录用户对敏感数据的更新；可自动或人工锁定集装箱；集装箱的解锁有安全保护；预定义静态数据，在用户输入时自动校验以减少输入错误；全面校验以确保操作及盘存数据的合理性和一致性；对集装箱号码进行校验。

10.3.3　典型的企业案例

南京伊康计算机工程公司为了适应水运管理部门对水路运输基本业务的管理，开发了包括系统管理、航运企业管理、运输船舶管理的信息系统。该系统实现审批、登记、报备和告知四种基本功能。系统在管理路径设置、管理权限设置和管理方式设置方面采用可调节的操作方式，以适应有关管理部门管理权限适当调整。其功能组成如表 10-4 所示，系统的功能如图 10-10、图 10-11 所示。

表 10-4　水路运输系统的功能组成表

模块	功能组
登录页	登录系统
航运企业管理	企业筹建、企业开业、企业变更、企业档案整理、企业年审
船舶运输管理	船舶新增、船舶变更、船舶档案管理、船舶年审
系统管理	角色维护、岗位维护、材料维护、材料设置、流程维护、管理事项维护、部门维护

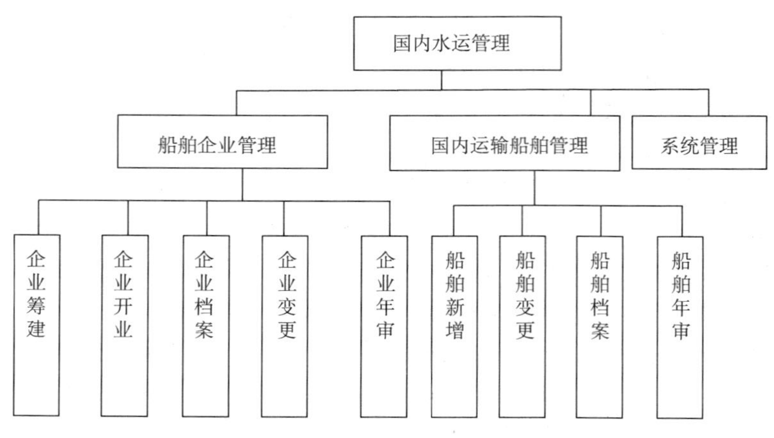

图 10-10　水运管理功能模块图

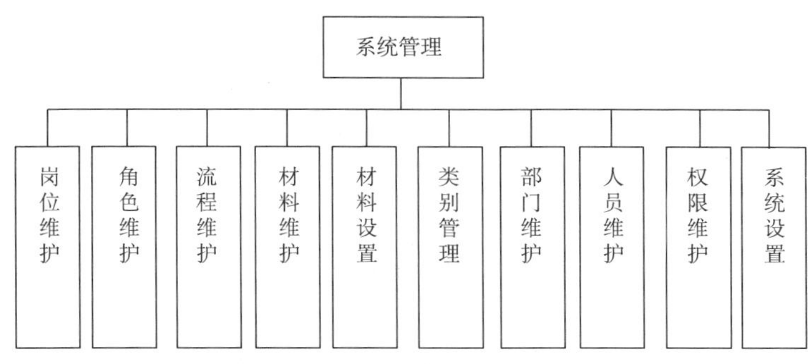

图 10-11　水运系统管理功能图

10.4　陆路运输物流管理信息系统

陆路运输有公路运输、铁路运输等，每种运输方式的业务流程各有特色，甚至有很大差别。

10.4.1　系统的目标

陆路运输信息系统的目标是实现合理选择不同的运输系统。

1. 公路运输

公路运输由公路和汽车两部分组成，是主要使用汽车或其他车辆（如人、畜力车）在公路上进行货客运输的一种方式。其特点是：可实现门到门运输；货损、货差小，安全性高，灵活性强；原始投资少，资金周转快，技术改造容易。

公路货物运输方式主要有：

（1）整车运输：托运人一次托运货物的重量在 3t 以上的货物运输。

（2）零担运输：托运人一次托运量在 3t 以下或不满一整车的少量货物的运输。

（3）集装箱运输：将货物集中装入规格化、标准化的集装箱内进行运输的一种形式。

（4）联合运输：货物通过两种或两种以上运输方式，或需要同时运输两次以上的运输。联合运输实行一次托运、一次收费、一票到底、全程负责。

公路运输能提供更为灵活性和更为多样的服务，多用于价高、量小货物的门对门服务，其经济里程一般在 200km 以内。

公路运输的优点有：

（1）运输速度快。

（2）可靠性高，对产品损伤较小。

（3）机动性高，可以选择不同的行车路线；制定营运时间表灵活；服务便利，能提供门到门服务，市场覆盖率高。

（4）投资少，经济效益高。

（5）因为运输企业不需要拥有公路，所以其固定成本很低，且公路运输投资的周转速度快。

（6）操作人员容易培训。

公路运输的缺点有：

（1）变动成本相对较高。

（2）运输能力较小，受容积限制，使它不能像铁路运输一样运大量不同品种和大件的货物。

（3）能耗高，环境污染比其他运输方式严重得多，劳动生产率低。

2. 铁路运输

铁路能提供长距离范围内大宗商品的低成本、低能源运输，且较多地运输至少一整车皮的批量货物，其运输的经济里程一般在200km以上。

铁路运输的优点有：

（1）运行速度快，时速可达80～120km。

（2）运输能力较大，可满足大量货物一次性高效率运输。

（3）运输连续性强，由于运输过程受自然条件限制较小，所以可提供全天候的运行。

（4）轨道运输的安全性能高，运行较平稳。

（5）通用性能好，可以运送各类不同的货物。

（6）运输成本（特别是可交成本）较低。

（7）能耗低。

铁路运输的缺点是：

（1）设备和站台等限制使得铁路运输的固定成本高，建设周期较长，占地也多。

（2）由于设计能力是一定的，当市场运量在某一阶段激增时难以及时得到运输机会。

（3）铁路运输的固定成本很高，但变动成本相对较低，使得近距离的运费较高。

（4）长距离运输情况下，由于需要进行货车配车，其中途停留时间较长。

（5）铁路运输由于装卸次数较多，货物错损或丢失事故通常也比其他运输方式多。

综上，铁路运输主要适用于以下作业：① 大宗低值货物的中、长距离运输，也较适合运输散装、罐装货物；② 适于大量货物一次高效率运输；③ 对于运费负担能力小、货物批量大、运输距离长的货物来说，运费比较便宜；④ 轨道运输，安全系数高。

10.4.2 系统的功能

1. 公路运输管理系统的功能

公路运输管理系统从客户服务中心接单开始，录入运输单并确认；调度部门针对已确认的运输单进行调度派车、打印派车单；接着，司机上门进货，并确认装车、签订运输合同、打印装车单；确认在途后，系统进行车辆跟踪，随时向客户提供车辆的运行情况；运输完成后，进行回单确认，司机到财务结算运费，同时财务向客户收取运费。公路系统的功能模块图如图 10-12 所示。

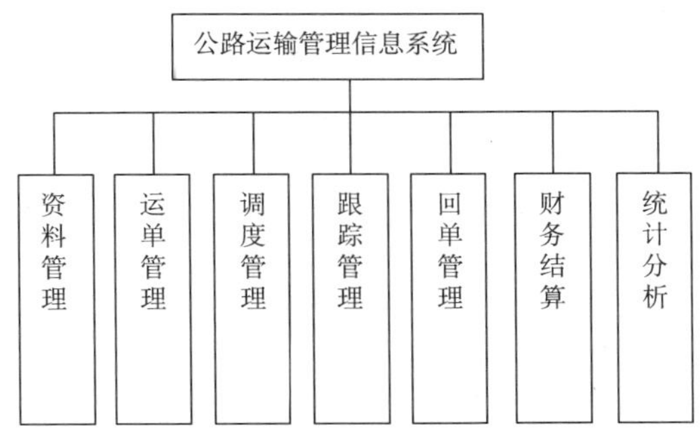

图 10-12　公路运输系统功能模块图

主要功能模块功能说明：

资料管理：包括对客户、车辆、运输方式、地区、人员、合同及价格等信息的管理。

运单管理：对运单的信息录入及确认的管理。

车辆调度管理：对调度计划、派车单、装车等功能的管理。

在途跟踪：对在途车辆进行动态跟踪，可以实时知道车辆和货物所处的位置和状态。

回单及车辆回队确认：用于回单签收及车辆回队的管理。

财务结算：应收/应付管理、凭证管理（收/付款管理）、发票、对账单、财务核销，并提供各种财务分析报表。

统计分析：可以对物流公司的发货量、收入、利润、货损、应收款等以任意条件进行自动统计查询，企业通过统计表进行分析，可以了解公司的经营情况，服务质量等，从而对有关的业务进行判断、决策。主要统计表包括发运汇总表、订单统计表、运输计划统计表、装车统计、车辆跟踪统计、货损统计、利润分析表、应收款统计。

场站管理：管理车辆的进出站时间。

运输保险管理：对于需要保险的运输业务，录入相关的保险信息，包括货物价值、保险单号、保险费等。

维修管理系统：包括维修的基本资料、维修业务管理、维修报表等。

车辆技术（成本控制）管理系统：包括车辆技术定额、车辆技术档案 、拖架档案、车辆维修预警、车辆维护报警、维修计划、油料消耗报表、轮胎管理等。

车辆监控系统：包括车辆及司机管理、审核安排、对证件的审核进行安排。

审验登记管理：对各种证件的审验进行登记，并根据有效期提示，审验需要的证件。

保险管理：对人员、车辆、货物等保险情况的管理。

安全事故管理：对车辆的安全事故等进行管理。

2. 铁路运输管理系统的功能

铁路运输管理系统的功能如图 10-13 所示。

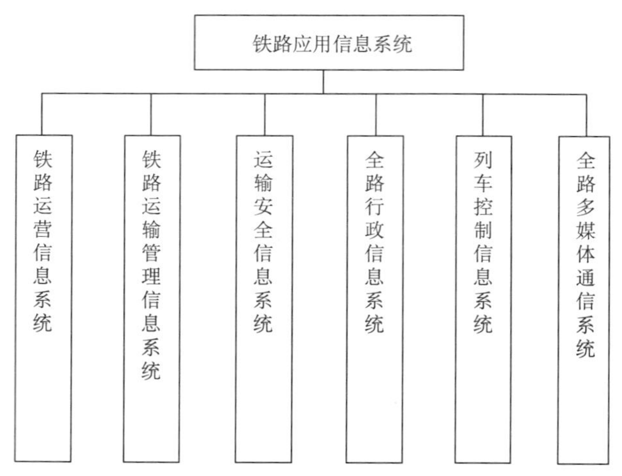

图 10-13 铁路应用信息系统功能图

(1) 铁路运输管理信息系统是以运输生产，特别是货运管理为系统目标，实时地将列车、机车、车辆、集装箱及所运货物的动态信息提供给部领导、路局及分局，同时将货物运输的动态信息提供给货主。系统包括以车流预报和编组站货车管理为主要内容的货车实时追踪管理系统、机车实时追踪管理信息系统、集装箱实时追踪管理系统、货运站管理信息系统、货票管理信息系统、铁路运输统计信息系统、编组站管理信息系统。

(2) 铁路运营信息管理系统（OIS）以 TMIS 为核心，全面改善铁路的运营管理状况，扩大运输能力，降低运输成本，提高服务质量，增加运输收入。因此，该系统涉及计划、统计、财务、物质、工业、工程等各业务部门，具体的有统计信息系统、财务信息系统、机务信息系统、车辆信息系统、工务信息系统、电务信息系统，还有客票预售系统等。

(3) 全路行政信息管理系统（AMIS），它包括全路科技项目管理、全路教育培训管理、全路干部人事档案管理等，通过全路电子邮件及办公自动化系统可以及时查询有关信息，快速传递文件，提高办事效率和安全可靠性。目前在铁路分组交换数据网上传递的信息仅限于数据、文本和静态图片，但在铁路信息高速公路（CRII）建成后可以传送多媒体信息，做到声图文并茂。

(4) 运输安全信息系统（SIS），其中包括道口防护及障碍物检测系统、列车轴温检测及报警系统、自然灾害报警系统、桥隧监视及报警系统、区间及车站应急抢救通信系统。

(5) 列车控制信息系统（CIS），它包括超高速控制系统、列车定位系统、列车自动跟踪系统、无线移动闭塞系统、地面信息传输系统等。该系统的目标是缩短行车间隔，增加列车密度，扩大运输能力，保证高速列车的安全。

（6）全路多媒体通信系统（MCS），它具有数据、语音、传真、图像等综合业务传输能力，可用于全路电视会议、区间应急通信、远距离车站监控、分布式信息库的资源共享。

10.4.3　典型的企业案例

1. 维森公路运输管理信息系统

维森公路运输管理信息系统（http：//www.lgws.com.cn/show.aspx?articleid=102）是专门为道路运政管理机构开发研制的管理信息系统。该系统设置了货运、客运、出租车、稽查、征费五个管理系统，采用.NET平台开发，并已应用于丹东市公路运输管理处。

1）车辆管理系统

包括货运管理子系统、客运管理子系统、出租车管理子系统。系统功能如下：

（1）业务功能：具有开业申请、打印（许可、营运证、标签）、增车、车辆审批、车辆年审、经营范围设置等功能。

（2）档案管理：可对业户信息进行修改、销户、转出等操作；可对车辆信息进行修改、报废、转出、报停等操作。

（3）查询：此模块具有业户信息查询、线路车辆信息查询、年审信息查询等功能。

（4）台账打印：可对业户台账、总车辆台账、单位车辆台账等信息进行浏览和打印。

2）管理费征收系统

系统功能如下：

（1）车辆收费档案：可实现车辆收费信息修改、货运保险费修改、车辆启封等功能。

（2）车辆交费：可实现单车、多车、特殊车辆等的交费功能。

（3）清单：可对日清单、月清单、欠费清单等表单进行浏览和打印操作。

（4）查询：本模块的功能是实现业户信息、车辆信息、业户车辆信息的查询操作。

（5）台账打印：可对欠费车辆清单、车辆总台账、交费信息等台账进行浏览和打印。

（6）系统维护：可实现日期结转、滞纳金设定、收费数据修改、收费员设置等功能。

3）稽查管理功能

系统功能如下：

（1）业务功能：可实现创建违法档案、打印相关资料等功能。

（2）查询：可对业户档案和车辆档案进行查询。

（3）基本信息管理：可对业户信息、车辆信息进行浏览。

（4）违法车辆查询：通过违章车辆列表对违章车辆进行查询。

（5）统计：具有对违章项目、检查车辆信息、运输违章处罚登记等信息的统计功能。

2. HOLLIAS-ERMMIS 铁路运输综合管理信息系统

和利时公司（http：//www.ecaa.com.cn/automation/jishu/129157 _ 2.asp）铁路运输综合管理信息系统主要包括如下三个子系统：运输部调度中心子系统、基层网络（车站系统）子系统、网络通信子系统。

1）运输部调度中心子系统由中心机房设备、调度所设备组成。中心机房设备包括应用服务器、通信服务器、系统维护子系统、网络设备、电源设备；调度所设备包括行货调度子系统、物流子系统、运输计划统计分析管理子系统、工业电视监控子系统等。

2）基层网络（车站系统）子系统

基层网络子系统由车站控制系统、车站数据传输控制系统、车站网络系统、行货调度子系统、物流子系统、计划统计分析综合站、电源系统（包括 UPS）和车站基础设备组成。

3）网络通信子系统

网络的组成遵循闭环结构，采用 TCP/IP 技术。运输部和所管辖的车站货场形成双环形网络。各系统的连接应采用具有堡垒方式的防火墙隔离的连接方式，以确保各系统的信息安全。铁路运输综合管理信息系统主要实现计划的管理、车列运行信息显示、车列运行描述（车号追踪）、物流信息显示、调车作业图表及列车（或小运转列车）运行图的管理、运行数据统计分析、系统自诊断等功能。

10.5 配送中心与仓储物流管理信息系统

我国国家标准物流术语（GB/T18354-2001）对“配送”的定义为：“在经济合理区域范围内，根据用户要求，对物品进行拣选、加工、包装、分割、组配等作业，并按时送达指定地点的物流活动。”

配送中心是从供应者那里接收各种货物，经过倒装、分类、保管或流通加工等作业，然后根据用户的订货要求，将货物配齐、装车、送交收货人的配送设施。配送中心的具体职能可以分为保管、倒装、分类、加工、装卸、运输等。每个配送中心一般都具备上述职能。配送作业主要有订单处理、集货、储存、拣选、分货、配货、装车和运输等。

10.5.1 系统的目标

1. 配送中心信息系统的目标

在配送中心运营中，信息系统起着中枢神经的作用，对外与生产商、批发商、连锁商场及其他客户等联网，对内向各子系统传递信息，把收货、储存、拣选、流通加工、分拣、配送等物流活动整合起来，协调一致，指挥、控制各种物流设备和设施高效率运转。

配送中心系统主要包括以下几种：

1）专业配送中心

专业配送中心大体上有两个含义：一是配送对象、配送技术属于某一专业范畴，在某一专业范畴内有一定的综合性，综合这一专业的多种物资进行配送，如多数制造业的销售配送中心；二是指以配送为专业化职能，基本不从事经营的服务型配送中心。

2）柔性配送中心

这种配送中心不向固定化、专业化方向发展，而向能随时变化发展，对用户要求有很强的适应性，不固定供需关系，不断向发展配送用户和改变配送用户的方向发展。

3）供应配送中心

这是专门为某个或某些用户（如联合商店、联合公司）组织供应的配送中心。例如，为大型连锁超级市场组织供应的配送中心；代替零件加工厂送货的零件配送中心，使零件加工厂对装配厂的供应合理化。

4）销售配送中心

销售配送中心是以销售经营为目的、以配送为手段的配送中心。销售配送中心有三种不同的类型：第一种是生产企业为本身产品直接销售给消费者的配送中心，在国外，这种类型的配送中心很多；第二种是流通企业作为本身经营的一种方式，建立配送中心以扩大销售，我国目前拟建的配送中心大多属于这种类型，国外的例证也很多；第三种是流通企业和生产企业联合的协作性配送中心。

5）城市配送中心

这是以城市为配送范围的配送中心。因为城市一般处于汽车运输的经济里程内，这种配送中心可直接配送到最终用户且采用汽车进行配送，所以这种配送中心往往和零售经营相结合。这种形式的配送中心从事多品种、少批量、多用户的配送较有优势。

6）区域配送中心

这是以较强的辐射能力和库存设备，向省（州）、全国乃至国际范围的用户配送的配送中心。这种配送中心规模较大，一般而言，用户也较多，配送批量也较大，而且，往往是配送给下一级的城市配送中心，也配送给营业所、商店、批发商和企业用户。这种类型的配送中心在国外十分普遍，美国马特公司的配送中心、蒙克斯帕配送中心等就属于这种类型。

7）储存型配送中心

大范围配送的配送中心，需要有较大库存，也是储存型配送中心。瑞士 GIBA-GEIGY 公司的配送中心拥有一个有 163 000 个货位的储存区，可见存储能力之大。我国目前拟建的配送中心大都采用集中库存形式，库存量大，多为储存型。

8）流通型配送中心

基本上没有长期储存功能，仅以暂存或随进随出方式进行配货、送货的配送中心。这种配送中心的典型方式是：大量货物整进并按一定批量零出，采用大型分货机传送带，分送到各用户货位或直接分送到配送汽车上，货物在配送中心仅做少许停留。例如阪神配送中心，中心内只能暂存，大量储存则依靠一个大型补给仓库。

9）加工配送中心

配送中心具备一定的加工功能。

2. 仓储信息系统的目标

1）基本目标

（1）增强库存控制。高效准确地跟踪整个仓库内的库存货物，减少过度保存，提高货物储存的安全性。

（2）提高客户的满意度。提高订单分拣和装运的准确性，提高订单履行的效率，准时发货，从而提高客户的满意度。

（3）降低劳动力成本，增加产出量。减少劳动力使用，通过下达指导性任务计划，提高订单履行的速率、配送产出量和工人的生产率。

（4）降低运营成本。准确地跟踪库存，有效降低每年库存清点的成本和时间，在某些情况下，甚至可以省掉每年的库存清点过程。

（5）增加仓库的空间利用率。提高搬运设备和仓库空间的利用率，有效延缓仓库扩容的需求，避免增加仓库设施和租赁临时性仓库。

2）仓储相关术语

（1）第三方仓储（third-party warehousing）亦称合同存储（contract warehousing），是指企业将物流活动转包给外部公司，由外部公司为企业提供综合物流服务。第三方仓储的主要优势在于：能有效利用资源，扩大市场的地理范围，具有测试新市场的灵活性，降低运输成本。

（2）仓库的种类。按仓库在社会再生产中所处的领域分为生产企业仓库、流通仓库；按照储存物资种类分为综合性仓库、专业性仓库；按照储存物资的不同保管条件分为普通仓库、保温仓库、恒温恒湿仓库、冷藏仓库、特种仓库；按仓库的建筑类型分为平库、楼库、简仓库、高层货层仓库。其中，高层货层仓库是指建筑结构以高层货架为储存物资方式的仓库。高层货层仓库如使用计算机控制的巷道堆垛机完成物资的进出货作业，便是自动化立体仓库。

（3）仓库的业务。仓库的业务可分计划委托储存、合同协议储存和临时委托储存。

计划委托储存：货主单位根据生产计划、流转计划、采购供应合同、运输计划等的需要，在货物入库前，向仓储部门提出在一定的时期内要求储存货物的品种和数量的储存计划。

合同协议储存：合同协议储存是根据平等互利、等价有偿的原则，仓库与货主之间签订仓储保管合同或协议。

临时委托储存：储运企业接受系统外或社会性质货物储存，通常采取临时委托办法。

（4）储存货物计量。仓库货物储存量一般以“综合吨”作为计量单位，也称储存吨。在某些特定情况下，对储存货物的折吨还可作一些特殊的规定，如按货物实际占用的面积折吨、零星折吨、折零折吨。

(5) 仓储技术包括仓库布局技术、仓库内部区域的规划、仓库统一编号、物资检验技术及物资的盘点等方面。

仓库布局技术：仓库区域内各种作业设施的合理布置问题。

仓库内部区域的规划：根据储存任务应设置足够的库房和货场，制定合理的仓容定额。按物资收发状态进行库房内的布局计划，也称之为 ABC 动态布局法。按收发状态的仓库内布局，是以物资出入库频繁度不同的差异，对出入库物资进行 ABC 分析，并根据分析结果对库存物资进行合理安排。

仓库统一编号：货场货位编号、货架货位编号。

物资检验技术：物资的检验工作贯穿于储存的全过程，如物资入库时的检验、保管期间的抽验、发货阶段的复验、盘点检查中的查验等。

物资的盘点：永续盘点、循环盘点、定期盘点、重点盘点。

10.5.2　系统的功能

1. 配送中心系统的功能

主要功能模块功能如图 10-14 所示。

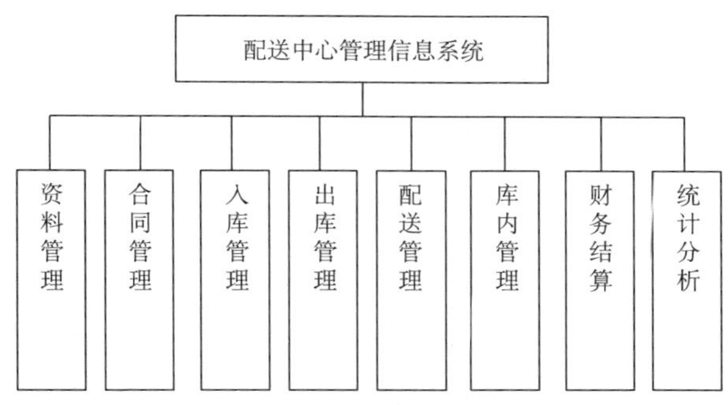

图 10-14　配送中心管理信息系统

资料管理：对货品资料信息、客户信息、储位信息的管理。

合同管理：对价格、合同的管理。

入库管理：对客户到货通知单、条形码打印（货物、储位）、入库上架的管理。

出库管理：对要货清单、分拣、加工、包装、装箱清单（条形码打印）、出库的管理。

配送管理：对配送计划、派车单、装车清单、配送路线设置、车辆跟踪、配送回执的管理。

库内管理：对转储、转仓、盘点、库内作业单的管理。

财务结算：对计费方式、应收/应付、发票、对账单、收/付款、财务核销的管理。

查询统计分析：对库存查询及各种业务单的查询统计和分析。

2. 仓储系统的功能

主要功能模块功能如图 10-15 所示。

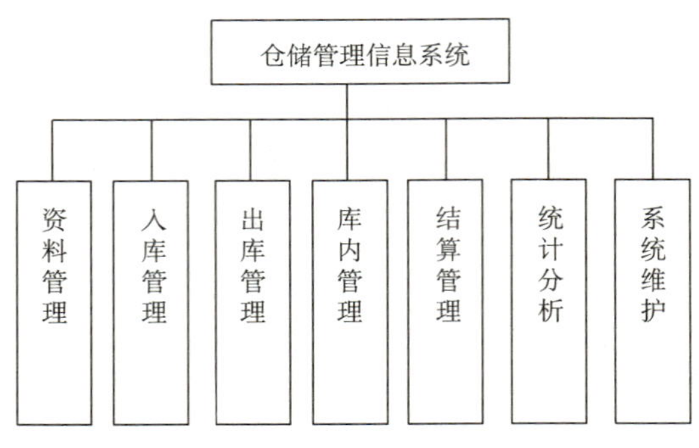

图 10-15　仓储管理信息系统

资料管理：建立部门、员工、客户、仓库、储位、货品信息、客户合同的管理。

入库管理：对业务接单与进货的验收及货品上架管理。

库内管理：对转仓、转储、盘点、作业任务、库存查询及定义并 ABC 价值分类的分析。

结算管理：对计费方式单价设定（如按使用面积、体积、托盘、包租等）。

统计分析：提供入库、出库的查询（按储位、货品、客户、批次、时间周期），提供转库、转储、盘点作业的各种查询，提供各种财务分析报表。

财务结算：应收/应付管理、凭证管理。

系统维护：权限分配。

10.5.3　典型的企业案例

美国沃尔玛连锁店公司（http://www.walmart.com/）是美国最大的，也是世界上最大的连锁零售商。创始人山姆·沃尔顿于 1945 年开设第一家杂货店，1962 年在阿肯色州成立公司。经过六十余年的发展，目前沃尔玛在全球十个国家开设了超过 5 000 家商场，员工总数达到 200 多万。2010 年《财富》杂志发布了世界 500 强企业最新排名，沃尔玛排名第一，营业收入达到 4 082.14 亿美元。沃尔玛能发展到今天的规模，很大程度与它强大的物流系统分不开。

沃尔玛的业务之所以能够迅速增长，正是因为沃尔玛在节省成本以及物流运送、配送系统方面取得了一些成就。事实上，物流运输和配送系统是沃尔玛的焦点业务。据资料显示，沃尔玛近年每年在物流方面的投资都在 1 000 多亿美元以上，而且投资额正随着业务增长而不断增加。

为做到在物流方面降低成本，沃尔玛建立了一个“无缝点对点”的物流系统，能够为商店和顾客提供最迅速的服务。这种“无缝”指的是产品从工厂到商店的货架这一链条尽可能平滑，尽可能提供给顾客所需要的服务，同时也可以降低成本。

如果物流循环是比较成功的，那么在消费者买了东西之后，这个系统就开始自动地进行供货。这个系统当中的可变性使得卖方和买方（工厂与商场）可以对这些顾客所买的东西和订单进行及时地补货。这个系统是与配送中心联系在一起的。配送中心实际上是一个中枢，将供货方的产品提供给商场，减少供货商成本。

沃尔玛降低配送成本的一个方法就是与供应商一起来分担。例如，供货商们可以送货到沃尔玛的配送中心，也可以直接送到商店。但如果供货商们采用沃尔玛的配送中心的配送方式，就可以节省很多钱，且可以把省下来的这部分利润，让利于消费者。这些供货商们也可以为沃尔玛分担一些建立配送中心的费用，如此沃尔玛可从整个供应链中，将配送中心的成本费用节省下来。

据介绍，沃尔玛的物流部门可进行全天候的运作。沃尔玛进行物流业务的指导原则，是把所有的物流过程集中到一个伞形结构之下。在供应链中，每一个供应者都是这个链中的一个环节，沃尔玛必须使整个供应链成为一个非常平稳、光滑、顺畅的过程。这样，沃尔玛的运输、配送以及对于订单与购买的处理等所有的过程，都是一个完整网络当中的一部分，如在沃尔玛的物流当中非常重要的一点是要确保商店所得到的产品与发货单上完全一致。因此沃尔玛有一套非常精确的系统，确保整个物流配送过程中不会出现任何差错，这样，商店把整个卡车当中的货品卸下来就可以了，而不用把每个产品检查一遍。因为他们相信过来的产品是没有任何错误的，这样就可以节省很多检验产品的时间。

沃尔玛在任何一个时间点都可以知道，现在商店当中有多少货品，有多少货品正在运输过程当中，有多少是在配送中心，某种货品上周卖了多少，去年卖了多少，而且可以预测将来可以卖多少。此外，沃尔玛还有零售链接系统，能让供货商们直接进入这一系统，了解它们的产品卖得怎么样，还能根据每天卖的情况，对将来卖货进行预测，以决定生产任务，使产品的成本降低。

沃尔玛所有的系统都是基于 UNIX 系统的配送系统，并采用传送带、产品代码，以及自动补货系统和激光识别系统，所有的这些加在一起为沃尔玛节省了成本。

10.6　3PLS 集成物流管理信息系统

第三方物流系统（third-party logistics service provider，3PLS）是一种实现物流供应链集成的有效方法和策略，它通过协调企业之间的物流运输和提供后勤服务，把企业的物流业务外包给专门的物流管理部门，特别是一些特殊的物流运输业务。通过外包给第三方物流承包者，企业能够把时间和精力放在自己的核心业务上，提高了供应链管理和运作的效率。例如，有一家销售额达 6 000 万元的箱包企业工厂总部位于北京，该箱包企业为了完成原料采购和产品分销等物流功能可以有两种选择：采用第三方物流或企业自营物流。公司根据各第三方物流服务的报价及自营费用的情况进行了计算，得到如下结果：公司自行承担物流功能需要占用车辆、仓库、办公用房等固定资产，要负担相应的维修及折旧费用，还要负担有关人员的工资奖金，年物流费用为 277 万元，约占销售额的 4.62%。而委托第三方采购全套物流服务，所需物流费用为 200 万元，约占销售额的 3.33%。两者之比为 78/100（200/277）。采用第三方物流后，该公司的成本可节约 28%。

第三方物流系统提供一种集成运输模式，它使供应链的小批量库存补给变得更为经济。因为在某些情况下，小批量的货物运输（非满载运输）显然是不经济的，但是多品种、小批量生产的供应链环境必须小批量采购、小批量运输，这就提高了货物的供应频率，运输频率的增加就要增加运输费用，显然不经济。第三方物流系统是一种为大多数企业提高运输服务的实体，它为多条供应链提供运输服务，如当多家供应商彼此位置相邻时，就可以采用混装运输的办法，把各家供应商的货物依次装在同一辆货车上，实现小批量交货的经济性，这就是第三方物流系统提供联合运输（集成运输模式）的好处。

第三方物流系统还可以提供其他形式的物流服务功能，如顾客订单处理等。采用第三方物流系统，企业可以获得如下好处：降低成本、使企业更加集中于核心业务的发展、改进服务质量、快速进入国际市场、获得信息咨询、获得物流经验、减少风险。

10.6.1 系统的目标

第三方集成物流管理信息系统的主要目标是：集成商流、信息流、资金流和物流，以降低成本和改进服务质量；集中于核心业务的发展，能够快速进入国际市场；获得信息共享、减少风险和获得物流经验等。第三方集成物流管理信息系统构建的目标是四流合一的物流综合服务体系。

10.6.2 系统的功能

整个系统的运行是从业务管理信息——合同订单和市场预测开始的。系统具体功能可分为七个模块，如图 10-16 所示。

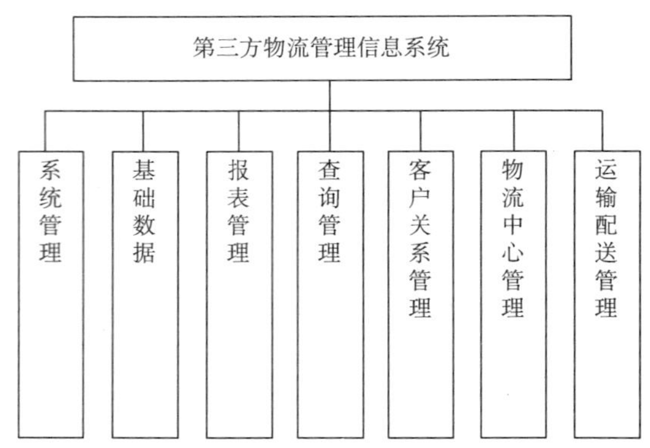

图 10-16 第三方物流管理信息系统的功能结构

主要功能模块功能说明：

1）系统管理

对系统主要参数进行初始设置或维护，主要包括用户登录、用户管理、权限管理、数据备份、数据恢复等子功能。

2）基础数据管理

给出系统中用到的所有数据资料。

3）报表管理

功能模块中的全部报表汇总在一起，可供查询与打印。

4）查询管理

包括出入库、退货、接收退货、订单、应收应付、已收已付款等的所有信息的统计查询分析功能。另外，提供订单交货和付款状态的监控，库存存货数量、资金占用的统计分析功能。

5）客户关系管理

包括订单管理、客户管理、货品管理、账务管理、业务统计、报价管理、物流中心运营绩效等。

6）物流中心管理

该模块提供商品的入库、出库、接收退货、退货出库、库存商品盘点、库存商品预警、库存商品的明细查询及图形统计分析等功能。具体包括入库管理、出库管理、库存管理、异常管理、货品转仓等。

7）运输配送管理

包括任务单、车辆选择、司机选择、外协管理等。

10.6.3　典型的企业案例

1. 中海物流的背景

深圳市中海物流有限公司（http://www.logistics-china.com/）是中国海外集团的全资下属公司，于 1993 年在深圳市福田保税区注册成立，是深圳福田保税区内第一家开工建设和投入运作的综合型现代物流企业集团，主要从事大型电子生产企业的 JIT（just in time）料件配送业务。目前该公司已与几十家国际著名的跨国公司建立了长期稳定的合作关系，为其提供国际物流配送服务。该公司建立了完善的物流服务质量管理体系，公司自主研发出拥有自主知识产权的“中海 2000”物流综合管理信息系统，该套系统不仅有效地支撑着中海物流的精细物流配送业务，而且向十几家专业物流公司输出。

2. 中海 2000 物流管理信息系统子系统功能划分

中海 2000 物流管理系统子系统的划分如图 10-17 所示。

1）物流作业管理系统

物流作业管理系统由八个子系统组成，分别是配送管理系统、货代管理系统、仓储管理系统、运输管理系统、报关管理系统、采购管理系统、数据交换系统和调度管理系统。

各系统功能简述如下：

（1）配送管理系统。按照即时配送原则，满足生产企业零库存生产的原材料配送管理，满足商业企业小批量、多品种的连锁配送管理，满足共同配送和多级配送管理。支持在多供应商和多购买商之间的精确、快捷、高效的配送模式；支持以箱为单位和以部件为单位的灵活配送方式；支持多达数万种配送单位的大容量并发配送模式；支持多种

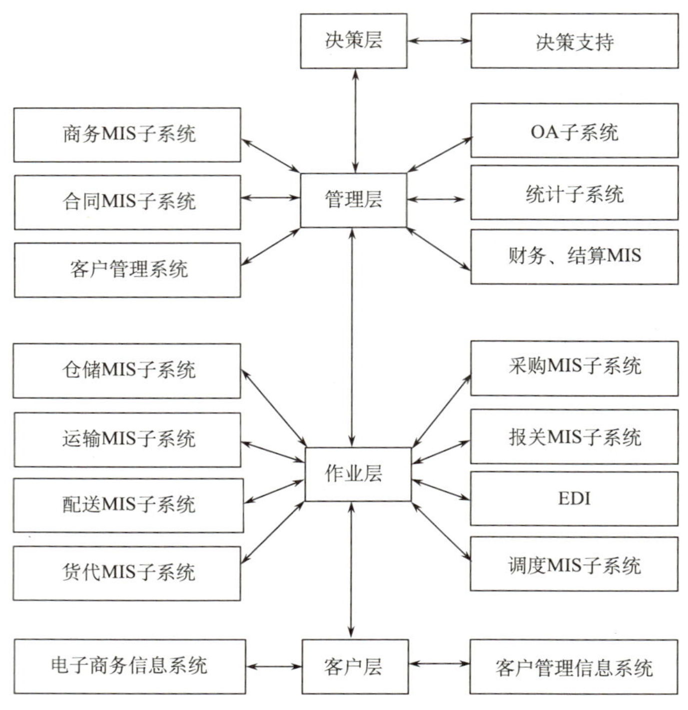

图 10-17　中海 2000 物流管理信息系统功能划分图

运输方式，跨境跨地区的跨区域配送模式。结合条形码技术、GPS/GIS 技术、电子商务技术，实现智能化配送。

（2）货代管理系统。满足国内一级货运代理的要求，完成代理货物托运、接取送达、订舱配载、多式联运等业务需求，支持航空、铁路、公路和船务运输代理业务。配合物流的其他环节，实现物流的全程化管理，实现门对门、一票到底的物流服务。

（3）仓储管理系统。对所有的不同地域、不同规格和不同成本的仓库资源实现集中管理。采用条形码、射频等先进的物流技术设备，对出入仓货物实现联机登录、存量检索、容积计算、仓位分配、损毁登记、简单加工、盘点报告、租期报警和自动仓租计算等仓储信息管理。支持包租、散租等租仓计划，支持平仓和立体仓库等不同的仓库格局，并可向客户提供远程的仓库状态查询、账单查询以及图形化的仓储状态查询。

（4）运输管理系统。对所有运输工具，包括自有车辆、协作车辆和临时车辆，实行实时调度管理，提供对货物的分析、配载的计算以及最佳运输路线的选择。支持全球定位和地理图形系统，实现车辆的运行监控、车辆调度、成本控制和单车核算。提供网上车辆以及货物的跟踪查询。

（5）报关管理系统。集报关、商检、卫检、动植物检疫等功能的自动信息管理于一体，满足客户跨境运作的需求。系统支持联机自动生成报关单、报检单，自动产生联机上报的标准格式，自动发送到相关的职能机构，并且自动收取回执，使跨境物流信息成为无缝物流信息传递。

（6）数据交换系统。系统提供电子商务化的 EDI 数据交换服务，通过电子商务网站或者基于互联网的数据交换通道，提供标准的 EDI 单证交换，实现与供应链上下游合作伙伴之间的低成本的数据交换。

（7）采购管理系统。采用规范化的企业采购模式和管理流程，满足开放式或供应链采购方式，包括网上招标、供应商管理、采购计划管理、需求管理、报价管理、审批管理、合同管理、订货管理、补货管理、结算管理、信用管理、风险管理等功能。

（8）调度管理系统。用于大型物流企业的业务集中调度管理，适用于网状物流、多址仓库、多式联运、共同配送、车队管理等时效性强、机动性强、需要快速反应的物流作业管理，以应对客户的柔性需求，减少部门之间的沟通环节。

2）物流企业管理系统

物流企业管理系统由六个子系统组成，分别是商务管理系统、财务管理系统、统计管理系统、办公管理系统、合同管理和客户管理。

（1）商务管理系统。包括物流市场预测、物流营销策划、物流项目论证、物流资源整合、物流方案设计、价格政策制定、物流绩效评估等。

（2）财务管理系统。结合成熟的财务管理理论，针对物流企业财务管理的特点，根据财务活动的历史资料进行财务预测和财务决策，运用科学的物流成本核算、作业绩效评估手段，从财务分析的角度，对企业发展战略、客户满意度、员工激励机制、企业资源利用、企业经济效益等方面进行分析，并得出有关财务预算、财务控制、财务分析报告，为实现企业价值最大化提供决策依据。

（3）统计管理系统。按照物流行业的标准，针对物流企业的经营管理活动情况进行统计调查、统计分析、统计监督，并提供统计资料。按照物流企业的统计要求，对物流企业的各项经营指标及经营状况进行分类统计和量化管理。

（4）办公管理系统。以降低管理成本、提高管理效率为目的，为物流企业的规范化、流程化和利导化管理提供包括办公管理、项目管理、资源管理、人事管理、知识管现在内的统一的管理平台，通过电子公文传递、资源动态分配、多方网络会议、邮件自动管理、定位信息传呼等实现企业的无纸化办公。

（5）合同管理。提供合同的登记、查询、统计等基本功能。

（6）客户管理。提供对客户的统计、分析等功能。系统实现的客户服务内容包括：

流程查询——查询有关作业的流程状态。

在库查询——查询有关的库存状况。

在选查询——查询货物运输途径状况。

定制查询——按照客户的要求选择查询内容。

账单下载——在线获取结算清单。

实时跟踪——咨询有关货物的地理位置图形。

定制信息——按照需要发出客户所指定的专业信息。

咨询服务——在线解答客户在物流活动中的疑难问题。

3）决策支持系统

通过数据挖掘工具对历史数据进行多角度、立体的分析，实现对企业中的人力、物力、财力、客户、市场、信息等各种资源的综合管理，为企业管理、客户管理、市场管理、资金管理等提供科学决策的依据，从而提高管理决策的准确性和合理性。

4）物流电子商务系统

通过物流网实现的电子商务系统的功能主要有：

实时查询——客户在网上实时查询库存情况、运输情况和账单。

清单录入——客户可以直接录入作业指令单、订车单、订仓单等。

网上下单——客户可以直接输入物流服务的需求。

信息反馈——客户对物流服务提出建议或投诉。

网上报价——客户可以在线发出询价请求并得到报价回复。

网上交易——物流服务项目的在线查询、交易撮合和电子签约。

网上联盟——通过联盟的形式整合社会物流资源。

数据交换——通过 EDI 方式实现异构信息系统的数据对接。

信息外包——以 ASP 方式实现远程物流信息系统功能外包。

项目招标——通过电子招标的形式获得最佳的供货方。

3. 应用的效果

中海 2000 物流管理系统广泛应用于拥有全球物流网点分布的第三方物流企业、运输物流企业、仓储物流企业、国际货代企业、工业商业物流部门、区域物流中心等，其应用框架如图 10-18 所示。

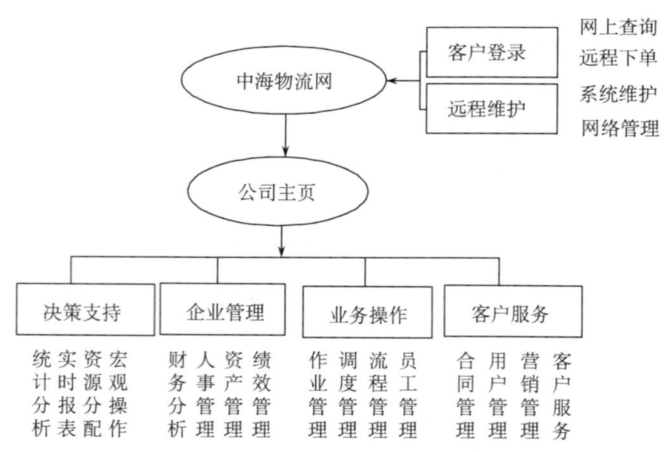

图 10-18　中海 2000 物流管理信息系统应用框架

系统达到了如下的效果：

1）建立了纵横交错的商流网络

中海物流以合同的方式为在国内设厂的外资公司提供第三方物流服务。业务的开展涉及工厂、供应商和物流代理。中海物流与境内外的供应商根据生产厂家提出的需求，按照所需料件的类别、型号、产地、价格、到货地等详细参数，以及同一供应商不同料件的贸易方式（一般贸易，保税贸易等），分别签署物料采购合同和物流服务合同。符合国际标准的商务合约是中海物流提供第三方物流服务的重要基础。而商务合约的履行，即生产厂家与供应商之间的供需商流则是通过中海物流来实现。

2）实现了快捷通畅的物流渠道

公司面对的境内外供应商达 160 多家，遍布世界各地，中海物流除利用自己的硬件和软件设施以外，还通过与陆路运输公司及海运、空运货代建立稳定的合作伙伴关系，使正向物流和反向物流通畅无阻。世界各地物料在到港后 24 小时内即可送达珠三角工厂生产线上，保证其在零库存状态下进行正常生产，同时使不合格原料在规定时间内准确无误地送达各境内外指定地点。

3）提供了高效及时的信息传输

“物流未动，信息先行”。集成物流管理信息系统需要融现代物流企业物流作业管理、行政管理、决策管理和客户服务为一体。其基本功能应该包括企业资源管理、规范流程管理和物流作业管理。系统根据物流作业的流程，连续完成货物进出仓、配送、运输、报关、检疫、结算和统计等作业，产生相应的作业指令单，如出入仓单、配送清单、配载清单、运输指令单、报关 EDI 单、报检单和费用结算单等，同时，管理人员可通过系统监视仓库情况、车辆状况、作业流程，以便及时调度，实时统计，并提供决策支持数据。系统通过 EDI 系统与海关联机操作，实现了报关的无纸化作业。系统支持客户利用 Internet 随时查看最新交易状况以及相关货物的当前数量和状态。

4）实现了准确无误的资金流向

第三方物流是买卖双方完成商流的结点，同时也扮演了一个结算中心的角色。每个作业完毕，依据物流状况，按照物流与工厂以及供应商之间的服务合同，各种费用自动生成，准确无误。在内部财务管理方面，采用科学的物流成本效益核算方法，使物流成本和效益分摊至各物流环节，通过系统的分析，为改善物流流程提供决策数据，不断分析，不断改善，使物流系统的运作和总体物流效益逐步趋向最优化。

中海物流已发展成为一个集储存、运输、报关、配送、货代和物流咨询、软件开发为一体的综合性第三方物流企业。特别是通过与 IBM、美能达的合作，积累了丰富的经验，聚集了稳定的客户群，锻炼了一批专业人才，运作体系逐步走向规范化、科学化、规模化和品牌化。中海物流配送中心目前与几十家国内大型生产企业签订合同，为其提供物流配送服务，如 IBM、美能达、神达电脑、SONY、NEC、LG、NOKIA、宏基、富士康、华为、联想等，业务网络覆盖中国的珠江三角洲、上海、香港、台湾，日本、韩国和东南亚各国，甚至远及美洲和西欧。中海物流配送业务已形成一定规模，实现了从传统仓储向现代物流、从单一服务向增值服务、从单机操作向网络作业的转变，取得了可喜的经济效益和社会效益。

思考练习题十

（1）你认为一个快递信息系统应该具备哪些功能？请你和你的团队分析、设计该系统。

（2）进出口报关与国际货运代理信息系统应该具备哪些功能？请你和你的团队分析、设计该系统。

（3）水路运输信息系统应该具备哪些功能？请你和你的团队分析、设计该系统。

（4）公路运输信息系统应该具备哪些功能？请你和你的团队分析、设计该系统。

（5）配送中心信息系统应该具备哪些功能？请你和你的团队分析、设计该系统。

（6）第三方物流系统应该具备哪些功能？请你和你的团队分析、设计该系统。

参 考 文 献

蔡淑琴，夏火松．2002. 物流信息系统．北京：中国物资出版社

蔡淑琴，夏火松．2005. 物流信息管理与信息系统．北京：电子工业出版社

蔡淑琴．2004. 管理信息系统．北京：科学出版社

陈国青，雷凯．2002. 信息系统的组织、管理、建模．北京：清华大学出版社

冯耕中．2003. 物流管理信息系统及其实例．西安：西安交通大学出版社

韩万江，姜立新．2004. 软件开发项目管理．北京：机械工业出版社

黄梯云．2004. 管理信息系统（修订版）．北京：高等教育出版社

姜江．2004. Power Designer 数据库系统分析设计与应用．北京：电子工业出版社

李枫林．2006. 企业业务流程管理．武汉：武汉大学出版社

李军．2001. 物流配送车辆优化调度理论与方法．北京：中国物资出版社

罗晓沛，侯炳辉．2003. 系统分析员教案．北京：清华大学出版社

牛鱼龙．2005. EDI 知识与应用．深圳：海天出版社

欧阳文霞．2005. 物流管理信息系统．北京：机械工业出版社

王世文．2006. 物流管理信息系统．北京：电子工业出版社

夏火松，蔡淑琴．2001a. 第三方物流配送中心在电子商务中的作用．中国物资流通，32（7）：20～23

夏火松，蔡淑琴．2001b. 物流知识管理系统在第三方物流中的作用．上海物资经济，14（4）：17～20

夏火松．2004. 数据仓库与数据挖掘技术．北京：科学出版社

夏丽华，陈颖彪．2005. 物流管理信息系统．广州：华南理工大学出版社

薛华成．2003. 管理信息系统．北京：清华大学出版社

张友生．2006. 系统分析师之路．北京：电子工业出版社

中国物品编码中心．2003. 条形码技术与应用（修订本）．北京：清华大学出版社

周学泳，石丹．2002. 短信息（SMS）与 WAP 的开发及应用．北京：电子工业出版社

Alan R. 2004. Design science in information systems research. MIS Quarterly，28（1）：75～105

Davis F. 1989. Perceived usefulness，perceived ease of use，and user acceptance of information technology. MIS Quarte，13（3）：319～341

Xia Huosong. 2003. Supporting third-party logistic service provider in e-business using knowledge management. Journal of Systems Science and Information，（1）：22～27

网 络 资 源

http://211.67.50.123:8080/mis　物流管理信息系统精品课程网

http://www.intermeccorp.com/d_lgs.htm　上海条形码网

http://www.logistics-china.com　中海物流

http://www.56net.com　物流网

http://219.134.89.8/dzwmsintro/dzwms_intro.asp　深圳市大族激光科技股份有限公司

http://www.fedex.com　联邦快递公司

http://www.all56.com/list0.php? docid=9331　工程深圳市汇驿科技有限公司

http://www.lgws.com.cn/show.aspx?? articleid=102　维森公路运输管理信息系统

http://www.walmart.com　美国沃尔玛连锁店公司

http://www.padchina.com　派特科技(上海)公司

http://www.56products.com/wlcp　中国物流产品网

http://www.UPS.com　UPS公司

http://www.ancc.org.cn/brief/bmzx.asp　中国物品编码中心

http://www.mb345.com/mobileBinfo.aspx　移动商务

http://www.autoid-china.com.cn/html/2005-8-30/2005830105458.asp　北京邮政EMS物流信息系统案例

http://www.systron.com.cn　无线射频产品

词 汇 表

A

antenna 天线
A-GPS GPS 辅助
AFNOR 法国标准化协会
ANSI 美国国家标准学会
ASAC 亚洲标准咨询委员会
AMIS 全路行政信息管理系统
active tag 有源标签或主动标签
ASMO 阿拉伯标准化与计量组织
angle of arrival，AOA 到达角度定位
advanced encryption standard，AES 内容加密
automatic equipment identification，AEI 自动识别技术
ant colony system 蚁群算法

B

bar code 条形码
BSI 英国标准学会
behavior diagram 行为图
base transceiver station，BTS 基站收发台
business activity mapping，BAM 业务活动图示法
business process reengineering，BPR 业务流程重组理论
business Intelligence，BI 商务智能

C

cell-ID 小区识别
CSA 加拿大标准协会
context diagram 环境图
CIS 列车控制信息系统
CEN 欧洲标准化委员会
CRII 铁路信息高速公路
COPANT 泛美技术标准委员会
CENEL 欧洲电器标准协调委员会
cell of origin，COO 起源蜂窝定位
client/server，C/S 客户机/服务器
critical path method，CPM 关键路径法
certification authority，CA 客户认证中心
conceptual data model，CDM 概念数据模型
customer relationship management，CRM 客户关系管理
car tracking management system，CTMS 汽车监控系统
computer aided software engineering，CASE 计算机辅助软件工程
capability maturity model for software，CMM 软件能力成熟度模型
cloud computing 云计算

D

data base，DB 数据库
data warehouse，DW 数据仓库
data mining，DM 数据挖掘
differential GPS，DGPS 差分 GPS
data flow diagram，DFD 数据流程图
digital data network，DDN 数字数据网
data control language，DCL 数据控制语言
decision support system，DSS 决策支持系统
data definition language，DDL 数据定义语言
data manipulation language，DML 数据操纵语言
data base management system，DBMS 数据库管理系统

E

e-post 电子邮政
EAC 紧急呼叫定位业务
E-OTD 增强测量时间差
early start，ES 最早开始时间
early finish，EF 最早完成时间
electronic data interchange，EDI 电子数据交换
enterprise resource plan，ERP 企业资源规划系统
efficient Customer Response，ECR 有效客户信息反馈
electronic data processing systems，EDPS 电子数据交换（处理）系统
enhanced observed time difference，E-OTD 增强测量时间差
express management information system，EMIS 快递管理信息系统
electronic article surveillance，EAS 商品电子防窃系统

F

first normal form，1NF 第一范式

forecasting support system，FSS　预测支持系统

G

Gantt　甘特图
GTT　全球货运时测系统
global positioning system，GPS　全球定位系统
geography information　system，GIS　地理信息系统
3 generation，3G　第三代移动通信系统
general packet radio service，GPRS　通用分组无线业务
global trade item number，GTIN　全球贸易项目代码技术
serial shipping container code，SSCC　系列货运包装代码
global returnable asset identifier，GRAI　全球可回收资产标识符
global individual asset identifier，GIAI　全球单个资产标识符
global location number，GLN　全球位置码
global service relation number，GSRN　全球服务关系代码

I

internet of things　物联网
ITU　国际电信联盟
intranet　企业内联网
IEC　国际电工委员会
interactive diagram　交互图
intelligent building　智能型大厦
implementation diagram　实现图
international logistics，IL　国际物流
Integrated Computer Aide Manufacturing，ICAM　集成计算机辅助制造
Integrated Computer Aided，IDEF0　系统菜单功能模型
interactive voice response，IVR　互动式语音应答
intelligent transportation system，ITS　智能运输系统
integrated service digital network，ISDN　综合业务数字网
international organization for standardization，ISO　国际标准化组织
information technology，IT　信息技术
IT outsourcing　IT 外包
international freight　forwarder management information system，IFFMIS　国际货运代理管理信息系统

K

knowledge discovery in database，KDD　知识发现
knowledge management，KM　知识管理

L

location based system，LBS　移动定位系统
LQS　定位查询业务
LTS　定位跟踪业务
life cycle　生命周期
late start，LS　最晚开始时间
late finish，LF　最晚完成时间
local area network，LAN　局域网
LDS　基于 C-MODE 业务的定位业务
location service center，LSC　小灵通定位系统
location measure unit，LMU　定位测量单元
logistics information system，LIS　物流信息系统
location based service，LBS　手机定位服务又叫做移动位置服务
logistics management information system，LMIS　物流管理信息系统

M

message pattern　消息模式
MCS　全路多媒体通信系统
mobile computer　可移动计算机
marketing basket analysis　商品购物篮进行分析
minerals management service，MMS　多媒体消息
mobile mapping services/server，MMS　无线地图应用
management information system，MIS　管理信息系统
multimedia information systems，MMIS　多媒体信息系统

N

NBI　美国国家标准局

O

OIS　铁路运营信息管理系统
object-oriented，OO　面向对象方法
observed time difference，OTD　测量时间差
optical character reader，OCR　光学符号阅读器
office automation systems，OAS　办公自动化系统
object modeling technique，OMT　面向对象的建模技术
object state transition network diagram，OSTND　对象状态转换网图
object oriented analyses and design，OOA&D　面向对象的分析与设计

P

physical distribution　物流
payment gateway　支付网关
PASC　太平洋地区标准委员会
passive Tag　无源标签或被动标签

points of sells，POS 电子收款机系统
physical data model，PDM 物理数据模型
physical distribution system，PDS 物流系统
personal access phone system，PAS 无线市话
personal digital assistant，PDA 个人数据助理
personal Handy-phone system，PHS 个人手持电话系统
program evaluation and review technique，PERT 工程评价

R

reader 阅读器
radio frequency，RF 射频技术
role activity diagram，RAD 角色活动图
relative time discrepant，RTD 相对时间差
radio frequency identification，RFID 射频识别技术
relational data base system，RDBS 关系数据库系统

S

super class 超类
static diagram 静态图
SIS 瑞典标准化委员会
SIS 运输安全信息系统
SCC 加拿大标准理事会
service level，SL 服务水平
structure chart，SC 结构图
service provider，SP 服务提供商
secure sockets layer，SSL 通道加密
structured analysis，SA 结构化分析方法
short message service，SMS 短消息服务
supply chain management，SCM 供应链管理
structured query language，SQL 结构化查询语言
structured developing method，SDM 结构化开发方法
software configuration management，SCM 软件配置管理
satellite car navigation system，SCNS 卫星汽车导航系统
serving mobile location center，SMLC 服务移动定位中心
structured system analysis and design 或 Tstructured analysis and design technologies SAD 结构化系统开发方法亦称 SSA&D
systems dynamics，SD 系统动力学

T

third-party logistics service provider，3PLS 第三方物流系统
tag 标签
TM 运输调度管理系统
TOM 全面订单管理系统
TMIS 铁路运输管理信息系统
time of arrival，TOA 到达时间定位
transaction flow diagram，TFD 业务流程图
time difference of arrival，TDOA 到达时间差定位
4th generation language，4GL 第四代程序生成语言
the council of logistics management，C. L. M 美国物流管理协会

U

use case 用例
UNI 意大利全国标准协会
universal product code UPC 代码
user to user information，UUI 用户接口
unified modeling language，UML 统一建模语言

V

value added net-work，VAN 第三方增值网络

W

WMS 仓储信息系统
WMS-EXE 仓库管理系统
world wide web，WWW 万维网
wide area network，WAN 广域网
work breakdown structures，WBS 工作分解结构
wireless application protocol，WAP 无线应用协议